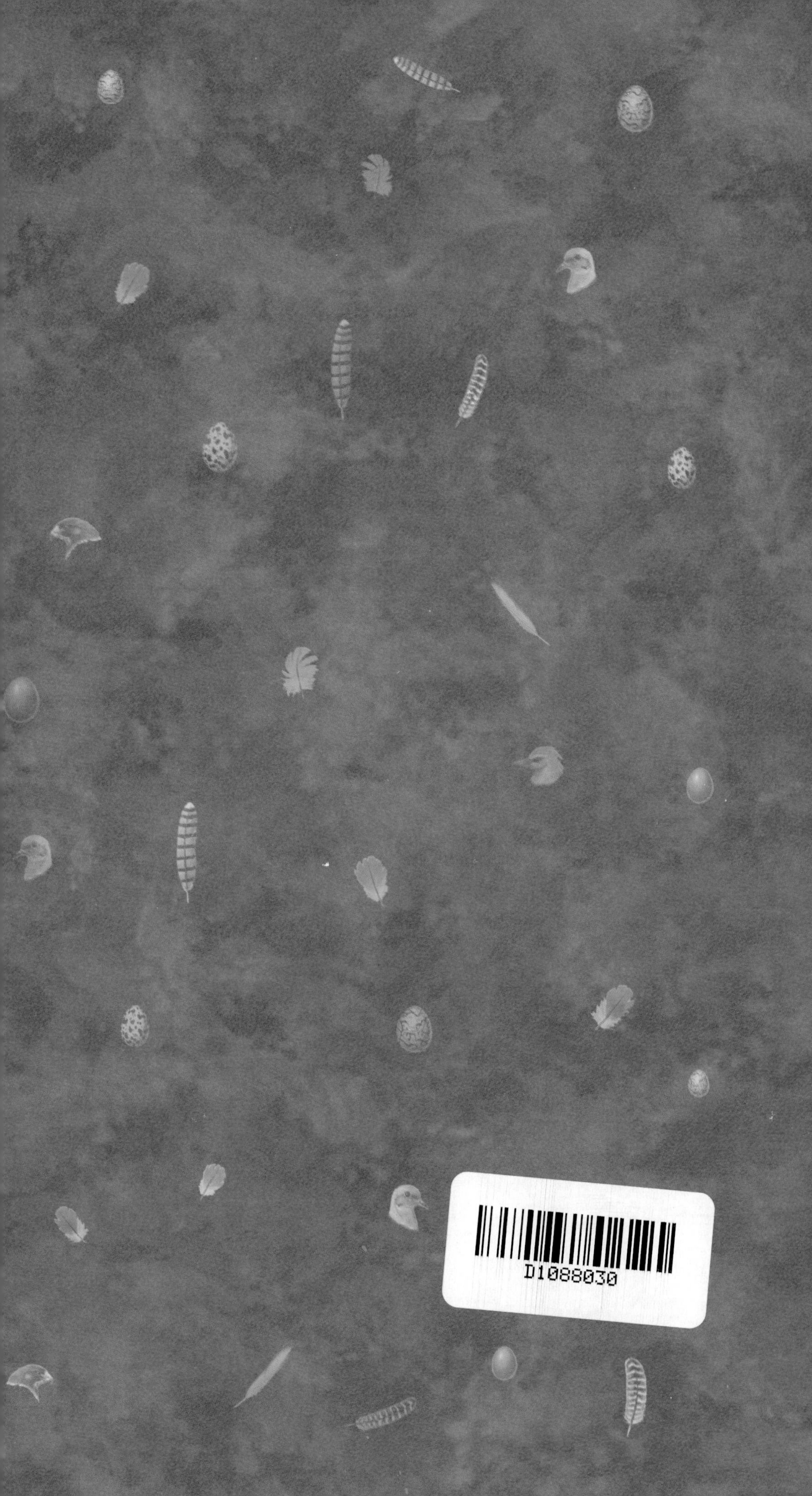

GUIDE D'OBSERVATION DES OISEAUX

GUIDE D'OBSERVATION DES OISEAUX

CONSULTANT
DENIS FAUCHER

SÉLECTION DU READER'S DIGEST (CANADA) LTÉE MONTRÉAL

Le *Guide d'observation des* OISEAUX est l'adaptation en langue française, pour l'Amérique du Nord, de *Birding,* conçu par The Nature Company et Weldon Owen et créé par Weldon Owen Pty Limited, Sydney, Australie.
Avec la collaboration de Joseph Forshaw, Steve Howell, Terence Lindsey et Rich Stallcup

ÉDITION EN LANGUE FRANÇAISE
Consultant : Denis Faucher
Traduction : Josée Payette, Suzette Thiboutot-Belleau
Rédaction : Geneviève Beullac
Correction d'épreuves : Joseph Marchetti
Index : France Laverdure

Sous la direction éditoriale de Sélection du Reader's Digest (Canada) Ltée
Rédaction : Agnès Saint-Laurent
Graphisme : Cécile Germain
Correction d'épreuves : Gilles Humbert

Les remerciements et les sources des pages 287 et 288 sont, par la présente, incorporés à cette notice.

Données de catalogage avant publication (Canada)
Vedette principale au titre :
Guide d'observation des oiseaux
Traduction de : Birding.
Comprend des réf. bibliogr. et un index.
ISBN 0-88850-522-1
1. Oiseaux – Observation. 2. Oiseaux, Attraction des. 3. Oiseaux – Identification. I. Forshaw, Joseph Michael. II. Lindsey, Terence, 1941- . III. Sélection du Reader's Digest (Canada) (Firme).
QL677.5.B48414 1996 598'.07234 C95-941473-8

Impression et reliure : Kyodo Printing Co. (S'pore) Pte Ltd.
Imprimé à Singapour
96 97 98 99 2000 / 5 4 3 2 1

Le croiriez-vous ? Ce sont des êtres merveilleux.
Le sauriez-vous ? Qui les a créés ?
Qui leur a enseigné le dialecte qu'ils chantent ?
Ces mélodies qui interprètent nos pensées,
Ces mots qui parcourent toutes les notes de la clé,
Plus doux que tout instrument fait par l'homme.

The Birds of Killingworth,
HENRY WADSWORTH LONGFELLOW (1807-1882), poète américain

Table des matières

Introduction

Les oiseaux sont aimés de tous. On les célèbre en vers ou dans des chansons. On trouve tous les moyens – en temps et en argent – pour leur procurer abri, nourriture, eau pour s'abreuver. On arrête de lire, de marcher, de jardiner pour les écouter. On cherche à les reconnaître. On les observe passionnément.

Quel ornithologue en herbe n'a-t-il pas un jour éprouvé le besoin de s'acheter une paire de jumelles pour observer les oiseaux de plus près et pour mieux les voir encore ? Quel autre amateur ne s'est-il pas procuré, un, deux, sept, huit livres… pour mieux comprendre les oiseaux, pour mieux les identifier ? Ne sont-ils pas très nombreux ceux qui ont déjà fait des voyages ou des excursions uniquement dans le but de voir un habitat spécifique, une faune aviaire différente, d'autres oiseaux, un seul oiseau particulier ? Et ne sont-ils pas nombreux ceux qui suivront le même chemin, car l'observation des oiseaux est une activité de plein air extrêmement gratifiante, sans compter qu'elle permet de partager avec d'autres… une vraie passion.

Pourquoi s'intéresser aux oiseaux ? Parce qu'ils partagent mieux que tout autre être vivant notre espace visuel et auditif. Parce qu'ils chantent ou appellent sur des fréquences sonores que la majorité d'entre

nous peuvent entendre. Parce qu'ils arborent des plumages, des couleurs et des comportements que nous pouvons observer et admirer tout à la fois. Parce qu'ils ne sont pas trop timides et qu'ils se laissent ainsi connaître et reconnaître mieux que toute autre créature vivant sur notre planète.

Et puis, les oiseaux volent, un rêve de l'homme ! Ils volent par saccades, ils planent, ils rament, ils tourbillonnent. Nombreux sont ceux qui disparaissent soudain à l'automne et qui, par un beau matin de printemps, reviennent nous saluer sur le pas de notre porte.

Sélection du Reader's Digest n'en est pas à ses premières armes dans les livres de référence sur les oiseaux. Mais le livre que vous avez maintenant entre les mains, le *Guide d'observation des OISEAUX,* est tout à fait particulier, car il veut vous initier à l'univers des oiseaux. Lisez-le une fois au complet pour tout savoir de ce merveilleux hobby qu'est l'ornithologie, avec tous ses aspects pratiques – choix des jumelles, croquis, baguage, chants et cris, comportement. Lisez-le aussi pour mieux connaître les oiseaux que vous pouvez observer autour de vous : dans votre cour, dans le parc voisin. Plus, plus tard, revenez-y souvent pour parfaire vos connaissances sur la nature. Que ce livre vous apporte beaucoup de joie et de satisfaction !

LA RÉDACTION

Tôt ou tard, le sentiment écrasant de la permanence de la nature vous emplit le cœur, vous remue profondément, et vous finissez par être inquiet de Dieu.

Le curé de village, HONORÉ DE BALZAC (1799-1850)

CHAPITRE UN

COMPRENDRE LES OISEAUX

LE MONDE DES OISEAUX

Junco ardoisé

Le ciel du monde entier appartient aux oiseaux et leur variété n'a de cesse de nous émerveiller.

Presque tous les animaux se déplacent, mais les oiseaux ne connaissent pas de frontières : en effet, ils sont les seuls à pouvoir, théoriquement, aller où bon leur semble.

Si on les trouve en très grand nombre dans les marécages, les bois et les forêts, ils élisent aussi domicile dans les déserts les plus inhospitaliers. Il leur arrive même de s'aventurer jusqu'aux pôles. Alors que certaines espèces ne s'éloignent guère du nid, d'autres, en revanche, franchissent – parfois en un seul vol – des continents ou des océans.

On a recensé quelque 9 300 espèces d'oiseaux dans le monde. Leur taille varie énormément : le colibri abeille ne pèse guère plus lourd qu'une pièce de dix cents, tandis que l'autruche, plus grande que l'homme, peut atteindre 135 kg. Et leur plumage peut revêtir toute la palette des couleurs. Le paon exhibe, pendant la parade nuptiale, un éblouissant motif de bleus et de verts irisés tandis que l'engoulevent, misant sur le camouflage, peut prendre l'aspect d'une souche de bois mort pour échapper à ses prédateurs.

Certaines espèces, certes, sont menacées d'extinction ; mais on trouve encore sur terre plus de poulets domestiques que d'humains.

Si le pluvier bronzé double presque de poids deux fois l'an – ses graisses lui servant de carburant pour voler sans escale entre Hawaï et l'Alaska –, le faucon pèlerin atteint la vélocité de 300 km/h quand il fond sur sa proie ailée. Ces maîtres du ciel n'en comptent pas moins parmi leurs semblables des espèces, comme l'autruche, qui ne peuvent pas voler.

Faucon pèlerin

Autruche

Chouette

Les couleurs correspondent au nombre d'espèces d'oiseaux présentes dans les divers points du globe. La plus forte densité se retrouve dans les forêts tropicales, la plus faible près des calottes polaires. Dans les régions tempérées d'Amérique du Nord, d'Europe et d'Australie, la densité est à peu près la même.

- 50 espèces ou moins
- 50 à 250 espèces
- 250 à 500 espèces
- 500 à 1 000 espèces
- 1 000 à 1 500 espèces
- 1 500 espèces et plus

Oiseaux réels et fictifs

Le phénix qui renaît de ses cendres ; la colombe, symbole de paix ; l'oiseau bleu du bonheur : depuis la nuit des temps, les oiseaux, réels ou fictifs, inspirent notre imaginaire.

LE ROKH *Le mythe de cet oiseau géant qui se nourrit d'éléphants a survécu à plusieurs siècles. Ci-contre, dans une scène tirée des* Mille et Une Nuits, *des marchands extirpant un oisillon de sa coquille.*

Il n'y a rien d'étonnant à ce que l'être humain soit fasciné par l'oiseau. De tous les animaux, c'est sans doute celui dont il peut le plus facilement observer les mœurs. Les attributs de l'oiseau, son comportement et son mode de vie constituent donc, depuis toujours, une source d'inspiration pour les hommes.

Dans toutes les cultures, le chant des oiseaux a inspiré les poètes. Et, au fil des siècles, le rêve de voler a continuellement hanté l'humanité.

L'HOMME-OISEAU *Cette fresque, qui remonte à plus de 15 000 ans, se trouve dans la grotte de Lascaux, en France. L'ensemble représente un bison, un oiseau et ce qui semble être un homme à tête d'oiseau.*

Les hommes se sont aussi servi des oiseaux pour symboliser de grandes idées ou des qualités enviables : sagesse du hibou, majesté de l'aigle, colombe et paix. Enfouis dans notre inconscient, subsistent encore des légendes et des mythes qui souvent remontent à la nuit des temps.

Mythes classiques

L'un des mythes les plus anciens que nous connaissions est assurément celui du phénix. Si cet oiseau fabuleux était bien connu des Grecs et des Romains, on en trouve déjà la trace dans l'histoire de l'Ancienne Égypte, plusieurs milliers d'années auparavant.

La plupart des légendes présentent le phénix comme un oiseau magnifique, doué d'une longévité qui le fait vivre plusieurs siècles dans le désert d'Arabie. Après s'être immolé par le feu, il renaît de ses cendres, plus vigoureux encore.

Au cours du Moyen Âge, la légende du phénix a servi de métaphore à la résurrection du Christ et la littérature y fait souvent allusion. Encore aujourd'hui, le phénix est le symbole qu'on invoque pour décrire une idée ou un projet qui renaît à partir de ses ruines ou de ses cendres.

Une autre légende grecque, celle-ci d'origine incertaine, est celle de l'alcyon. Cet oiseau, qu'on associe au martin-pêcheur, faisait flotter son nid sur la mer. C'est alors que Éole, dieu des Vents, décréta l'arrêt des tempêtes jusqu'à ce que les petits de l'alcyon aient grandi. La légende est parvenue jusqu'à nous et l'alcyon est toujours employé comme figure littéraire pour décrire des périodes privilégiées d'accalmie.

Pleurez, doux alcyons !
Ô vous, oiseaux sacrés,
Oiseaux chers à Thétis,
doux alcyons, pleurez !

La Jeune Tarentine,
André Chénier (1762-1794)

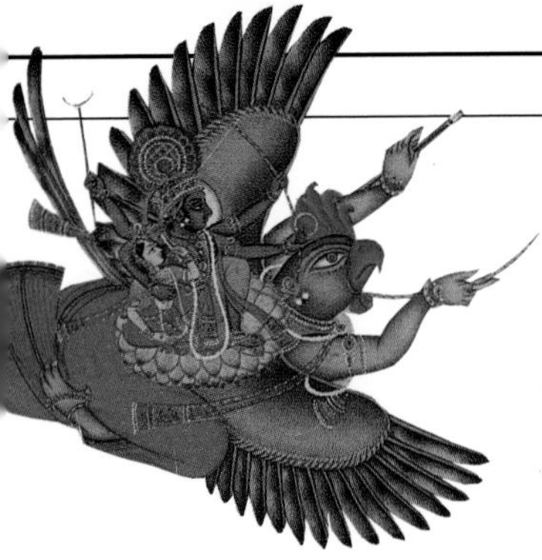

SYMBOLE DE POUVOIR

De tout temps, l'aigle a exercé sa fascination sur les hommes. Salomon, dans le *Cantique des Cantiques*, fait allusion à la puissance de son vol. L'aigle est aussi l'emblème du dieu babylonien Ashur. Chez les Grecs, il orne le sceptre de Zeus.

Dans la mythologie hindoue, un aigle révèle à l'humanité la boisson sacrée du soma et, chez les peuples scandinaves, Odin, roi des dieux, se plaît à prendre sa forme. En Amérique du Nord, les coiffures guerrières des Indiens des plaines étaient faites exclusivement de plumes d'aigle. L'aigle à deux têtes fut un motif cher à l'Empire byzantin et des empires comme l'Autriche, l'Allemagne, la Pologne et la Russie arboraient un aigle dans leurs armoiries.

L'aigle figure toujours dans celles du Mexique et c'est encore lui que les États-Unis ont adopté comme emblème national.

LÉGENDES DE L'ORIENT

Le mythe de l'oiseau aux dimensions surnaturelles est universel. Le plus monstrueux de tous les oiseaux, réels ou imaginaires, est Garuda, monture du dieu hindou Vishnu, divinité suprême de l'Univers. Roi des oiseaux et fils du Vent, Garuda est un monstre ailé qui se nourrit de serpents. On le voit représenté dans tous les pays de religion hindoue. Garuda est l'emblème de la compagnie nationale de transports aériens de l'Indonésie.

Un recueil de contes arabes, les *Mille et Une Nuits*, révéla à l'Occident le mythe du rokh qui fait depuis partie de notre imaginaire. Dans l'un des contes, le héros, nommé Sindbad le Marin, échoue sur une île de l'océan Indien ; c'est là qu'il découvre l'oiseau géant qui se nourrit de jeunes éléphants.

On retrouve des variantes du mythe du rokh dans la littérature de la Chine ancienne et l'oiseau fabuleux est mentionné dans les récits de Marco Polo qui rapporte qu'une plume de rokh fut offerte à Genghis Khan.

MYTHES D'AMÉRIQUE

Les oiseaux fabuleux font également partie de l'imaginaire chez la plupart des peuples autochtones d'Amérique du Nord et du Sud. L'Oiseau tonnerre, aigle mythique, est si gigantesque que le moindre clignement de ses yeux provoque un éclair et que le tonnerre gronde au plus infime battement de ses ailes. On le retrouve, entre autres, dans la culture des Athabascans, des Inuit et des Hopis. La légende du peuple Tlingit, sur la côte nord du Pacifique, veut que l'aigle transporte un lac au creux de son dos et que le battement de ses ailes provoque le déversement de torrents d'eau sur la terre.

LE SACRIFICE *Pélican qui nourrit ses petits de son propre sang : une gravure sur bois tirée de* Ornithologiae *de Ulisse Aldrovandi (1559-1603).*

ATTRIBUTS MYTHIQUES

En plus des oiseaux fabuleux, il y a aussi les légendes portant sur de vrais oiseaux.

Symbole de l'harmonie qui attire la faveur des dieux, le « faisan de l'amour » est, avec la tortue, la licorne et le dragon, l'une des créatures surnaturelles les plus importantes de la mythologie chinoise.

Dans l'Europe médiévale, la croyance populaire voulait que le pélican nourrisse ses petits de son propre sang et l'oiseau devint le symbole du christianisme.

Chez les aborigènes d'Australie, un petit oiseau chanteur, le hochequeue, est réputé comme colporteur : il rôde autour des hommes rassemblés et surprend leurs secrets pour les rapporter aux femmes. Enfin, dans bien des pays d'Europe, le pic annonce encore l'arrivée de la pluie.

OISEAUX MYTHIQUES *Garuda, l'oiseau divin des Hindous (ci-dessus) et l'Oiseau tonnerre (à droite), qui figure sur un mât totémique amérindien.*

Origine des oiseaux

Si nous en savons long sur leur comportement et sur leurs habitudes, l'origine des oiseaux n'en continue pas moins de poser des mystères à bien des égards.

Les dépôts fossiles ne nous fournissent guère d'informations sur l'origine des oiseaux. Car non seulement le squelette de l'oiseau est-il fragile mais plusieurs de ses composantes sont creuses et donc très friables. En outre, les oiseaux de terre meurent rarement là où leurs restes auraient pu s'enfouir dans les couches sédimentaires qui recèlent des fossiles. Il est probable aussi que bon nombre d'oiseaux

IMAGES DE PIERRE *L'homme comme la nature nous ont livré dans la pierre des formes d'oiseaux. La gravure égyptienne, à gauche, date du VIIIe siècle.*

préhistoriques ont été la proie d'autres animaux carnivores.

On estime qu'entre 1,5 et 2 millions d'espèces ont vu le jour depuis le plus ancien oiseau connu, *Archaeopteryx*. Les spécimens recueillis ne permettent guère de prouver l'existence de plus 12 000 de ces espèces.

Dinosaures à plumes

Même si l'origine précise des oiseaux est encore incertaine, plusieurs croient qu'ils ont des reptiles pour ancêtres. Une théorie bien étayée veut que les oiseaux descendent d'un sous-groupe de dinosaures, les théropodes, qui peuplaient la terre il y a 200 millions d'années. L'os du bréchet, une fourchette en forme de

Le plus ancien des oiseaux connus

Il y a environ 150 millions d'années, près des forêts jurassiques, un groupe de dinosaures broutait sur les berges d'un lac de Bavière pendant que, dans les fourrés, d'étranges créatures semblables à des oiseaux grimpaient aux branches et sautillaient d'arbre en arbre. Une de ces créatures, vraisemblablement dans un ultime effort pour échapper à son prédateur arboricole, perdit l'équilibre, tomba dans les eaux peu profondes du lac, s'y noya et coula dans le limon sédimentaire.

Au début du XIXe siècle, un ouvrier découvrit dans une carrière une plume fossilisée. Puis, en 1861, on trouva une partie du squelette fossilisé d'une créature ressemblant à un oiseau. Le paléontologiste allemand Hermann von Meyer examina ces restes, en fit une description détaillée et donna un nom au plus ancien oiseau connu, *Archaeopteryx lithographica*.

L'étude de *Archaeopteryx* a révélé ce qui demeure à ce jour la preuve la plus convaincante du lien entre les oiseaux et les dinosaures. S'il est évident que *Archaeopteryx* est un oiseau, parce qu'il en possède les caractéristiques essentielles comme le plumage et la fourchette en forme de U, il demeure qu'il a des dents ainsi que des doigts pourvus de griffes, caractéristiques propres aux reptiles.

Archaeopteryx était un prédateur de la taille d'un corbeau et se nourrissait probablement d'insectes et de petits vertébrés tels les lézards. On s'interroge encore sur son aptitude au vol et sur ses habitudes – arboricoles, ou terrestres. Des spécialistes prétendent que *Archaeopteryx* pouvait à peine voler, tandis que d'autres soutiennent qu'il pouvait accomplir de longs périples.

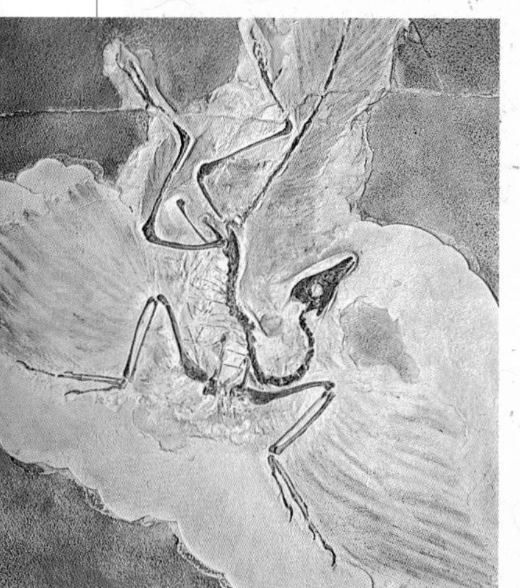

LES FOSSILES *(ci-dessus) nous ont permis de nous faire une idée assez juste de l'apparence de* Archaeopteryx *(ci-dessus, à droite).*

HESPERORNIS, *un plongeur, pourchassait les poissons pour s'en nourrir durant le crétacé, il y a plus de 100 millions d'années. Plusieurs de nos oiseaux aquatiques, dont le pélican (en bas, à droite), remontent à cette ère.*

U qu'on trouve autant chez les oiseaux que chez certains théropodes, permettrait, dit-on, d'établir le lien entre eux. Chez les oiseaux, ce caractère joue un rôle primordial dans leur aptitude à voler, alors que chez les dinosaures il a probablement évolué pour servir de support aux courtes pattes de devant qu'ils utilisaient pour attraper leurs proies.

Oiseaux du crétacé

Même s'ils suivent de près *Archaeopteryx*, les oiseaux du crétacé inférieur (il y a 130 millions d'années) ressemblaient déjà beaucoup à nos oiseaux actuels. La plupart jouissaient sans doute d'une puissante faculté de voler.

Les plus célèbres fossiles d'oiseaux crétacés sont *Hesperornis* et *Ichthyornis*, qui ont été trouvés en Amérique du Nord. Ils ont la particularité d'être pourvus de dents, tout comme *Archaeopteryx* et les théropodes. *Hesperornis* était un plongeur qui ne pouvait pas réellement voler et qui se nourrissait de poissons, tandis que *Ichthyornis* pouvait voler sans difficulté.

La période du pléistocène

Parmi les fossiles de cette période (entre 2 millions et 10 000 ans), on a identifié des espèces toujours vivantes.

Ces fossiles se retrouvent en grand nombre dans les gisements de houille de Rancho la Brea, en Californie. On y a notamment découvert des spécimens du *Teratornis*, dont les ailes atteignaient une envergure de 3,80 m.

Oiseaux actuels

Nos oiseaux ne sont donc pas si « modernes » puisqu'ils sillonnent la terre et le ciel depuis plusieurs milliers d'années déjà. Il en existait quelque 11 500 espèces durant le pléistocène, soit 2 000 de plus qu'aujourd'hui. Ce fut l'époque où ils atteignirent leur apogée ; depuis lors, leur nombre décroît.

Et la mer au soleil
ne supporte que l'ombre
Que jettent des oiseaux
les ailes déployées.

Calligrammes,
APOLLINAIRE (1880-1918)

TERATORNIS *On a découvert en Californie plusieurs fossiles de cet imposant oiseau, semblable à un urubu, qui habitait l'ouest de l'Amérique du Nord au cours du pléistocène.*

Classification

La diversité des espèces fait la joie des amateurs d'ornithologie. Mais, pour les spécialistes, leur classification représente un défi de taille.

Taxinomie : ce mot désigne la science de la classification des êtres vivants. Les méthodes utilisées par les premiers taxinomistes étaient simplistes : on classait les oiseaux selon leur apparence physique en se fondant sur leur taille, leur morphologie et la couleur de leur plumage. Les résultats n'étaient pas toujours heureux. Certains oiseaux classés dans une même espèce n'avaient aucun lien entre eux alors que d'autres étaient écartés de l'espèce à laquelle ils auraient dû s'apparenter.

L'évolution des méthodes scientifiques donna lieu à la mise au point de techniques plus rigoureuses et le système de classification des oiseaux est devenu très sophistiqué. La taxinomie a tiré avantage de découvertes scientifiques réalisées dans d'autres domaines : biologie, paléontologie, écologie, physiologie, éthologie et, finalement, l'analyse des protéines et de l'ADN.

PICTOGRAMMES *Les Égyptiens utilisèrent plusieurs espèces d'oiseaux dans leurs hiéroglyphes. Le faucon (à gauche) représentait Horus, dieu du pharaon.*

La notion d'espèce

La taxinomie moderne se fonde sur la notion d'espèce. Une espèce se définit essentiellement comme une population d'êtres vivants qui ne se reproduisent pas avec les populations voisines, quoiqu'il soit parfois difficile d'établir des distinctions très nettes.

À l'intérieur d'une même espèce, certains groupes peuvent présenter des caractères légèrement différents, par exemple quant à la taille ou à la couleur du plumage. Ces groupes forment ce qu'on appelle des sous-espèces ou des races. Des populations séparées de leur espèce par un océan ou une chaîne de montagnes sont dites isolées.

Genres, familles et ordres

Tous les oiseaux sont plus ou moins apparentés. La taxinomie a donc créé différentes catégories permettant de déterminer leur lien de parenté. Plusieurs espèces d'oiseaux semblables font partie d'un même genre ; plusieurs genres semblables font partie d'une même famille ; et plusieurs familles composent un ordre. Les taxinomistes utilisent d'autres catégories qui permettent une classification plus sophistiquée, mais l'ornithologue amateur n'a pas à se préoccuper de telles subtilités.

Tous les oiseaux réunis constituent ce qu'on appelle la classe des oiseaux. L'ensemble de plusieurs classes d'animaux doués d'une colonne vertébrale constitue le sous-embranchement des vertébrés, lequel fait partie à son tour du règne animal.

Le nom des oiseaux

La plupart des oiseaux sont dotés à la fois d'un nom commun, propre à chaque langue, et d'un nom scientifique. Celui-ci se compose de deux éléments : genre et espèce. Un troisième élément s'ajoute

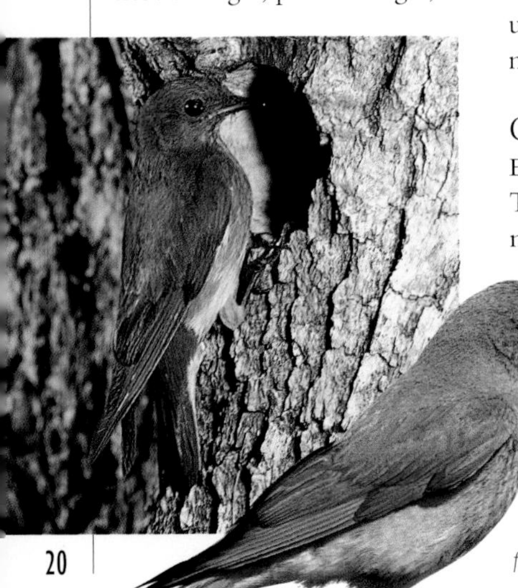

LES LIENS DE PARENTÉ *Le merle bleu azuré (à gauche), le merle bleu de l'Ouest (à l'extrême gauche) et le merle bleu de l'Est (en haut, à droite) appartiennent tous trois au même genre* (Sialia). *Le merle d'Amérique (page ci-contre, à droite) possède des caractéristiques différentes qui le classent dans un autre genre* (Turdus). *Les deux genres font à leur tour partie d'une même famille, celle des turdidés.*

CARL VON LINNÉ

Carl von Linné, né Carolus Linnaeus, est le père de la taxinomie moderne. On lui doit le système de classification des espèces, tant en botanique qu'en zoologie.

Linnaeus naquit en 1707 à Råshult, en Suède. Son amour des plantes se manifesta dès l'enfance et le conduisit vers une carrière de naturaliste. Il constata très vite l'avantage qu'il y aurait à doter chaque être vivant d'un nom scientifique unique afin qu'il soit reconnu universellement. Le latin était la langue commune à tous les Européens instruits de l'époque ; aussi développa-t-il un système de dénomination binominale composé de deux termes latins. Ce système fut dévoilé en 1735 à la communauté scientifique avec la publication de son ouvrage intitulé *Systema Naturae*.

En 1741, il occupait la chaire de médecine de l'université d'Uppsala puis, l'année suivante, celle de botanique. Il fut anobli en 1761 et devint Carl von

Linné. Quand il mourut à l'âge de 71 ans, il avait publié plus de 180 ouvrages. Quantité d'espèces d'oiseaux tirent leur nom de l'une des nombreuses éditions de *Systema Naturae*.

dans le cas où l'oiseau fait partie d'une sous-espèce.

Le nom scientifique est toujours latin et s'écrit en italique. Seule la première lettre du genre prend la majuscule.

Cette méthode de dénomination permet une reconnaissance universelle du système de classification. Un même oiseau porte souvent des noms différents d'un pays à l'autre ou même selon les régions. Inversement, il arrive qu'un même nom serve à désigner plusieurs espèces différentes.

LE CODE DES CRÉATURES VIVANTES

La simulation par ordinateur ci-dessous illustre la complexité de la structure à double spirale de l'ADN.

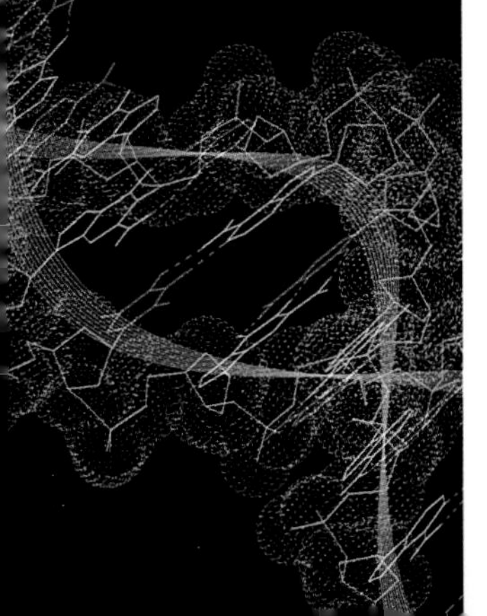

L'oiseau que nous appelons merle, par exemple, n'est pas de la même espèce que le merle des Européens. Dans ces cas, la dénomination scientifique élimine toute possibilité de confusion.

RÔLE DE L'ADN

Les découvertes récentes en biochimie, et en particulier l'analyse de l'ADN (acide désoxyribonucléique, composante essentielle du matériel génétique), ont permis de faire la lumière sur les liens de parenté entre les oiseaux.

Dans la foulée de Charles Sibley et Jon Ahlquist, de l'université Yale, les chercheurs ont d'abord analysé des protéines extraites du sang et de l'albumine. Ils sont maintenant capables d'isoler et d'analyser l'ADN proprement dit et de mesurer la connexité des éléments avec une précision remarquable.

Les résultats de ces recherches ont donné la réponse à beaucoup de questions que se posaient les taxinomistes.

CLASSIFICATION DU MERLE D'AMÉRIQUE

La taxinomie poursuit un double objectif : attribuer un nom unique à chaque espèce et classer ces espèces dans une structure arborescente établissant les liens de parenté entre elles. La fiche signalétique du merle d'Amérique s'établit comme suit :

- Classe : *Aves* (oiseaux)
- Ordre : passériformes
- Famille : turdidés
- Genre : *Turdus*
- Espèce : *migratorius*

Il peut exister aussi une ou des sous-espèces : *Turdus migratorius achrusterus* identifie le merle du Texas.

Anatomie des oiseaux

Malgré la diversité de leurs traits distinctifs, les oiseaux ont une structure remarquablement uniforme. Tous ont dû, en effet, adapter leurs fonctions au vol.

Seuls êtres vivants pourvus de plumes, les oiseaux sont pourtant des vertébrés. C'est-à-dire qu'ils possèdent un squelette articulé, deux membres inférieurs et deux antérieurs, tout comme les reptiles, les poissons, les amphibiens et les mammifères (dont l'homme fait partie). Le cerveau est enfermé dans la boîte crânienne et le système nerveux central, contenu, lui, dans le canal vertébral descend le long du dos.

En fait, le squelette, le système musculaire et les organes d'un oiseau sont assez semblables à ceux d'un être humain. De façon générale, non seulement retrouve-t-on, à des endroits correspondants du corps, les mêmes composantes chez l'oiseau que chez l'homme (yeux, oreilles, crâne, vertèbres, poumons, cœur...), mais ces composantes remplissent en outre des fonctions comparables.

Le squelette

La plupart des différences entre le squelette de l'oiseau et celui de l'homme tiennent aux profondes modifications qui permettent à l'oiseau de voler. Le sternum, par exemple, occupe la même position et remplit la même fonction chez l'oiseau que chez l'homme ; il est toutefois

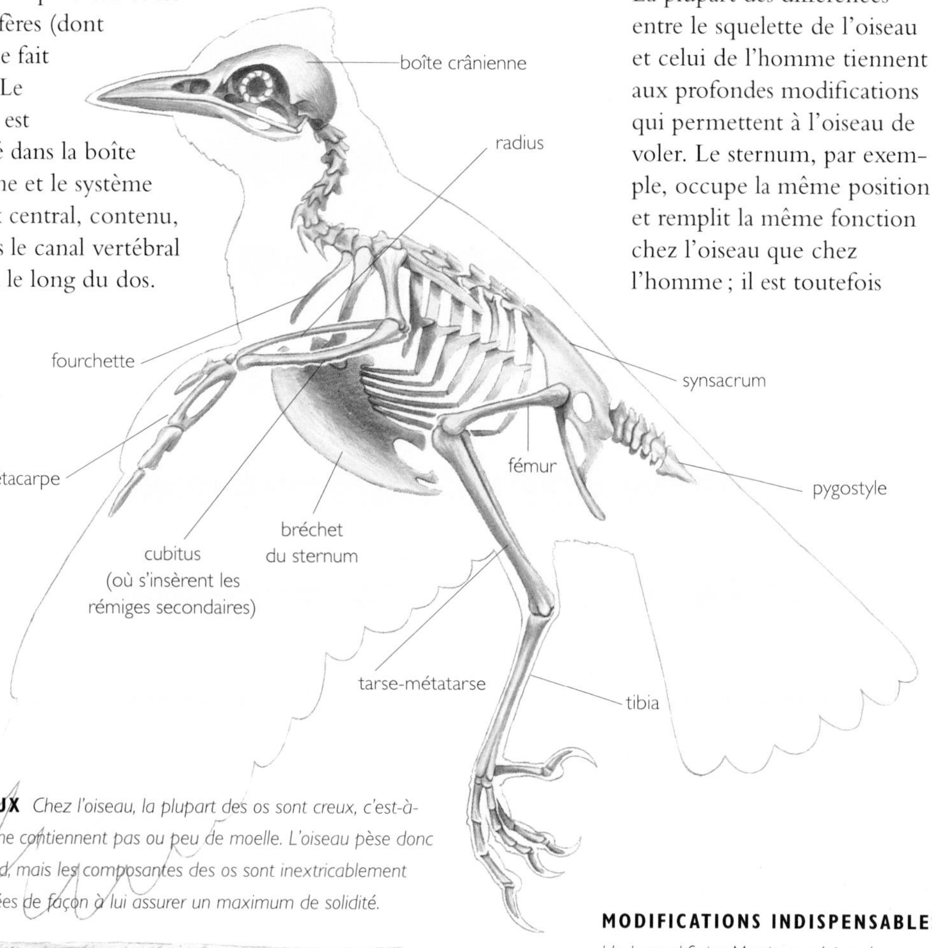

boîte crânienne
radius
fourchette
synsacrum
carpe-métacarpe
fémur
pygostyle
bréchet du sternum
cubitus (où s'insèrent les rémiges secondaires)
tarse-métatarse
tibia

OS CREUX *Chez l'oiseau, la plupart des os sont creux, c'est-à-dire qu'ils ne contiennent pas ou peu de moelle. L'oiseau pèse donc moins lourd, mais les composantes des os sont inextricablement entrecroisées de façon à lui assurer un maximum de solidité.*

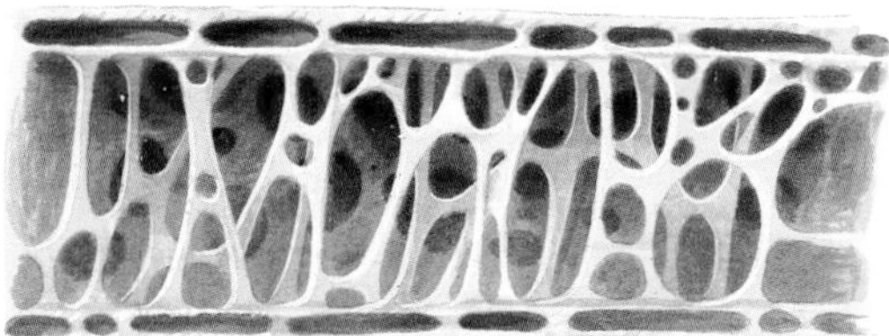

MODIFICATIONS INDISPENSABLES
Un busard Saint-Martin en plein vol (en haut, à gauche). Son squelette (ci-dessus) possède toutes les caractéristiques du squelette d'un vertébré. Il a cependant subi certaines modifications importantes lui permettant de voler.

proportionnellement beaucoup plus gros chez l'oiseau et comporte, se projetant à angle droit, le caractère le plus évident et le plus distinctif du squelette aviaire, le bréchet. L'os du bréchet supporte les grands muscles pectoraux qui actionnent les ailes.

Autre caractère unique au squelette aviaire et présent chez la plupart des oiseaux, la fourchette est la réunion des clavicules qui forment une attache rigide pour les ailes.

LE SYSTÈME ORGANIQUE

Là encore, si le système organique de l'oiseau se compare à celui des autres vertébrés, il a subi des modifications qui lui permettent de voler. Notamment, son métabolisme est beaucoup plus élevé que chez la plupart des autres animaux, ce qui explique la grande dimension de son cœur.

Son appareil respiratoire complexe est remarquablement efficace. Le corps de l'oiseau renferme une multitude de petits espaces vides appelés sacs aériens ; chez certains, on trouve de ces sacs jusqu'à l'intérieur des os. L'air circule dans ce système de sacs reliés les uns aux autres, à la manière du sang dans l'appareil circulatoire. Les poumons sont situés de telle façon que l'air y passe autant à l'expiration qu'à l'inspiration. L'apport d'oxygène dans le sang est par conséquent ininterrompu. Voilà pourquoi l'oiseau se débrouille si bien avec des poumons pourtant beaucoup plus petits que chez les autres vertébrés.

JAMAIS À BOUT DE SOUFFLE *Dans l'appareil respiratoire de l'oiseau (ci-dessous), l'air traverse les poumons de façon continue et ne dépend pas des mouvements d'inspiration et d'expiration.*

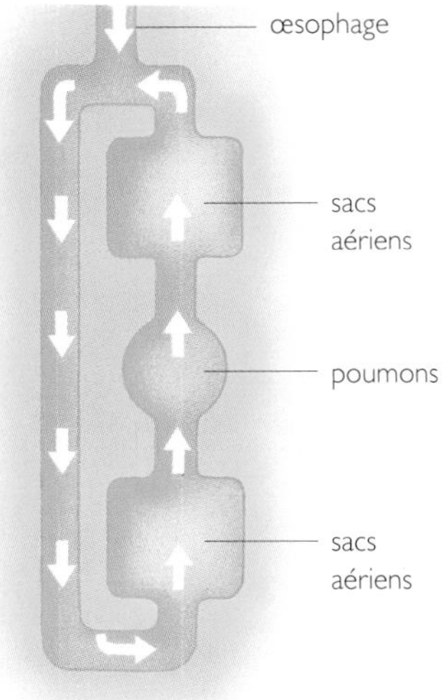

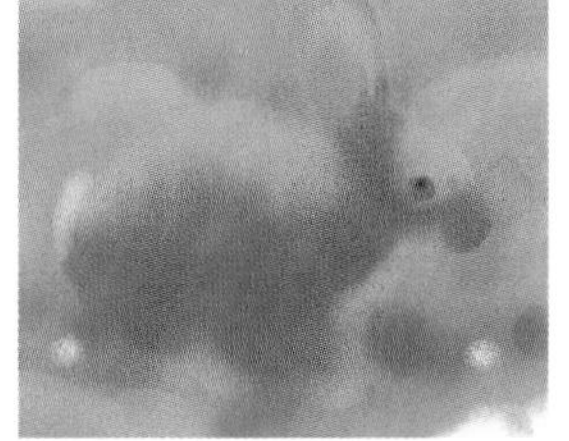

UNE VUE PERÇANTE *À gauche, un lapin, tel que probablement perçu par la majorité des animaux et, en dessous, perçu par un aigle. La définition plus nette tient à la grande concentration de cellules nerveuses visuelles dans la rétine de l'aigle (ci-dessous). Le hibou (plus bas) jouit d'une vision à la fois nocturne et binoculaire lui permettant de voir en trois dimensions. En bas, pièce de monnaie grecque (IIe siècle apr. J.-C.).*

L'APPAREIL SENSORIEL

Les oiseaux, qui n'ont pas l'odorat développé mais qui ont l'ouïe fine, jouissent par ailleurs, de par la structure anatomique de leurs yeux, de l'appareil sensoriel le plus sophistiqué du règne animal.

L'œil d'un aigle adulte, par exemple, est de la même grosseur que celui d'un homme. Sa rétine (surface interne de l'œil qui reçoit les impressions lumineuses) comporte toutefois une plus grande densité de cellules visuelles (cônes et bâtonnets).

Un trait unique à l'œil de l'oiseau est le peigne, une lame richement vascularisée qui se détache de la rétine. On n'a pas encore réussi à démontrer la fonction précise du peigne, mais on croit généralement qu'il sert à augmenter l'apport d'oxygène et de substances nutritives aux cellules visuelles de la rétine.

Le sage

ne cherche pas

à connaître

le ciel.

HSÜN-TZU,
298-238 av. J.-C.

Plumes et plumage

Les oiseaux sont les seuls êtres à plumes de la création. La complexité de la structure de leur peau est une merveille de la nature.

Tout à la fois légère, souple et robuste, la plume est d'une conception ingénieuse. Elle est bien sûr indispensable au vol mais elle remplit d'autres fonctions importantes, notamment celle de maintenir la température interne du corps de l'oiseau.

Composition et structure

La plume est faite de kératine, la même substance que l'on retrouve dans les cheveux et dans les ongles humains. Le tuyau central de la plume (rachis) présente deux séries latérales de barbes dont l'arrangement les fait ressembler à un peigne. Chaque barbe porte à son tour une série de petites structures disposées de la même manière, les barbules. Ces éléments sont maintenus ensemble grâce à une myriade de minuscules crochets qui agrafent entre elles les barbules.

L'oiseau passe une bonne partie de son temps à entretenir et à réparer ses plumes. Il se sert de son bec pour rattacher les petits crochets – un peu comme on le ferait d'une bande velcro – ainsi que pour nettoyer et faire briller ses plumes afin de les rendre imperméables.

COLORIS *Les plumes revêtent divers coloris, depuis les teintes sobres propres aux bruants jusqu'aux nuances vibrantes du flamant rose d'Amérique (ci-dessus) ou de l'oriole à gros bec (ci-dessous).*

BARBES ET BARBULES *La photographie ci-dessous, amplifiée au microscope électronique, montre une barbe et des barbules. Chaque barbule est munie de petits crochets (à gauche) qui agrafent tous les éléments de la structure.*

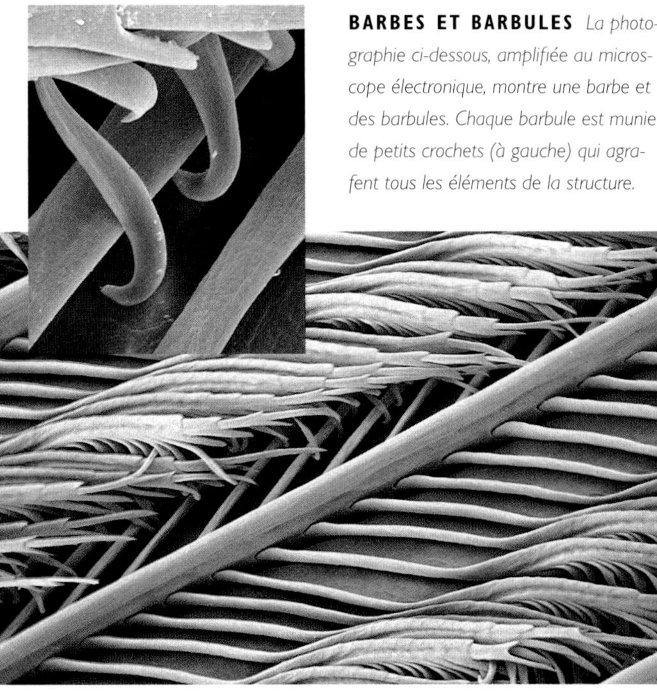

FORMATION D'UNE PLUME *La plume provient d'une papille dermique comme le follicule d'un cheveu chez l'humain. L'ancienne plume doit d'abord tomber pour qu'une petite hampe, semblable à une paille, se mette à pousser. À l'intérieur de ce minuscule tuyau, les barbes et les barbules sont enroulées en spirale. La partie supérieure de la hampe se fend peu à peu, permettant à la plume de se déplier et de prendre forme progressivement.*

hampe
barbe
rachis

Le plumage

On nomme ainsi l'ensemble des plumes qui recouvrent le corps de l'oiseau. Les plumes ne poussent qu'en des zones déterminées de la peau appelées ptérylies ; les parties dépourvues de plumes sont appelées aptérylies. L'agencement des plumes détermine le coloris de l'oiseau ; il est donc indispensable que l'ornithologue amateur connaisse les caractéristiques du plumage. C'est en observant les différentes parties qui composent son corps qu'on parvient à identifier un oiseau.

Plusieurs types de plumes recouvrent l'oiseau ; les deux principaux sont les plumes de couverture et les plumes de vol. Les premières recouvrent le corps de l'oiseau, délimitent son contour et maintiennent sa température interne ; les deuxièmes sont celles qui permettent à l'oiseau de voler. Les plumes de vol, tout en étant plus longues et plus robustes, sont moins incurvées et présentent un profil aérodynamique.

Les oiseaux sont également pourvus de semi-plumes et de duvet formant une couche à la fois protectrice et isolante. Chez certains, on retrouve une structure particulière du plumage, les vibrisses, qui se désagrègent continuellement en sécrétant une poudre huileuse dont l'oiseau s'enduit.

Le nombre de plumes varie généralement selon la grosseur du corps de l'oiseau. Par exemple, le colibri porte environ 1 000 plumes et le cygne, 20 fois plus. Le plumage contribue pour une grande part au poids de l'oiseau. Chez la frégate, le poids du plumage est supérieur au poids du corps ; chez les oiseaux chanteurs, il n'en représente que le tiers.

TYPES DE PLUMES *Les plumes de couverture (à gauche) sont en général petites, souples et soyeuses. Les plumes de vol (ci-dessus) sont larges, longues, rigides et lisses.*

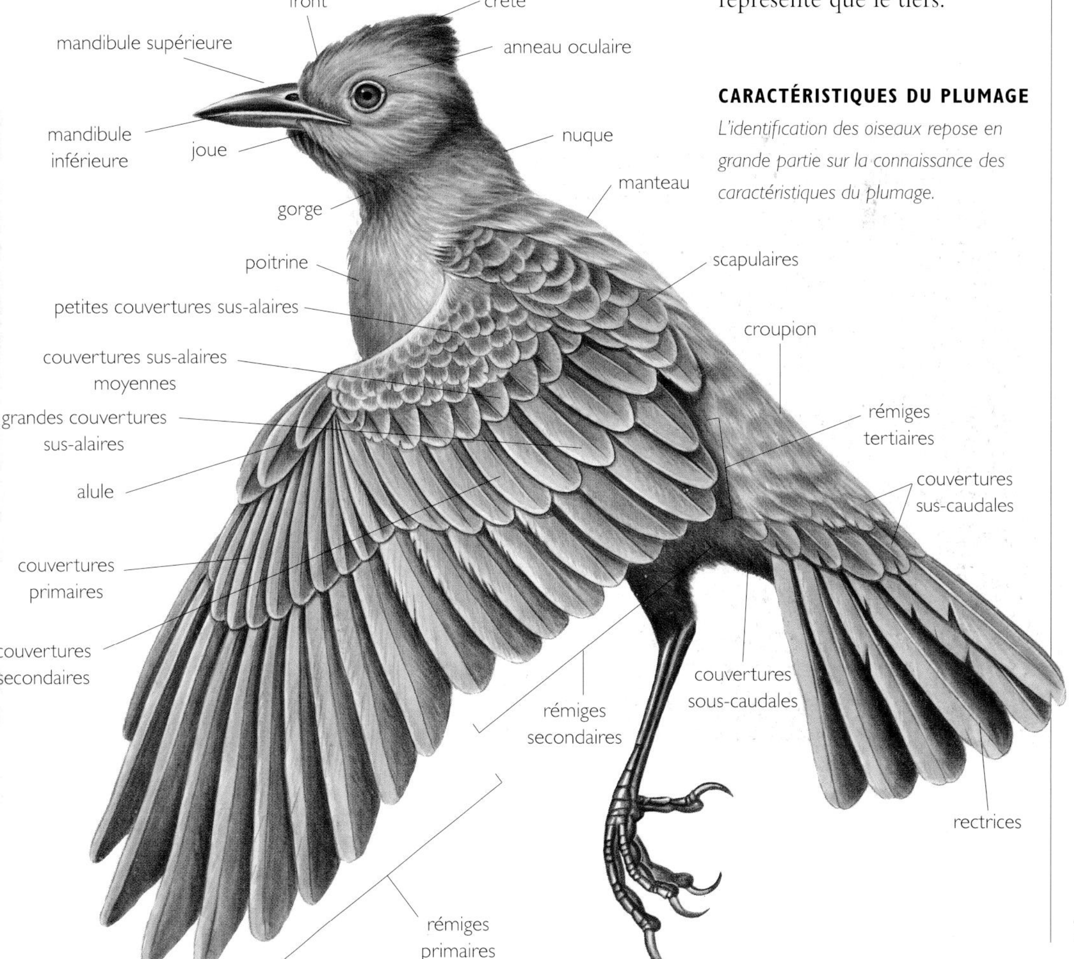

CARACTÉRISTIQUES DU PLUMAGE *L'identification des oiseaux repose en grande partie sur la connaissance des caractéristiques du plumage.*

CYCLES DU PLUMAGE

Le plumage d'un oiseau se transforme au fil des ans. Certains oiseaux changent de livrée selon la saison et tous renouvellent leur parure chaque année grâce au phénomène de la mue.

Bien que l'oiseau prenne grand soin de son plumage, il est inévitable que la plume, dont la structure est complexe, finisse par s'abîmer. Tous les oiseaux muent au moins une fois l'an et si vous les observez attentivement, vous apprendrez à reconnaître l'aspect usé et effiloché des plumes prêtes à tomber.

La mue est un phénomène complexe. Elle se fait en deux étapes : l'oiseau se dépouille d'abord de ses plumes usées ; ensuite commence le processus du renouvellement. La mue est complète lorsque toutes les vieilles plumes sont tombées et que toutes les nouvelles ont poussé. En pratique toutefois, il arrive très souvent que les mues soient interrompues ou qu'elles se chevauchent.

SOUS-VÊTEMENTS THERMIQUES *Un durbec des sapins fait bouffer ses plumes de couverture qui l'isoleront du froid.*

LE BON MOMENT

La mue requiert de l'oiseau une bonne dose d'énergie. Il doit en effet fournir à son organisme une quantité suffisante de protéines pour régénérer environ le tiers de sa masse corporelle. Cela explique l'air amorphe et fatigué de l'oiseau qui est en pleine mue. Mais la nature fait bien les choses et le phénomène de la mue ne se produit qu'au moment où l'oiseau est prêt à fournir cet effort.

La mue se produit donc quand les activités de l'oiseau sont réduites. Plusieurs oiseaux chanteurs, par exemple, muent à la fin de l'été, après avoir fini d'élever leurs petits, mais avant que le froid ne rende la nourriture plus difficile à trouver. N'avez-vous jamais remarqué la quiétude des bois à la fin de l'été ? Les oiseaux, souvent exubérants au printemps, se calment pendant la mue.

LE PROCESSUS

La mue des plumes de vol est un processus exigeant. Chez certaines espèces, l'oiseau se départit d'abord, de chaque côté, d'un même nombre de rémiges primaires en partant de l'extérieur. Ce partage égal lui permet de maintenir son équilibre en vol. Il attend ensuite que les nouvelles plumes repoussent au moins d'un tiers avant de se défaire des plumes suivantes, et ainsi de suite. D'autres oiseaux font le contraire et se dépouillent d'abord de leur plumes intérieures. D'autres encore commencent par le milieu et descendent progressivement vers les flancs. Les canards font preuve d'originalité : ils laissent tomber d'un seul coup toutes les plumes de leurs ailes de sorte qu'ils sont incapables de voler jusqu'à la repousse, soit deux ou trois semaines.

L'ENTRETIEN *Même si les oiseaux entretiennent soigneusement leur plumage, ils n'en renouvellent pas moins leur garde-robe une fois par année. Le dos du jeune goéland à bec cerclé (ci-dessous) est déjà paré de nouvelles plumes, mais il reste sur ses ailes des plumes usées prêtes à tomber.*

DURÉE DE LA MUE

Parce que les mues sont souvent interrompues, se

CAMOUFLAGE PERPÉTUEL *Chez le lagopède des saules, la mue s'opère de telle façon que son camouflage d'hiver (ci-dessous) est aussi efficace que son camouflage d'été (à gauche).*

chevauchent ou, au contraire, se poursuivent indûment, il est difficile d'établir la durée précise d'une mue normale. De plus, la mue varie en fonction des saisons, de l'âge de l'oiseau ainsi que de son état général. À titre indicatif, on estime que la mue d'un oiseau chanteur s'étend environ sur trois semaines.

Identification d'un oiseau en mue

L'ornithologue amateur doit comprendre les étapes de la mue. Le coloris et le dessin du plumage étant des caractères qui permettent d'identifier un oiseau, la mue peut faire en sorte que l'individu qui apparaît au bout de ses jumelles ressemble fort peu à celui qui figure dans son guide d'identification.

C'est souvent le cas, en particulier, pour les oiseaux de rivage migrateurs qui font ce qu'on appelle une mue interrompue. Ils s'empressent de renouveler leurs plumes de vol après la nidification, mais attendent d'avoir terminé leur migration pour achever le processus. Le plumage de ces oiseaux est donc la plupart du temps en cours de mue.

Séquence des plumages

L'oisillon qui sort de sa coquille est tantôt presque nu – c'est le cas des oiseaux chanteurs –, tantôt recouvert de duvet, comme le poussin ou le caneton. Dans les deux cas, le petit n'atteindra son indépendance que lorsqu'il aura appris à voler.

Le plumage dit juvénile est le premier à laisser voir des plumes de couverture ; en fait, c'est celui qui comporte pour la première fois des plumes permettant à l'oiseau de voler. Les plumages dits immatures sont ceux qui se succéderont entre le plumage juvénile et le plumage de l'oiseau qui a atteint sa pleine maturité sexuelle.

Dans la plupart des cas, la première reproduction coïncide avec le début du cycle de plumage de l'oiseau adulte ; ce cycle se reproduira pendant le reste de sa vie. On discerne chez la plupart des espèces d'oiseaux d'Amérique deux mues annuelles : l'une hivernale ou prénuptiale et l'autre estivale ou postnuptiale.

Toutefois, certains oiseaux qui ne se reproduisent pas l'été arborent leur plus belle livrée en période prénuptiale, et se mettent à muer avant la reproduction proprement dite. On voit donc que les termes employés pour définir les plumages ne correspondent pas toujours aux situations réelles.

LIVRÉE SUR MESURE *Grâce à la mue, le plumage terne du canard branchu se pare de couleurs audacieuses quand vient la saison de nidification.*

LE VOL

La dimension et le profil de l'aile d'un oiseau en disent long sur son mode de vie et sur ses habitudes alimentaires.

À la manière d'un ingénieur qui conçoit les ailes d'un avion en fonction de son usage, la nature a doté chaque oiseau d'un type d'ailes adapté à son mode de vie.

Pour l'oiseau comme pour l'avion, la forme des ailes et celle de la queue déterminent la puissance de l'envol, la force de propulsion et la manœuvrabilité ; ces trois éléments sont si interdépendants que le perfectionnement de l'un se fait inévitablement au détriment des autres.

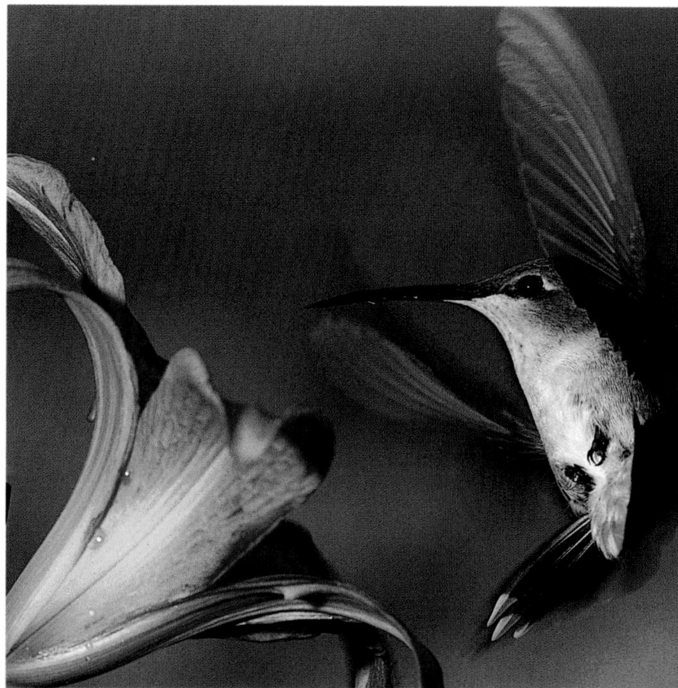

LES COLIBRIS *sont les seuls à pouvoir réussir l'ultime prouesse aviaire : ils volent dans n'importe quelle direction sans avoir à se retourner. Tous les autres oiseaux, y compris le merle bleu de l'Est (en haut, à gauche), volent uniquement en direction avant.*

AUX COMMANDES *À la manière du pilote qui actionne les ailerons de l'avion (ci-dessus), l'oiseau oriente les plumes de ses ailes et de sa queue pour maîtriser sa vitesse. Le goéland (ci-dessous) amorce sa descente.*

FORME ET EFFICIENCE

La forme des ailes est à l'origine des différents types de vol. Une aile longue et étroite est plus performante qu'une aile courte et large ; ce principe n'a rien à voir avec la biologie mais relève plutôt des lois de l'aérodynamique. Les espèces qui passent beaucoup de temps dans les airs – hirondelles, martinets et oiseaux de rivage migrateurs comme le pluvier bronzé – sont pourvues d'ailes longues et étroites qui leur assurent un maximum d'efficience.

Mais l'oiseau qui est ainsi conformé consomme une grande quantité d'énergie pour battre des ailes. Or, bien des oiseaux de terre, comme les colins et les perdrix, n'ont besoin de voler que pour échapper à leurs prédateurs. Leur vol est de courte durée ; ce qui essentiel pour eux, c'est de pouvoir accélérer rapidement. Dans leur cas, des ailes courtes et larges sont donc la configuration la plus efficace.

La forme de la queue est également déterminante. Une queue plus courte est plus aérodynamique alors qu'une queue plus longue assure une meilleure manœuvrabilité.

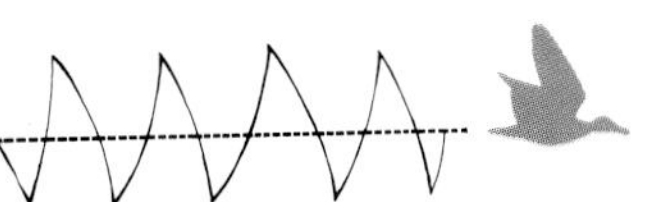

L'OISEAU AQUATIQUE *vole droit devant et bat des ailes de façon rythmique afin de maintenir sa vitesse.*

L'URUBU *se sert des courants atmosphériques pour se propulser en spirale ascendante.*

LE PIC *bat des ailes pour gagner de la vitesse, puis plane pour conserver son énergie.*

TYPES DE VOL

Le lien entre le mode de vie de l'oiseau, la configuration de ses ailes et celle de sa queue est évident chez la plupart des espèces.

Comme les avions de combat, les faucons ont des ailes étroites, en forme de flèche, qui leur assurent une performance exceptionnelle en plein vol. D'autres rapaces comme les éperviers comptent sur un effet de surprise pour chasser dans les forêts embroussaillées. De grandes ailes et une longue queue leur donnent une puissance d'accélération et une agilité remarquables.

Les grands oiseaux de proie comme les urubus (vautours) et les aigles planent dans les courants pour économiser l'énergie. Ainsi n'ont-ils pas besoin d'actionner souvent leurs ailes, qu'ils ont longues et larges, pour assurer la force de leur propulsion.

En revanche, les colibris, qui battent des ailes à un rythme effréné, dépensent énormément d'énergie. On peut comparer le colibri à un hélicoptère. La forme de ses ailes ressemble aux pales du rotor de l'hélicoptère ; comme lui, il sacrifie la vitesse et la portée au bénéfice de la précision. Enfin, il peut faire du surplace et voler droit devant ou droit derrière avec une égale facilité.

Alors tu déploieras ton vol

vers ces régions inconnues

que ton cœur demande.

RENÉ CHATEAUBRIAND (1768-1848)

LE RÊVE DE VOLER *La légende d'Icare (à droite) de même que les représentations de l'homme-oiseau (en bas, à gauche) nous révèlent que, de tout temps, les hommes ont voulu voler à l'instar des oiseaux.*

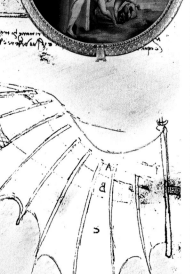

LÉONARD DE VINCI ET LE RÊVE DE VOLER

Toutes les époques ont connu leurs visionnaires qui, affublés d'ailes de leur invention, se jetaient du haut des collines et des tours dans le vain espoir de voler comme un oiseau.

Léonard de Vinci (1452-1519) est sans doute le plus illustre de tous. Les théories, les esquisses et les anticipations de ce génie universel (artiste, architecte et ingénieur) de la Renaissance ont été le fondement de la science de l'aérodynamique.

Pour apprendre à voler, l'homme n'a qu'à imiter l'oiseau : tel était le principe de Léonard de Vinci. Il dessina des machines volantes dont la mécanique imitait le vol des oiseaux. Son imagination féconde et son sens aigu de l'observation lui inspirèrent les premiers dessins jamais réalisés d'un hélicoptère et d'un parachute.

Les nombreuses notes et esquisses qu'il nous a laissées témoignent de sa passion du désir de voler. Il publia à Florence, en 1505, son ouvrage le plus important à ce sujet, *Sul volo degli uccelli* (Du vol des oiseaux).

Habitats et niches

Les espèces qui ont survécu à l'évolution sont celles qui ont réussi à se tailler une niche dans leur habitat spécifique.

Nous avons tous une certaine idée de l'habitat propre aux diverses espèces d'oiseaux. Nous associons les canards aux régions marécageuses et les goélands au bord de la mer. Mais l'habitat est plus qu'un endroit ou une région ; c'est un tissu complexe des inter-relations entre l'oiseau, la végétation, le climat, la nourriture et les prédateurs.

La faculté d'adaptation des oiseaux est remarquable : on les retrouve aussi bien dans les terres arctiques que dans les déserts tropicaux, dans les marécages à découvert que dans les forêts impénétrables.

Niches écologiques

Pour survivre à l'intérieur d'un même habitat, les différentes espèces ont dû s'y tailler des niches spécifiques. La niche dépend souvent de la nourriture qui s'y trouve et des moyens dont dispose l'espèce pour s'en emparer.

La cohabitation des différentes espèces insectivores dans les forêts d'Amérique du Nord illustre bien le concept de niche, qu'on appelle aussi microhabitat ou encore biotope. Le tohi à flancs roux se tient sur le parterre de la forêt et cueille sa nourriture dans la litière feuillue. Un peu au-dessus, le troglodyte de Caroline voltige d'un arbrisseau à l'autre à la recherche d'insectes. Dans les arbres, le grimpereau brun s'agrippe au tronc et poursuit les insectes dans l'écorce pendant que, un peu plus haut encore, le pic chevelu tambourine le tronc pour en extraire des larves. De son perchoir, sous le couvert forestier, le moucherolle vert fonce en flèche sur un insecte volant. Au faîte des arbres, la paruline à gorge jaune déblaie méthodiquement les branches, sous le regard attentif d'un martinet ramoneur qui chasse dans le ciel.

Tous ces oiseaux se partagent un même habitat et une même base alimentaire, les insectes. Mais les moyens dont ils disposent pour se les appro-

LE CHOIX D'UN HABITAT

La distinction est parfois subtile entre l'habitat et la niche, sauf chez les oiseaux extrêmement spécialisés comme la spatule rosée (ci-dessus, à droite) ou le grimpereau brun (ci-contre), tous deux spécialistes dans l'exploitation de leur habitat respectif.

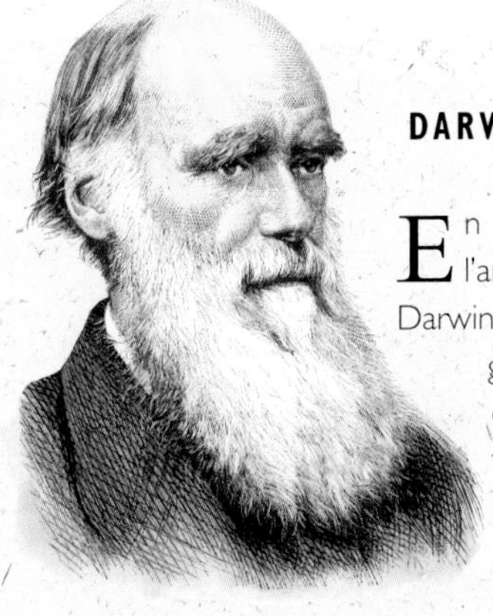

DARWIN ET SES ROSELINS

En 1835, au cours d'un voyage à l'archipel des Galápagos, Charles Darwin (ci-contre) découvrit chez un groupe de roselins ce qui s'avéra être un parfait exemple de la faculté d'adaptation des oiseaux à leur niche.

Tous les roselins de l'archipel descendaient d'une même espèce, un oiseau de terre se nourrissant de graines. Certains roselins avaient continué à se nourrir comme leurs ancêtres, mais il s'était opéré chez d'autres des mutations leur permettant de mettre à profit les ressources de niches jusqu'alors inoccupées.

Une première espèce développa un bec plus long pour pouvoir manger non seulement des graines, mais aussi les fleurs et les fruits du cactus. Une deuxième espèce, nichant dans les arbres, fit les adaptations nécessaires pour se nourrir à la fois de graines, de fruits et d'insectes. Une troisième adopta les habitudes de la paruline et se mit à glaner les insectes du feuillage.

D'autres encore apprirent à se servir d'une brindille ou d'une épine de cactus pour déloger les insectes tapis sous l'écorce des arbres ou dans les fissures de troncs d'arbres pourris. Enfin, les plus ingénieux se mirent à picoter la base des ailes et de la queue des oiseaux de mer en cours de mue pour s'abreuver de leur sang!

prier diffèrent sensiblement. Ces différences dictent la niche de chacun.

Adaptations morphologiques

La taille et la forme des pieds et du bec d'un oiseau en disent long sur ce qu'il mange et sur la façon dont il mange.

Regardons les insectivores de nos forêts et faisons un rapprochement entre leurs caractères physiques et les stratégies qu'ils adoptent pour se nourrir. Les pieds du tohi à flancs roux sont assez larges et vigoureux pour repousser les feuilles qui jonchent le parterre et débusquer les insectes. Le troglodyte de Caroline est pourvu d'un long bec effilé, idéal pour glaner les insectes du feuillage du sous-bois.

Les pattes du grimpereau brun et celles du pic chevelu se ressemblent, courtes, aux pieds griffés pour qu'ils puissent grimper aux arbres; la queue est également comparable: les plumes en sont rigides et leur sert d'appui. Mais ce n'est pas un hasard que leurs becs soient si différents: ils distinguent la manière que chacun a de capturer sa proie. Le bec du pic, droit et puissant, lui sert à marteler le bois pour en détacher l'écorce; celui du grimpereau, fin et incurvé, lui permet de l'explorer en dessous.

Grâce à ses longues ailes en pointe, le martinet ramoneur peut rester dans les airs une grande partie de la journée et son bec troué, triangulaire, lui permet de capturer des insectes au vol.

L'introduction générale aux divers habitats (p. 84) cite d'autres cas d'interrelations entre les oiseaux et leur environnement.

UN BEC ADAPTÉ AU RÉGIME

La forme du bec d'un oiseau trahit son régime alimentaire. Ci-dessous, quatre formes de bec caractéristiques permettent de déduire comment se nourrit l'oiseau. De haut en bas: avec son bec long et effilé, l'avocette peut saisir de minuscules crevettes dans des eaux peu profondes; le bec court, profond et conique du roselin lui sert à broyer l'enveloppe des graines dont il se nourrit; le bec recourbé de l'aigle lui facilite la tâche de déchirer de la chair; et celui de l'aigrette tricolore ressemble à une lance dont il a la fonction.

Cycle vital

Parvenu à l'âge adulte, l'oiseau connaîtra, sa vie durant, le même cycle d'événements annuels.

Une fois revêtu de toutes ses plumes, le jeune oiseau quitte le territoire de ses parents et adopte un mode de vie nomade qui peut se poursuivre pendant plusieurs années. Le jeune mâle ne se choisit pas de territoire tout de suite parce que ceux qu'ils convoitent sont déjà occupés par des adultes. Il ne peut donc pas se reproduire durant cette période d'errance qui le mène d'un territoire à un autre, suscitant souvent l'hostilité des occupants.

Le taux de mortalité est généralement élevé durant cette période. Mais s'il parvient à survivre assez longtemps, l'oiseau finira par découvrir un territoire laissé vacant. Alors il s'y installera, y attirera l'âme sœur et commencera son propre cycle de reproduction.

Cycle annuel de la paruline jaune

La paruline jaune (voir aussi p. 144) passe l'hiver au Costa Rica et se reproduit en Amérique du Nord. Le récit très simplifié de ses pérégrinations (ci-dessous) donne un aperçu du cycle vital chez la plupart des oiseaux chanteurs d'Amérique du Nord. Vous trouverez ailleurs dans ce chapitre des détails sur chaque phase du cycle.

DÉPART DU COSTA RICA *La paruline voyage de nuit et peut parcourir 200 km d'un trait.*

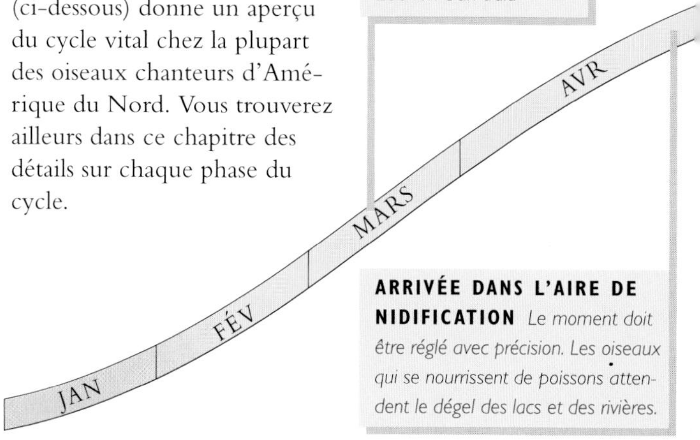

ARRIVÉE DANS L'AIRE DE NIDIFICATION *Le moment doit être réglé avec précision. Les oiseaux qui se nourrissent de poissons attendent le dégel des lacs et des rivières.*

JAN FÉV MARS AVR

DÉPART DE L'AIRE DE NIDIFICATION *Pour sa migration d'automne, l'oiseau est moins pressé. Les préparatifs et le voyage sont souvent assez longs.*

LA MUE *Elle dure environ deux semaines et se produit avant la migration chez la plupart des oiseaux de terre, après chez les autres.*

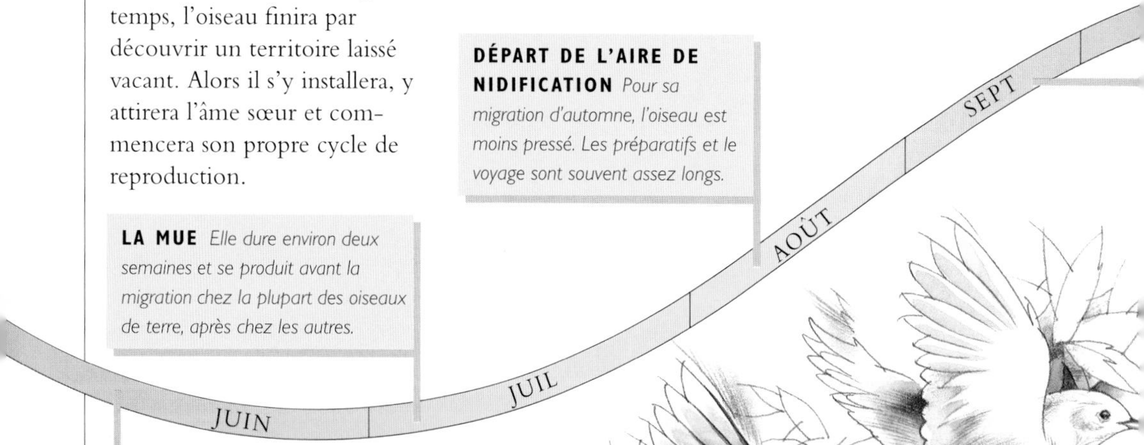

JUIN JUIL AOÛT SEPT

INDÉPENDANCE PRÉCOCE *À peine sortis du nid, les jeunes quittent bientôt leurs parents, en route pour de nouvelles aventures (à droite).*

CHANT POUR ATTIRER UN PARTENAIRE *Si les petits oiseaux chanteurs se reproduisent dès leur premier printemps, les grands n'atteignent souvent leur maturité sexuelle que beaucoup plus tard : sept ans pour certains albatros. Les petits oiseaux migrateurs s'apparient généralement à l'arrivée alors que les plus grands, comme les canards sauvages, voyagent avec l'âme sœur dénichée dans le Sud.*

LE NID *La forme du nid influence le taux de survie. Chez les bruants chanteurs, qui construisent des nids à ciel ouvert, 41 p. 100 des œufs donneront des oisillons viables ; ce taux grimpe à 79 p. 100 chez les troglodytes familiers, qui logent les leurs dans des cavités.*

ÉLEVER LES PETITS *Le mâle joue ici un rôle important : il part en quête de la nourriture que réclament ses petits affamés (ci-dessous).*

MAI

JUIN

PONTE ET COUVAISON *La première année, peu d'oisillons de la couvée parviennent à maturité. Au bout d'un an ou deux, le taux de survie augmente sensiblement. On peut en conclure que l'oiseau est capable de tirer des conclusions de ses expériences.*

NOV

DÉC

RETOUR AU COSTA RICA *Les pertes sont souvent lourdes durant la migration, particulièrement parmi les jeunes oiseaux et au-dessus des plans d'eau. L'espérance de vie a cependant tendance à se stabiliser après une première migration réussie.*

LE CALENDRIER *des événements dans la vie d'une paruline jaune varie selon la distance de l'aire de nidification et, partant, selon le temps qu'elle y passe. La durée de chaque phase est par contre passablement constante. L'échelle de temps reproduite ci-dessous est assez typique.*

Édification du nid	4-5 jours
Ponte des œufs	5-7 jours
Incubation	11 jours
Élevage *(de l'éclosion au départ des petits)*	9-12 jours

De haut en bas, paruline jaune femelle couvant ses œufs et bain d'une paruline jaune mâle (p. 32) ; juvénile fraîchement affranchi et cueillette des matériaux du nid (p. 33).

ESPÉRANCE DE VIE *La moyenne est basse en raison de la mortalité des premiers mois (75 p. 100 dans certains cas). Les oiseaux plus gros vivent en général plus longtemps.*

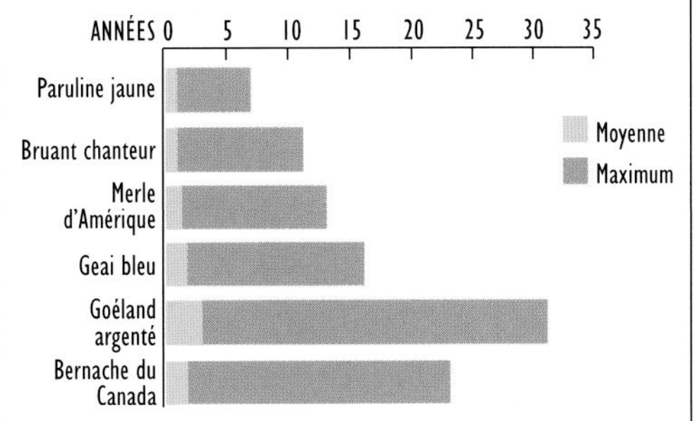

Parades et gestuelle

À l'instar des humains, les oiseaux sont très sensibles aux signes visuels. Ils adoptent des comportements précis pour transmettre toute une gamme de messages.

PARADES NUPTIALES *Les oiseaux se servent des attributs de leur livrée au cours du cérémonial de séduction. Une mosaïque romaine à Ravenne, en Italie, représente un paon qui déploie sa traîne.*

Au fil de leur évolution, les oiseaux ont développé certains comportements pour pouvoir communiquer entre eux. Le chant reste sûrement le plus important, mais il existe aussi toute une panoplie de signes visuels dont notamment le plumage et ses variations.

Le langage du plumage

Les motifs et les coloris attrayants des oiseaux nous permettent de les distinguer. Pour les oiseaux eux-mêmes, ce sont des moyens de communication significatifs. Par exemple, lorsque le junco ardoisé, en s'envolant, exhibe les plumes blanches qui recouvrent le dessus de sa queue, c'est pour inviter ses congénères à le suivre.

Pour de nombreuses espèces, les modifications du plumage selon les saisons servent à lancer des messages importants. On connaît, par exemple, la spectaculaire livrée prénuptiale de certains oiseaux au printemps, qu'accompagnent parfois des attributs ou des comportements particuliers. Ces attributs se retrouvent sur les parties les plus visibles de l'oiseau : tête, cou, poitrine, ailes ou queue. Le mâle de l'aigrette, par exemple, s'embellit d'une huppe voyante, tandis que le colibri fait miroiter les reflets irisés de sa gorge et de sa calotte. Mais la parure la plus impressionnante reste la longue traîne aux couleurs chatoyantes que déploie le paon mâle pour sa parade nuptiale.

Dans certains cas, c'est la combinaison des couleurs et des motifs qui est significative. Le plumage du canard branchu, brillant et coloré, s'orne d'une petite crête luisante qui s'abaisse pour épouser le contour du cou et créer ainsi un effet des plus rutilants.

Certains oiseaux ont développé des attributs pour le moins curieux : le cou chez quelques espèces de gélinottes et de poules des prairies est pourvu de plumes qui se dressent pendant la parade nuptiale pour révéler de larges sacs aériens aux couleurs brillantes.

MARQUAGE DU TERRITOIRE *Un carouge à épaulettes chante pour délimiter son territoire. En plus du chant et des cris, les oiseaux utilisent aussi au besoin une gestuelle précise pour s'exprimer.*

Autres modes d'expression

Outre leur apparence, les oiseaux affichent divers comportements qui, souvent liés au caractère particulier de leur plumage, les assurent de se faire bien comprendre.

Le paon exécute un spectacle en étalant sa superbe traîne ; l'aigrette prend la pose pour se faire voir sous son meilleur jour à sa future partenaire. La parade du canard branchu devant sa dulcinée n'est pas improvisée : il compose sa posture et ne dévoile que son meilleur profil !

Les prouesses font partie des modes d'expression des oiseaux. Les rapaces, entre autres, en ont fait leur mode de prédilection : ils effectuent des vols acrobatiques, faisant ainsi étalage de leur habileté et de leur pouvoir.

Colibris, bécasses, bécassines et alouettes font aussi des démonstrations d'habileté au vol et ponctuent d'un chant leur glorieuse performance.

PARADES NUPTIALES *La gélinotte des armoises (en haut) se livre à toutes sortes de prouesses compliquées sous l'œil impassible de la femelle. Parfois, le mâle et la femelle participent ensemble aux préliminaires : les grèbes élégants s'ébattent bruyamment (ci-dessus), les fous de Bassan exécutent un cérémonial de bienvenue (à droite) et les grues du Canada font un tour de danse (en haut, à droite).*

RÔLE DE LA GESTUELLE

La plupart des parades, surtout les plus sophistiquées, ont une signification sexuelle : l'oiseau tente de séduire un partenaire. L'initiative revient le plus souvent au mâle et, bien qu'il y ait des exceptions, c'est lui qui arbore le plumage le plus coloré et fait étalage de ses prouesses.

Mais la gestuelle de l'oiseau ne s'arrête pas là. Il sait aussi adopter des comportements distinctifs dans des situations précises comme pour souhaiter la bienvenue, menacer, ou manifester sa soumission. Et il peut, comme le pluvier kildir, deviser des stratagèmes pour tromper ses prédateurs.

Les chants et les cris

Le chant des oiseaux a de tout temps fait naître le ravissement chez les hommes. Les progrès scientifiques des dernières décennies permettent maintenant d'en déceler la signification.

Source inépuisable de plaisir et d'inspiration, le chant des oiseaux est aussi un outil indispensable pour identifier les espèces, en particulier celles qui sont plus difficiles à observer dans la nature.

Mécanisme du chant

Les oiseaux, contrairement aux mammifères, ne possèdent pas de cordes vocales. Ils sont néanmoins pourvus d'un organe de phonation spécialisé, situé à la base de la trachée, le syrinx. Celui-ci comporte deux cavités que les oiseaux utilisent simultanément pour produire des sons d'une extrême complexité.

Les cris

Les émissions vocales des oiseaux sont de deux sortes : les cris ou appels et les chants proprement dits. La nuance est parfois subtile. En général, les chants sont réservés aux préludes amoureux, et les cris servent aux autres communications vocales.

Divers comportements s'accompagnent de cris distinctifs ; le cri d'un oiseau exprime tantôt la menace, tantôt la peur ; ce peut être aussi un avertissement au moment de l'envol ou une supplication. Chez certaines espèces, le cri correspond à une fonction particulière : le martinet ramoneur émet la nuit une série de claquements secs et s'oriente d'après l'écho.

Les appels et les cris sont courts et relativement simples mais ils n'en fournissent pas moins des informations précieuses sur leur interprète.

Les chants

À quelques exceptions près, ce sont les mâles qui ont l'apanage du chant ; ils chantent surtout au cours des rituels prénuptiaux ou pour marquer leur territoire.

Chaque espèce a son chant bien à elle, mais certains oiseaux ajoutent à leur répertoire en imitant le chant des autres. Il arrive aussi aux couples de chanter en duo ; la coordination de leurs voix est alors remarquable.

Des expériences ont démontré que pour certains oiseaux le répertoire est inné, tandis que d'autres l'apprennent en imitant leurs parents. Un phénomène remarquable se produit alors : une population peut développer son propre dialecte, comme cela se produit chez les humains. Souvent, les juvéniles mâles ne chantent pas tout à fait

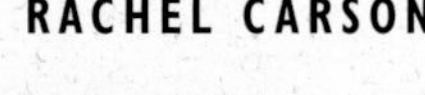

RACHEL CARSON

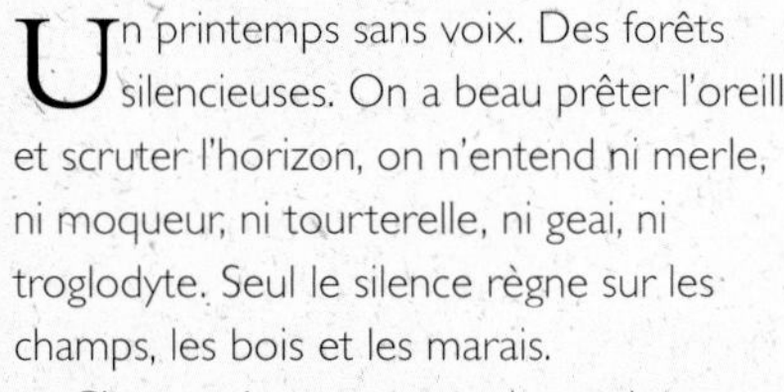

Un printemps sans voix. Des forêts silencieuses. On a beau prêter l'oreille et scruter l'horizon, on n'entend ni merle, ni moqueur, ni tourterelle, ni geai, ni troglodyte. Seul le silence règne sur les champs, les bois et les marais.

C'est en évoquant un tel monde que Rachel Carson (1907-1964), dans son livre célèbre publié en 1962, *Le Printemps silencieux*, a attiré l'attention pour la première fois sur les conséquences désastreuses de l'utilisation inconsidérée des pesticides.

Naturaliste convaincue, Rachel Carson a su trouver les mots et inventer les images qu'il fallait pour toucher le public qui, jusqu'alors, ne s'était guère soucié de protéger l'environnement. Peut-on en effet imaginer scène plus lugubre que le règne absolu du silence? Rachel Carson nous a éveillés à l'importance que revêt dans notre vie la présence des oiseaux et de leurs chants qui marquent les saisons et les moments de la journée. Ce faisant, elle a déclenché le signal d'alarme pour l'avenir de notre planète.

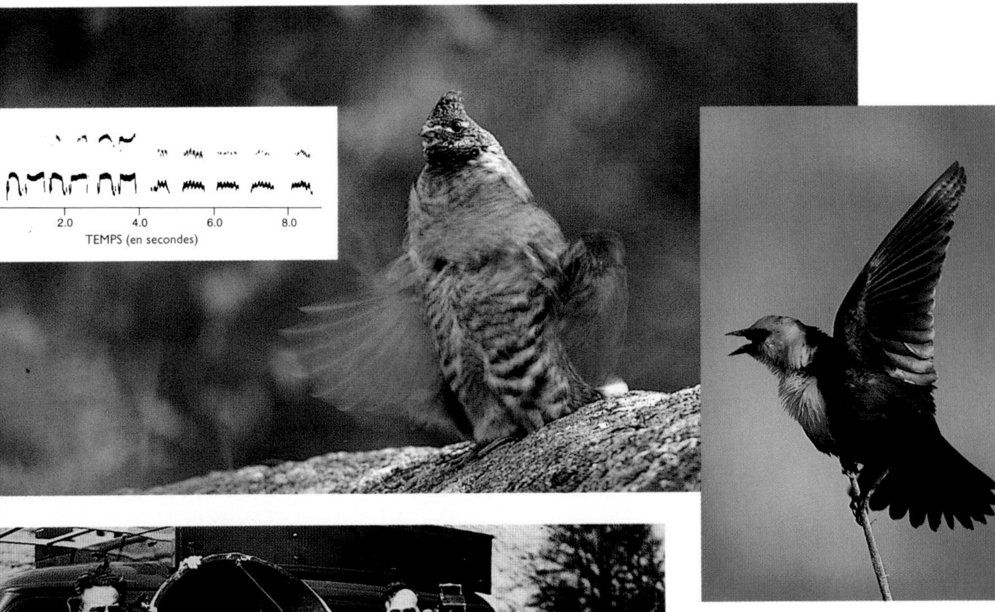

À L'ÉCOUTE DES OISEAUX
La plupart des sons chez l'oiseau sont vocaux, comme celui du carouge à tête jaune (ci-dessus) et celui de la sturnelle des prés (page ci-contre). Parmi les exceptions, on connaît le « roulement de tambour » que fait la gélinotte huppée (à gauche) en battant des ailes. Les travaux du Dr Arthur Allen (au centre, ci-contre) et de son équipe ont rendu possible l'étude scientifique des sons d'oiseaux. Le sonogramme (en insertion) représente l'appel d'un huart à collier.

comme leurs aînés. Les chants varient aussi à mesure que progresse la saison des amours.

Quelques rares espèces, dont les tantales, ne chantent jamais. Mais, en définitive, la variété phénoménale des chants et des cris de l'oiseau n'a pas fini de nous intriguer.

Autres sons

Outre leurs chants et leurs cris, les oiseaux font aussi entendre des sons particuliers.

Certains émettent un son strident en volant à grande vitesse de sorte que l'air siffle à travers l'aile raidie et les plumes de la queue. D'autres, dont la plupart des gélinottes et des poules des prairies, se servent des sacs aériens de leur cou pour produire des sons retentissants.

Études scientifiques

L'étude scientifique du chant et des cris des oiseaux est relativement récente.

Nous devons le premier enregistrement d'un oiseau à Ludwig Koch, en Allemagne, en 1889, et, en Amérique, au biologiste Sylvester Judd, en 1898. Mais ce n'est qu'en 1932 qu'une équipe de chercheurs de l'université Cornell, dirigée par Arthur Allen, mit au point les techniques et les appareils nécessaires pour enregistrer le chant des oiseaux dans la nature.

Les méthodes de ces pionniers permirent d'abord de comparer et d'analyser les différents chants des oiseaux. Par la suite, en les modifiant avec des procédés électroniques, on a pu les faire réentendre à l'oiseau et étudier ses réactions. On reproduit maintenant le chant des oiseaux sous la forme graphique d'un sonogramme qui en trace point par point la fréquence (sur l'échelle verticale) par rapport au temps (sur l'échelle horizontale).

J'entendis le chant des
oiseaux pur et mélodieux :
jamais hommes n'ouïrent
orgues plus harmonieuses,
ni qui puissent former
des sons mieux accordés.

Les Miracles de Notre-Dame,
GONZALO DE BERCEO (1198-1260)

FORMATION DES COUPLES

Vaste étendue ou minuscule perchoir, le territoire joue un rôle considérable dans la vie d'un oiseau, particulièrement pour ce qui est de sa reproduction.

Le choix d'un territoire dépend des ressources alimentaires qu'il renferme, de la sécurité qu'il offre et des possibilités d'y aménager un nid. Ce choix est déterminant pour la survie de l'oiseau et de sa progéniture. Il faut ensuite défendre ce territoire contre les intrusions d'oiseaux de même espèce et – si c'est un emplacement de choix – contre la convoitise des autres espèces.

TYPES DE TERRITOIRES

Si le territoire est propice, le couple va l'occuper pendant toute la saison de reproduction ; certains oiseaux y resteront fidèles, année après année. D'autres territoires ont une fonction particulière et peuvent servir uniquement à se nourrir ou à se percher.

Si l'oiseau en déplace à l'occasion les bornes, chaque territoire est généralement bien délimité et assez permanent. Il y ajoute parfois un site intéressant tel un buisson de baies qu'il va défendre avec la même ardeur.

Certaines espèces, comme les oiseaux de mer, les hérons, les aigrettes et les hirondelles, nichent en colonies : les territoires sont alors établis côte à côte et chaque couple protège son aire familiale contre les intrusions des voisins. Un site neutre, comme la mer ou un marécage avoisinant, sert à l'approvisionnement général, mais les couples détiennent parfois des territoires privés.

Les limites d'un territoire varient selon ses ressources. L'oiseau qui se nourrit de nectar, par exemple, a besoin d'une quantité donnée de fleurs pour s'approvisionner. Celles-ci peuvent être dispersées sur une aire importante, ou regroupées dans un même gros buisson.

LE TERRITOIRE D'UN OISEAU *peut ne remplir qu'une fonction, comme celui des fous de Bassan (à droite) qui ne sert qu'à abriter les nids individuels de la colonie. Il peut aussi rassembler toutes les ressources nécessaires à la reproduction, comme celui d'un oiseau chanteur type (à gauche). On voit, en plus foncé, l'étendue du territoire, dont se détachent schématiquement les ressources variées.*

ÂMES SŒURS *Le couple d'oiseaux (à gauche) représente le pharaon Any et son épouse dans le* Livre des morts de Thèbes *(c. 1250 av. J.-C.).*

TERRITOIRE ET SÉDUCTION

Les femelles sont sensibles à la qualité du territoire que leur propose un futur partenaire : elles y recherchent non seulement l'abondance de la nourriture, mais aussi la protection pour la saison des amours. Le mâle dont le territoire offre ces avantages attirera un grand nombre de partenaires éventuelles. Le colibri qui a réussi à investir un site où le nectar coule en abondance sera plus sollicité qu'un autre qui se contente de quelques fleurs dispersées. La femelle du bruant noir et blanc recherche un territoire offrant des coins

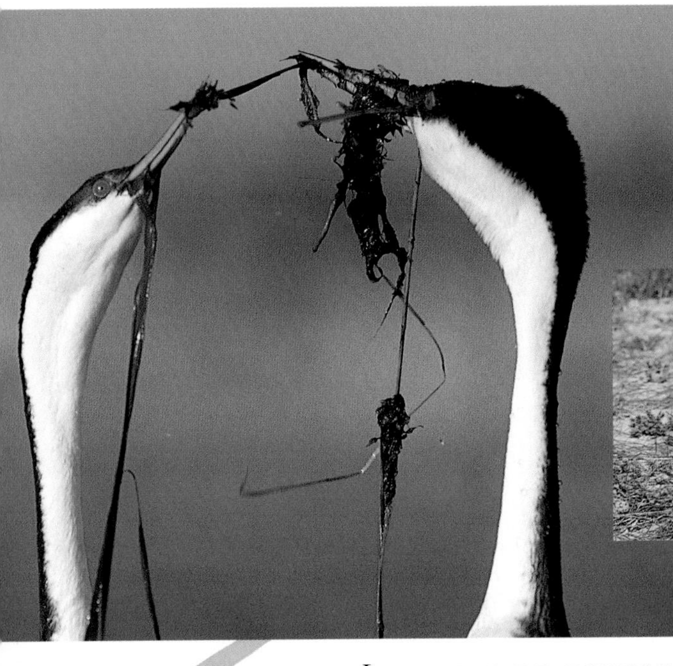

LE RITE NUPTIAL *comprend parfois l'échange d'une offrande. Les grèbes élégants (à gauche) s'offrent des herbages et la sterne arctique mâle (ci-dessous) présente de la nourriture à la femelle.*

ombragés, car sa nichée ne supporte pas une exposition prolongée au soleil.

Le combat pour le territoire peut faire partie du cérémonial de séduction. Les mâles de certaines espèces polygames comme la gélinotte des armoises se rassemblent dans un terrain consacré aux parades nuptiales, le « lek », où ils se disputent, sous l'œil scrutateur des femelles, leur parcelle du territoire. Ceux qui remportent les territoires au centre auront un plus grand nombre de partenaires.

L'APPARIEMENT

Lorsqu'elle s'aventure une première fois dans le territoire du mâle, la femelle n'est généralement pas bien accueillie. Mais elle adopte une attitude soumise pour faire disparaître progressivement l'agressivité du mâle qui se met bientôt à la courtiser. Le cérémonial de séduction donne lieu à différentes démonstrations dont la plus populaire est l'offrande de nourriture. Le mâle conquiert ainsi la partenaire convoitée qui, de son côté, s'assure qu'elle disposera de provisions suffisantes pour la nidification et pour l'incubation.

LES LIENS DE COUPLE

Certains oiseaux sont fidèles leur vie durant ; d'autres changent de partenaire chaque saison. Certaines espèces ne connaissent pas de couples : le mâle s'accouple avec plusieurs femelles et ne participe pas à l'élevage des petits.

La plupart des oiseaux chanteurs forment un couple au printemps, qui se refait parfois l'année suivante. On ne peut pas parler ici de fidélité. L'explication est plutôt reliée au fait que ces oiseaux ont tendance, lors de la migration, à réintégrer chaque année le même territoire : ils ont donc plus de chances de se revoir.

MARGARET MORSE NICE

La célèbre ornithologue Margaret Morse Nice (1883-1974) nous a laissé une étude de la première importance sur les relations qu'entretiennent les oiseaux avec leur territoire. Au cours des années 30, elle a observé de façon méthodique une population de bruants chanteurs qui habitait derrière chez elle près de Columbus, en Ohio. Pendant huit ans, elle a soigneusement quadrillé une aire de 16 ha qu'elle a reproduite dans ses moindres détails sur des cartes illustrant le territoire occupé par chaque oiseau et les déplacements de celui-ci à l'intérieur.

Au printemps, elle modifiait ses cartes presque quotidiennement pour tenir compte des nouveaux arrivants. Chacun était capturé pour être pesé et bagué. En ornithologue chevronnée, Margaret Morse Nice reconnaissait chacun de ses protégés à son chant. Elle observa un mâle en particulier pendant sept ans, assistant d'abord à la conquête et à la défense de son territoire, puis à ses amours et à l'élevage de ses familles successives.

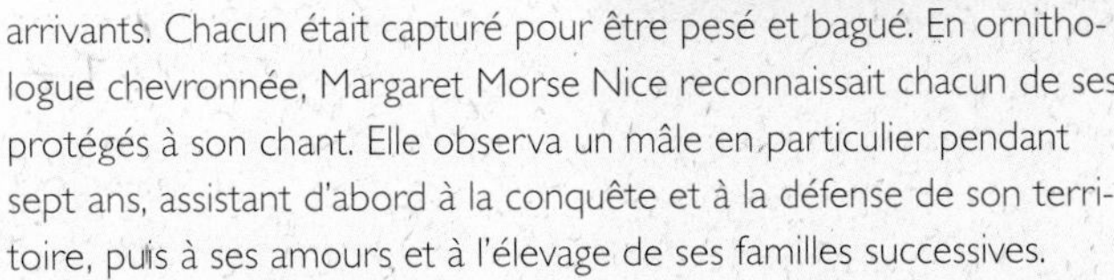

Grâce à cette pionnière, nous avons maintenant une meilleure idée des liens qui unissent les oiseaux à leur territoire.

LES NIDS ET LES ŒUFS

La plupart des oiseaux construisent un nid en prévision de la ponte et de l'incubation des œufs, et pour élever leur nichée.

À peine ont-ils choisi leur partenaire que les oiseaux s'attellent à la tâche d'édifier un nid qui servira de berceau aux œufs et d'abri temporaire aux jeunes. En général, c'est la femelle qui prend l'initiative de choisir l'emplacement et de bâtir le nid, mais le mâle apporte souvent sa contribution.

En principe, le nid ne sert qu'à la reproduction et à l'élevage. Certaines espèces, comme le merle bleu en migration, empruntent des nids pour y passer la nuit.

VARIÉTÉ DE NIDS

On croit à tort que tous les nids se ressemblent : amalgame de brindilles, de feuilles et d'herbes logé dans un arbre ou dans un buisson. C'est ignorer l'ingéniosité dont les oiseaux font preuve pour créer des structures complexes, souvent très originales.

Des espèces comme les balbuzards et les pygargues à tête blanche réintègrent leur nid chaque année et y ajoutent des éléments pour l'agrandir. Quelques malins utilisent les nids construits par d'autres espèces ; le grand-duc d'Amérique adopte les nids abandonnés par les buses ; d'autres oiseaux qui cherchent à cacher leur nid le logent dans les trous creusés par des pics.

DES STYLES VARIÉS *Le nid du bec-en-ciseaux noir est réduit à sa plus simple expression (en bas, à droite), celui du colibri est un tissage inextricable (en haut) et celui de l'hirondelle à front blanc, un véritable ouvrage de maçonnerie (ci-dessous).*

LA PONTE ET LES ŒUFS

La ponte peut durer plus d'une semaine et l'ensemble des œufs provenant d'une même ponte s'appelle une couvée. Une couvée peut se composer d'un seul œuf, comme chez les oiseaux de mer et les urubus, ou d'une douzaine et davantage comme chez les colins, les faisans et les canards. Certaines espèces recommencent si la première couvée est infructueuse.

Plusieurs petits oiseaux chanteurs pondent deux fois par année et même plus ; parfois les pontes se succèdent à un tel rythme que le mâle n'a pas fini de nourrir ses oisillons que sa partenaire a déjà pondu une autre couvée ailleurs.

COULEUR DES ŒUFS

Les œufs très colorés sont généralement destinés à être retrouvés facilement par leurs propriétaires à la lumière du jour. S'il est à craindre que les couleurs de l'œuf attirent les prédateurs, la ponte a lieu dans un nid camouflé, à l'abri

L'ÉCLOSION *L'oisillon travaille dur à sa libération. Il commence par percer, avec l'extrémité de son bec (diamant), l'épaisse membrane intérieure de l'œuf pour enfin casser la coquille dont il met parfois plus d'une journée à s'extirper.*

des regards. Les œufs déposés sur le sol ou dans des nids ouverts ont généralement une couleur et un motif qui les fondent au décor. Enfin, les œufs pondus dans des cavités ou des anfractuosités naturelles sont pâles ou tout blancs.

Incubation

Pour l'incubation, les femelles – et les mâles, s'ils participent à la tâche – se déparent de leurs plumes ventrales pour former des plaques incubatrices. La peau nue permet de transmettre une plus grande quantité de chaleur à l'œuf.

L'incubation exige une bonne dose d'énergie de la part de l'oiseau qui doit doubler son apport thermique. La durée de la couvaison varie selon les espèces : deux semaines pour les oiseaux de petite taille, huit semaines et plus pour les aigles, les urubus et les fous de Bassan.

Élevage

S'ils naissent aveugles, nus et totalement vulnérables, les poussins sont appelés nidicoles ou tardifs. Ceux qui naissent les yeux ouverts, déjà couverts de duvet, sont appelés nidifuges, ou précoces, et ils quittent généralement le nid peu de temps après. Quelques-uns présentent des caractères à la fois nidifuges et nidicoles.

Les parents des oisillons nidicoles devront les nourrir un certain temps : les oiseaux chanteurs, de 8 à 12 jours ; les pics de grande taille, quatre semaines ; les condors de Californie, cinq mois.

Le degré de dépendance des jeunes oiseaux nidifuges varie selon les espèces. Plusieurs quittent le nid dès le deuxième jour ; d'autres s'y attardent. Chez les grèbes et les râles, les parents continuent de nourrir leurs jeunes un certain temps après leur première envolée ; mais d'autres espèces se contentent d'indiquer à leurs petits où trouver leur nourriture. Enfin, quelques oisillons suivent leurs parents mais cherchent eux-mêmes leur pitance en imitant les adultes ; c'est le cas des canetons et des échassiers.

Parasites de couvées

Il existe des oiseaux qui préfèrent confier à d'autres la tâche d'élever leurs rejetons. Ils pondent leurs œufs dans les nids d'autres espèces et comptent sur les hôtes pour couver les œufs et nourrir ensuite les oisillons. En Amérique, les vachers à tête brune se comportent ainsi. Plusieurs oiseaux deviennent donc parents adoptifs malgré eux.

KONRAD LORENZ : L'IMPRÉGNATION

Pendant des siècles, les hommes ont adopté des oisons ou des canetons comme animaux de compagnie sans trop se demander pourquoi ceux-ci se laissaient faire. Ce phénomène a fini par faire l'objet d'une étude menée en 1935 par le zoologiste et ethnologue viennois Konrad Lorenz (1903-1989).

Lorenz, au cours de son enfance, avait adopté des oisons et fut intrigué par le fait qu'ils le suivaient comme s'il eût été leur mère. Les expériences qu'il mena plus tard démontrèrent que la première image perçue par l'oisillon dans l'heure qui suit sa naissance s'imprègne dans son cerveau et que la personne ou l'animal dont l'image est ainsi transmise devient la figure parentale. Cette théorie est maintenant connue comme la théorie de l'imprégnation (imprinting).

Les travaux de Konrad Lorenz (prix Nobel de physiologie, 1973) ont contribué à la compréhension que les ornithologues partagent aujourd'hui du phénomène de la socialisation chez les oiseaux.

TYPES D'OISILLONS

Les oiseaux nidicoles (ci-dessous) naissent nus, aveugles et vulnérables ; les oiseaux nidifuges ou précoces (à gauche) naissent couverts de duvet, mobiles et alertes.

MIGRATIONS

Les déplacements migratoires sont plus importants en Amérique du Nord que partout ailleurs. Aussi, l'arrivée et le départ des oiseaux marquent-ils l'alternance des saisons.

Les oiseaux dits sédentaires conservent le même habitat leur vie durant. Mais la moitié environ des espèces partagent leur temps entre deux endroits géographiques différents et migrent à intervalles réguliers.

Une pénurie saisonnière de nourriture est généralement le signe du départ vers des cieux plus cléments. Dans les pays de climat tempéré, la nourriture, abondante en été, a tendance à se raréfier en hiver. Non seulement y a-t-il alors moins de ressources, mais les journées étant plus courtes, les oiseaux ont moins de temps pour les trouver.

Cette situation est particulièrement aiguë dans les régions septentrionales de l'Amérique du Nord où les ressources diminuent de façon importante en hiver, surtout dans les forêts d'arbres à feuilles caduques. Les seules espèces insectivores aptes à y survivre sont quelques pics, quelques sittelles et le grimpereau brun, qui débusquent leur proie dans les troncs d'arbres dénudés.

Si la plupart des oiseaux voyagent seuls, certains migrent en volée composée d'une ou de plusieurs espèces. La migration en groupes offre plusieurs avantages dont une protection accrue contre les prédateurs (surtout pour les oiseaux qui voyagent le jour). Et les oiseaux les plus expérimentés servent de guides aux jeunes migrants, notamment chez les oies et les grues.

Certains migrants voyagent de jour, d'autres de nuit. Les canards, le martinet ramoneur, l'hirondelle des granges et le merle d'Amérique se rangent dans le premier groupe. Parulines, viréos, gros-becs, passerins, et la plupart des bruants sont des voyageurs nocturnes.

À TIRE-D'AILE *L'utilisation du radar (en haut, à gauche) par les ornithologues qui étudient les migrations leur permet de suivre la trace des volées d'oiseaux. Quand le harfang des neiges (au centre) se laisse voir dans nos régions, cela s'appelle une éruption. Mais les migrations les plus spectaculaires sont celles des oiseaux de rivage (ci-dessus), qui survolent les océans sans escale.*

LES MYSTÈRES DE LA MIGRATION

L'humanité a longtemps été mystifiée par la disparition annuelle des oiseaux. Les peuples primitifs attribuaient leur départ et leur retour à une manifestation divine ; c'est ainsi que sont nés plusieurs mythes du mouvement migratoire des oiseaux. Aristote et nombre de ses contemporains s'évertuèrent à trouver une explication au phénomène : on avança notamment l'hypothèse que les hirondelles (à droite) se terraient sous la surface du sol pendant l'hiver. Bien des gens croyaient, non sans logique, que les oiseaux hibernaient. On retrouve encore au XVIe siècle une théorie selon laquelle les hirondelles passaient l'hiver roulées en boule, sous la surface gelée des étangs.

VOIES MIGRATOIRES *Les oiseaux migrateurs sont partout dans le ciel de l'Amérique du Nord. On a néanmoins identifié quatre corridors (ci-dessous) particulièrement achalandés : Pacifique, Mississippi, centre et Atlantique. Ils se rejoignent au nord.*

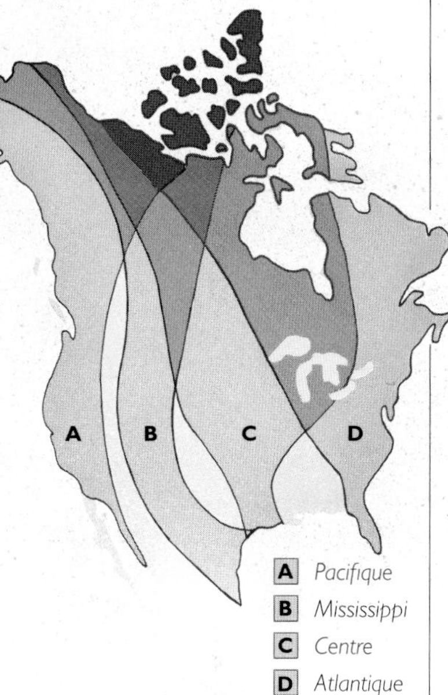

ORIENTATION

Les oiseaux migrateurs font preuve d'un prodigieux sens de l'orientation. En juin 1952, on captura un puffin des Anglais dans son terrier de l'île de Skokholm, au large du pays de Galles. Après l'avoir bagué, on le transporta outre-Atlantique, à Boston, où il fut relâché. Il se trouvait alors à plus de 5 000 km de chez lui. Douze jours et demi plus tard, on le retrouvait sain et sauf dans son île natale.

Les spécialistes savent que certains oiseaux naviguent à vue en se guidant sur le soleil ou les étoiles. D'autres, comme les pigeons, se servent du champ magnétique de la terre pour s'orienter. Quoique ces habiletés et ces facultés sensorielles soient innées, les oiseaux migrateurs apprennent aussi par l'expérience et finissent par se familiariser avec les territoires qu'ils survolent. Ils apprennent à suivre les courants aériens et marins, à se guider selon les changements climatiques et à suivre le passage d'autres oiseaux.

Est-ce un effet de ta sagesse

si le faucon monte au ciel,

puis étend ses ailes

en direction du Sud ?

Livre de Job, 39 : 26

STRATÉGIES

À chaque oiseau sa stratégie. Les oiseaux chanteurs voyagent par étapes, environ 320 km à la fois, et font escale si le temps s'annonce défavorable. Un grand nombre d'oiseaux peuvent ainsi se retrouver en transit au même endroit en attendant une accalmie. Ils peuvent également arriver par vagues. C'est le cas au parc national de la Pointe-Pelée (p. 83), en Ontario, où l'arrivée soudaine, en mai, de milliers d'oiseaux migrateurs offre un spectacle inoubliable.

Quelques espèces parcourent d'incroyables distances sans escale. La sterne arctique fait figure de championne : elle se déplace d'une traite entre son aire de nidification au nord de l'Amérique et un point opposé du globe aux marges de l'Antarctique. Le pluvier bronzé et la paruline rayée, un petit oiseau de terre, font la même chose entre l'Alaska et le nord-est de l'Amérique du Sud, soit 3 500 km. Quant à l'hirondelle rustique, elle parcourt plus de 11 300 km par année.

ÉRUPTIONS

Les déplacements d'oiseaux ne sont pas toujours des mouvements migratoires. Il arrive que l'on aperçoive des vols d'oiseaux en des régions ou à des périodes inhabituelles. Ces déplacements, appelés éruptions, sont dus la plupart du temps à une pénurie des ressources alimentaires.

Le harfang des neiges, par exemple, ne consent à quitter les régions arctiques et à nous honorer de sa visite qu'en hiver, quand sa proie favorite, le lemming, vient à manquer dans son habitat.

La maman-pigeonne, blanche comme une colombe, avec des points bleus sur le dos, peigne ses ailes dans un rayon de couchant ; elle roucoule faiblement, comme si elle avait une tristesse à raconter.

Allegro, FÉLIX LECLERC (1914-1988)

Chapitre deux

L'observation chez soi

AU JARDIN

Les oiseaux sont partout. Que vous habitiez la ville ou la campagne, vous n'avez jamais loin à aller pour être en mesure de les observer.

La passion pour l'ornithologie n'est pas une nouvelle mode. De tout temps, la beauté des oiseaux s'est révélée une source de joie, d'émerveillement et même de réconfort.

Les oiseaux n'hésiteront pas à vous rendre visite si vous leur offrez de la nourriture, de l'eau et un abri. Vous multiplierez ainsi les occasions de les observer, et vous aiderez peut-être en même temps certaines espèces qui, avec l'urbanisation croissante, éprouvent des difficultés à trouver une niche qui leur convient.

Vous trouverez une grande satisfaction à voir les oiseaux que vous avez attirés revenir dans votre jardin. Certaines espèces sédentaires, le geai bleu et la sittelle par exemple, en feront leur port d'attache. Les oiseaux migrateurs comme les bruants à couronne blanche ou les roselins pourprés pourront y revenir d'une année à l'autre.

REPAS MINUTE *Une nourriture appropriée et présentée de la bonne façon attire les oiseaux, surtout l'hiver quand les jours sont courts et qu'ils ont peu de temps pour trouver à manger.*

HENRY DAVID THOREAU

Les écrits que nous a laissés Henry David Thoreau contiennent des études d'une valeur inestimable sur l'observation des oiseaux qui vivaient dans son entourage immédiat. Ce célèbre philosophe et essayiste du siècle dernier a regroupé, sous le titre *Walden ou la Vie dans les bois*, publié en 1854, 18 essais qui explorent les relations entre l'homme et la nature et qui contiennent notamment quantité d'observations détaillées sur la vie des oiseaux qui fréquentaient son jardin boisé de Walden.

En 1845, rejetant la banalité de la vie quotidienne, Thoreau s'installa dans une cabane au bord de l'étang de Walden, près de Concord, au Massachusetts. Il y vécut au rythme de la nature, en contemplation de ses merveilles. N'ayant pour ainsi dire aucun contact humain, il fit des oiseaux de la forêt ses fidèles compagnons et leur consacra de nombreuses pages où il décrit leur comportement et leurs habitudes.

Il entretint des liens privilégiés avec les oiseaux et s'émerveilla de leur simplicité et de leur liberté. Les expériences que vécut Thoreau à Walden le fascinèrent toute sa vie et servirent d'inspiration à sa philosophie naturaliste.

AMÉNAGER UN POSTE D'ALIMENTATION

Les oiseaux ont besoin d'eau, de nourriture, de protection contre les prédateurs et d'un endroit où nicher. Un jardin, si petit soit-il, ou même une arrière-cour en pleine ville peut pourvoir à leurs besoins fondamentaux.

Un poste d'alimentation, pour être efficace, doit proposer la nourriture appropriée, la présenter de la bonne façon et assurer une protection adéquate à ses visiteurs.

Si vous voulez attirer les oiseaux, et du même coup multiplier vos chances de les observer, vous ajouterez

JARDINS POUR LES OISEAUX
Depuis l'Antiquité, un joli jardin n'est pas complet sans oiseaux. Ci-dessus, une murale de Pompéi.

quelques nichoirs. Et si la place le permet, la présence d'arbres et de plantes créera un véritable refuge.

Les pages qui suivent vont vous aider à démarrer votre carrière d'ornithologue amateur, mais n'oubliez pas que vous avez beaucoup à apprendre des oiseaux eux-mêmes. Chaque région a ses espèces particulières, chaque espèce, des besoins distinctifs et chaque oiseau, sa propre personnalité. L'environnement idéal implique des tâtonnements et des erreurs, mais tenez bon ! Vous constaterez, d'après les résultats, que l'effort valait bien la peine.

L'OBSERVATION DANS VOTRE JARDIN

En regardant tout simplement vivre les oiseaux de votre jardin, vous en apprendrez déjà beaucoup sur leur cycle vital.

LE PROJET FEEDERWATCH

Vous pouvez mettre à contribution vos observations personnelles sur les oiseaux en vous associant au projet Feederwatch mis sur pied par le Cornell University Laboratory of Ornithology. De novembre à mars, les membres enregistrent, une fois la semaine, le nombre d'oiseaux de chaque espèce qui fréquentent leur poste d'alimentation.

Les chercheurs de Cornell compilent ces données pour tracer un portrait des déplacements des populations en Amérique du Nord.

Pour participer au projet, vous pouvez écrire à l'adresse qui figure à la page 278.

L'oiseau est un animal routinier. Il consacre le même temps à se nourrir, à lisser ses plumes et à se baigner, aux mêmes heures, jour après jour. Vous prendrez plaisir à observer à différents moments de la journée même les oiseaux les plus communs et ceux-ci vous fourniront de précieux renseignements sur les mœurs de leurs semblables.

En observant les oiseaux de votre jardin, vous aiguiserez vos talents d'observateur. Dans la nature, les oiseaux se déplacent vite et se tiennent à distance. Ils sont donc difficiles à apercevoir et encore plus à identifier. Les postes d'alimentation et les nichoirs rapprochent les oiseaux de l'observateur : s'ils se sentent protégés, ils ne craindront pas de rester en votre compagnie. Cela vous donnera tout le temps de les identifier et d'en apprendre plus long sur leurs mœurs en consultant des guides comme celui de l'identification selon l'habitat, à la page 84.

ALIMENTATION

Vous saurez mieux attirer les oiseaux dans votre jardin si vous connaissez les habitudes alimentaires des différentes espèces dans leur habitat naturel.

Dans les limites de son habitat, chaque oiseau occupe une niche choisie en fonction de la nourriture qu'il y trouve et des techniques dont il dispose pour s'en emparer.

Les granivores, parmi lesquels se rangent les bruants, les tohis et les juncos, trouvent le plus souvent leur nourriture par terre où ils récupèrent les graines tombées des arbres ou soufflées par le vent. Les roselins familiers, les roselins pourprés, les chardonnerets et les cardinaux à poitrine rose récoltent la leur sur les plants d'oseille et de chardon et sur les chatons de bouleaux et d'aulnes. Les gros-becs errants et les becs-croisés bifasciés la dénichent dans les cônes de pin, de sapin ou d'épinette.

Parulines, viréos, mésanges, grimpereaux, roitelets, troglodytes et la majorité des pics recherchent les insectes, les araignées et leurs œufs. Grives, merles, jaseurs et merles bleus sont friands de petits fruits – framboises, baies de sureau et cerises –, mais aussi d'insectes volants et terrestres, voire de petits mollusques et de limaces. Si les colibris avalent volontiers des insectes, en particulier des pucerons, on les voit plus fréquemment s'abreuver du nectar des fleurs.

Les oiseaux afflueront à un poste d'alimentation car la nourriture offerte représente pour eux une économie d'énergie. Pour attirer des espèces variées, vous devez

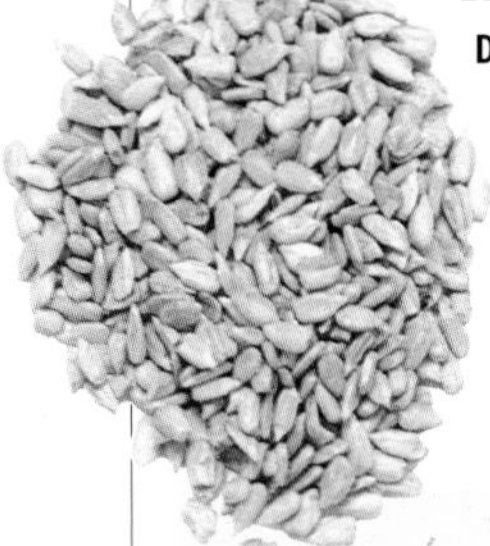

LES GRAINES DE TOURNESOL DÉCORTIQUÉES *plaisent à tous les granivores et même à certains insectivores.*

LES GRAINES DE TOURNESOL NOIRES *sont chères mais ce sont les plus riches en éléments nutritifs et presque tous les oiseaux s'en régalent.*

Il y a plus d'oiseaux dans mon jardin que de cerises, mais je sacrifie volontiers les fruits au plaisir de leur chant.

JOSEPH ADDISON (1672-1719)

NOURRITURES DANGEREUSES

Soyez vigilants ! Certains aliments sont nocifs pour l'oiseau.

Prenez garde aux aubaines sur le maïs concassé : il s'agit peut-être de poches qui ont été mal entreposées : la moisissure qui s'y sera développée est toxique pour les oiseaux.

Les nourritures collantes comme le beurre d'arachide peuvent affecter les voies respiratoires en particulier chez les mésanges et les parulines. Ne les présentez qu'en très petites quantités ou mélangez-les, par exemple, à un pain de suif (voir p. 49).

LES GRAINES DE TOURNESOL STRIÉES *sont le second choix en qualité, après les graines noires.*

tenir compte de leurs habitudes alimentaires respectives.

Vos restes de table plairont certes aux oiseaux, mais ne les nourriront pas ; ils risquent en plus d'attirer des sujets qui feront fuir vos espèces préférées. Prévoyez donc une gamme appropriée : graines pour les granivores, suif pour les insectivores, petits fruits pour les frugivores, eau sucrée pour les colibris.

Les aliments illustrés ici sont faciles à trouver et sûrs de plaire.

LES ARACHIDES *attireront les geais, les mésanges et certains pics.*

LES GRAINES DE CHARDON *sont la nourriture préférée des chardonnerets jaunes et des tarins des pins.*

LE MILLET BLANC *est très apprécié des roselins et des bruants.*

LES FRUITS, *particulièrement les framboises, les raisins, les bananes et les fruits séchés, sont le régal des frugivores.*

LE SORGHO *se retrouve dans les mélanges de graines du commerce. Si l'orange domine, c'est que le mélange contient trop de sorgho et il ne plaira pas aux oiseaux.*

LE MAÏS CONCASSÉ *ne coûte pas cher et il fera les délices des bruants, des geais et des tourterelles.*

LE SUIF *ralliera les mésanges, les sittelles et les pics. Vous pouvez vous procurer des pains de suif préparés. Rappelez-vous que c'est une nourriture d'hiver ; l'été, le suif fond et risque de se répandre sur les plumes, privant l'oiseau de son isolation thermique, de son aisance au vol ou carrément de ses plumes.*

PRÉPARATION D'UN PAIN DE SUIF

La préparation d'un pain de suif est une activité familiale à laquelle les enfants participeront avec joie. Elle vous donne aussi le loisir d'inclure les ingrédients qui attirent vos espèces préférées. Enfin, vous aurez la satisfaction de contribuer au plaisir de vos invités ailés.

Vous pouvez vous procurer pour un prix dérisoire de gros morceaux de suif dans une boucherie ou un supermarché. Coupez-le d'abord en cubes de 2,5 cm et faites-le chauffer, sur la cuisinière ou au micro-ondes, en remuant à quelques reprises jusqu'à ce qu'il ait fondu. Faites couler le liquide obtenu dans un récipient en retirant toutes les particules solides. Répétez l'opération jusqu'à ce que votre récipient contienne environ 2 litres de liquide.

Incorporez-y 500 g de beurre d'arachide et 2 tasses de farine ou de semoule de maïs (ces ingrédients lieront votre préparation et empêcheront le suif de fondre au soleil). Ajoutez aussi des raisins ou d'autres fruits séchés. Certaines personnes préfèrent ne pas inclure de graines, car elles attirent davantage les geais et les bruants, lesquels font fuir les oiseaux insectivores à qui le pain est destiné. À vous de voir à qui vont vos préférences avant de décider de votre recette.

Vous pouvez couler la mixture encore chaude dans une bûche trouée ou en enduire une pomme de pin que vous suspendrez (voir p. 51). Ou bien versez-en une couche de 1 à 2 cm dans un moule à tarte que vous rangerez au réfrigérateur. Refroidi, votre pain de suif se coupe facilement en morceaux de la taille qui peut convenir à votre support. Congelez le reste.

MANGEOIRES

Les mangeoires offrent l'avantage d'une meilleure observation à l'ornithologue et d'une meilleure protection à l'oiseau.

Vous pouvez certes nourrir les oiseaux au sol, mais pour les observer, la mangeoire est tout indiquée. Vous pouvez la placer dans un endroit stratégique et vous éviter les graines éparpillées dans le jardin. Et, en choisissant la forme appropriée, vous exercez un certain contrôle sur les espèces qui afflueront.

En outre, si certains oiseaux comme les bruants ne dédaignent pas picorer au sol, la plupart préfèrent la mangeoire, qui s'apparente à leur façon naturelle de se nourrir. Les chardonnerets adoptent le silo car il ressemble à une tige de chardon. Les colibris associent rapidement un abreuvoir à une fleur impérissable. Et tous discernent que la mangeoire leur permet de s'alimenter à distance de certains prédateurs (voir p. 52).

L'efficacité des différents types de mangeoires décrits ci-dessous a été éprouvée. On les trouve sur le marché dans toute une variété de styles.

La plate-forme. Simple planche de bois munie de rebords, on peut y poser en grande quantité des aliments variés. Et elle est facile à nettoyer. Vous pouvez, si vous le voulez, la recouvrir d'un toit pour à la fois abriter les oiseaux et tenir la nourriture au sec, et mettre un treillis au fond pour que l'eau s'égoutte. Si vous n'aurez qu'une seule mangeoire, choisissez-en une qui sera plus visible des airs.

Le distributeur. Il peut être suspendu ou fixé à un poteau. Choisissez de préférence un modèle permettant de contrôler le débit des graines et pourvu d'un toit.

Le silo. Le modèle idéal comporte un séparateur sous chaque hublot, pour superposer diverses variétés de graines.

Le silo peut être suspendu ou fixé à un poteau. Certains modèles ont un plateau à la base pour recueillir les graines échappées par les oiseaux.

Il existe des silos spéciaux pour contenir les graines de chardon.

Le bol. Il s'agit d'un bol de plastique transparent recouvert d'un dôme dont on règle la hauteur pour tenir à distance les oiseaux plus gros ou trop agressifs et les écureuils. Le bol contient beaucoup de graines et se nettoie facilement. La plupart des modèles ont des perchoirs pour les tout petits oiseaux.

La mangeoire de fenêtre. Faite de plastique transparent,

Silo

LES PLATES-FORMES *où l'on dépose des graines en grande quantité attirent les plus gros oiseaux comme les geais et les tourterelles. Elles peuvent aussi accueillir des volées complètes d'oiseaux comme ces gros-becs errants qui s'alimentent en groupe.*

Distributeur

elle se fixe à la fenêtre à l'aide de ventouses. Elle vous permet de voir les oiseaux de très près, mais tout mouvement dans la maison risque en même temps de les effrayer ; le mieux est d'équiper la fenêtre d'une glace sans tain (c'est-à-dire une vitre unidirectionnelle) ou, à tout le moins, de rideaux transparents.

LE SUIF *peut être présenté de diverses manières.*

Support pour le suif. On peut s'en procurer un dans le commerce ou simplement suspendre un filet à une corde ou un arbre. Pour présenter le pain de suif qu'on prépare soi-même, on peut percer des trous d'environ 1 cm à 2,5 cm dans une bûche de bois et les remplir de suif. On peut aussi plonger une pomme de pin dans le pain de suif encore chaud.

MANGEOIRE POUR COLIBRIS

Ces petites créatures qu'on appelle oiseaux-mouches sont une merveille de la nature. La mangeoire de jardin fournit une excellente occasion de les observer.

Les colibris se nourrissent d'insectes et de nectar. Ils ont une prédilection pour les fleurs rouge écarlate et se satisfont d'une eau sucrée présentée dans une mangeoire de même couleur. Ces oiseaux minuscules sont téméraires et ne craignent pas le voisinage des habitations.

Mangeoires et nourriture

Les mangeoires pour colibris, généralement en plastique rouge vif, se composent d'un réservoir principal et de plusieurs sorties. L'eau sucrée teintée de rouge qui se vend dans le commerce est déconseillée car possiblement toxique.

Amusez-vous à faire votre propre nectar. Ajoutez 1 tasse de sucre blanc à 4 tasses d'eau et faites chauffer en remuant jusqu'au point d'ébullition. N'utilisez pas de cassonade, car elle déplaît aux colibris, ni de miel qui pourrait leur transmettre une infection fongique. Un surplus de nectar se conservera plusieurs semaines au réfrigérateur.

Il peut se passer un certain temps avant que les colibris prennent l'habitude de votre mangeoire. N'y mettez donc qu'une petite quantité de nectar à la fois, sinon il se détériorera et perdra son attrait.

Entretien

Il faut nettoyer la mangeoire chaque semaine même si elle n'est pas fréquentée. Utilisez de l'eau bien chaude et une brosse à bouteille, un coton-tige ou un cure-pipe. Pour nettoyer la pellicule noirâtre du réservoir principal, remplissez celui-ci à moitié d'eau, déposez-y un bout de chaînette de baignoire ou du sable et agitez.

Il arrive qu'un colibri revendique la propriété exclusive de la mangeoire. Pour l'en dissuader, suspendez une autre mangeoire ailleurs, voire deux ou trois le long d'une corde à linge. Il se fatiguera bien vite d'assurer la défense sur tous les fronts.

Préparatifs de l'hiver

Avant l'arrivée du froid et de l'élan migratoire, le colibri doit être sevré petit à petit. Pour ce faire, réduisez graduellement la quantité de sucre de votre nectar. En cas de gel, entrez la mangeoire à l'intérieur pour la nuit. Mais pensez à la réinstaller de bon matin, car les colibris ne se nourrissent qu'à la lumière du jour.

L'EAU SUCRÉE *est un substitut au nectar des fleurs que les colibris affectionnent. On la leur présente dans une mangeoire semblable à celle-ci.*

Règles d'hospitalité

Si les mangeoires procurent aux oiseaux une nourriture substantielle, elles les exposent aussi à des dangers. Il vous appartient de réduire ceux-ci au minimum.

Si vous décidez de nourrir les oiseaux, pensez aux responsabilités que cela implique. Pour leur offrir de la nourriture fraîche, il faut la renouveler régulièrement. S'il y a pénurie temporaire, les oiseaux visiteront bien sûr les mangeoires voisines, mais s'ils n'ont pas cette option, votre constance est importante, surtout par temps froid.

Selon des études récentes, les oiseaux sédentaires qui fréquentent nos mangeoires seraient toutefois moins dépendants que nous ne l'avions cru. Ce n'est pas le cas des espèces migratoires. Si quelques sujets s'attardent à une mangeoire et tentent d'y passer l'hiver, une privation de nourriture les rendra plus vulnérables.

Il faut aussi garder la nourriture propre. Vérifiez le pain de suif car il surit vite ; changez le nectar des colibris une fois par semaine. Nettoyez les mangeoires et asséchez-les bien, surtout si elles contiennent de la nourriture sèche : les graines humides perdent leurs propriétés nutritives et les oiseaux les dédaignent.

Emplacement des mangeoires

Vous voudrez bien sûr placer les mangeoires là où vous pouvez observer les oiseaux, mais n'oubliez pas que le choix de l'emplacement a des conséquences directes sur le bien-être de vos protégés.

En prévision du temps froid, installez vos mangeoires dans les coins abrités et ensoleillés du jardin. Les oiseaux y seront bien et leurs graines resteront sèches.

Fréquenter chaque jour un même endroit rend l'oiseau vulnérable aux attaques des prédateurs. Réduisez ce risque par un emplacement stratégique. Les oiseaux qui se nourrissent au sol ou sur une plate-forme basse ont besoin d'un taillis à proximité pour s'y réfugier en cas de danger. Pas trop proche cependant, de crainte que le buisson ne serve à dissimuler le prédateur.

D'autres granivores farouches – roselins, chardonnerets jaunes et tarins des pins – ne viendront que si la mangeoire est placée suffisamment haute pour leur assurer une vue à la ronde. Pour eux, les distributeurs et les silos doivent donc être placés à une hauteur d'au moins 1 m du sol.

Les insectivores n'aiment pas voler dans de grands espaces non protégés. Ils se sentiront donc plus en sécurité si vous installez leur pain de suif sur un arbre ou tout près.

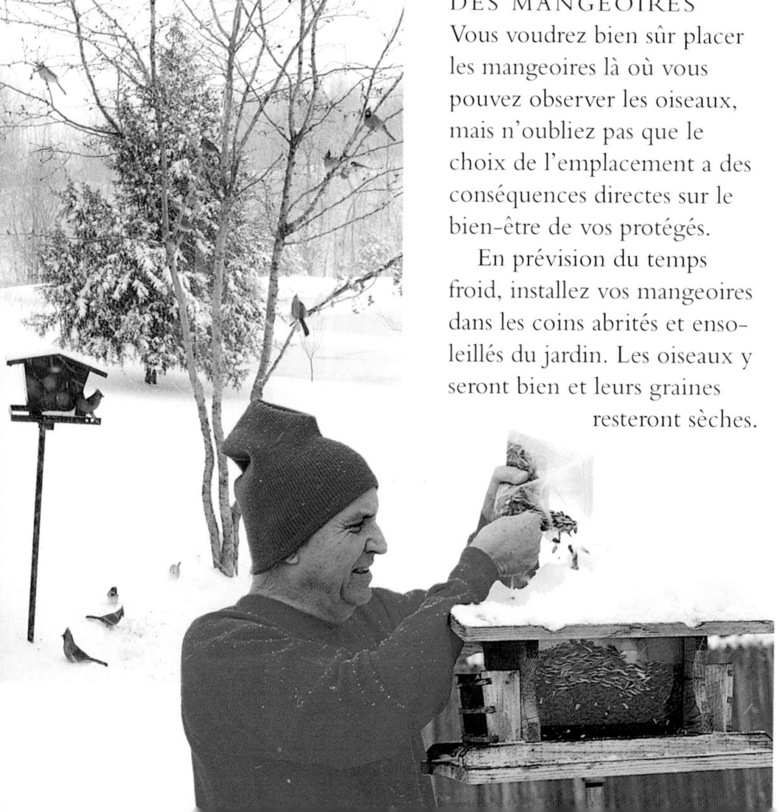

LES MANGEOIRES EN HIVER

Certains migrateurs deviennent dépendants de leurs bienfaiteurs durant l'hiver, ce qui donne des responsabilités, mais aussi des joies à l'ornithologue.

Tactiques de dissuasion

Il va vous falloir user de stratégie pour protéger vos invités des prédateurs.

Le chat est leur prédateur le plus tenace. Vous devez donc chercher à réduire ses tentatives de chasse en l'empêchant de pénétrer chez vous. Discutez-en avec son propriétaire. S'il s'agit d'un chat errant, faites appel à la société protectrice des animaux de votre localité. Une simple petite clochette à son cou suffit à avertir l'oiseau que le chat s'apprête à bondir.

PRÉDATEUR FÉLIN *La mise en œuvre de stratégies propres à éloigner les chats pose un constant défi à tous ceux qui entretiennent des mangeoires.*

Les éperviers, surtout l'épervier brun et l'épervier de Cooper, sont souvent au rendez-vous. Ils ont tôt fait de repérer l'aubaine et de rôder au-dessus des mangeoires.

Le spectacle de l'épervier qui s'empare d'un junco ou d'un roselin est certes pénible, mais pensez que ces rapaces ont autant besoin de se nourrir que vos oiseaux familiers. N'oubliez pas non plus qu'ils font partie de la faune et qu'ils sont protégés. Si un épervier repart de votre mangeoire avec un trophée de chasse, vous en garderez un souvenir mémorable et vous vous direz que les lois de la nature sont incontournables.

Si le prédateur récidive jour après jour, réduisez la quantité de nourriture de vos mangeoires ; vos oiseaux familiers viendront en moins grand nombre et l'épervier s'en ira voir ailleurs.

Écureuils

Les écureuils sont bien mignons, mais ils n'en sont pas moins des chapardeurs qui s'approprient effrontément une mangeoire et en interdisent l'accès aux oiseaux ; la présence d'un seul d'entre eux peut terrifier toute la clientèle d'un poste d'alimentation.

Ces petites bêtes ingénieuses déjouent facilement les stratégies mises en œuvre pour contrecarrer leurs plans. La tâche de celui qui tente de les éloigner des nichoirs et des mangeoires prend souvent l'allure d'un combat sans fin.

Il existe dans le commerce des mangeoires anti-écureuils et divers accessoires tels que des obstacles à fixer au poteau de la mangeoire ou du nichoir, ou bien des poteaux trop lisses pour y grimper.

Vous pouvez aussi choisir la solution diplomatique qui consiste à offrir aux écureuils leur propre poste d'alimentation, et l'installer le plus loin possible des mangeoires. Gavez-les de graines de tournesol, de maïs concassé, d'épis de maïs et de noix d'arachides. Espérez cependant que la bonne nouvelle ne se répande pas, sinon vous risquez fort de vous retrouver en train de nourrir la parenté au grand complet !

FENÊTRES QUI TUENT

Pas moins de 100 millions d'oiseaux chanteurs se tuent chaque année à la suite d'une collision avec une fenêtre. Les victimes se retrouvent surtout parmi les tarins des pins, les chardonnerets jaunes, les juncos ardoisés, les cardinaux rouges, les tourterelles tristes et les roselins familiers.

La plupart des accidents surviennent à la suite de l'apparition soudaine d'un prédateur ; l'oiseau, pris de panique, prend un rapide envol. On ne sait pas si l'oiseau opte pour la fenêtre à cause de la réflexion que celle-ci renvoie ou parce que l'intérieur lui semble un bon refuge.

L'application de grands décalques dans vos fenêtres – silhouettes représentant des faucons en vol – est la façon traditionnelle de réduire les risques de collision.

NICHOIRS

Les oiseaux de certaines espèces ne trouvent pas à se loger facilement. Ils accepteront donc de nicher dans une maisonnette que vous aurez construite pour eux et vous pourrez ainsi les observer de plus près.

La destruction de certains habitats et la compétition avec les espèces naturalisées rendent la tâche ardue aux oiseaux en quête de niche. Votre jardin et ses nichoirs remporteront sans aucun doute un franc succès.

CHOIX DU NICHOIR

Il existe trois types principaux de nichoirs.

Le nichoir ouvert convient, par exemple, aux merles qui, dans la nature, installent leur nid de boue et d'herbe à la fourche d'un arbre ou sur une grosse branche.

Le nichoir fermé plaît à la plupart des espèces. La dimension des ouvertures varie (voir le tableau ci-dessous), mais le modèle reste le même. Les oiseaux entrent directement dans le nichoir. Il est donc inutile, en principe, de placer un perchoir à l'avant. Un ajout de ce genre favorisera surtout l'installation du moineau domestique et de l'étourneau sansonnet.

Le nichoir style « condominium » convient aux hirondelles noires, qui nichent en colonies.

EMPLACEMENT DU NICHOIR

L'emplacement idéal n'est pas facile à trouver. Quelques principes de base vous aideront à faire votre choix. De façon générale, le nichoir doit être suspendu à au moins 2 m du sol, dans un coin abrité et isolé du jardin. Il doit être suffisamment ensoleillé pour rester sec, sans être surchauffé. Et n'oubliez pas de l'installer hors de la portée des prédateurs (voir p. 53).

Le nichoir ouvert s'installe sur le tronc d'un arbre et ses occupants l'apprécient davantage s'il est caché et protégé par une tige feuillue.

Les moineaux domestiques et les étourneaux sansonnets n'étant pas migrateurs, ils s'empresseront d'occuper vos nichoirs, surtout si ceux-ci sont situés très près de la maison. Si votre objectif est d'attirer plutôt d'autres espèces, n'installez donc votre nichoir qu'au moment où l'espèce

TYPES DE NICHOIRS *À gauche, au centre, nichoir ouvert. Autres : nichoirs fermés, dont un à hirondelles noires.*

À CHAQUE ESPÈCE SON NICHOIR

Espèce	Diamètre du trou	Plancher	Hauteur de la cavité	Hauteur du trou	Hauteur du nichoir
Troglodyte familier	28 mm	10 x 10 cm	15-25 cm	10-17 cm	1,3-3 m
Mésange	28 mm	10 x 10 cm	20-25 cm	15-20 cm	1,3-5 m
Merle bleu	38 mm	13 x 13 cm	20 cm	15 cm	1-2 m
Roselin familier	50 mm	14 x 14 cm	15-18 cm	10-13 cm	1,5-2 m
Merle d'Amérique	côtés ouverts	15 x 20 cm	15-20 cm	côtés ouverts	1,5-6 m
Hirondelle noire	57 mm	15 x 15 cm	15 cm	2,5 cm	3-6 m
Pic mineur	32 mm	10 x 10 cm	18-25 cm	13-20 cm	1,5-4,5 m
Pic chevelu	38 mm	15 x 15 cm	30-35 cm	20-30 cm	4-6 m
Pic flamboyant	65 mm	18 x 18 cm	40-50 cm	35-45 cm	2-10 m

CONSTRUCTION D'UN NICHOIR

Si vous savez scier, visser, percer des trous et enfoncer des clous, vous pouvez construire votre propre nichoir. Les oiseaux ne se formaliseront pas de légères imperfections !

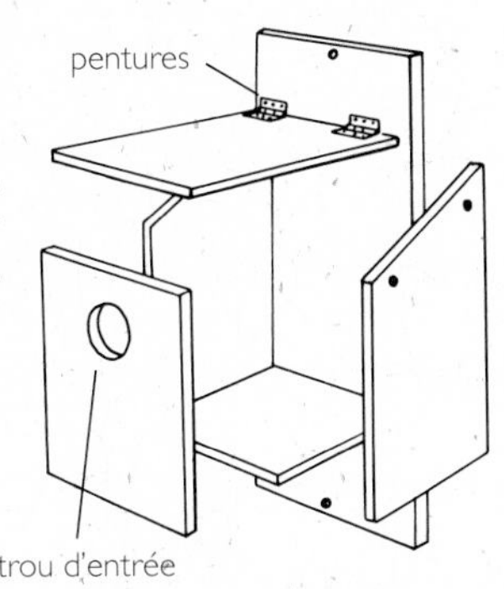

Déterminez quelles espèces vous voulez attirer et consultez le tableau de la page ci-contre pour établir les dimensions.

Le bois idéal est une planche de cèdre ou de pin de 2 à 2,5 cm d'épaisseur, qui résiste à la pourriture et aux insectes. Taillez la planche aux dimensions voulues. Percez des trous de ventilation et de drainage et vissez à moitié les pentures.

Assemblez les morceaux en utilisant des clous galvanisés (voir schéma, à gauche) et achevez de visser les pentures.

Sablez les surfaces rugueuses, en particulier le trou d'entrée.

N'utilisez ni vernis ni peinture. Laissez le temps plutôt que la chimie se charger de la patine.

Pour finir, fixez solidement le nichoir sur un poteau ou un tronc d'arbre.

migratrice de votre choix est en quête d'un nid (voir le chapitre intitulé *L'identification selon l'habitat*). Ne soyez pas déçu si le nichoir n'est pas aussitôt investi. Déplacez-le, au besoin, et efforcez-vous de comprendre les besoins propres à l'espèce désirée. Une fois que vos invités se seront installés, ne vous approchez pas trop du nid : non seulement vous les effraierez, mais vous attirerez l'attention des prédateurs.

Laissez le nichoir en place jusqu'à la fin de la saison de nidification. Le couple peut y élever une seconde nichée ou être remplacé par d'autres. À la fin de la saison, descendez le nichoir et nettoyez-le en prévision de l'année suivante.

VIE DE FAMILLE

La présence près du nichoir d'un oiseau ou d'un couple est l'indice d'un emménagement imminent. L'oiseau examine d'abord les lieux pendant quelques heures ou quelques jours. S'il est satisfait, il y transporte des brindilles et de l'herbe pour y construire un nid, généralement en forme de coupelle.

Vous ne verrez peut-être dès lors que le mâle porter à manger à la femelle qui couve ses œufs. Mais après leur éclosion, vous observerez les allées et venues incessantes des deux parents pour nourrir les petits.

Les oiseaux gardent leur nid très propre. Un des parents en ressortira fréquemment une petite boule blanche au bec. Il s'agit d'un sac qui contient les fientes. Il le transporte loin du nid afin de prévenir l'apparition de parasites et d'odeurs susceptibles d'attirer les prédateurs.

La famille peut s'attarder près du nichoir même quand les oisillons ont commencé à voler. Vous serez alors à même d'observer le comportement des adultes envers les jeunes.

LE TROGLODYTE FAMILIER *(ci-dessus) n'est pas pointilleux et saisit toute occasion de se nicher. Les merles bleus de l'Est (ci-dessus, à droite), dont l'habitat traditionnel décroît sans cesse, profitent particulièrement des nichoirs mis à leur disposition.*

UN JARDIN POUR LES OISEAUX

Si vous voulez leur offrir plus qu'un endroit où manger et se loger, voici comment transformer votre jardin en véritable refuge naturel.

Selon l'espace dont vous disposez et la région climatique que vous habitez, la planification de votre jardin va varier. Il faut toutefois que les oiseaux y retrouvent trois éléments de base : des arbres ou des buissons où s'abriter, des plantes dont se nourrir et de l'eau dont s'abreuver et pour s'y baigner.

ARBRES ET BUISSONS

Une végétation fournie attire les oiseaux qui y décèlent un abri, un endroit où nicher et une protection contre les prédateurs. Les conifères et les arbres à feuillages denses plaisent à bon nombre d'espèces.

Votre jardin devrait inclure quelques branches ou même des arbres morts. Non seulement ceux-ci confèrent-ils aux lieux du naturel, mais ils servent aussi de perchoirs.

Les arbres demeurent, bien sûr, l'attrait principal du jardin, mais n'oubliez toutefois pas que certains granivores affectionnent le voisinage du sol : il leur faudra des taillis, des buissons et des fleurs.

PLANTES

La meilleure nourriture pour les oiseaux est celle qu'ils glanent directement des plantes du jardin ; la mangeoire demeure un complément ou une solution de rechange en cas de pénurie.

Les conifères attirent une foule d'insectes qui sont un régal pour certaines espèces d'oiseaux. Moqueurs, merles et jaseurs sont, quant à eux, friands des petites baies qu'ils trouvent sur les arbustes.

Les oiseaux y viennent dorm
Et pour saluer la lumière
S'élèvent comme une poussièr
Si sa feuille vient à frémir.

Le chêne
ALPHONSE DE LAMARTINE
(1790-1869)

Un jardin de plantes indigènes a plus de chances d'attirer les oiseaux qu'un jardin de plantes exotiques, qui n'a pas grande chance d'attirer les insectes. Des arbres feuillus comme l'érable, le chêne, le frêne et le sorbier composent un milieu vraiment naturel pour les oiseaux.

LES OISEAUX ET LES PLANTATIONS

Les plantations	*Ce qu'elles procurent*	*À qui*
Arbustes et vignes		
Sureau (*Sambucus*)	Abri, fruits et insectes	Parulines, viréos, merles, grives solitaires
Chèvrefeuille (*Lonicera*)	Fleurs, insectes	Parulines, troglodytes, colibris
Mûrier/framboisier (*Rubus*)	Fruits, insectes et protection	Troglodytes, grives, bruants, moqueurs
Groseillier (*Ribes*)	Fruits, nectar	Roitelets, grives, colibris
Arbres		
Chêne (*Quercus*)*	Glands, insectes et protection	Mésanges, pics
Pin (*Pinus*)*	Cônes, insectes et protection	Becs-croisés, grimpereaux, pics
Érable (*Acer*)*	Graines et insectes	Roselins, parulines, viréos, tangaras
Prunier/cerisier (*Prunus*)*	Fruits, insectes et nectar	Parulines, grives, orioles, pics maculés
Mûrier (*Morus*)*	Fruits, insectes et protection	Parulines, pics, grives, gros-becs

* Les plantations doivent convenir à la zone climatique de votre région.

Les conifères comme le pin, le sapin, l'épinette, la pruche et le mélèze sont des essences parfaitement adaptées à notre climat.

Les arbustes comme le sureau, le cerisier, l'aulne, le noisetier et le cornouiller fourniront une nourriture abondante année après année.

Si vous ne pouvez pas éviter d'utiliser des pesticides, faites-le avec parcimonie ; les oiseaux sont en effet extrêmement sensibles aux produits chimiques.

Étangs et bassins

La présence d'un plan d'eau est essentielle dans votre jardin d'oiseaux. Un grand étang attirera des canards, des bernaches, des hérons et même, en fin de saison, certains oiseaux de rivage migrateurs.

Avec un petit étang pourvu d'un système de circulation, tangaras, orioles, parulines, viréos, de même que geais et moqueurs vous rendront visite pour y boire et s'y ébattre. Si, de surcroît, l'étang est protégé par des branches ou s'il est entouré de bosquets, ils en feront une halte habituelle. Bassins, toiles et pompes de circulation se trouvent dans le commerce.

PRINCIPAUX ATTRAITS *Les oiseaux, surtout petits, ne résistent pas à un bain où s'ébattre (ci-dessus). La mangeoire près d'un bosquet (à gauche) est à la fois jolie et sécuritaire.*

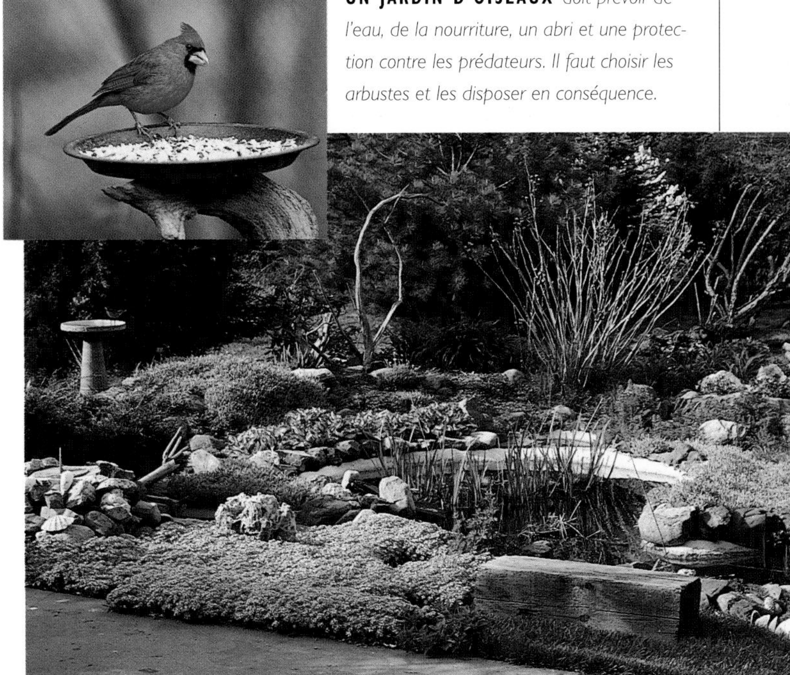

UN JARDIN D'OISEAUX *doit prévoir de l'eau, de la nourriture, un abri et une protection contre les prédateurs. Il faut choisir les arbustes et les disposer en conséquence.*

LE BAIN D'OISEAUX

Tout récipient peu profond et composé de matière non toxique peut se transformer en bain d'oiseaux. Si vous voulez les voir s'y ébattre en groupe, le bain doit avoir un diamètre d'au moins 50 cm. Vous pouvez ainsi recycler le couvercle d'une poubelle de plastique de couleur foncée.

Le couvercle peut simplement être déposé sur le sol et maintenu en place au moyen de roches ou de branches qui serviront de perchoir aux oiseaux. Si vous le rehaussez, assurez-vous que la fondation est bien solide.

Le bruit et le mouvement de l'eau sont d'un attrait irrésistible pour les oiseaux. Vous pouvez donc laisser s'écouler un filet d'eau d'un tuyau d'arrosage et du même coup arroser les plantations avoisinantes.

Vous pouvez aussi pousser le raffinement jusqu'à créer une cascade en installant un deuxième couvercle au-dessous du premier de sorte que le surplus d'eau s'y déverse. Mais vous ferez bientôt face au problème de recycler l'eau.

À défaut, un bain ne manquera pas d'attirer les oiseaux ; l'eau recyclée qui s'égoutte en petites cascades a résolument leur faveur. Le mouvement de l'eau a un grand pouvoir d'attraction sur les oiseaux qui repéreront mieux du haut des airs un petit bassin animé qu'un grand étang stagnant.

(…) souvent, j'ai suivi des yeux les oiseaux de passage qui volaient au-dessus de ma tête. Je me figurais les bords ignorés, les climats lointains où ils se rendent ; j'aurais voulu être sur leurs ailes.

René, FRANÇOIS RENÉ DE CHATEAUBRIAND (1768-1848)

Chapitre trois

L'observation dans la nature

PRÉPARATIFS

La préparation minutieuse d'une expédition d'observation est un gage de réussite.

Nous sommes tous pour la plupart des ornithologues dans l'âme : qui ne sait, en effet, distinguer un pigeon d'une corneille ou identifier un oiseau familier comme le merle d'Amérique ? Souvent, on prend goût à cet exercice et, bientôt, l'intérêt se mue en véritable passion.

Mais combien d'espèces faut-il connaître, quand on songe qu'en Amérique du Nord il existe 2 espèces de pélicans, 4 de corneilles, 6 d'oies sauvages, 7 de mésanges, 22 de pics et pas moins de 30 espèces de bruants ! En tout, près de 900 espèces au nord de la frontière du Mexique, suffisamment pour décourager tout ornithologue débutant.

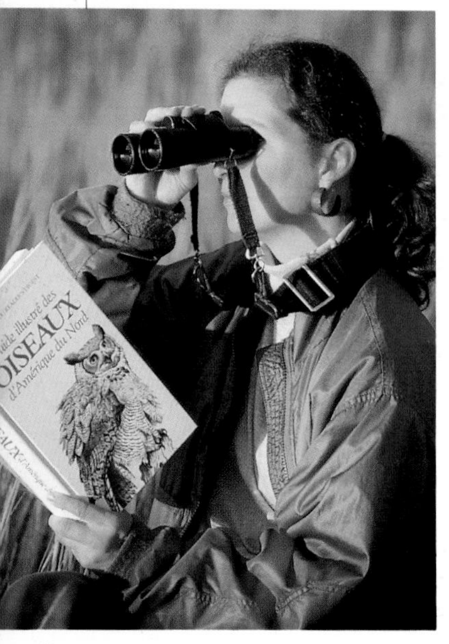

GUIDES *L'objet d'un guide illustré (à gauche) est de vous aider à franchir l'étape cruciale de l'observation des oiseaux : l'identification.*

Tout d'abord, rappelez-vous que plusieurs espèces sont soit peu nombreuses soit confinées à des régions spécifiques. Le nombre d'espèces que vous pouvez rencontrer lors d'une seule excursion est donc d'autant limité. Mais – et là réside le principal intérêt de l'observation des oiseaux – vous ne savez jamais quelle surprise vous attend.

Par une journée d'hiver, vous n'observerez peut-être qu'une dizaine d'espèces, alors que, en été, la même région vous en révélera une centaine. Une expédition bien préparée multiplie vos chances de découvrir quelques secrets bien gardés.

PREMIERS PAS

Allez-y doucement. Familiarisez-vous tout d'abord avec les oiseaux qui fréquentent votre propre région en feuilletant notre chapitre intitulé « Guide d'identification selon l'habitat », qui débute à la page 84. Ne vous laissez pas décourager par le nombre ni la diversité des espèces. Déterminez le type d'environnement dans lequel vous vivez, trouvez l'habitat qui y correspond et lisez ce qui concerne les oiseaux que vous aurez l'opportunité d'y rencontrer.

Commencez par exercer vos connaissances dans votre voisinage. Choisissez, par exemple, un parc. S'il s'y trouve un étang, vous aurez la tâche d'autant plus facile que les oiseaux aquatiques sont généralement gros, peu farouches et pourvus d'attributs facilement identifiables. Dans un parc, vous aurez toutefois la chance d'observer aussi des oiseaux de passage qui ne sont pas de votre région : ne vous laissez pas déconcerter.

LE GILET *(ci-dessus) convient parfaitement à l'ornithologue amateur. Ses nombreuses poches peuvent contenir l'attirail de base (en haut) : un petit guide, un crayon, un bloc-notes et des jumelles.*

Vous développerez peu à peu des habiletés et votre sens de l'observation s'affinera. Vous serez prêt à entreprendre une expédition dans la nature. Prenez les choses au sérieux, mais ne vous laissez pas emporter par la frustration si votre sujet s'envole au moment précis où vous alliez

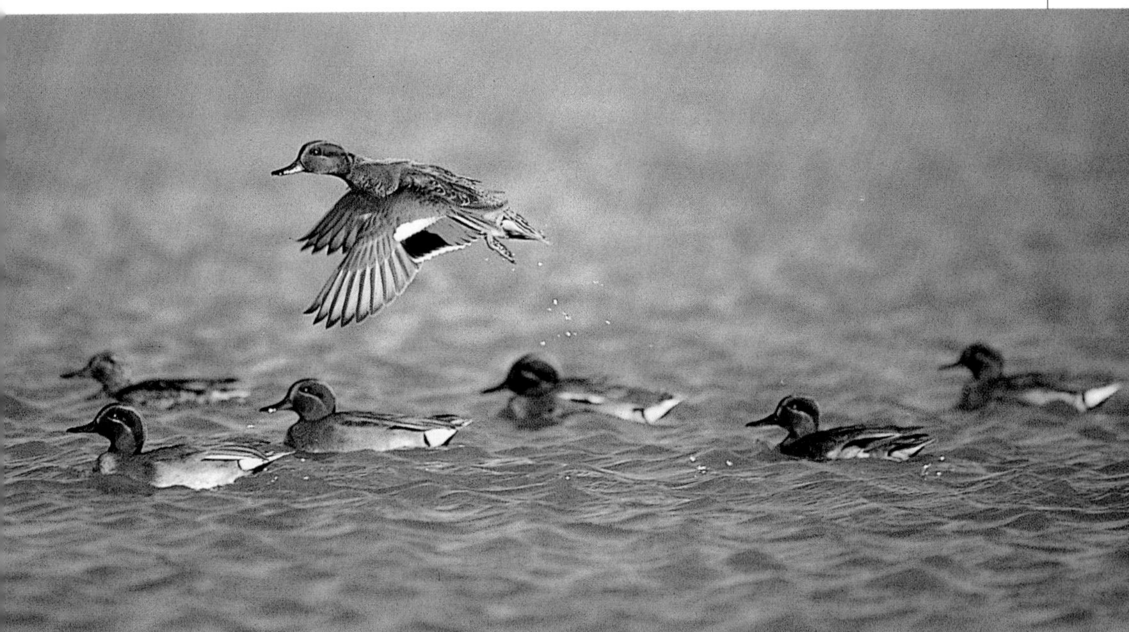

LA PREMIÈRE EXPÉDITION *Votre première sortie peut vous mener sur les bords d'un lac ou d'un étang des environs, un choix judicieux, car les oiseaux aquatiques (ici, sarcelles à ailes vertes) sont facilement identifiables.*

La cloche, dans le ciel
[qu'on voit
Doucement tinte,
Un oiseau sur l'arbre
[qu'on voit
Chante sa plainte

Le ciel est par-dessus le toit…
PAUL VERLAINE (1844-1896)

l'identifier. Tôt ou tard, un autre se présentera, qui fera tout aussi bien l'affaire !

GUIDES

Le livre que vous avez entre les mains recense plus de 200 espèces parmi les plus fréquentes en Amérique du Nord. Il guidera vos premières expériences, mais si vous devenez féru d'ornithologie, vous voudrez vous procurer un guide complet recensant toutes les espèces du continent. Vous trouverez une liste de guides à la page 274.

La consultation d'un guide vous rebutera peut-être au premier abord : les oiseaux n'y sont pas classés par ordre alphabétique, mais selon les lois de la taxinomie (p. 20).

Vous ne tarderez pas à apprécier les avantages de cette classification : les oiseaux présentant des caractères semblables sont regroupés ; l'énumération de leurs traits distinctifs élimine la confusion.

Une fois l'oiseau identifié, le guide vous fournira toutes les informations à son sujet.

ÉQUIPEMENT

Votre guide d'identification et une paire de jumelles (voir p. 62) sont les deux seuls accessoires vraiment indispensables. Les vêtements que vous portez habituellement pour vos activités de plein air feront le plus souvent l'affaire s'ils ne sont pas trop voyants.

Tenez compte cependant que vous resterez longtemps assis ou debout au même endroit. En automne et au printemps, portez des vêtements chauds ; en été, méfiez-vous du soleil. Au bord de la mer, munissez-vous d'un couvre-chef et d'un tube d'écran solaire.

En cas de pluie, vous devez avoir sous la main un chiffon propre en coton pour essuyer vos jumelles, votre télescope ou vos lunettes. Enfin, au moment d'acheter votre imperméable, rappelez-vous ceci : s'il fait trop de bruit lorsque vous bougez, il avertira les oiseaux de votre présence et les fera fuir.

L'ÉQUIPEMENT *Comme pour toute activité de plein air, il faut choisir des vêtements confortables et qui vous tiennent au chaud. La panoplie comprend notamment le blouson imperméable, le sac à dos et des bottines de marche (à l'extrême droite), ainsi qu'une sacoche et une pochette (à droite) pour transporter les accessoires.*

Choix des jumelles

Pièce maîtresse de l'équipement de l'ornithologue amateur, les jumelles doivent être choisies avec soin.

Si vos vieilles jumelles n'ont pas servi depuis longtemps, il est fort à parier qu'elles ont besoin d'un alignement et d'une mise au point. Au lieu de payer une réparation coûteuse – à moins qu'il ne s'agisse d'un modèle de grande valeur –, il vaut peut-être mieux que vous en achetiez de nouvelles.

Avant d'arrêter votre choix sur un modèle, tenez compte des éléments suivants.

Grossissement

Sur tous les modèles, on verra un chiffre avec un facteur de multiplication, par exemple 7x40. Le premier chiffre indique le grossissement : ici l'oiseau apparaîtra sept fois plus gros qu'à l'œil nu. Un modèle 10x donnera un grossissement de 10 fois la taille réelle, et ainsi de suite.

Un grossissement de moins de 7x ne vous sera pas d'une grande utilité. Un grossissement de 10x vous procurera une vision idéale mais il vous faudra par contre avoir la main très ferme ; car plus le grossissement est important, plus l'image bouge. Choisissez donc un modèle entre 7x et 10x en fonction de votre stabilité.

Luminosité et poids

Le deuxième chiffre, 40 dans notre exemple, représente le diamètre de l'objectif en millimètres. Il donne une indication de la luminosité : plus il est élevé, plus il capte la lumière et plus claire sera l'image. Retenez cependant qu'un diamètre de grande dimension augmente le poids des jumelles.

DIMENSION ET POIDS *Ce sont des éléments importants à considérer, mais pas au point de sacrifier la netteté et la luminosité de la vision à courte et à longue distance.*

Les prismes : types et poids

Il existe deux types de jumelles, celles à prisme de Porro et celles à prisme en toit (voir page ci-contre). Le prix des jumelles, leur design ainsi que leur poids varient selon le type de prisme.

Avant les années 80, les meilleures jumelles étaient celles à prisme de Porro. Elles sont encore les plus populaires dans la gamme des prix entre 40 $ et 400 $. Bon nombre de modèles assurent une vision nette et lumineuse et certains, une bonne mise au point sur un objet rapproché.

Les progrès de la technologie ont permis d'introduire sur le marché des jumelles à prisme en toit de plus petite taille, qui offrent une clarté et une puissance équivalentes. Celles-ci sont donc plus légères, mais coûtent généralement plus cher.

GROSSISSEMENT *Un modèle 7x grossira l'image sept fois (insertion du haut), alors qu'un modèle 10x la grossira 10 fois (insertion du bas), mais vous aurez alors peut-être de la difficulté à maintenir la stabilité de l'image.*

COMMENT SE SERVIR DES JUMELLES

Choisissez d'abord un objet ou un point spécifique et ne le quittez pas des yeux tandis que vous approchez vos jumelles. Habituez-vous à fixer l'objectif pendant que vous actionnez la molette de mise au point.

Vous pouvez aussi, en les retournant, vous servir de vos jumelles comme d'un microscope pour faire d'une coccinelle un monstre ou d'une fleur une œuvre d'art.

)URABILITÉ

.es jumelles à prisme de ᵓorro sont fragiles. Les élé- nents du boîtier ont tendance se briser et les prismes loivent être réalignés.

Certains modèles sont evêtus d'une structure de aoutchouc rigide. L'incon- ·énient dans ce cas c'est que ɜs œilletons de viseur se cra- quellent et que des bulles se ɔrment dans l'armature.

ΛISE AU POINT

/ous observerez souvent un ›iseau d'assez près. Recher- hez donc des jumelles don- ıant une bonne mise au point 4 m ou moins de l'objectif. .es jumelles à prisme en toit pécialement conçues pour 'observation des oiseaux 'ajustent même à 3,7 m. Un nodèle qui ne vous laisse rien 'oir à moins de 7 m de votre ujet d'observation, par ·xemple, est inefficace.

ᵓRIX

Certes, il existe des jumelles :onvenables et robustes à coût nodique, mais la qualité a son ›rix. Songez toutefois que les umelles sont fragiles ; mieux 'aut choisir un modèle que 'ous aurez les moyens de ·emplacer.

CONFORT

Avant d'arrêter votre choix, ɔrenez conseil auprès d'une personne qui possède déjà le modèle envisagé ou consultez un vendeur spécialisé.

Au magasin, n'hésitez pas à passer les jumelles autour de votre cou : si elles vous semblent déjà lourdes, elles le paraîtront bien davantage à la fin d'une journée. Actionnez la molette de mise au point et vérifiez si vous pouvez observer un objet à faible distance. Les œilletons de viseur doivent être confortables et vous permettre, au besoin, de voir avec vos lunettes. Le confort d'utilisation est aussi important que la puissance. Enfin, vérifiez si la garantie du fabricant est raisonnable.

L'ENTRETIEN

Nettoyez les lentilles à l'aide d'un chiffon doux et servez-vous d'un coton-tige pour les parties difficiles à atteindre. L'alignement doit en être vérifié régulièrement.

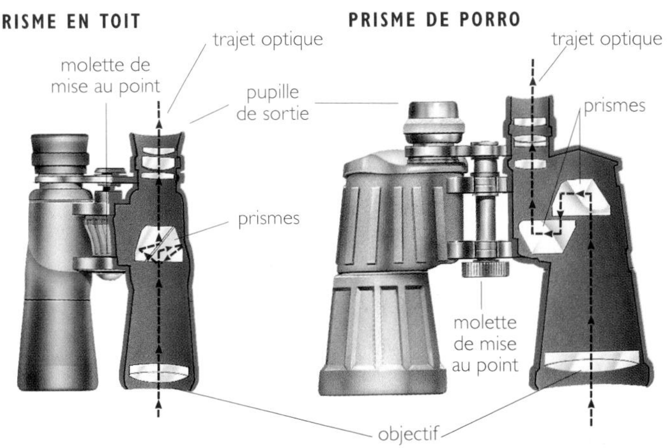

PRISME EN TOIT ET PRISME DE PORRO *Les deux types de prismes ont la même fonction : faire réfléchir la lumière le long du trajet optique. La configuration du prisme en toit, plus complexe, permet de réduire la taille et le poids des jumelles (à l'extrême gauche). Le modèle à prisme de Porro (à gauche), de conception moins sophistiquée, coûte moins cher.*

Choix d'un télescope

Si vous projetez des expéditions d'observation en terrain dégagé, bord de mer ou grandes prairies, l'achat d'un télescope est un bon investissement.

Après avoir maîtrisé l'utilisation des jumelles, vous voudrez peut-être vous lancer dans l'achat d'un télescope. Vos jumelles n'en conserveront pas moins leur utilité ; les deux sont complémentaires et vous les utiliserez tour à tour selon les circonstances.

Un télescope se révélera précieux au moment où vous voudrez, par exemple, observer un rapace perché au loin ou suivre un vol d'oiseaux de rivage. Il sera aussi efficace pour observer de près les oiseaux dans leurs nids et autour des mangeoires. Mais rien ne vaut les jumelles pour observer les oiseaux de petite taille dans la forêt.

Il existe une grande variété de télescopes et ici, comme pour les jumelles, retenez que la qualité se paie. Un télescope de qualité supérieure sera de conception robuste et donnera une image plus nette, plus lumineuse. Compte tenu de l'importance de l'investissement, discutez des caractéristiques de différents modèles avec des utilisateurs et demandez à les essayer.

Après avoir choisi un modèle, il vous faudra décider de la configuration et de la puissance du système de lentilles.

LE BON CHOIX *Le télescope avec oculaire à prisme coudé (ci-dessous) offre plus de confort car vous n'avez pas à vous pencher. Mais celui avec oculaire à visée directe (en découpe) est plus facile à orienter sur le sujet observé.*

Configuration

Il existe deux types de télescope : l'un est muni d'un oculaire (lentille de grossissement) à visée directe, l'autre d'un oculaire à prisme coudé. Le premier est plus facile à orienter, tandis que le deuxième est plus agréable à utiliser parce

TRÉPIED

Le trépied idéal est un heureux compromis entre la stabilité et la légèreté. Plus le trépied est lourd, plus il est stable, mais vous ne voulez pas vous affubler d'un attirail trop encombrant. Il y a toutefois d'autres facteurs à considérer avant d'arrêter votre choix.

La plupart des trépieds conçus pour supporter une caméra sont munis de multiples vis et écrous qui permettent de fixer la plateforme dans plusieurs positions. Pour l'observation des oiseaux, il faut agir avec rapidité ; le système de fixation doit donc être le plus simple possible. Choisissez par conséquent un trépied qui se fixe à l'aide d'une simple manette de serrage, avec une vis pour le blocage horizontal et une autre pour le blocage vertical. La manette de serrage doit se trouver à l'opposé de l'œil dont vous vous servez normalement.

Les trois pattes télescopiques d'un trépied doivent être robustes : les vis de blocage sont plus résistantes, mais les écrous bloquants à bascule permettent un réglage plus rapide. Vous apprécierez, en particulier les jours de grand vent, la stabilité que procurent les branches télescopiques tubulaires par rapport aux branches rectangulaires.

LA HAUTEUR *Un trépied réglé au plus bas assure la stabilité du télescope et en rend l'utilisation plus facile (à gauche) pour tout le monde.*

L'ATTIRAIL IDÉAL *Le télescope aide à régler un problème d'identification particulièrement difficile comme ce peut être le cas avec certains oiseaux de rivage migrateurs (à gauche).*

que vous n'avez pas à vous pencher autant. Pesez bien le pour et le contre, essayez les deux modèles et réfléchissez à l'usage principal que vous en ferez.

LENTILLES

Les plus courantes sont les lentilles de puissance 15x, 22x objectif grand-angle, 30x, 40x, ou 20x à 60x objectif zoom.

Un télescope de puissance 15x ne vous sera d'aucune utilité, surtout si vous possédez déjà des jumelles de puissance 10x. Une lentille de grossissement 40x va vous permettre d'observer une buse à 400 m mais vous ne pourrez pas suivre des oiseaux de rivage en mouvement.

L'objectif zoom semble donc constituer un heureux compromis. Méfiez-vous cependant d'un zoom de piètre qualité car l'image va s'embrouiller et s'assombrir au fur et à mesure que vous augmenterez la puissance.

En définitive, des lentilles d'une puissance de 25x à 30x vous donneront le meilleur rapport qualité-prix.

UTILISATION

Le champ de vision du télescope est plus réduit que celui des jumelles. Au début, il est possible que vous éprouviez certaines difficultés à vous servir du vôtre. Faites donc quelques exercices avant de l'emporter en excursion.

Choisissez un objet fixe, un poteau de téléphone ou une rose chez le voisin : repérez l'objet dans votre télescope et apprenez à faire la mise au point aussi vite que possible.

EN VOITURE *Le télescope peut être installé sur un support fixé à la vitre de la portière (ci-dessous). Il permet au voyageur de saisir l'occasion d'observer un oiseau au passage comme un carouge à tête jaune (à droite). Si vous n'avez pas de support, un petit coussin de billes fera l'affaire.*

J'ai bien du mal à voir ce que l'oiseau ne veut pas laisser voir. Cela exige toute mon attention.

ANNIE DILLARD (1945-),
Essayiste et poétesse américaine

Sur le terrain

À la recherche des oiseaux, l'ornithologue avisé sait déjà où et quand les trouver. Il les observe discrètement, sans les déranger.

Aux yeux d'un néophyte, rien n'apparaît plus difficile que d'approcher les oiseaux. Le secret est en effet de savoir où et quand les rechercher. Avec quelques notions de base et un peu de planification, le débutant parviendra rapidement à repérer et à identifier plusieurs espèces.

Tôt le matin, les oiseaux débordent d'activité et, souvent perchés très haut, ils manifestent bruyamment leur présence par leurs chants. Ils se font ainsi remarquer surtout au printemps lorsque les mâles se complaisent en représentations et parades prénuptiales.

En hiver, diverses espèces d'oiseaux aquatiques se rassemblent au bord de la mer et sur les rives des rivières et des lacs libres de glace ; on peut alors les observer et les comparer.

À l'époque des migrations, les oiseaux de rivage, les oiseaux de proie, les oiseaux de mer et plusieurs espèces de petits oiseaux chanteurs s'observent en groupes, souvent formés de plusieurs espèces.

CROQUÉS SUR LE VIF *Le père du mouvement naturaliste, John Muir (à droite), en compagnie de Theodore Roosevelt, lui-même avide ornithologue.*

Une prairie ou une forêt silencieuse peut soudain s'animer d'une volée d'oiseaux. Pour mieux les voir, balayez du regard un endroit dégagé près d'un buisson ou d'herbes hautes. Ou dirigez-vous d'après leurs appels : ils communiquent constamment entre eux pendant qu'ils sont occupés à se nourrir.

Habitats

À la recherche d'une espèce en particulier, vous devez d'abord connaître son habitat et sa niche de prédilection (voir p. 30 et 86). Une fois sur place, orientez vos recherches vers les zones de transition, appelées écotones : lisière des forêts, abords d'une prairie, rive herbeuse d'un lac. Souvenez-vous que les oiseaux privilégient la proximité d'un abri ou d'un refuge.

Approche

Si quelques espèces se laissent facilement approcher, la plupart sont timides, même farouches, et le moindre soup-

CODE D'ÉTHIQUE

L'ornithologue amateur doit être conscient de ses responsabilités envers les oiseaux et envers l'environnement en général. L'Association québécoise des groupes d'ornithologues a publié, dans sa revue *QuébecOiseaux* (vol. 4, n° 3) du printemps 93, les règles que doit respecter l'ornithologue amateur. De façon générale, celui-ci ne doit jamais, par son comportement, mettre en danger le bien-être des oiseaux ou celui d'autres animaux. Il doit au contraire :

- Observer ou photographier les oiseaux de façon à les déranger le moins possible ;
- Éviter de les harceler ou de les faire lever inutilement ;
- Utiliser avec parcimonie les enregistrements d'appels et de chants destinés à attirer les oiseaux, et s'en abstenir dans une région où ceux-ci sont nombreux ;
- Garder ses distances d'un nid ou d'une nichée ;
- Ne pas manipuler un oiseau ou un œuf si ce n'est pour une recherche autorisée.

La liste des clubs d'ornithologie du Québec est à la page 279.

L'OBSERVATION *des oiseaux perchés à la cime des arbres est difficile en terrain plat (à gauche). Profitez si possible d'une colline des environs. Ne vous approchez pas des nids comme celui des petits butors (ci-dessus, à gauche).*

LES STRATÉGIES *Un ornithologue d'expérience inspecte d'abord les zones de transition entre les habitats ; les oiseaux y sont plus visibles et les espèces s'y côtoient. Dans une prairie (ci-dessus, à gauche), cette stratégie permet de repérer un tyran à longue queue (ci-dessus) ; aux limites d'un marais (ci-contre), un grand héron (plus bas).*

Souvent, pour s'amuser, les
[hommes d'équipage
Prennent des albatros, vastes
[oiseaux des mers,
Qui suivent, indolents
[compagnons de voyage,
Le navire glissant
[sur les gouffres amers.

L'Albatros
CHARLES BAUDELAIRE (1821-1867)

çon de danger les fera s'envoler. Un mouvement brusque, un bruit peu familier, un rayon de lumière inattendu ou la soudaine apparition dans leur horizon du profil d'un prédateur (vous), tout cela suffit à les mettre en fuite.

Utilisez votre voiture comme s'il s'agissait d'une cache d'observation. Autant que possible, restez à l'intérieur ; les oiseaux craignent moins une voiture immobile que des personnes affairées qui dirigent d'étranges appareils dans leur direction. Si vous sortez, restez silencieux.

Lors d'une première visite, observez les lieux pour établir une stratégie. Par exemple, vous ne verrez pas grand-chose si vous marchez face au soleil. Avancez lentement, évitez de parler fort ou de faire craquer des branches. Observez une clairière avant d'y pénétrer.

La tactique la plus efficace, surtout dans les bois, est souvent de se tenir tranquille et d'attendre.

Ne plantez pas votre silhouette en plein horizon et portez des vêtements de couleur neutre. Vous pouvez essayer de vous dissimuler derrière un rocher, un bosquet, même une voiture, mais il est fort à parier que l'oiseau vous a repéré depuis longtemps. La règle d'or est de vous déplacer sans l'effrayer. S'il ne se sent pas menacé, il tolérera votre présence.

Lorsque vous avez terminé votre observation, éloignez-vous discrètement. Les oiseaux ont suffisamment de peine à trouver des endroits où se reposer et se nourrir, sans avoir à subir les presssions de ceux qui les admirent.

SAISON DE CHASSE

Si vous pratiquez l'observation des oiseaux durant la saison de chasse, faites exception aux règles habituelles de discrétion en portant des vêtements très voyants. Au besoin, signalez votre présence si vous entendez des chasseurs dans les environs ou éloignez-vous (ne vous cachez pas) pour éviter les accidents.

IDENTIFICATION : NOTIONS DE BASE

En apprenant à reconnaître les caractères particuliers d'un oiseau, vous affinerez votre sens de l'observation et vous arriverez à identifier de plus en plus d'espèces.

Le débutant est souvent découragé par le nombre impressionnant d'espèces décrites dans un guide d'identification. Mais qu'il se rassure : du nombre total des espèces qui fréquentent une région, moins de la moitié risque de s'y trouver à la même époque de l'année.

TRAITS DE FAMILLE *La plupart d'entre nous sommes capables de reconnaître un hibou ou un canard (ci-dessus). L'identification de la famille à laquelle appartient votre sujet vous met sur la bonne piste.*

Observez d'abord l'oiseau qui est devant vous. Inutile de vous précipiter sur votre guide pour y trouver sa photographie ou celle d'un autre qui lui ressemble ! Décrivez plutôt pour vous-même les caractères que vous remarquez et intégrez-les aux connaissances que vous possédez déjà. Posez-vous les questions suivantes.

TRAITS DE FAMILLE

À quelle famille ou à quel groupe appartient cet oiseau ?

Les familles ont des caractères physiques qui leur sont propres. Si vous savez à quelle famille appartient votre sujet, vous êtes sur la bonne piste. Les informations contenues aux pages 88 à 93 vous seront d'une grande utilité.

Quelle est la taille de l'oiseau ?

La taille est évidemment relative et difficile à juger, surtout si votre sujet est seul. Comparez votre oiseau à d'autres dont vous connaissez la taille : est-il plus gros qu'un merle ? comparable à une corneille ou à un moineau ?

COMPORTEMENT

Que fait l'oiseau ?

Les différentes familles ont des comportements caractéristiques. Aussi l'activité à laquelle s'adonne votre sujet est-elle un indice significatif pour son identification. Est-il en train de picorer le sol, d'explorer minutieusement une feuille, ou de faire de rapides va-et-vient autour d'un perchoir haut placé ? Est-il en train de nager, de plonger ? Patauge-t-il dans la boue d'un étang ou fait-il partie d'un vol en formation ?

COMPORTEMENT *Seules les sittelles descendent le long d'un tronc d'arbre tête première (ci-dessus). Ce seul trait suffit à identifier la famille.*

Votre sujet est-il isolé ou en groupe ?

En automne et en hiver, la plupart des bécasseaux se rassemblent pour former, avec d'autres espèces semblables, des groupes impressionnants. Les insectivores comme les mésanges, les roitelets, les sittelles, les grimpereaux et les viréos se regroupent pour accroître leur butin et se pro-

La richesse d'une forêt ne prend-elle pas tout son sens lorsqu'elle nous révèle un oiseau magnifique qu'on ne soupçonnait même pas !

HENRY DAVID THOREAU (1817-1862)
Auteur et naturaliste américain

éger des prédateurs. D'autres oiseaux sont solitaires sauf en saison de nidification.

CARACTÈRES PHYSIQUES

Quels traits distinctifs votre sujet arbore-t-il ?

Pour arriver à identifier un oiseau, il faut absolument apprendre à reconnaître ses traits distinctifs.

Un trait distinctif est un signe particulier à l'oiseau qui, avec d'autres signes, le distingue des autres oiseaux. Ces signes particuliers se retrouvent d'habitude sur le plumage. Observez surtout les parties suivantes du corps :

- cercle oculaire ou raie superciliaire
- croupion
- plumes de la queue (rectrices)
- barres alaires.

Vous devez connaître le nom des différentes parties du corps d'un oiseau ainsi que les composantes de son plumage (p. 24). Les traits distinctifs de chaque oiseau sont décrits dans l'encadré qui figure dans le « Guide d'identification selon l'habitat ». Souvenez-vous que le motif du plumage est souvent plus caractéristique que sa couleur.

ENDROIT ET SAISON

Où êtes-vous, dans quel habitat, à quelle époque ?

Plusieurs espèces ne fréquentant qu'un seul type d'habitat, et ce, à une époque précise de l'année et dans une région déterminée : vous pourrez, de retour à la maison, confirmer votre verdict en vérifiant dans vos guides.

CARACTÉRISTIQUES DE L'ŒIL *Le dessin d'un cercle oculaire, d'un masque ou d'une raie superciliaire caractérise plusieurs espèces comme le viréo à tête noire (à gauche), le traquet motteux (au centre) et le bruant à gorge blanche (à droite).*

BARRES ALAIRES *Elles sont déterminantes, permettant, par exemple, de distinguer la paruline à calotte noire (à gauche) de la paruline verte à gorge noire (à droite).*

RECTRICES *Les couleurs des plumes de la queue sont parfois des marques distinctives.*

ROGER TORY PETERSON

Roger Tory Peterson est l'auteur du premier guide d'identification d'oiseaux illustré, condensé et destiné au grand public. Publié pour la première fois en 1934, ce guide présentait le système novateur des traits distinctifs, qui a fait école.

Les traits distinctifs d'un oiseau sont ceux qui le différencient des autres espèces. Dans les guides de Peterson, ces traits sont mentionnés dans le texte et repris dans les illustrations.

Le « système Peterson » a même servi aux aviateurs, durant la Deuxième Guerre mondiale, pour identifier les avions ennemis. La majorité des guides d'identification se fondent actuellement sur les traits distinctifs.

ROGER TORY PETERSON *Les livres de Roger Tory Peterson (à droite), auteur du premier guide d'identification en format de poche, ont suscité l'intérêt de milliers de personnes pour l'ornithologie.*

Cas pratiques

Pour mettre vos connaissances en pratique, voici comment identifier six oiseaux qui fréquentent chacun des habitats décrits dans ce guide.

Pic mineur (Villes et banlieues)

Vous entendez un faible *tap-tap* et vous apercevez une tête noire et blanche cachée derrière un tronc. En faisant le tour de l'arbre, vous remarquez que l'oiseau s'agrippe au tronc avec ses griffes et que sa queue lui sert d'appui. Son bec, étroit et pointu, martèle le tronc de plus belle. Il s'agit, bien sûr, d'un pic, mais de quelle espèce ?

Le motif de son plumage noir et blanc est traversé par une ligne blanche très nette au milieu du dos. C'est so un pic mineur, soit un pic chev lu. En regardant de plus près, vous notez qu'il a des marques noires sur les rectrices extern blanches de la queue. Voilà l'indice déterminant : votre oiseau est un pic mineur.

Paruline à croupion jaune (Bois et forêts)

C'est l'hiver en Floride et pendant une randonnée dans un bois près d'une rivière, vous entendez un trille aigu, et puis un autre. De petits oiseaux voltigent d'arbre en arbre. Ils vous semblent ordinaires et grisâtres. Les bruants ou les roselins qu'on s'attendrait à rencontrer ici seraient brunâtres. L'habitat, le chant et la couleur portent à penser qu'il s'agit plutôt de parulines.

L'identification ne pose pas de problème parce que peu de parulines passent l'hiver en Amérique du Nord. Une observation plus attentive révélera une petite tache jaune vif sur le croupion. Or, rares sont les parulines qui arborent ce signe distinctif. N'y aurait-t-il pas autre chose ? La découverte d'une autre petite tache jaune sur la tête confirmera votre soupçon : il s'agit bien de parulines à croupion jaune.

Pluvier kildir (Prairies)

Au cours d'une promenade à la campagne, vous longez un pré. Au beau milieu, il y a un couple d'oiseaux bruns à longues pattes, de la taille d'un merle. Ils se mettent à courir à toute vitesse sur le sol, s'arrêtent net et reprennent aussitôt le même curieux manège. Vous vous rappelez qu'il s'agit là d'une caractéristique des pluviers.

Mais rares sont les pluviers qui fréquentent les sites secs et dégagés. Les deux oiseaux vous font face et les traits qu'ils vous dévoilent vous permettent de les identifier à coup sûr : car seuls les pluviers kildirs arborent deux bandes pectorales noires sur une poitrine blanche.

SARCELLE À AILES BLEUES (Milieux humides)

Sur un étang marécageux, des oiseaux s'ébattent bruyamment en groupe. La moitié d'entre eux arborent un plumage brun, tacheté. Vous reconnaissez immédiatement le bec en cuiller qui caractérise les canards. (Tous les autres oiseaux qu'on rencontre sur l'eau ont le bec pointu.) Or, la famille des canards se divise en deux genres : les plongeurs et les barboteurs. Pour se nourrir, vos canards trempent le bec dans l'eau en renversant leur corps. On voit leurs pattes s'agiter pour maintenir la tête sous l'eau : en d'autres mots, ils barbotent. Parmi les barboteurs, les mâles présentent généralement une livrée plus caractéristique que les femelles. Les oiseaux de couleur brune de votre groupe sont donc vraisemblablement des femelles. Les autres ont la tête gris-bleu avec un croissant d'un blanc net entre le bec et l'œil. La réunion du caractère de barboteur et de celui du croissant blanc dissipe tout doute : ce sont bien des sarcelles à ailes bleues.

GOÉLAND ARGENTÉ (Bords de mer)

Par un bel après-midi d'automne, vous faites une promenade au bord de la mer. Plusieurs oiseaux de la taille d'une corneille se disputent les restes de poissons que les pêcheurs leur jettent du quai. Ils ont la tête et les dessous blancs, et le bec jaune. L'environnement, le motif du plumage, leur alimentation, la tolérance à la présence humaine sont autant de caractéristiques de la famille des goélands. Si les jeunes goélands sont difficiles à identifier (p. 232), il n'en est pas de même des adultes, qui, comme ceux-ci, ont le dos gris pâle et la tête blanche. Pour les identifier, vous allez observer le bec, les pattes et le bout des ailes. À travers vos jumelles, vous constatez que vos oiseaux ont le dos gris, un point rouge sur leur bec jaune, que leurs pattes sont rosées et que le bout de leurs ailes est noir, marqué de points blancs. Il ne vous en faut pas davantage pour identifier des goélands argentés.

MOQUEUR À BEC COURBE (Déserts)

En vacances dans le Sud-Ouest américain, vous partez de bon matin pour une excursion dans le désert. Perché au sommet d'un cactus géant, un oiseau vous intrigue par son chant aux tonalités variées, tantôt riches, tantôt rauques, qui se prolonge et dont certaines séquences se répètent. L'oiseau est élancé, son bec effilé et sa queue extrêmement longue : un moqueur. Mais de quelle espèce ? Le plumage de votre oiseau ne semble pas comporter de trait particulier. Alors qu'y a-t-il à signaler ? Un bec recourbé et, en y regardant bien, peut-être aussi des points foncés sur la poitrine. Heureusement pour vous, l'oiseau s'envole bientôt, ce qui vous permet d'observer des plumes pâles dans la queue. La boucle est bouclée : le bec recourbé, la moucheture de la poitrine et les rectrices externes pâles ne se combinent que chez le moqueur à bec courbe.

SAVOIR ÉCOUTER

Il faut savoir non seulement regarder, mais aussi écouter. Vous repérerez plus d'oiseaux si vous reconnaissez leur chant.

Il faut beaucoup d'apprentissage pour identifier par l'oreille. Mais, parce que chaque espèce a une gamme de vocalises qui lui est propre et parce que les oiseaux chantent souvent à l'abri d'une végétation dense, l'observateur qui se fie à son ouïe parviendra à repérer beaucoup plus d'oiseaux que s'il n'utilisait que ses yeux.

Au printemps, le mâle quitte rarement son territoire qu'il marque par des chants incessants d'un perchoir à l'autre. L'observateur à l'écoute pourrra donc recenser le nombre de chanteurs pour connaître le nombre de territoires dans la région.

APPRENTISSAGE

Si vous jouissez d'une excellente mémoire musicale et du *la* absolu, vous reconnaîtrez le chant d'un oiseau après l'avoir entendu une seule fois. Autrement, il va falloir travailler pour y arriver ! Vous pouvez utiliser des enregistrements sur cassettes pour affiner progressivement votre oreille, mais n'écoutez que quelques chants à la fois, sans quoi ils finiront par se ressembler tous.

La meilleure méthode reste l'apprentissage sur le terrain. Quand vous aurez observé l'oiseau en train de chanter, l'association audiovisuelle sera plus facile à retenir, du moins pour un certain temps.

MÉMORISATION

Essayez de comparer le chant que vous entendez à un autre que vous connaissez déjà. Vous noterez dans votre carnet : « Ce chant fait penser à celui d'un merle, mais avec un débit plus rapide, et les phrases musicales sont plus courtes » ou « Ce cri rappelle celui du bruant chanteur, mais en plus aigu et en plus métallique ». Si le chant vous est complètement inconnu, vous voudrez peut-être l'enregistrer pour le comparer plus tard à la maison à des chants qui vous sont familiers.

Certains guides d'identification illustrent le chant des oiseaux par la reproduction de sonogrammes (p. 37), ce qui peut être un outil précieux pour qui sait les interpréter.

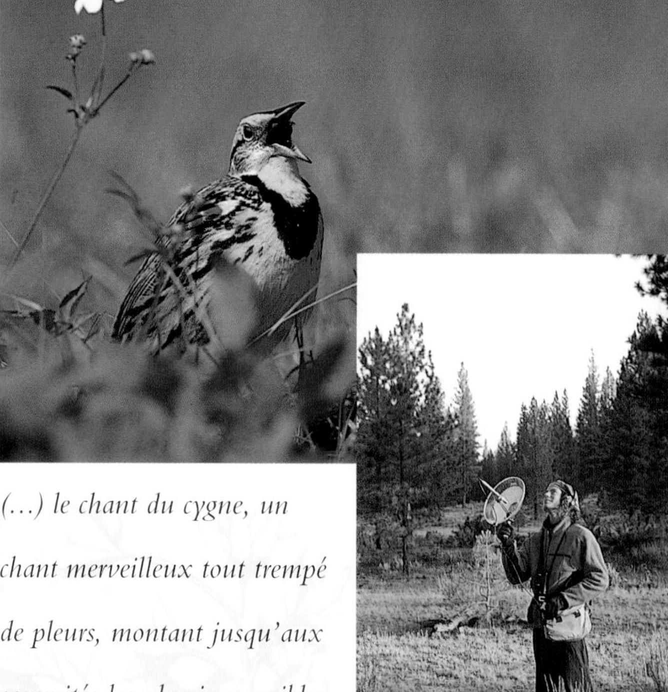

(...) le chant du cygne, un chant merveilleux tout trempé de pleurs, montant jusqu'aux sommités les plus inaccessibles de la gamme, et redescendant l'échelle des notes (...)

Le nid de rossignols
THÉOPHILE GAUTIER (1811-1872)

LE RÉFLECTEUR PARABOLIQUE *(ci-dessus) permet des enregistrements de grande qualité. Plus haut, sturnelle des prés en plein concert.*

TED PARKER

Ted Parker était sans contredit le plus grand expert de la faune aviaire de l'Amérique du Sud. Il était capable de reconnaître à l'oreille pas moins de 3 000 espèces d'oiseaux.

Bien des oiseaux tropicaux vivent cachés dans une végétation très dense ou sous le couvert des grands arbres. Il serait impensable de les recenser uniquement de visu. Seule solution, reconnaître leur voix.

Après avoir passé une heure ou deux dans une forêt tropicale, Ted Parker était en mesure de dresser un inventaire complet de ses habitants ailés, ce qui pouvait représenter parfois des centaines d'espèces.

À l'emploi de Conservation International, il travaillait à un projet pour évaluer les caractéristiques de la faune et de la flore des forêts tropicales lorsque son avion s'abattit en août 1993, causant sa mort et celle de plusieurs de ses coéquipiers. Avec la perte de Ted Parker, on voyait disparaître un large pan des connaissances amassées sur les oiseaux d'Amérique du Sud.

NREGISTREMENTS

l n'y a pas tellement long-
emps, enregistrer des chants
'oiseaux nécessitait encore
n équipement compliqué :
fallait se munir d'un cône
arabolique, d'un microphone
t d'un encombrant magnéto-
hone à bobines. De nos
ours, il suffit d'un micro-
hone directionnel, à la fois
etit et léger, et d'un enregis-
reur numérique pour obtenir
es résultats remarquables.

Le mieux est de choisir un
ujet qui vocalise à l'écart des
ruits ambiants. Le clapotis de
eau, le pépiement des autres
iseaux, le sifflement du vent,
murmure de vos compa-
nons, le vrombissement d'un
vion, ou le bruissement des
euilles produiront à coup sûr
e l'interférence.

Repérez à l'avance un
ndroit paisible et préparez-
ous de telle sorte que, à
aube du jour choisi, il ne
ous reste qu'à installer votre
quipement sur les lieux.

APPEL AUX OISEAUX

Une façon assez répandue d'attirer les oiseaux consiste à diffuser une bande sonore de chants et de voix d'oiseaux. La méthode est efficace, mais il ne faut pas en abuser. En effet, l'oiseau qui entend le chant d'un semblable croit qu'il provient d'un rival qui cherche à s'approprier son territoire. La répétition incessante du chant l'inquiète inutilement. Ne recourez à cette méthode qu'exceptionnellement et respectez la quiétude des oiseaux.

Une autre façon d'attirer les oiseaux consiste à siffler entre ses dents – *pschitt* –, ou à embrasser bruyammemt le dos de sa main pour produire une imitation discutable, mais semble-t-il efficace, du cri d'un oiseau. Les petits oiseaux chanteurs comme les bruants, les parulines, les troglodytes et les mésanges s'approcheront pour trouver d'où vient ce bruit intrigant.

Il existe aussi des sifflets conçus spécialement pour attirer les oiseaux.

ÉCOUTE DIFFÉRÉE *Les magnétophones (à gauche et page ci-contre) permettent de capter dans la nature les chants d'oiseaux comme celui du troglodyte des marais (ci-dessus) pour les réécouter plus tard. Ci-dessous : ateliers d'enregistrement au laboratoire d'ornithologie de l'université Cornell.*

CARNETS ET REGISTRES

Que ce soit avec des notes griffonnées sur son guide ou dans un fichier informatisé, l'amateur conserve précieusement ses observations.

Un de vos plaisirs comme ornithologue amateur sera de noter vos observations sur le terrain et de dresser une liste des espèces identifiées.

Pour ce faire, vous pouvez annoter votre guide d'identification ou cocher des listes publiées par les associations d'ornithologie. Les observations de votre propre jardin sont aussi intéressantes que celles de vos randonnées ou de vos voyages.

Commencer une liste nouvelle au début de chaque année est une bonne façon de raviver votre enthousiasme. Les vrais mordus recommencent la leur chaque mois, même chaque semaine.

La moyenne des espèces que l'on peut s'attendre à rencontrer au cours de sa vie se situe autour de 400. Les ornithologues chevronnés parviennent à en observer jusqu'à 700 et quelques rares globe-trotters se targuent d'en avoir répertorié plus de 7 000 !

CARNET DE NOTES

Vous tirerez beaucoup de plaisir à commenter les endroits que vous visitez et tout ce que vous y observez.

Votre bloc-notes doit être résistant et imperméable. Utilisez un crayon plutôt qu'un stylo ; vous pourrez ainsi reprendre un croquis approximatif et vos notes resteront lisibles même si votre carnet est mouillé.

Vous consignerez le nom de l'espèce identifiée, le nombre de sujets observés, le jour, l'heure, les conditions météorologiques et tout autre détail digne de mention (p. 68). Ces notes vous faciliteront la tâche si vous décidez d'approfondir un sujet ou de rapporter la présence d'une espèce rare à l'association d'ornithologie de votre région.

Vous voudrez peut-être illustrer vos notes d'esquisses ou de dessins qui les rendront plus vivantes. Vous ferez en tout cas de votre carnet une source précieuse de références dont vous pourrez être fier !

REGISTRES DIVERS

En plus du carnet, vous voudrez colliger vos observations de façon ordonnée. On peut classer l'information sous forme de fiches, manuscrites ou informatisées, rassemblant

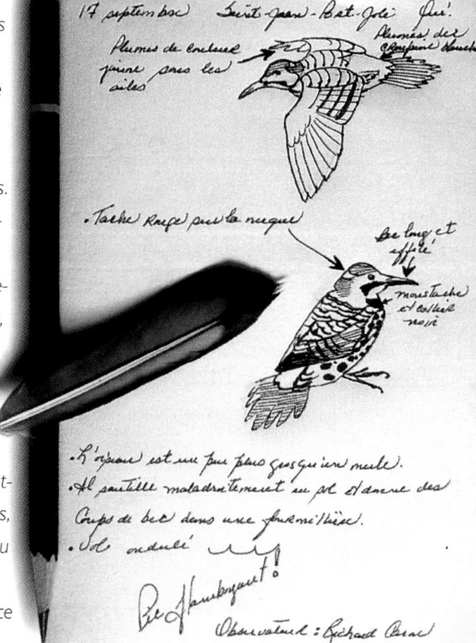

BLOC-NOTES *Si vous n'arrivez pas à identifier un oiseau au cours d'une expédition, prenez quelques notes et, si possible, faites un croquis. Consignez l'heure et l'endroit de l'observation, le type d'habitat, les caractères distinctifs du plumage, le comportement de l'oiseau et l'activité à laquelle il s'adonne (à droite). Ces informations vous permettront, de retour chez vous, de consulter des guides ou des encyclopédies pour établir l'identité de l'espèce de façon systématique.*

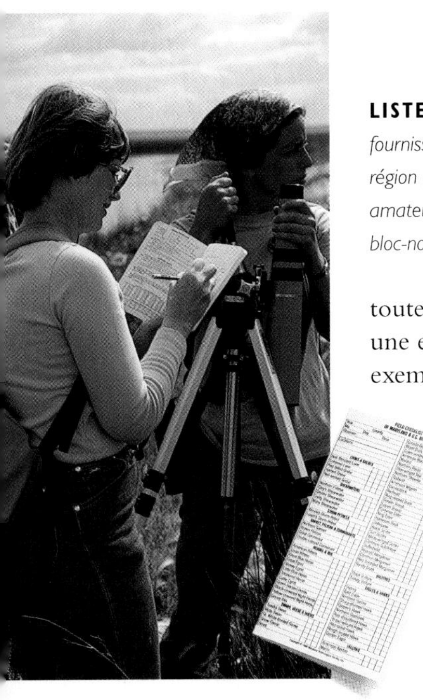

LISTES *Les associations d'ornithologie fournissent une liste des espèces de la région (ci-dessous), mais de nombreux amateurs préfèrent remplir leur propre bloc-notes (à gauche).*

toutes vos observations sur une espèce en particulier. Par exemple, la fiche « grèbe jougris » mentionnera le nombre de vos observations, avec l'endroit, la date, l'heure et les circonstances, de même que tout autre détail que vous aurez jugé intéressant.

ORDINATEUR

Il existe des logiciels spécialisés permettant l'organisation des observations et contenant une encyclopédie des oiseaux d'Amérique du Nord ou du monde entier. Les guides, les livres de références et les encyclopédies sont aussi offerts sous la forme de vidéodisque.

PEINTRES ANIMALIERS D'AMÉRIQUE DU NORD

Mark Catesby (1683-1749), naturaliste anglais, publia à Londres le premier ouvrage majeur sur les oiseaux d'Amérique, intitulé *Natural History of Carolina, Florida and the Bahamas*, véritable chef-d'œuvre d'art animalier. Au cours de deux séjours prolongés, entre 1712 et 1726, il illustra près du quart des espèces de l'est des États-Unis. Ses somptueuses illustrations restent encore aujourd'hui un modèle du genre.

L'œuvre de Catesby demeura inégalée jusqu'au début du XIXe siècle avec l'entrée en scène d'Alexander Wilson (1766-1813), tisserand, poète et maître d'école originaire d'Écosse. Bien que sans aucune formation en peinture ou en sciences naturelles, Wilson fut tellement émerveillé de la beauté et de la diversité de l'avifaune qu'il s'attaqua à un guide des oiseaux d'Amérique. Le premier des neuf tomes de son œuvre *American Ornithology* fut publié en 1808.

Pour financer ses recherches, Wilson emportait toujours avec lui les livres qu'il avait publiés pour les montrer à des commanditaires potentiels. Au cours d'un de ses voyages, il rencontra un marchand du nom de John James Audubon (1785-1851), qui était arrivé en Amérique en 1803 et travaillait aussi à illustrer un guide des oiseaux du continent. Audubon fut d'abord décontenancé de voir que quelqu'un l'avait précédé. Mais la rencontre en fait fouetta son ardeur et les quatre tomes de son œuvre, *Oiseaux d'Amérique*, furent publiés entre 1827 et 1838 et reçurent un accueil enthousiaste. Ils sont aujourd'hui parmi les livres d'art les plus recherchés au monde.

PORTRAITISTES D'OISEAUX
Pygargue à tête blanche (en haut), tel qu'illustré par l'artiste anglais Mark Catesby. Ci-dessus, Jean-Luc Grondin, peintre animalier québécois de réputation internationale. En médaillons, les premiers ornithologues d'Amérique, Alexander Wilson (en haut) et John James Audubon (en bas).

Originaire de la Beauce, Jean-Luc Grondin se consacre depuis 1972 à peindre des oiseaux. Il travaille à partir de sujets dans la nature et utilise la gouache, pour mieux modifier les couleurs. La Société canadienne des postes lui a commandé une série de timbres en 1986. « Autour de la maison seulement, dit-il, j'ai suffisamment de sujets pour me tenir occupé jusqu'à la fin de mes jours! »

Photographie

Vous devrez investir du temps, de l'argent et vous armer de beaucoup de patience pour photographier un oiseau. Mais votre plaisir compensera largement vos sacrifices.

La satisfaction que l'on retire d'un cliché ou d'une diapositive à la composition parfaite, à l'exposition idéale, à la définition impeccable et aux couleurs incomparables est immense. Si bien que photographier un oiseau représente un défi que tout ornithologue, un jour ou l'autre, est tenté de relever.

La tâche n'est pas facile. Non seulement faut-il s'armer de patience, mais il faut aussi maîtriser une technologie sophistiquée. Le secret de la réussite tient en bonne partie au choix de l'équipement.

Appareil photo

Il existe deux grands types d'appareil : celui à télémètre et celui à reflex mono-objectif (SLR). L'appareil à télémètre ne convient pas à la photographie d'oiseaux pour plusieurs raisons, la plus évidente étant qu'il ne permet pas de changer d'objectif, ce qui exclut l'utilisation d'un téléobjectif.

L'appareil recommandé est donc celui à reflex mono-objectif (SLR) utilisant une pellicule de 35 mm, équipé d'un régulateur automatique du temps d'exposition et d'une mise au point réglable.

Distance focale

La question la plus importante est la distance focale, généralement exprimée en millimètres et qui détermine la dimension du sujet sur la pellicule. Avec un appareil de 35 mm, vous pouvez avoir une idée du grossissement en divisant la distance focale par 50 : un objectif de 400 mm, par exemple, équivaut à des jumelles 8x. (Cette mesure ne s'applique qu'aux 35 mm.)

Avec un objectif simple, la distance focale équivaut à la longueur du barillet ; un téléobjectif de 1 000 mm sera donc d'une longueur d'environ 1 m. Grâce au raffinement de la technologie et du design, on a réduit la taille des téléobjectifs, mais ceux qui servent à photographier les oiseaux demeurent malgré tout longs et lourds.

QUESTION D'ÉQUILIBRE

Le bihoreau à couronne noire (en haut, à droite) est perché sur un équipement haut de gamme. Le photographe chevronné utilise le plus souvent un trépied, même avec un oiseau aussi coopératif que ce pélican brun (ci-contre).

La distance focale est directement proportionnelle à la difficulté de maintenir la mise au point du sujet dans l'objectif de visée. Avec un téléobjectif de plus de 400 mm, vous devrez vous équiper d'un trépied (p. 64), sinon vous serez incapable de maintenir une stabilité suffisante de l'appareil.

Ouverture de diaphragme

Elle mesure la capacité de l'objectif de capter la lumière.

lus le chiffre est petit, plus ouverture est grande ; intensité de la lumière étant lus importante, l'image est aisie plus rapidement. Vous urez ainsi de meilleurs résulats avec un objectif f4, plus apide, qu'avec un objectif 5,6. Par contre, plus le chiffre st petit, plus la lentille est ourde et encombrante, et plus lle est chère.

ZOOM ET LENTILLE À MIROIR

Un zoom est un objectif dont a distance focale est variable généralement de 80 à 00 mm). Les lentilles à miroir – appelées ainsi parce que les éléments du système optique sont des réflecteurs polis plutôt que des lentilles – ont plus petites et moins ncombrantes, mais avec elles, ouverture du diaphragme est ixe. Toutefois, ce ne sont pas à des considérations essentieles, car vous utiliserez toujours e zoom au maximum afin de vous rapprocher du sujet et vous ouvrirez aussi le diaphragme au maximum (au plus petit f) pour saisir l'image e plus rapidement possible.

On peut augmenter la distance focale de l'objectif en ajoutant un multiplicateur de focale au téléobjectif. Il s'agit d'une petite lentille que vous attachez derrière le téléobjectif avant de fixer celui-ci sur l'appareil. Ce système est pratique, mais vous y perdrez un peu en qualité et en vitesse de saisie de l'image. Autre solution : vous pouvez vous procurer une tige de montage et fixer votre appareil photo sur un télescope.

LES LENTILLES À MIROIR *(en haut) sont plus petites que le zoom (au centre), mais celui-ci procure plus de flexibilité. Le modèle haut de gamme est cet objectif de 600 mm (à droite) qui allie parfaitement puissance et clarté.*

PELLICULE

C'est la rapidité qui fait la différence entre les divers types de pellicules. Les pellicules ultra-rapides (identifiées par un chiffre plus élevé) augmentent la vitesse de l'obturation – ce qui est fort appréciable quand on veut saisir l'image d'un oiseau en mouvement – mais attendez-vous à ce que le grain du cliché soit moins fin.

Entreposez vos pellicules dans l'endroit le plus frais possible (le réfrigérateur est tout indiqué) et évitez de les exposer à des changements importants de température. Enfin, vous obtiendrez de meilleurs résultats si vous en confiez le développement à un laboratoire spécialisé plutôt qu'à la pharmacie du coin.

CAMÉRA VIDÉO

Avant d'acheter un appareil photo, considérez la possibilité de vous équiper d'une caméra vidéo. Les modèles récents sont peu encombrants et faciles à utiliser ; il vaut peut-être la peine de sacrifier un peu la qualité de l'image au plaisir d'entendre l'oiseau et de le voir en mouvement.

Pour certains, une vidéocassette de leurs découvertes ornithologiques sera plus excitante que de simples photographies. De plus, certaines caméras de luxe peuvent recevoir l'objectif d'un appareil photo, offrant ainsi le meilleur de deux mondes.

À VOS MARQUES ! *Un groupe de photographes en herbe faisant face à une grande aigrette (à droite).*

ACTIVITÉS DE GROUPE

La meilleure façon d'élargir vos expériences, c'est de les partager avec d'autres en vous inscrivant à des activités de groupe.

Bien des amateurs d'ornithologie ressentent le besoin de rencontrer d'autres amateurs avec qui partager leur passe-temps. Si c'est votre cas, vous pouvez vous joindre à un club ornithologique de votre région et accroître en même temps vos connaissances et votre plaisir. Les rencontres et les expéditions vous donneront parfois la chance de participer à un recensement ou à un projet de recherche. La liste des clubs régionaux du Québec est à la page 279.

Les parcs nationaux organisent des randonnées ayant pour thème l'observation des oiseaux. Plusieurs collèges et universités offrent des cours d'initiation à l'ornithologie. Le Cornell Laboratory of Ornithology donne des cours par correspondance de niveau collégial qui sont très réputés.

L'organisation la plus importante en Amérique du Nord est l'American Birding Association (p. 278). Elle regroupe des milliers d'ornithologues et ses publications, mensuels d'information et bulletins de liaison, sont une mine de renseignements.

SUR LA ROUTE *Il y a de nombreux avantages à se joindre à un club (en haut). Les expéditions vous mèneront à de nouveaux sites d'observation : en montagne (ci-dessous) ou dans des marécages tropicaux (en bas).*

VOYAGES

Le continent américain et la diversité de ses habitats sont une invitation au voyage. Vou retrouverez à la page 82 un choix de destinations particulièrement réputées. Si vous désirez planifier un voyage, consultez le répertoire à la fin de ce livre ; vous y trouverez les coordonnées de différentes associations ornithologiques en Amérique du Nord.

Si vous préférez participer à un voyage organisé, vous n'avez que l'embarras du choix. Les agences de voyage spécialisées et les associations offrent de nombreux forfaits. La compétence et la personnalité du guide peuvent faire toute la différence. Aussi est-il bon d'obtenir au préalable toutes les références possibles.

SPÉCIALISATIONS

Certains amateurs s'intéressent en particulier à un genre d'oiseau. On sait par exemple l'intérêt que suscite l'observation des oiseaux de proie, comme les buses, les aigles, les balbuzards et autres rapaces diurnes. Or ils empruntent des voies migratoires bien connues ; ils survolent souvent les montagnes pour profiter des courants aériens ascendants. Les amateurs se rassemblent dans des lieux précis le long de ces voies et ont parfois la chance d'y observer des centaines d'oiseaux en un seul jour.

DÉNOMBREMENT *Lors d'un recensement, les chercheurs apprécient la participation de volontaires (ci-dessus).*

Si les oiseaux de mer vous intéressent, participez à une expédition en bateau qui vous mènera au large pendant un jour ou deux. Certaines espèces ne fréquentent que rarement les rivages et il faut aller à leur rencontre. Préparez bien votre expédition.

Activité sportive

Le rassemblement d'une journée entière (« jamboree », en Estrie ; « tuit-tuit », dans le Bas du fleuve ; « 24 heures de mai », en Mauricie) est une activité qui plaît beaucoup ; il s'agit de repérer le plus grand nombre d'espèces en 24 heures, dans une région délimitée et selon des règles précises.

Les participants organisent des compétitions et les fonds recueillis vont en général à la préservation de la faune.

Recherche

Les associations d'ornithologie coordonnent les activités des ornithologues et organisent des recensements dont le plus connu est celui de la Société Audubon, le CBC (Christmas Bird Counts).

Il a toujours lieu un jour choisi entre la mi-décembre et la première semaine de janvier ; le territoire d'Amérique du Nord est découpé en 1 700 secteurs de 24 km² et les volontaires consignent le nom de chaque espèce observée dans leur secteur.

La compilation et l'analyse de ces informations ont permis à la Société Audubon de mettre sur pied la base de données qui est maintenant la source d'informations la plus importante au monde. Si vous désirez participer aux recensements, écrivez à la Société Audubon (p. 278).

D'autres associations organisent des recensements. Par exemple, Breeding Bird Surveys, un organisme relevant des services de protection de la faune et de la flore du Canada et des États-Unis, et Breeding Bird Atlas Projects mettent régulièrement sur pied des projets de dénombrement des espèces se reproduisant dans une région.

Les observatoires et les stations de baguage ont également besoin de volontaires. L'American Birding Association tient à jour une liste des activités auxquelles le naturaliste en herbe peut participer.

Les oiseaux sont l'expression la plus vivante et la plus puissante de la nature.

Frank M. Chapman (1864-1945), Ornithologue américain

FRANK M. CHAPMAN *(ci-dessus) organisa le premier CBC (Christmas Bird Counts), le jour de Noël 1900 en guise de protestation contre la traditionnelle chasse de Noël. À titre de curateur du Musée américain d'histoire naturelle et d'éditeur de publications naturalistes, Chapman contribua grandement à l'intérêt du public pour l'ornithologie.*

CLINIQUES *Plusieurs régions ont un centre d'aide pour les oiseaux blessés ou abandonnés (ci-dessous). Le baguage (à droite) contribue à accroître nos connaissances des mouvements migratoires. On fixe à la patte de l'oiseau une bague de métal (à droite) qui porte un numéro d'identification.*

OISEAUX EN DANGER

Les mentalités ont évolué et le public est conscient de l'importance de protéger les oiseaux, mais plusieurs espèces sont encore menacées de disparition.

Au siècle dernier, le fusil était un outil aussi essentiel aux ornithologues que leurs notes et leurs esquisses. Les recherches à l'époque se basaient en effet sur des examens post-mortem. John James Audubon (p. 75) a écrit quelque part qu'il abattait au moins une centaine d'oiseaux par jour.

En Amérique, durant de nombreuses années, une chasse non réglementée continua d'avoir cours tantôt pour le plaisir du sport tantôt pour satisfaire les caprices de la mode vestimentaire. Puis les mentalités se mirent à changer.

LA CHASSE ABUSIVE *a réussi à décimer la tourte voyageuse, une espèce qu'on voyait s'abattre sur nos campagnes par centaines de milliers (à droite). Vers 1880, Frank Chapman (p. 79) dénombra, dans la seule ville de New York, 542 chapeaux s'ornant d'un oiseau empaillé. Il recensa plus de 20 espèces différentes ainsi transformées en parure.*

GROUPES DE CONSERVATION

Le nouveau comportement donna naissance aux premiers groupes de conservation de l'avifaune. Le plus important fut la Société Audubon, fondée à New York en 1886 par George Bird Grinnell, rebaptisée en 1935 Société nationale Audubon.

Dès le début du siècle, la Société Audubon entreprit une lutte vigoureuse pour la protection des espèces menacées. La bataille prit une allure passionnée et trois protecteurs perdirent la vie au cours de disputes avec des chasseurs.

Mais ces luttes produisirent des fruits : en effet, bientôt, on trouvait des refuges d'oiseaux partout sur le continent ; les campagnes contribuèrent à sauver plusieurs espèces, parmi lesquelles se rangent la grande aigrette et l'aigrette neigeuse. Finalement, en 1895, l'État de New York fut le premier à voter une loi destinée à protéger les oiseaux et son exemple fut bientôt suivi par 32 autres États.

MENACÉE D'EXTINCTION *par l'usage abusif des pesticides, la crécerelle d'Amérique (à gauche) est maintenant en voie de rétablissement.*

Malheureusement, cette protection arriva trop tard pour certaines espèces. Le dernier conure de Caroline et la dernière tourte voyageuse moururent tous deux au zoo de Cincinnati en 1914.

NOUVELLE MENACE

Vers 1960, il devint évident que nous étions en train d'empoisonner notre faune par l'utilisation inconsidérée de pesticides comme le DDT. Ces produits, efficaces dans la lutte aux insectes, avaient des effets dévastateurs sur les oiseaux prédateurs au sommet de la chaîne alimentaire. Les pélicans bruns, les balbuzards

ESPÈCES DISPARUES

Canard du Labrador, Grand pingouin, Tourte voyageuse, Conure de Caroline

ESPÈCES MENACÉES

Espèces	*Aire*	*État actuel*	*Causes*
Tantale d'Amérique	Sud des États-Unis	Chancelant	Destruction de l'habitat
Grue blanche	De l'Alberta au Texas	En rétablissement	Destruction de l'habitat; chasse
Pluvier siffleur	Est du continent	Chancelant	Délogée de son habitat par l'homme
Courlis esquimau	Amérique du Nord	Peut-être disparu	Chasse à outrance
Condor de Californie	Californie	Disparu à l'état sauvage	Pesticides; délogée par l'homme
Pic à bec ivoire	Sud-Est des États-Unis	Probablement disparu	Destruction de l'habitat
Viréo à tête noire	De l'Oklahoma au Mexique	En danger	Couvées parasitées; habitat détruit
Paruline de Bachman	Sud-Est des États-Unis	Probablement disparue	Destruction de l'habitat
Paruline de Kirtland	Du Michigan aux Bahamas	Chancelant	Habitat détruit; couvées parasitées

et les faucons pèlerins pondaient des œufs à la coquille trop mince pour être couvés ou même sans coquille du tout. En conséquence, la population de ces trois espèces déclina de façon dramatique.

Plusieurs espèces subirent des dommages irréparables jusqu'à ce que le livre de Rachel Carson (p. 36), *Le Printemps silencieux,* paru en 1962, parvienne enfin à alerter le public et les pouvoirs politiques.

MENACES ACTUELLES

La principale menace qui plane à l'heure actuelle est la destruction progressive des habitats. La population de certaines espèces migratrices a décliné de façon significative depuis la transformation, à des fins agricoles ou urbaines, de leurs sites de nidification et de leurs habitats d'été en Amérique du Nord et de leurs résidences d'hiver en Amérique du Sud.

De plus, l'intervention humaine menace la survie de certaines espèces. La suppression de la végétation naturelle a permis à des parasites de couvée comme les vachers à tête brune de se multiplier et aux chats domestiques de nuire à certaines populations d'oiseaux. Les constructions font aussi leurs ravages; des millions d'oiseaux se tuent chaque année en allant se fracasser contre les vitres des habitations et des édifices en hauteur (p. 53).

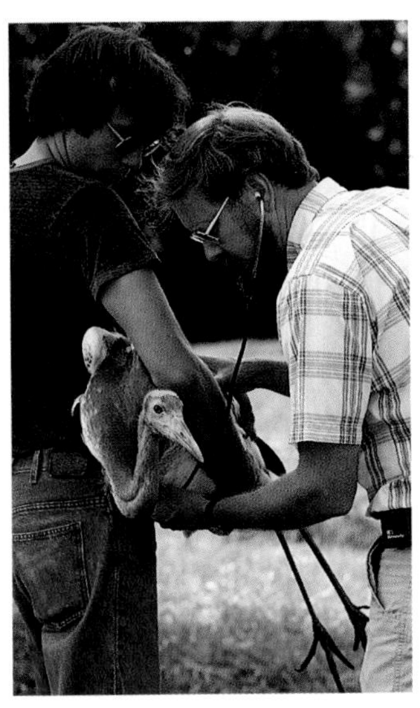

MENACÉS DE DISPARAÎTRE *Le condor de Californie (ci-dessus) ne vit plus qu'en captivité; malgré une protection accrue, les effectifs de la grue blanche (à gauche) demeurent dangereusement bas, et la paruline de Kirtland (tout en haut), dont l'habitat a été détruit, est dans une situation précaire.*

UN PEU D'ESPOIR

La chasse illégale est en déclin en Amérique du Nord et l'utilisation des pesticides est maintenant contrôlée. Les organismes de protection de la faune ont mis sur pied des programmes pour venir en aide aux espèces menacées. Il n'est pas rare de nos jours que des fondations privées achètent des terrains dans le but de protéger la faune.

Des organismes sans but lucratif comme la Société Audubon, Canards illimités, Nature Conservancy, Bird Life International et Partners in Flight ne relâchent pas leur vigilance et poursuivent leurs campagnes de protection des espèces et des habitats. Si vous êtes intéressé à apporter votre contribution, communiquez avec une association de protection de votre région ou avec un club ornithologique. Vous trouverez dans le répertoire (p. 274-279) le nom de divers organismes.

Sites privilégiés

L'Amérique du Nord offre une intéressante diversité d'habitats, un grand nombre de parcs nationaux et des sites d'observation parmi les meilleurs au monde.

Le continent nord-américain offre un vaste choix de sites d'observation. Il n'est donc pas aisé d'opérer une sélection. Nous en avons néanmoins choisi 10 parmi nos préférés pour vous les présenter ici. Vous trouverez plus d'informations et une liste d'autres destinations intéressantes dans le Répertoire (p. 275 et suiv.).

❶ ÎLE ST. PAUL, DANS LES PRIBILOF, ALASKA ▶ *L'île est desservie par avion d'Anchorage, deux fois la semaine. On y observe des mouettes tridactyles, des fulmars boréals, diverses espèces de macareux et, en périodes migratoires, quelques sujets venus d'Asie. Bruants lapons, renards polaires et rennes, tout comme de surprenantes fleurs sauvages (à droite), font partie du paysage.*
Période propice : juin à août.

❶

❷ PARC MANNING, COLOMBIE-BRITANNIQUE *On y trouve les espèces de montagne comme le tétras du Canada, le tétras sombre, la gélinotte huppée, le martinet sombre et le colibri calliope (ci-dessous). En été, la région est aussi fréquentée par les parulines et les moucherolles.*
Période propice : juin à août. ▼

◀ **❸ MONTEREY BAY, CALIFORNIE** *Le littoral (à gauche) est peuplé de tournepierres noirs, de chevaliers errants et d'huîtriers ; et, à la cime des cyprès, vous y entendez chanter des sittelles pygmées et des mésanges à dos marron. Monterey Bay est aussi le point de départ d'expéditions d'observation en haute mer.*
Période propice : toute l'année.

ESPÈCES PAR RÉGION

Voici le nombre approximatif d'espèces que vous pouvez vous attendre à rencontrer dans une région précise de l'Amérique du Nord.

Texas	600
Californie	580
Arizona	500
Colombie-Britannique	450
Alaska	445
Ontario	430
Nouvelle-Écosse	410
Saskatchewan	375
Québec	325
Île-du-Prince-Édouard	280

◀ **❹ PAWNEE NATIONAL GRASSLAND, COLORADO** *Cette prairie d'herbes courtes comme il n'en existe plus guère accueille en été des bruants à ventre noir, bruants à collier gris et bruants noir et blanc. Buses de Swainson et buses rouilleuses (à gauche) y viennent nidifier.*
Période propice : mai à juillet.

❺ SANTA ANA NATIONAL WILDLIFE REFUGE, TEXAS ▶ *C'est l'habitat de prédilection de nombre d'espèces ; venant de l'est du Mexique, les milans à bec courbé, tyrans quiquivis, orioles à gros bec, engoulevents pauraqués, geais verts (à droite), anis à bec cannelé, ortalides chacamels et parulines à collier y élisent domicile.*
Période propice : surtout l'hiver.

▲
❻ CHURCHILL, MANITOBA *ci la toundra rejoint la forêt boréale et a sauvagine afflue en migration ou en période de nidification. La proximité des ours polaires ajoute du piquant à l'expédition. Période propice : juin-juillet.*

▲
❼ PARC NATIONAL DE LA POINTE-PELÉE, ONTARIO *À coup sûr le meilleur site d'observation en Amérique du Nord pour les oiseaux de terre migrant vers le nord : parulines, grives, viréos, bruants, orioles, tangaras. Période propice : mai à mi-septembre.*

▲
❽ CAPE MAY, NEW JERSEY *Cape May est le site par excellence pour observer les oiseaux qui migrent vers le sud. Nulle part ailleurs vous ne verrez autant de sauvagine, d'oiseaux chanteurs et de rapaces. Période propice : toute l'année.*

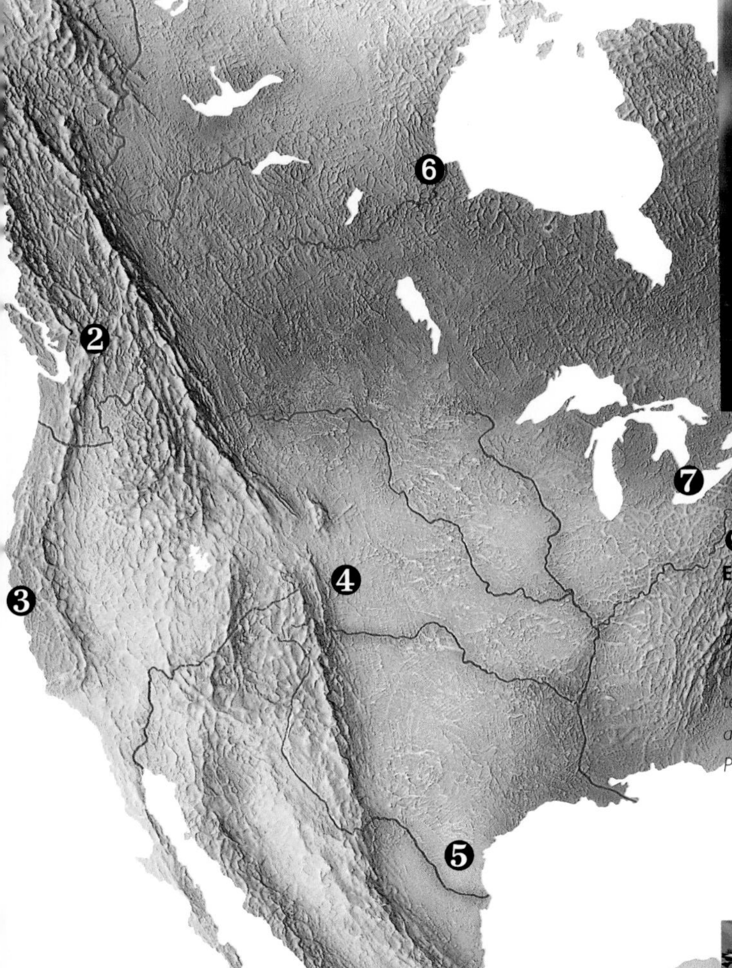

❾ PARC NATIONAL DES EVERGLADES, FLORIDE ▲ *La région reste un paradis pour la faune des marécages. Un réseau de sentiers, de trottoirs et de routes permet aux visiteurs d'observer de près ibis, hérons, aigrettes, tortues et même alligators. Période propice : décembre à avril.*

▶
❿ DRY TORTUGAS, FLORIDE *Les îles de corail sont le terrain de nidification d'un grand nombre de guifettes noires et de fous bruns. On y observe aussi en visite des noddis niais, les petits paille-en-queue et les frégates superbes. Lors de la migration printanière, les observateurs peuvent photographier les nombreuses espèces d'oiseaux de terre qui s'y posent. Période propice : mi-avril à début mai.*

Là donc, oiseaux sauvages,
Contre tous les ravages,
Vous aurez vos rivages
Et vos abris :
Colombes, hirondelles,
Entre mes mains fidèles,
Oiseaux aux clairs coups d'ailes,
Ô colibris !

Les Petits Oiseaux, ÉMILE NELLIGAN (1879-1941)

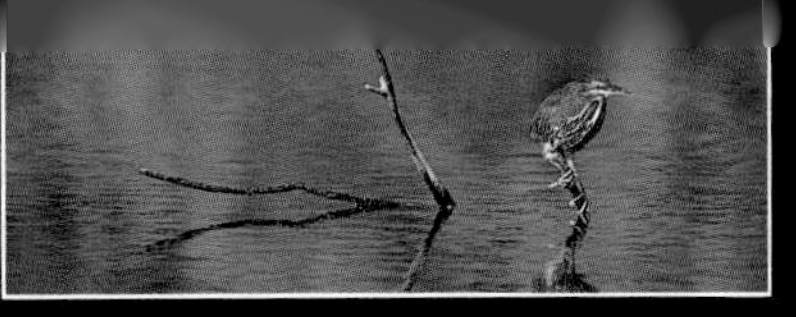

Chapitre quatre
L'identification selon l'habitat

INTRODUCTION

Il y a plus de 850 espèces d'oiseaux en Amérique du Nord : comment vous y retrouver ? Notre guide d'identification selon l'habitat vous simplifie la tâche : il présente les principaux groupes et décrit quelque 200 espèces parmi les plus communes.

À prime abord, l'identification du grand nombre d'espèces que l'on trouve en Amérique du Nord semble une tâche insurmontable. On peut s'y initier en apprenant à distinguer les groupes selon leurs caractères propres.

MÉTHODE TAXINOMIQUE

Les pages suivantes contiennent des descriptions concises, mais détaillées, des principaux groupes d'oiseaux de l'Amérique du Nord. On y fait ressortir tout ce qu'un groupe possède en commun : caractères physiques, comportement, variations dans le plumage entre le mâle et la femelle et selon les saisons. On y cite aussi le nombre d'espèces reliées à ce groupe en Amérique du Nord, en comparaison avec le nombre total dans le monde.

Ne laissez pas l'abondance des informations vous rebuter ; petit à petit, vous vous y retrouverez et vous acquerrez les connaissances suffisantes pour progresser.

Vous serez étonné de ce que vous savez déjà. Vous n'avez probablement aucun mal à reconnaître d'emblée un canard ou un hibou ; mais vous ne savez pas comment identifier l'espèce à laquelle l'un ou l'autre appartient.

Quand vous vous serez familiarisé avec les traits communs propres aux différents groupes, vous arriverez à cerner plus facilement l'identité d'un oiseau que vous rencontrez pour la première fois. Le fait de connaître le nombre d'espèces qui composent un groupe vous donne une idée du nombre d'oiseaux qui présentent des caractères semblables. De plus, vous aurez appris à tenir compte des variations dans le plumage selon les saisons. Pour toutes ces raisons, il est conseillé de lire attentivement la section qui suit et de vous y référer aussi souvent que possible.

MÉTHODE SELON L'HABITAT

Pouvoir distinguer les familles et les groupes constitue certes une base solide, mais les groupes comptent un grand nombre d'espèces et, de plus, ils sont disséminés sur le continent. Or, votre objectif principal est d'arriver à nommer les espèces de votre environnement. Comment savoir quelles espèces fréquentent votre région ? C'est ici qu'intervient la méthode d'identification selon l'habitat.

Les oiseaux n'errent pas au hasard. Au contraire, chaque espèce privilégie un environnement particulier qui satisfait à la fois à ses besoins de nourriture et aux conditions de reproduction (p. 30). Les espèces qui vivent dans les prairies ne fréquentent donc pas les forêts, et vice versa.

Ce principe peut s'appliquer à des groupes entiers : si vous êtes à la recherche de canards, vous irez près d'un

TRAITS DE FAMILLE *On reconnaît sans peine une chouette (en haut), même si on ne sait pas qu'il s'agit ici de la chouette des terriers. Avec le temps, on arrive à reconnaître les traits de famille d'espèces moins familières comme le troglodyte des marais (à droite).*

L'HABITAT D'ABORD *Plusieurs oiseaux ne fréquentent qu'un certain type d'habitat, ce qui facilite l'identification. Par exemple, le grèbe à bec bigarré ne vit que près des lacs ou des marécages.*

lac ou d'un marécage. Il sert parfois également à différencier les espèces : le hibou des marais – en dépit de son nom – vit dans la prairie, tandis que le hibou moyen-duc fréquente uniquement les forêts et les bois.

C'est pourquoi nous avons classé les espèces les plus répandues en Amérique du Nord selon leur habitat. Nous avons retenu six catégories d'habitat : villes et banlieues, bois et forêts, prairies, milieux humides, bords de mer et déserts. À partir de ces catégories, vous n'aurez aucune difficulté à identifier l'habitat dans lequel vous faites vos observations et les oiseaux qui s'y trouvent.

LIMITES

La méthode d'identification selon l'habitat convient au débutant, mais elle n'est pas parfaite. Vous en tirerez néanmoins le meilleur parti si vous en connaissez les limites.

Sachez d'abord que les relations des oiseaux avec leur environnement ne sont pas toujours logiques. Certaines espèces fréquentent indifféremment plusieurs habitats alors que d'autres, au contraire, vivent exclusivement dans un environnement particulier. D'autres encore choisissent leur habitat selon la saison.

De plus, le concept d'habitat à lui seul ne suffit pas à expliquer la relation d'un oiseau à son environnement ; il faut encore y ajouter le concept de niche. Il est vrai que les viréos autant que les tohis sont des oiseaux de la forêt, voire qu'ils peuvent se partager une même forêt ; mais les premiers fréquentent la cime des arbres tandis que les seconds se tiennent près du sol et dans les buissons.

Nous avons donc spécifié, chaque fois que cela a été nécessaire, le type de niche que l'espèce privilégie à l'intérieur de son habitat. Par ailleurs, chaque habitat est présenté par une introduction en deux volets : on présente d'abord un paysage typique de l'habitat et les différentes niches qu'il renferme ; puis, on suggère la stratégie à adopter et l'équipement approprié pour observer les oiseaux dans cet habitat.

MÉTHODE INTÉGRÉE

Toutes les méthodes d'identification comportent des avantages et des inconvénients. Elles sont cependant complémentaires et, si vous apprenez à tirer le meilleur parti de chacune, vous affinerez votre sens de l'observation et perfectionnerez vos connaissances en ornithologie.

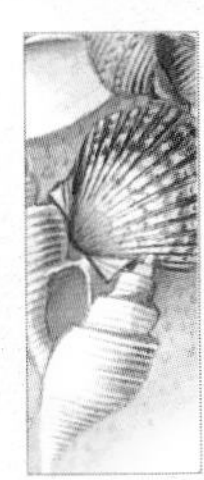

GROUPES ET FAMILLES

Toutes les espèces d'oiseaux d'Amérique du Nord appartiennent à des groupes ou des familles. L'observateur qui apprend à reconnaître leurs traits caractéristiques est sur la voie du succès.

La classification taxinomique regroupe les oiseaux selon différentes catégories : l'ordre, les familles, les sous-familles et les genres (voir p. 20). Mais certains groupes peuvent nous sembler plus naturels que d'autres.

Par exemple, on croit généralement que les grives et les parulines sont deux groupes très distincts l'un de l'autre, alors que, en fait, ils ne sont pas tellement éloignés ; de la même façon, les hiboux, dont on se figure qu'ils forment un seul et même groupe, se partagent en fait en deux familles. Le profane trouve plus simple de rattacher certains oiseaux au même groupe, à cause de leurs caractères communs, même si la classification taxinomique les place à des niveaux différents.

Nous avons donc choisi de présenter les oiseaux d'après les groupes qui sembleront plus naturels au lecteur et plus faciles à comprendre, tout en respectant l'ordre de la classification taxinomique. Cet ordre est le même dans tous les guides. En vous familiarisant avec la liste ci-dessous, vous apprendrez en même temps à le connaître.

Le nom des groupes dans la liste est en caractères gras. Il est suivi du nom scientifique latin de la famille et de la sous-famille. Celui-ci vous sera utile si vous voulez consulter d'autres guides.

Nous avons retenu deux classifications : les passériformes (oiseaux chanteurs) et les non-passériformes. Cette division est plus simple compte tenu que près de la moitié des espèces d'oiseaux sont des passériformes.

NON-PASSÉRIFORMES

Le **huart** (Gaviidae) est essentiellement aquatique ; il plonge pour sa nourriture et ne fréquente les rives qu'à la saison des nids. Il présente des caractères communs avec les canards et les cormorans, mais il se déplace le corps sous l'eau et son bec est plus allongé et plus gros.

⚥ 🪶 **4/5** ➤ 234

Le **grèbe** (Podicipedidae) ressemble à un petit huart. C'est aussi un oiseau aquatique et on le trouve près des marécages. Son trait distinctif est qu'on le dirait sans queue : une houppette de plumes lâches lui en tient lieu.

⚥ 🪶 **7/20** ➤ 198-199

Les trois familles d'oiseaux de mer, les **albatros** (Diomedeidae), les **puffins** et les **pétrels** (Procellariidae), et les **océanites** (Hydrobatidae), se caractérisent par leur bec surmonté de narines en forme de tubes. Surtout pélagiques, ils sont rarement vus près des côtes, sauf à l'époque de la nidification.

⚥ 🪶 **30/105** ➤ 235

Le **cormoran** (Phalacrocoracidae) offre une livrée noire et la pointe de son long bec est

SYMBOLES

⚥	Plumage semblable chez les mâles et les femelles	🪶	Pas de changement de plumage selon la saison
⚥	Plumage différent chez les mâles et les femelles	🪶	Changement de plumage selon la saison
⚥	Plumage différent selon le sexe, mais chez certaines espèces seulement	🪶	Changement de plumage selon la saison, mais chez certaines espèces seulement
7/20	Nombre d'espèces du groupe en Amérique du Nord/au monde	➤ 23	Renvoi aux pages du guide d'identification qui traitent d'une espèce du groupe

recourbée. Il nage une partie du corps sous l'eau, plonge à la recherche de nourriture et fréquente indifféremment les eaux douces ou salées. Plusieurs groupes sont apparentés, mais chacun présente des caractères distincts : l'**anhinga** (Anhingidae) ressemble au cormoran, mais s'en distingue par la longueur de sa queue et la forme pointue de son bec ; les **pélicans** (Pelecanidae) ont un très long bec dont la mandibule inférieure est pourvue d'une grande poche ; les **fous de Bassan** et les **fous bruns** (Sulidae) fréquentent plutôt les eaux côtières et plongent de très haut dans la mer.

⚥✎ **18/62** ➤ 200, 236-237

Les **hérons,** les **aigrettes** et les **butors** (Ardeidae), les **tantales** (Ciconiidae), les **ibis** et les **spatules** (Threskiornithidae) partagent les caractères suivants : longues pattes, long cou, long bec, mais queue plutôt courte. Ils fréquentent les eaux peu profondes, en quête de leur nourriture. Si la plupart des aigrettes sont entièrement blanches, plusieurs hérons arborent du roux ou du gris. Les butors sont souvent bruns et striés. Les ibis ont le bec incurvé alors que les spatules tirent leur nom de la forme de leur bec. Finalement, le tantale d'Amérique se caractérise par sa tête et par son cou qu'il a nus et déplumés.

⚥✎ **35/117** ➤ 168, 201-205, 238

Les **canards,** les **oies** et les **cygnes** (Anatidae) se reconnaissent à la forme de leur bec. En période de mue, ils se dépouillent de toutes les plumes de leurs ailes en même temps et sont alors incapables de voler jusqu'à la repousse. Plusieurs canards mâles adoptent une livrée flamboyante pendant la saison des amours.

⚥✎ **55/150** ➤ 206-216, 239

Les **oiseaux de proie** diurnes sont connus sous le nom de rapaces. Il est pratique de relier les **urubus** et les **condors** (Cathartidae) à ce groupe mais, en réalité, ils n'en font pas partie. Les principaux sous-groupes sont les **buses,** les **milans,** les **aigles** (Accipitridae) et les **faucons** (Falconidae). La couleur des plumages varie beaucoup ; aussi faut-il plutôt se fier à d'autres caractères comme la longueur de la queue ou la largeur des ailes pour les identifier.

⚥✎ **35/292** ➤ 126-128, 169-173, 217-218

Les **tétras,** les **lagopèdes,** les **dindons sauvages,** les **gélinottes** et les **colins** (Phasianidae) sont originaires du continent nord-américain. Dans la même famille, les **faisans** ont été importés de Chine, les **perdrix** d'Europe. Ces oiseaux gibier se nourrissent par terre, comme les poules.

⚥✎ **24/257** ➤ 129, 174, 260

Les **gallinules,** les **râles,** les **marouettes** et les **foulques** (Rallidae) ressemblent aussi à des poulets mais ils ne fréquentent que les marais et les marécages. Farouches, ils sont difficiles à apercevoir. Ils agitent continuellement la queue qu'ils tiennent dressée. L'espèce unique qu'est le **coulan brun** (Aramidae) et les deux espèces de **grues** (Gruidae) que l'on trouve en Amérique, la grue du Canada et la grue blanche s'apparentent aux gallinules et aux râles.

⚥✎ **12/158** ➤ 219

Du haut vers le bas : héron vert (Ardeidae) ; talève violacée (Rallidae) ; tétras des armoises (Phasianidae) ; sarcelle cannelle (Anatidae).

Si vous pouvez reconnaître un kildir, vous identifierez sans peine les autres **pluviers** (Charadriidae). On les observe près des côtes et des terrains dégagés. Ils sont pourvus de longues ailes en pointe, de gros yeux de couleur foncée et d'un bec semblable à celui d'un pigeon. Ils ont l'habitude de fouiller le sable et d'arpenter rapidement le sol, tête basse, pour ensuite s'arrêter brusquement.

⚥✎ **10/64** ➤ 175, 240

Les **bécasseaux** et leurs semblables (Scolopacidae) arpentent les rivages et les plages de vase découvertes par la marée. Vaillants migrateurs, ils se reproduisent dans l'Arctique et partent ensuite pour le sud. Ils sont grégaires et se rassemblent en larges volées composées de plusieurs espèces ; on les voit se disputer la nourriture sur les plages au fur et à mesure que la mer se retire. Leur plumage est brun ou gris et certaines espèces sont difficiles à identifier. Leur bec est un bon indice : toujours effilé, il est, selon l'espèce, très long ou plutôt court, droit ou très incurvé. Certains se reconnaissent à leur bec un peu retroussé ou à la présence d'un croupion blanc ou d'une bande alaire blanche.

À droite : échasse d'Amérique (Recurvirostridae) ; ci-dessous : bécasseaux sanderlings (Scolopacidae) ; en bas, à gauche : marmettes de Troïl (Alcidae).

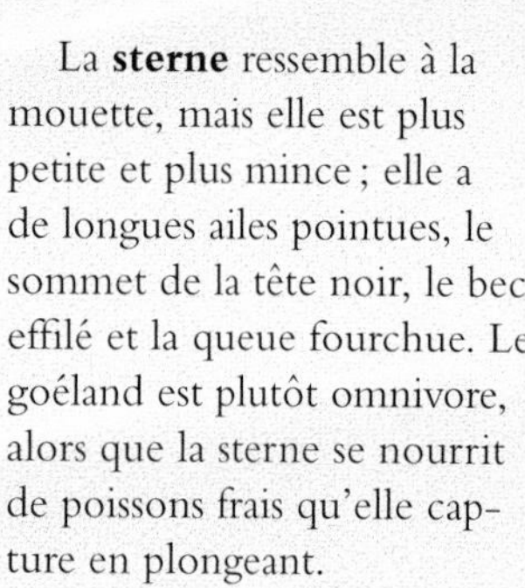

⚥✎ **52/87** ➤ 221-222, 241-246

Deux autres groupes sont apparentés même s'ils forment deux familles distinctes : ce sont, d'une part, les **échasses** et les **avocettes** (Recurvirostridae), et, d'autre part, les **huîtriers** (Haematopodidae). On aperçoit les premières près des marais et des milieux humides de l'Ouest et du Sud ; on les reconnaît à leurs longues pattes et à leur plumage noir et blanc. Les deuxièmes fréquentent plutôt le littoral et leur bec est long, robuste et en forme de ciseaux.

⚥✎ **4/23** ➤ 220

On reconnaît facilement les **goélands** et les **mouettes** (Laridae), mais ils se divisent en d'innombrables espèces dont certaines ne fréquentent jamais le bord de la mer. De plus, la plupart n'atteignent leur maturité qu'après plusieurs années au cours desquelles leur plumage ne cesse de changer, ce qui rend leur identification difficile. Les goélands adultes ont en général le dos gris, la poitrine blanche et certains ont la tête noire.

La **sterne** ressemble à la mouette, mais elle est plus petite et plus mince ; elle a de longues ailes pointues, le sommet de la tête noir, le bec effilé et la queue fourchue. Le goéland est plutôt omnivore, alors que la sterne se nourrit de poissons frais qu'elle capture en plongeant.

Deux autres groupes s'apparentent aux mouettes, mais leurs caractères physiques sont fort différents. Le **bec-en-ciseaux** (Rynchopidae) vit au sud des États-Unis ; il ressemble à une sterne, mais sa mandibule inférieure est beaucoup plus longue que la mandibule supérieure. Le **labbe** (Stercorariidae), semblable à une mouette brune, se nourrit des prises qu'il dispute aux autres oiseaux de mer.

⚥✎ **46/99** ➤ 247-253

La famille des Alcidae comprend les **petits pingouins,** les **guillemots** et les **macareux.** Ils se nourrissent de poissons capturés sous l'eau. Leur vol est caractéristique, juste à fleur d'eau ; on les voit en colonies sur les falaises. Ils vivent dans les régions arctiques, mais certains s'aventurent vers le sud, le long du Pacifique, jusqu'au Mexique. Sur la côte Est, dans le golfe du Saint-Laurent, on en

À gauche, tourterelles à ailes blanches (Columbidae) ; ci-haut, colibri d'Anna (Trochilidae) ; en bas, à gauche, grand-duc d'Amérique (Strigidae) ; à droite, pic des saguaros (Picidae).

observe des représentants en aval de Rivière-du-Loup.
⚥🪶 **20/23** ➤ 254

Il existe une grande variété de **pigeons,** de **tourterelles** et de **colombes** (Columbidae), mais ils partagent suffisamment de caractères communs pour qu'on ne puisse se tromper de groupe quand on rencontre l'un de ces oiseaux.
⚥🪶 **15/302** ➤ 100, 176, 261

On trouve peu d'espèces de **coulicous** (Cuculidae) en Amérique du Nord ; les oiseaux de ce groupe, comprenant les **anis** et les **géocoucous,** se caractérisent par leur profil élancé, leur longue queue et leur bec incurvé.
⚥🪶 **6/130** ➤ 262

Les différences entre les deux groupes de **chouettes,** celui des **effraies** (Tytonidae) et celui des **hiboux véritables** (Strigidae), sont négligeables. Ces rapaces nocturnes ont la vision et l'ouïe remarquablement développées. Ils ont le bec et les griffes crochus, et leurs yeux ressemblent étrangement à ceux des êtres humains.
⚥🪶 **19/149** ➤ 130-131, 177

De l'**engoulevent** (Caprimulgidae), nous ne connaissons que le cri rauque et désarticulé. Il ne sort que la nuit, à la recherche d'insectes ; le jour, il se cache dans les forêts, à l'abri sous son camouflage.
⚥🪶 **8/79** ➤ 178

Bien que le **martinet** (Apodidae) ressemble à l'hirondelle et se comporte de la même manière, il fait partie d'un groupe à part. À la recherche inlassable de petits insectes volants, il se pose rarement. Son corps massif épouse la forme d'un cigare et ses ailes longues et étroites sont orientées vers l'arrière. De plus, il vole plus haut que l'hirondelle.
⚥🪶 **4/94** ➤ 101

On reconnaît facilement le **colibri** (Trochilidae). Parce qu'il bat des ailes jusqu'à 200 fois à la seconde, on ne le voit qu'en coup de vent. Il a la faculté particulière de voler sur place ou dans n'importe quelle direction (même à reculons), un peu à la manière d'un hélicoptère.
⚥🪶 **18/353** ➤ 102, 263

Des **martins-pêcheurs** (Alcedinidae), seul le martin-pêcheur d'Amérique s'est répandu sur notre continent. Il a l'habitude de se tenir perché sur une branche surplombant un cours d'eau et de plonger, en quête de poissons.
⚥🪶 **3/92** ➤ 223

On reconnaît le **pic** (Picidae) à son bec fort et pointu, et à sa façon de s'agripper à un tronc de ses griffes robustes et de prendre appui sur sa queue pour faciliter son ascension. Ainsi solidement ancré, il pique l'écorce de son bec en forme de ciseaux, à la recherche de larves. Quelques pics arborent une tache rouge sur le sommet de la tête.
⚥🪶 **21/221** ➤ 103, 132-133

PASSÉRIFORMES

Le **tyran** et le **moucherolle** (Tyrannidae) ont l'habitude de se percher en position avantageuse, droit comme un piquet, avant de foncer sur leur proie et de capturer les insectes volants en faisant entendre un claquement sec. Leurs livrées sont ternes et on les identifie mieux à leurs chants, même si leur mélodie ne brille pas par son originalité.

⚥✎ **35/390** ➤ 134, 179-180, 224

Les **alouettes** (Alaudidae), de petite taille et de couleur brune, fréquentent les terrains dégagés où elles passent inaperçues. En Amérique du Nord, seule l'alouette cornue est répandue.

⚥✎ **2/79** ➤ 181

Les **hirondelles** (Hirundinidae), de petite taille, capturent les insectes sans interrompre leurs descentes en piqué, leurs gracieuses envolées ou leurs vols planés. Elles exécutent des acrobaties au-dessus de terrains dégagés. Puis, rassemblées sur les câbles de téléphone, elles gazouillent de concert.

⚥✎ **9/81** ➤ 104-105, 225

Les **geais,** les **pies,** les **corneilles,** les **cassenoix** et les **corbeaux** font partie de la famille des Corvidae. Les geais présentent des couleurs attrayantes, mais les corneilles et les corbeaux sont noirs. De grande taille, ils se remarquent aisément dans leurs différents habitats.

⚥✎ **17/126** ➤ 106, 182-183, 264

On trouve les diverses espèces de **mésanges** (Paridae) dans les forêts d'Amérique du Nord, même en hiver. Ces petits oiseaux chanteurs sont très actifs et leurs acrobaties ne passent pas inaperçues. La plupart ont la tête noire, les joues blanches et une petite tache noire sur la gorge. Les **mésanges buissonnières** (Aegithalidae), quoique plus ternes, leur ressemblent.

⚥✎ **10/47** ➤ 107-108, 265

Le comportement de la **sittelle** (Sittidae) et celui du **grimpereau** (Certhiidae) sont caractéristiques : seule la sittelle est capable de descendre tête première le long d'un arbre et, parmi les petits oiseaux, le grimpereau est le seul à grimper sur un arbre jusqu'à sa cime.

⚥✎ **5/30** ➤ 135

Le **troglodyte** (Troglodytidae), oiseau de petite taille, d'un brun assez terne, habite la végétation à ras de sol. Il est très actif et il fait volontiers entendre sa voix haut perchée. Plusieurs espèces se tiennent la queue dressée.

⚥✎ **9/61** ➤ 109, 266-267

Les **roitelets** et les **gobemoucherons** (Sylviidae) sont des oiseaux de petite taille qui fréquentent surtout nos forêts. Les roitelets sont réputés pour leurs acrobaties exécutées à l'extrémité des branches. Les gobemoucherons, quant à eux, ont le dos gris-bleu et font étalage de leur longue queue. En Europe, les oiseaux de cette famille portent le nom de fauvettes.

⚥✎ **6/384** ➤ 136-137

Les **grives** (Turdidae), oiseaux chanteurs de taille moyenne, vivent dans les boisés, à mi-hauteur dans les arbres. Elles arborent un plumage sobre, mais leur chant est d'une grande beauté. Cette famille comprend le **merle** d'Amérique et le merle bleu de l'Est.

⚥✎ **17/316** ➤ 110, 138

Les **moqueurs** (Mimidae), y compris le moqueur polyglotte, ressemblent aux grives, mais leur bec est incurvé et leur queue est plus longue. Dans les sous-bois, on les entend imiter le chant des autres oiseaux.

⚥✎ **10/32** ➤ 111, 268

De gauche à droite : geai de Steller (Corvidae) ; jaseur de Bohème (Bombycillidae) ; tyran tritri (Tyrannidae).

À gauche, carouge à épaulette (Icterinae) ; ici, gros-bec errant (Fringillidae).

En Amérique du Nord, il n'y a que deux espèces indigènes de **pipits** (Motacillidae), groupe largement répandu en Eurasie et en Afrique. Ils ont les caractéristiques physiques des alouettes, une petite taille, un plumage terne et strié, mais leur bec est plus effilé et ils agitent souvent la queue.

5/54

Les **jaseurs** (Bombycillidae), élancés et élégants, ont la tête surmontée d'une huppe, le plumage d'aspect soyeux et la queue ourlée de jaune. Ils vivent en communauté et se nourrissent de fruits. On trouve, au sud-ouest du continent, un groupe apparenté, les **phénopèples** (Ptilogonatidae).

3/8 ➤ 112, 269

Les **pies-grièches** (Laniidae) sont des passereaux ayant les même mœurs qu'un oiseau de proie. Elles se perchent très haut, en position avantageuse pour fondre sur leurs proies : souris, gros insectes ou petits oiseaux.

2/74

Les **viréos** (Vireonidae) chantent inlassablement, alors que les autres oiseaux se sont tus, écrasés par la chaleur. Il est difficile d'estimer leur nombre, car ils vivent à la cime des arbres.

11/44 ➤ 139-140

En été, nos boisés se peuplent de plusieurs espèces de **parulines** (Parulinae). La livrée nuptiale des femelles est presque aussi flamboyante que celle des mâles, ce qui rend leur identification difficile. Mais le véritable défi se pose à l'automne lorsque les parulines mâles et femelles muent et arborent le même plumage terne.

53/126 ➤ 141-152, 226

Les **bruants** (Emberizinae) sont les pinsons du Nouveau Monde. On les rencontre partout, aussi bien dans les jardins de banlieue et dans la toundra arctique que dans les marécages du Sud. Ils sont de petite taille, bruns, striés et pourvus d'un court bec conique. Le groupe des Cardinalinae, comprenant les **cardinals,** les **gros-becs** et les **passerins,** qui est au contraire très coloré, leur est apparenté.

60/319 ➤ 114-117, 154-160, 184-87, 270-271

Les **tangaras** (Thraupinae) mâles sont, parmi les oiseaux d'Amérique du Nord, ceux dont le plumage est le plus coloré ; les femelles sont plus sobres. Ils vivent à la cime des arbres et, comparés aux orioles, leur bec est de longueur moyenne, robuste et de couleur jaune.

4/242 ➤ 153

Les **vachers,** les **carouges,** les **quiscales** et les **orioles** appartiennent à un groupe qui ne se trouve qu'en Amérique, les Icterinae. Sauf les orioles qui vivent dans les boisés, ces oiseaux fréquentent surtout les terrains dégagés et on en voit souvent dans les banlieues et à la campagne.

20/95 ➤ 118, 161-162, 188-191, 227-228, 272

On peut différencier les **roselins** (Fringillidae) des bruants et des moineaux par leur plumage plus coloré et leur bec court et robuste, fait pour croquer des graines.

16/124 ➤ 119, 192

Aucun des représentants des **tisserins** (Ploceidae), des **étourneaux** (Sturnidae) ou des **moineaux** (Passeridae) n'est originaire d'Amérique du Nord. Ils sont néanmoins bien implantés dans divers habitats.

4/261 ➤ 113, 120

COMMENT UTILISER LE GUIDE SELON L'HABITAT

Dans ce chapitre, vous trouverez 148 fiches descriptives d'oiseaux classés d'après leur habitat le plus usuel. Dans plusieurs cas, des espèces similaires ou proches parentes sont aussi décrites, ce qui porte à 200 le nombre des descriptions. Chaque page comporte les éléments suivants.

Photographie en couleur de l'oiseau dans son plumage le plus typique. La légende précise le sexe, l'âge, le plumage et la sous-espèce, selon le cas.

Symbole de l'habitat le plus souvent fréquenté par l'oiseau. L'énumération détaillée des habitats figure en page 87.

Famille ou sous-famille à laquelle appartient l'espèce décrite dans la fiche.

Nom vulgaire et nom scientifique de l'espèce. Dans chaque habitat, les oiseaux sont présentés selon un ordre taxinomique.

En jaune : zone de nidification ; en bleu : aire de distribution hivernale ; en vert : zone de résidence (englobe, à l'occasion, les deux premières).

Calendrier. La zone ombragée indique la période durant laquelle les œufs sont au nid.

Texte. On y trouve les renseignements essentiels sur l'oiseau : les lieux qu'il fréquente, les moments où le voir, son comportement, son cycle vital, ses périodes de migration, comment l'identifier sur le terrain, et quels sont les traits qui le distinguent d'autres espèces qui lui ressemblent.

Dessins en couleur illustrant des motifs de coloration, variations du plumage, espèces et sous-espèces similaires, comportements particuliers.

Traits distinctifs
■ Taille de l'oiseau depuis le bout du bec jusqu'au bout de la queue
■ Plumages distinctifs et comportements particuliers
▲ Renseignements sur des espèces similaires avec lesquelles on peut confondre l'oiseau
Structure et emplacement du nid
Nombre et couleur des œufs d'une couvée

Gaviidae : Plongeons

■ Adulte en plumage nuptial

Plongeon huard

Gavia immer

Son cri étrange symbolise la nature sauvage et les grands espaces. Le plongeon huard, autrefois appelé huart à collier, niche généralement sur les lacs d'eau douce et parfois y passe aussi l'hiver, en particulier dans les Grands Lacs. Mais pour ceux qui l'observent en hiver, le plongeon est un oiseau du littoral.

En plumage d'hiver, tous les plongeons ont les dessus foncés et les dessous blancs : une grosse tête, un bec robuste et droit, et un cercle blanchâtre autour de l'œil distinguent à cette période le plongeon huard du plongeon du Pacifique (*Gavia pacifica* ; – autrefois huart du Pacifique ; 56-66 cm) – qui niche dans le Nord-Ouest et est commun sur la côte du Pacifique en hiver.

Comparé au plongeon huard, le plongeon du Pacifique, plus petit, présente une tête ronde et mafflue, et un bec plus fin. En été, le mâle a la tête et l'arrière du cou gris pâle, et le devant du cou noirâtre bordé de rayures blanches ; le plongeon huard, lui, a la tête noire et son cou, noir aussi, est marqué d'un large collier incomplet blanc, finement rayé de noir.

Quand le plongeon huard vole, on voit ses deux larges pieds dépasser de sa queue comme des avirons. Le plongeon du Pacifique vole plus bas que le plongeon huard et souvent en groupes.

J F M A M J J A S O N D

P. huard (en hiver)

P. huard (plumage nuptial)

P. du Pacifique (plumage nuptial)

TRAITS DISTINCTIFS
■ 66-84 cm
■ Bec pointu ; collier rayé
■ Plus foncé que la plupart des plongeons
▲ Difficile à distinguer des autres plongeons en hiver
Nid fait d'herbe et de brindilles, sur la terre ferme ou sur des îlots flottants de végétation
1-3 ; brun olive à fines macules foncées

234

Villes et banlieues

CENTRE-VILLE Moineaux domestiques et pigeons bisets sont chez eux chez nous. Et là où les pigeons abondent, les faucons pèlerins nichent parfois sur les corniches des gratte-ciel.
PARCS On y observe non seulement les oiseaux qui passent l'hiver dans nos parages, mais aussi, au printemps et à l'automne, des migrateurs comme les parulines et les bruants, sans oublier les canards qui font halte dans les étangs.
TERRAINS VAGUES Quiscales, carouges, crécerelles et pluviers kildirs fréquentent les terrains vagues, les voies ferrées et les gares de triage.
ENTREPÔTS et autres grands bâtiments sont des lieux où viennent nicher les hirondelles et tout particulièrement les martinets ramoneurs, tandis que les vastes toitures de gravier conviennent aux espèces qui nichent normalement sur le sol, comme les engoulevents d'Amérique.

VILLES ET BANLIEUES

Centre-ville, parcs, jardins, terrains vagues

Édifiées pour répondre aux besoins des êtres humains qui y habitent, les villes et les banlieues constituent des environnements artificiels peuplés d'une avifaune spécialisée.

La perte d'habitats naturels mène inévitablement à l'élimination des espèces incapables de vivre dans ces environnements bruyants où l'air et l'eau sont pollués.

Seules quelques espèces réussissent à s'adapter à cet environnement urbain. C'est le cas des moineaux domestiques et des pigeons bisets ; ils se sont si bien accoutumés à nous qu'on ne les rencontre à peu près plus là où l'homme n'habite pas.

Ils ne sont pas les seuls. Des oiseaux de forêt, comme les moqueurs et les cardinaux, fréquentent les parcs et les jardins de l'Amérique urbaine ; les goélands survolent les ports et les décharges, tandis que les canards migrateurs ne dédaignent pas de faire escale dans les étangs des parcs.

L'habitat urbain ne modifie pas grandement les comportements et les tactiques alimentaires de certaines espèces. Le faucon pèlerin, par exemple, qui vit au sommet des gratte-ciel en plein centre des villes ou sur les structures des ponts qui enjambent les fleuves, n'en continue pas moins à chasser le pigeon comme il le ferait du haut des falaises du littoral. (Il est même permis d'espérer que cette espèce, menacée de disparition en Amérique du Nord il y a quelques décennies, parvienne à remonter la pente.) À vrai dire, pour un faucon pèlerin, il n'y a pas grande différence entre un gratte-ciel et une falaise.

DÉCHARGES Des oiseaux omnivores – corneilles, corbeaux, goélands – viennent s'y alimenter parmi les déchets et les carcasses.

JARDINS Mangeoires et nichoirs attirent de nombreuses espèces auprès des lieux résidentiels. Selon le lieu et la saison, on y voit des troglodytes, des geais, des mésanges et des roselins.

Observer en milieu urbain

Entre l'univers de béton et d'asphalte du centre-ville et les vertes oasis des banlieues, les sites d'observation sont nombreux ; l'observateur n'a que l'embarras du choix.

Il est faux de croire qu'on ne peut pas observer les oiseaux parce qu'on habite en ville. Bien au contraire, l'environnement urbain est un paradis pour l'ornithologue amateur ; il y a les parcs et les jardins, les cours d'eau et les terrains vagues : autant de milieux que fréquentent les oiseaux.

Si vous avez un jardin ou une cour, vous avez pu remarquer qu'il y vient des oiseaux résidants et des oiseaux visiteurs. Lisez le deuxième chapitre et vous verrez que l'observation des oiseaux chez soi permet de merveilleuses découvertes.

Votre coin favori

En apprenant à reconnaître les traits spécifiques des oiseaux de votre quartier, vous faites vos premiers pas sur le sentier de l'ornithologie. Avec cette information de base, vous serez bientôt en mesure d'aller faire de l'observation comparative dans d'autres lieux et d'autres régions.

À l'intérieur même de votre milieu urbain, vous découvrez peu à peu une gamme d'habitats distincts. Un carré de verdure ou un terrain vague sur lesquels vous n'aviez jamais posé les yeux peuvent soudain devenir sources d'émerveillement et de découverte.

Dès que vous avez adopté un terrain d'observation, vous vous rendez compte que le printemps amène des espèces qui partent à l'automne pendant que d'autres sont présentes toute l'année. Un beau jour, vous entendez des chants que vous n'entendiez pas la semaine d'avant. Peu à peu, et sans vous éloigner de chez vous, vous découvrez le comportement et le mode de vie de plusieurs espèces.

DES CITADINS *Le goéland argenté (à gauche, au-dessus), le quiscale bronzé (ci-dessus) et la bernache du Canada (ci-contre) font partie des espèces qu'on peut observer dans les villes de l'Amérique du Nord.*

EN VILLE *En plein New York, Central Park (à gauche) attire une foule d'oiseaux migrateurs. Au sommet d'un gratte-ciel, un chercheur (ci-dessous) examine un petit faucon pèlerin. Les colibris (à droite) visitent fréquemment les jardins de banlieue.*

LES VISITEURS RARES

Peu d'espèces, somme toute, fréquentent les villes d'une façon permanente ou y viennent régulièrement. Beaucoup d'autres, cependant, y font une brève escale.

Ce phénomène découle du caractère fragmentaire des régions urbaines où finissent par coexister une vaste gamme d'habitats susceptibles d'attirer une avifaune diversifiée. Les oiseaux migrateurs, mais aussi ceux qui ont tout bonnement perdu leur chemin ou abandonné le groupe — cela existe — se rabattent temporairement sur n'importe quel habitat acceptable qu'ils rencontrent sur leur chemin, même au centre des villes.

Or, ces oiseaux sont beaucoup plus faciles à observer dans les zones urbaines que dans les régions où ils ont coutume de vivre. En outre, dans les villes et les banlieues, il y a des centaines, des milliers d'observateurs ; l'oiseau de passage a peu de chance de passer inaperçu. Certaines associations locales ont même mis sur pied un réseau téléphonique permettant aux ornithologues amateurs de se tenir au courant des dernières nouvelles. Ainsi, de nombreux observateurs se sont-ils constitué des fichiers considérables à partir des seules espèces observées au fil des ans dans leur ville.

RESSOURCES LOCALES

L'un des grands avantages des ornithophiles qui habitent la ville, c'est d'avoir accès à un ensemble de ressources fort utiles : sociétés ou clubs d'observation des oiseaux, institutions scolaires où l'on donne des cours d'ornithologie, etc.

La plupart des groupements organisent, sous la direction d'un ou de plusieurs ornithologues, des promenades et des sorties locales, des excursions dans la région, parfois même des voyages organisés pour vous amener à l'étranger. Les néophytes tout autant que les observateurs aguerris sont sûrs d'y trouver des activités qui leur conviennent.

Muni d'un bon guide, celui-ci par exemple, vous êtes en mesure d'identifier par vous-même un grand nombre d'espèces ; mais rien ne vaut les explications données sur le terrain, en présence même de l'oiseau, par un ornithologue averti.

Pour vous renseigner davantage, reportez-vous à la page 274.

Pigeon biset

Columba livia

Les pigeons bisets, également appelés pigeons domestiques, sont parmi les oiseaux les mieux connus des citadins partout en Amérique du Nord. Dans leur terre d'origine, l'Eurasie, ils fréquentaient les falaises et les canyons des déserts avant d'être dressés pour les expositions et les courses au Nouveau Monde. Bel exemple d'une parfaite acclimatation, ils prolifèrent aujourd'hui à l'état libre.

J F M A M J J A S O N D

Bien des citadins prennent plaisir à les nourrir. Aussi se sont-ils apprivoisés au point de choisir les appuis de fenêtre et les corniches des édifices pour y construire leur nid. Ces mœurs, qui ne font pas l'unanimité dans le public, ont pourtant du bon : elles permettent d'observer facilement leurs comportements, activité plus aléatoire quand il s'agit d'oiseaux sauvages. C'est ainsi qu'on peut observer leur façon de se nourrir en vertu d'une hiérarchie sociale stricte (les plumages distinctifs permettent d'identifier les groupes), de se courtiser, et même de boire – ce qu'ils font en aspirant l'eau, phénomène assez rare chez les oiseaux.

TRAITS DISTINCTIFS

- *30,5-35,5 cm*
- *Croupion blanc*
- *Deux bandes alaires noires*
- *Grande variété de coloris*

▲ *P. à queue barrée : plus gros, croupion gris, tectrices alaires sans bandes, bec jaune, collier blanc*

Nid peu profond, fait de branchages, sur poutre ou corniche

1-2 ; blancs.

Martinet ramoneur

Chaetura pelagica

Après avoir passé l'hiver en Amérique du Sud, le martinet ramoneur remonte fidèlement chaque été dans l'est de l'Amérique du Nord. En pleine ville, à la campagne, dans les boisés et près des lacs, son gazouillis aigu et saccadé signale sa présence haut dans le ciel.

J F M A M J J A S O N D

Le martinet est un acrobate aérien au vol rapide et saccadé interrompu par de courtes glissades en vol plané. On le confond facilement avec une hirondelle, d'autant que les deux volent souvent de pair. Mais les deux familles ne sont pas apparentées malgré des traits communs. Le martinet ramoneur a un battement d'ailes plus rapide, un vol plus direct et son plumage est plus foncé.

Le martinet ramoneur nichait à l'origine dans des arbres creux, qu'il a troqués – comme son nom l'indique – pour l'intérieur des cheminées et des édifices. Le martinet de Vaux (*Chaetura vauxi* ; 11,5 cm), un peu plus petit, est son pendant dans l'Ouest où il fréquente les boisés de conifères et les canyons.

Retour en fin de journée

M. de Vaux

M. ramoneur

TRAITS DISTINCTIFS

- *12-12,5 cm*
- *S'observe au vol ; corps noirâtre*
- *Queue carrée*
- ▲ *M. de Vaux : presque identique*
- *Demi-soucoupe de branchages, agglutinés avec de la salive*
- *3-6 ; blancs*

Colibri à gorge rubis

Archilochus colubris

Le colibri à gorge rubis est le seul représentant de sa famille dans l'est du continent où il fréquente les boisés, les parcs et les jardins. Comme il est très petit et vif comme l'éclair, il n'est pas facile à repérer. Mais si vous installez un abreuvoir rempli de sa liqueur préférée (mélange d'eau et de sucre), vous aurez tout le loisir d'observer ses magnifiques couleurs, son vol bourdonnant et sa taille minuscule.

J F M A M J J A S O N D

Comme tous les colibris, il hiverne au Mexique et en Amérique centrale, attiré par le climat chaud et les fleurs dont il puise le nectar.

La femelle a les parties supérieures vertes et les parties inférieures blanches ; le bout des rectrices externes de sa queue est blanc et elle n'a pas de tache sur la gorge. En période de pariade, le mâle se balance comme un pendule devant elle.

Le colibri à gorge noire (*Archilochus alexandri* ; 8-9 cm), qui vit dans l'Ouest, lui ressemble beaucoup. Celui-ci préfère les habitats secs mais fréquente volontiers les abreuvoirs de jardin. Sur le terrain, la femelle paraît identique à celle du colibri à gorge rubis.

C. à gorge rubis ♂

TRAITS DISTINCTIFS

- *8-9 cm*
- *Mâle : flancs verts ; tache rouge sur la gorge*
- *Femelle : pas de tache rouge ; queue à coins blancs*
- ▲ *C. à gorge noire (dans l'Ouest) : tache pourpre et noir sur la gorge*
- *Nid fait de duvet végétal, de lichen et de fils d'araignée*
- *2 ; blancs*

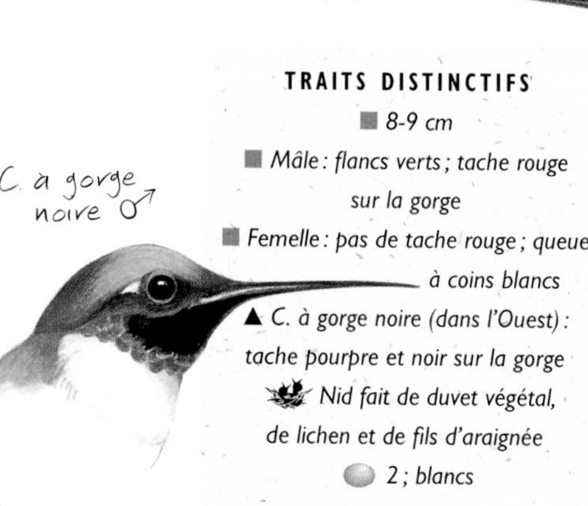

Pic mineur

Picoides pubescens

Ce petit pic est très répandu dans les boisés de feuillus ou d'essences mélangées, de même que les parcs et les jardins. En hiver, il fréquente assidûment les mangeoires avec des mésanges et d'autres petits oiseaux sylvicoles et se révèle friand de suif.

J F M A M J J A S O N D

Plus robuste que le pic mineur, le pic chevelu (*Picoides villosus* ; 19-24 cm) est aussi répandu que lui, mais il visite moins les jardins. À première vue, le pic mineur ressemble à un pic chevelu, mais en modèle réduit. Si vous avez la chance d'apercevoir les deux côte à côte, vous remarquerez combien leurs becs sont différents. Celui du pic mineur est plus court que sa tête alors que celui du pic chevelu est approximativement de la même longueur que la tête. En outre, le pic mineur a des bandes noires sur les rectrices externes blanches de sa queue ; le pic chevelu n'en a pas. Ce dernier a aussi un cri plus strident.

♂ P. chevelu

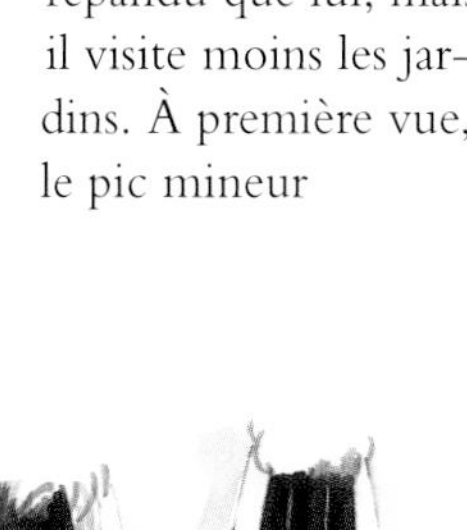

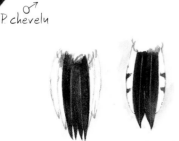

P. chevelu et mineur (vus en plongée)

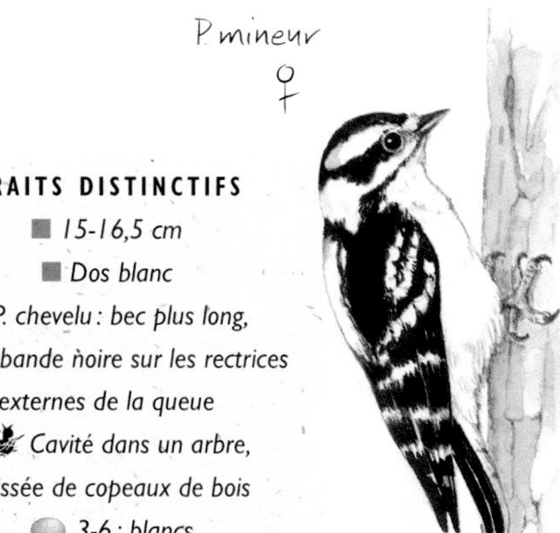

P. mineur ♀

TRAITS DISTINCTIFS

■ *15-16,5 cm*

■ *Dos blanc*

▲ *P. chevelu : bec plus long, pas de bande noire sur les rectrices externes de la queue*

Cavité dans un arbre, tapissée de copeaux de bois

3-6 ; blancs

Hirondelle noire

Progne subis

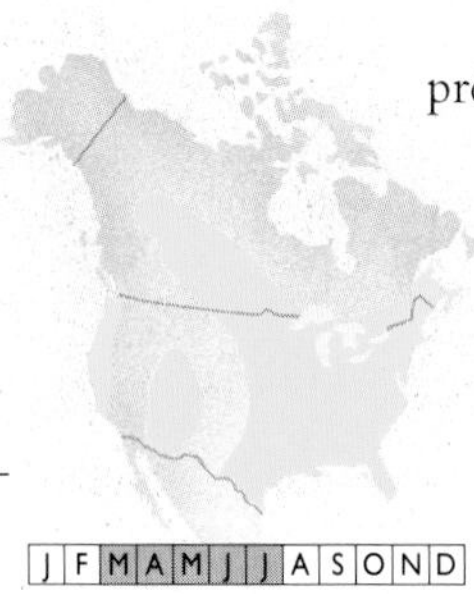

Avec son plumage bleu-noir chatoyant, le mâle de cette espèce est l'un des plus beaux oiseaux de l'Amérique du Nord. Dans l'Est, cette hirondelle de grande taille se rencontre en été dans les régions urbaines et tout particulièrement près des maisonnettes à plusieurs niches qu'on dresse pour elle sur des poteaux.

J F M A M J J A S O N D

Dans l'Ouest, l'espèce est moins répandue et niche de préférence dans des sites naturels, telles les branches des arbres morts. C'est donc dans ce type d'habitat qu'on cherchera à rencontrer ces hirondelles, mais aussi près des lacs où on les verra plonger d'un vol rapide vers l'eau où elles n'immergent que leur bec.

♀

♂

Les hirondelles noires se distinguent des autres hirondelles par leur forte taille. Après avoir passé l'hiver en Amérique du Sud, elles remontent vers la Floride en février, atteignent le Canada en mai et sont déjà reparties quand arrive octobre.

TRAITS DISTINCTIFS

- *19-20,5 cm – plus grande que les autres hirondelles*
- *Mâle : plumage entièrement bleu-noir chatoyant*
- *Femelle : dessus brunâtre ; dessous clair*
- *Nid tapissé d'herbe, de boue et de plumes, dans nichoir ou arbres creux*
- *3-8 ; blancs*

Hirondelle rustique

Hirundo rustica

J F M A M J J A S O N D

Celle qui signale l'arrivée du printemps, l'hirondelle rustique, aussi appelée hirondelle des granges, se manifeste partout en Amérique du Nord pendant l'été. Cet oiseau gracieux qu'on repère à sa queue fourchue et à ses longues rectrices – celles des juvéniles sont plus courtes, quand ils en ont – niche en solitaire ou en petites colonies au sommet des bâtiments où il bâtit son nid de boue.

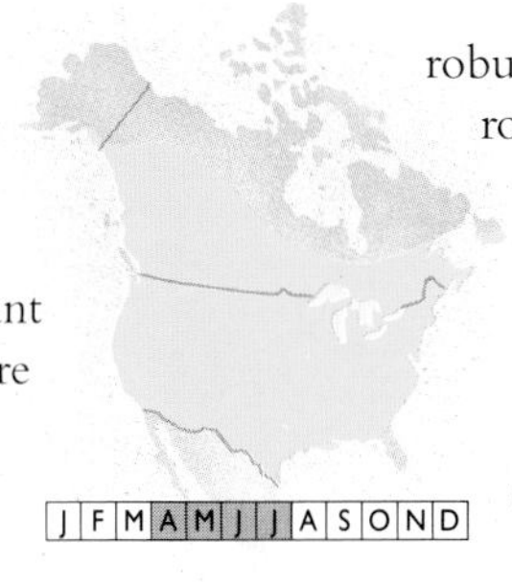

Commune elle aussi en été, sa proche parente, l'hirondelle à front blanc (*Hirundo pyrrhonota* ; 12,5-14 cm), s'en distingue par un corps plus robuste, une queue carrée et un croupion roux ou cannelle. Cette espèce niche en colonies qui comptent parfois un millier de couples et son nid, accroché aux avant-toits des édifices ou sous les ponts, ressemble à une gourde.

Maîtres des airs, les hirondelles y évoluent inlassablement. Sans même se poser, elles boivent ou se baignent au passage dans les cours d'eau et gobent les insectes dans leur large bec.

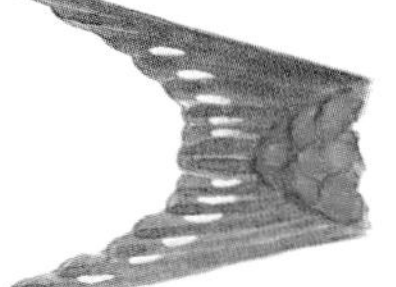

H. des granges

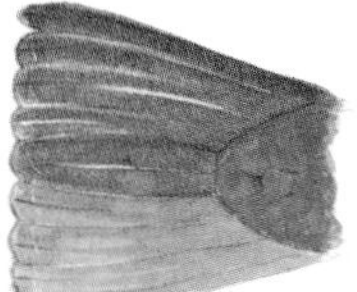

H. à front blanc

TRAITS DISTINCTIFS

- *12,5-14 cm*
- *Dos bleuté chatoyant, ventre cannelle*
- *Queue très fourchue ; rectrices externes longues et effilées*
- ▲ *H. à front blanc : queue carrée*
- *Nid fait de boue, tapissé d'herbe et de plumes, sous les avant-toits*
- *4-7 ; blancs, tachetés de brun*

H. à front blanc au nid

Geai bleu

Cyanocitta cristata

Un habitué des parcs et des jardins depuis l'Atlantique jusqu'à la prairie, le geai bleu ne dédaigne pas non plus les mangeoires en hiver.

Son pendant dans l'Ouest, le geai de Steller (*Cyanocitta stelleri* ; 28-30,5 cm), occupe le territoire entre les Rocheuses et le Pacifique. Il est plus sauvage que son cousin de l'Est, quoiqu'il ne craigne pas de visiter les terrains de camping et les aires de pique-nique. Dans le Nord-Ouest, les geais de Steller sont plus sombres, tandis qu'au sud ils arborent un croissant blanc au-dessus de l'œil.

Fréquent dans les forêts de conifères, le mésangeai du Canada ou geai gris (*Perisoreus canadensis* ; 26-30 cm) a un plumage gris et blanc. Cet oiseau peu craintif est bien connu des forestiers car il s'empare volontiers de toute nourriture qui lui est offerte. Les trois geais – mais surtout le geai bleu – améliorent leur ordinaire en volant les œufs des autres oiseaux en été, tandis qu'en automne ils cachent de la nourriture dans le sol et dans les arbres en prévision des rigueurs de l'hiver.

J F M A M J J A S O N D

G. bleu

TRAITS DISTINCTIFS

■ 25,5-28 cm

■ Plumage bleu et blanc ; huppé

▲ Mésangeai : gris et blanc, pas de huppe ; G. de Steller : tête noirâtre

Nid fait de branchages et d'herbe, dans le haut des arbres

3-7 ; vert bleuté, maculés de brun

Forme du Nord

Forme du Sud

G. de Steller

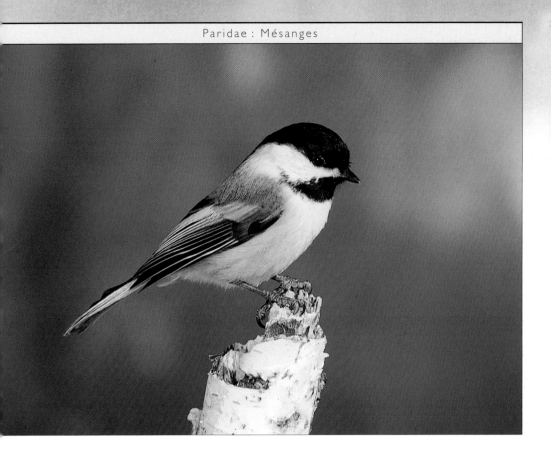

Mésange à tête noire

Parus atricapillus

Les mésanges fréquentent volontiers les mangeoires d'oiseaux en hiver où elles attirent l'attention par leurs prouesses acrobatiques. Dans le nord du continent, la mésange à tête noire est une habituée des jardins et des boisés où l'on entend, hiver comme été, son joyeux *qui-es-tu-tu-tu*. Dans le sud-est des États-Unis, c'est la mésange minime (*Parus carolinensis* ; 11-12 cm) qu'on trouve, une espèce presque identique.

J F M A M J J A S O N D

Dans toutes les forêts conifériennes du Canada, d'un océan à l'autre, on retrouve la mésange à tête brune (*Parus hudsonicus* ; 11-12,5 cm). Elle se distingue par un capuchon de couleur brun terne, des flancs d'un brun riche et une gorge noire.

Si vous suivez au son un vol de mésanges, vous tomberez peut-être sur la cachette d'un hibou, car les mésanges ont l'habitude de harceler ces rapaces nocturnes.

TRAITS DISTINCTIFS

12-14,5 cm

Calotte et plastron noirs

Dos grisâtre

▲ *M. minime : presque identique*

M. à tête brune : capuchon marron

Cavité dans un arbre, tapissée d'herbe et de plumes

5-10 ; blancs, ponctués de marron

Mésanges à une mangeoire (avec des gros-becs errants)

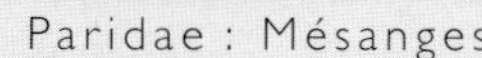

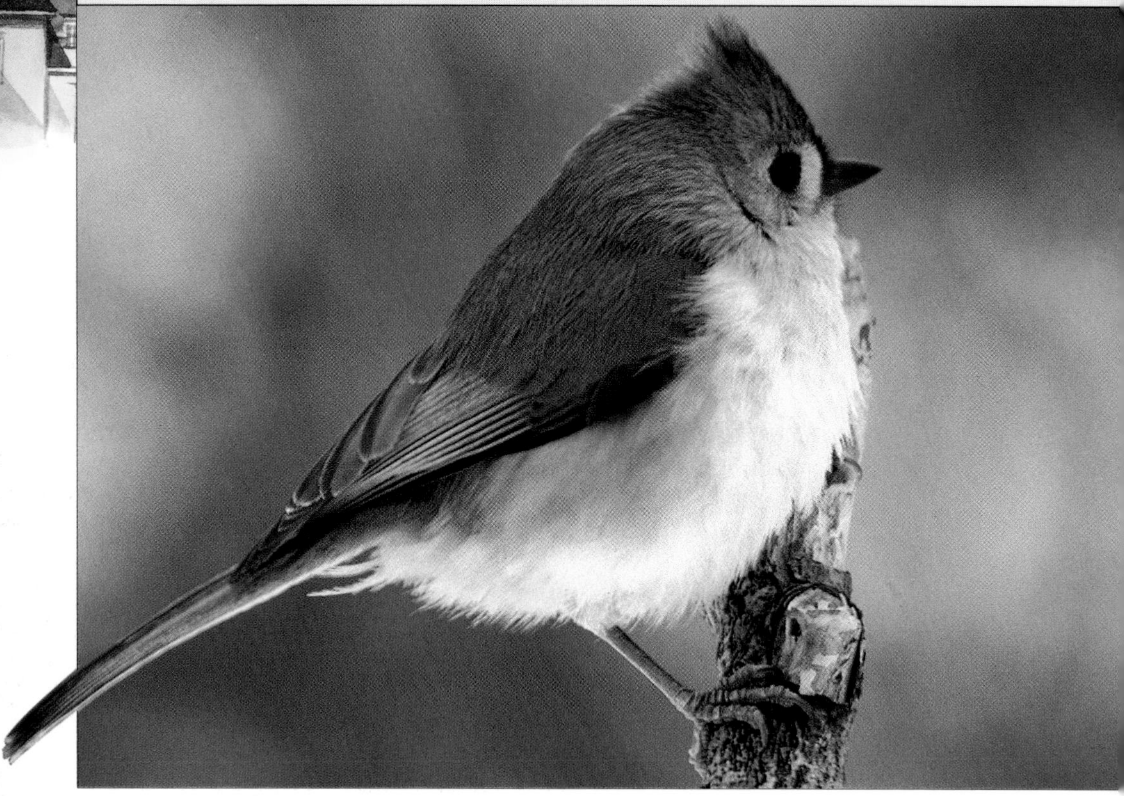

Mésange bicolore

Parus bicolor

La mésange bicolore (autrefois mésange huppée) est un oiseau facilement identifiable. Dans l'est de l'Amérique du Nord, c'est une habituée des mangeoires de jardin et son chant, un sifflant *pito-pito-pito*, met une note de gaieté dans les parcs et les boisés. La mésange bicolore ne fait que quelques rares incursions au Canada, dans l'extrême sud du territoire. En 1995, on rapporte la première mention de cette espèce en sol québécois.

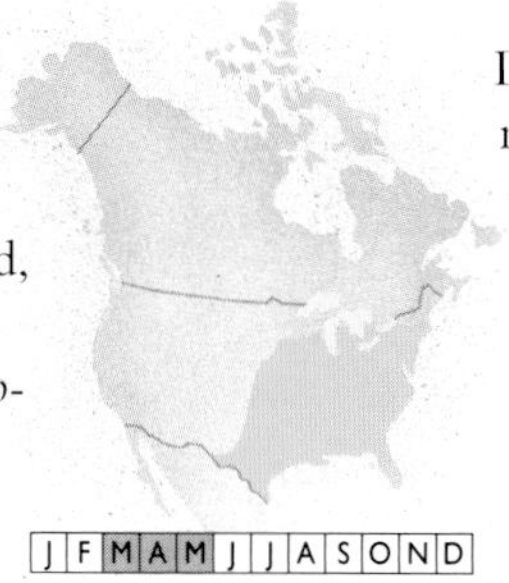

Dans le sud du Texas, la mésange bicolore se pare d'un front blanchâtre et d'une huppe noire. Il fut un temps où on en avait fait une espèce distincte : la mésange à huppe noire.

Dans les forêts de feuillus ou d'essences mixtes de l'Ouest, en particulier dans les chênaies, on lui connaît un proche parent, la mésange unicolore (*Parus inornatus* ; 14 cm) qui souvent fréquente les jardins durant l'hiver.

Cette mésange, comme ses congénères, aime à s'associer à d'autres espèces pour se nourrir dans la forêt en hiver.

Forme du Sud-Ouest

TRAITS DISTINCTIFS

■ *12,5-15 cm*

■ *Plumage gris et blanc ; flancs chamois ; huppe*

▲ *Plusieurs espèces semblables*

Trou dans un arbre, tapissé d'herbe et de plumes

4-8 ; blancs, maculés de brun

Troglodyte familier

Troglodytes aedon

C'est à son cri, gloussement enjoué ou caquetage impérieux, qu'on repère ce petit oiseau timide, d'un brun plutôt terne, qui arbore le bec effilé, la longue queue et les bandes alaires noires, caractéristiques des troglodytes. Encore plus petit, le troglodyte mignon ou troglodyte des forêts (*Troglodytes troglodytes* ; 8-10 cm) se cache dans les broussailles denses en forêt. Le troglodyte des marais (*Cistothorus palustris* ; 11,5-12,5 cm), aussi discret que les deux autres, se cache dans les quenouilles. À part leur habitat distinctif, la différence entre les plumages des trois espèces est subtile et l'observateur doit être attentif pour les distinguer.

J F M A M J J A S O N D

Le troglodyte familier niche dans les cavités des arbres. Le mâle construit plusieurs nids de brindilles parmi lesquels la femelle fait son choix. Après quoi, elle le tapisse d'herbe et s'y installe. Il arrive qu'un couple détruise les œufs des autres troglodytes qui nichent aux alentours.

L'espèce s'installe parfois dans des maisonnettes d'oiseaux, mais il faut prévoir une entrée suffisamment petite (diamètre : 2,5-3,5 cm) pour en interdire l'entrée aux étourneaux et aux moineaux.

TRAITS DISTINCTIFS

11,5-12,5 cm

Petit et brun ; timide

Bandes fines sur les ailes et la queue

Nid de brindilles, tapissé de matières souples, dans cavité naturelle

5-12 ; blancs, tachetés de brun

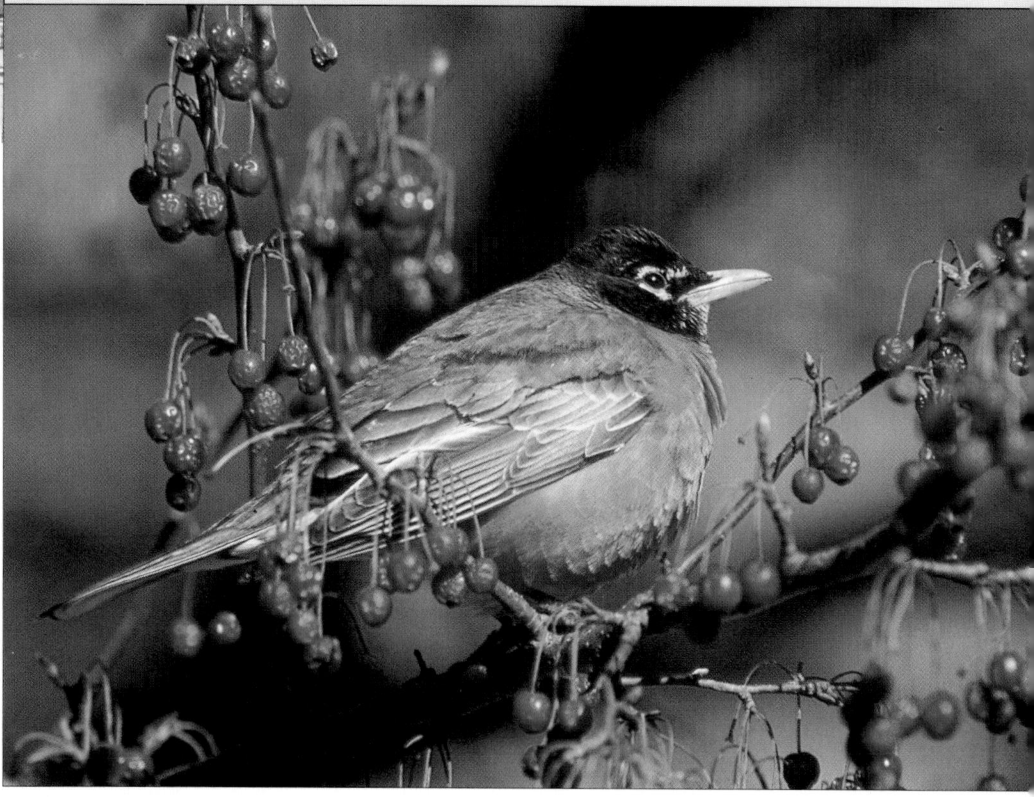

Merle d'Amérique

Turdus migratorius

Le merle d'Amérique n'a guère besoin de présentations : c'est l'oiseau le plus fréquemment observé à la grandeur du continent parce qu'il est le plus largement distribué, autant en ville qu'en forêt. Sa voix charmeuse nous réveille en douceur dès l'aube ; plus que l'hirondelle, il annonce la venue du printemps dans les contrées nordiques.

La poitrine rouge brique de ce bel oiseau rappelait tellement celle du rouge-gorge à nos ancêtres français qu'ils lui donnèrent spontanément ce nom. En réalité, le merle d'Amérique est de taille beaucoup plus imposante que le petit rouge-gorge européen.

Quoique les deux sexes se ressemblent beaucoup, on remarque, avec un peu d'observation, que le mâle a une tête plus noire et un plumage plus brillant que la femelle. Le juvénile est moins foncé que l'adulte et sa poitrine est ponctuée de points noirs ; son bec foncé vire au jaune l'hiver venu.

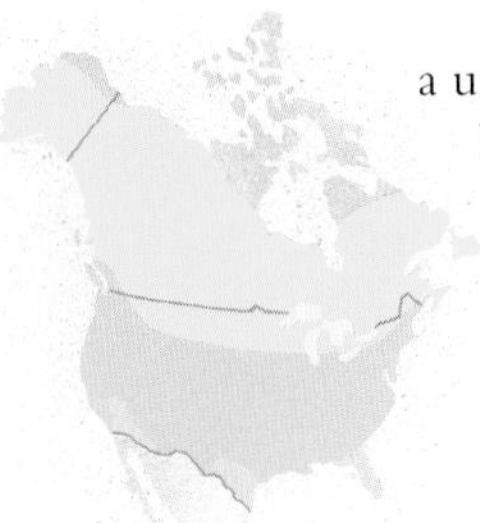

J F M A M J J A S O N D

TRAITS DISTINCTIFS

23-25,5 cm

Poitrine rouge brique

Juvénile : poitrine chamois marquée de points noirs

▲ *M. à collier (forêts de l'Ouest) : bande pectorale noire*

Nid fait d'herbe et de boue, dans un buisson ou un arbre

3-7 ; bleu clair sans marque

Adulte nourrissant ses oisillons

Moqueur polyglotte

Mimus polyglottos

Le nom de cet oiseau évoque l'une de ses principales caractéristiques sur le terrain : son incroyable capacité à imiter le chant d'autres oiseaux. Cet oiseau gris et blanc, au corps effilé et à longue queue, reprend ses strophes de trois à six fois avant d'en changer. Son chant ne s'entendait autrefois que dans les régions rurales du sud des États-Unis, mais aujourd'hui l'oiseau étend de plus en plus son aire de dispersion vers le nord. En plus d'imiter d'autres oiseaux, le moqueur polyglotte ajoute à son répertoire toutes sortes de sons, comme des aboiements de chien, et donne ses spectacles jour et nuit, perché ou en vol.

J F M A M J J A S O N D

Le moqueur roux (*Toxostoma rufum* ; 23-25,5 cm) a la taille d'un merle. Cet oiseau timide et fuyant fréquente les boisés broussailleux où il se nourrit au sol. Plus petit, le moqueur-chat (*Dumetella carolinensis* ; 18-21 cm), ainsi nommé pour l'un de ses cris qui rappelle un miaulement, a le corps gris et une calotte noire. Moqueurs mâles et femelles sont assez semblables. Les juvéniles ont des points gris sur la poitrine et des yeux gris.

TRAITS DISTINCTIFS

- *23-25,5 cm*
- *Agité et bruyant*
- *Corps svelte, queue longue*
- *Taches alaires blanches très voyantes*
- *Nid de brindilles, d'herbe et de laine, au bas d'un arbre ou d'un arbuste*
- *2-6 ; bleu pâle, fortement marqués de brun*

M. polyglotte attaquant un chat

Jaseur d'Amérique

Bombycilla cedrorum

Celui qu'on appelait autrefois le jaseur des cèdres se signale par un appel aigu et sifflant. S'il se pose, vous aurez la joie de découvrir ses superbes coloris et sa huppe altière dominant un masque facial étroit et noir. De minuscules palettes rouges, de consistance cireuse, ornent les ailes. Les parties inférieures des juvéniles sont striées.

J. d'Amérique

Un habitant des forêts du Nord-Ouest, le jaseur boréal (*Bombycilla garrulus* ; 17-19,5 cm), anciennement jaseur de Bohème, visite le Québec durant l'hiver à la recherche de nourriture.

Les jaseurs d'Amérique nichent dans les régions habitées du Canada mais émigrent dans le sud des États-Unis et jusqu'à Panama en hiver. On les aperçoit fréquemment dans les parcs et les jardins où ils recherchent les arbres et les arbustes à baies. Voulez-vous les attirer chez vous ? Plantez des sorbiers (*Sorbus aucuparia* ou *S. americana*) ; ils raffolent de leurs petits fruits bien que, en été, ils mangent aussi des insectes qu'ils capturent en plein vol.

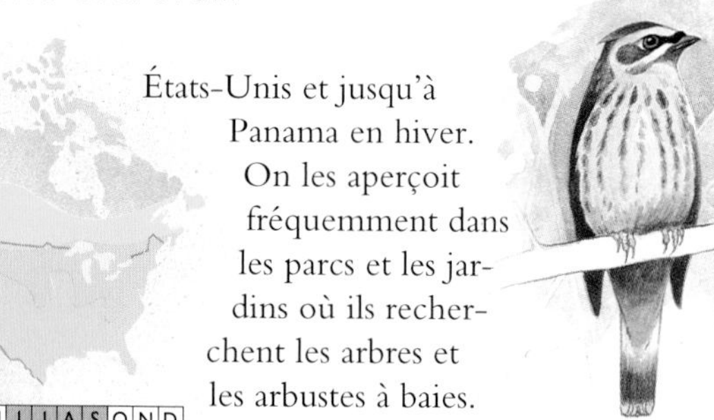

Juvénile

TRAITS DISTINCTIFS

- *15-18 cm*
- *Svelte, élégant, huppé*
- *Bande jaune au bout de la queue*
- *Tectrices sous-caudales blanches*
- ▲ *J. boréal (forêts septentrionales) : plus grand ; tectrices sous-caudales rouge brique*
- *Nid fait de brindilles, d'herbe et de mousse, dans le haut des arbres*
- *2-6 ; bleu pâle, marqués de noir*

J. boréal

Étourneau sansonnet

Sturnus vulgaris

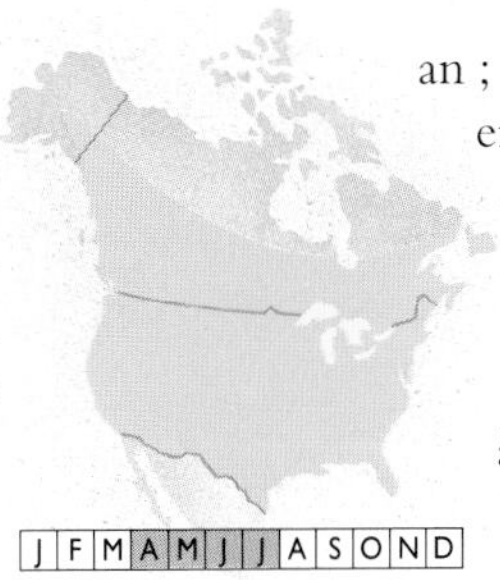

Les étourneaux sansonnets sont à l'aise dans les centres urbains où on les voit se nourrir dans les parcs ou sur les pelouses et tournoyer en bandes dans le ciel. Tout a commencé par une soixantaine d'étourneaux, importés d'Europe en 1890 pour habiter Central Park à New York ; dispersés dans tout le continent, ils sont aujourd'hui 200 millions.

J F M A M J J A S O N D

Faciles à observer, ces oiseaux illustrent bien la façon dont peut varier un plumage entre l'été et l'hiver. La plupart des oiseaux chanteurs muent deux fois par an ; l'étourneau ne connaît qu'une mue, en fin d'été. L'adulte au plumage chatoyant et le juvénile gris terne acquièrent de nouvelles plumes noirâtres abondamment marquées de points blancs. Ces points s'estompent à mesure que l'hiver avance, remplacés par les miroitements violets et verts qui caractérisent le plumage nuptial. Noir en hiver, le bec devient jaune au moment de la reproduction.

TRAITS DISTINCTIFS

- *20,5-23 cm*
- *Corps robuste, queue courte et carrée*
- *Plumage noir iridescent*
- *Hiver : plumage tacheté, bec noir*
- *Été : bec jaune*
- *Nid fait d'herbe et de brindilles, dans une cavité*
- *4-8 ; bleu pâle*

Juvénile

Cardinal rouge

Cardinalis cardinalis

Avec son gros bec rouge, son masque facial noir et sa huppe altière, le cardinal rouge est l'un des plus beaux oiseaux de l'Est américain. Le chant qu'il lance depuis une haute branche est fait de notes sifflantes et claires. En hiver, c'est une joie de le voir fréquenter les mangeoires. Il lui arrive de faire des incursions au sud du Québec.

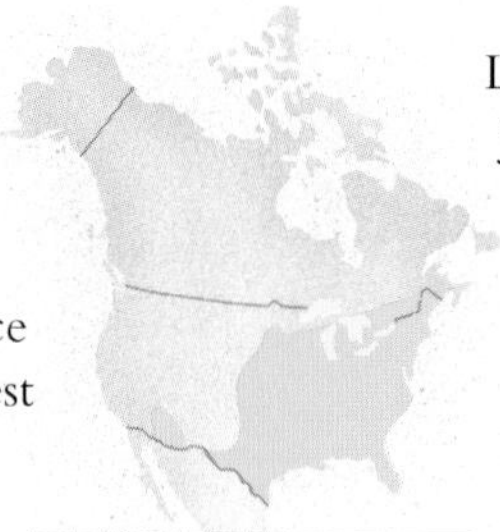

J F M A M J J A S O N D

Juvénile ♂

La femelle et les juvéniles ont un plumage brunâtre et clair, lavé de rouge sur les ailes et la queue. Le bec de la femelle est rougeâtre ; celui des juvéniles, gris foncé. En fin d'été, le jeune mâle troque cette terne livrée pour le brillant plumage du mâle adulte.

♂ En hiver (dans le hou

Au Québec, on observe le cardinal rouge principalement dans les régions les plus au sud du territoire. L'oiseau étend graduellement son aire de distribution vers l'est et le nord, au grand plaisir des ornithologues amateurs.

TRAITS DISTINCTIFS

■ *20,5-23 cm*

■ *Mâle : bec fort et rouge, masque facial noir, huppe rouge*

■ *Femelle : corps brunâtre ; bec rougeâtre*

Nid de brindilles et d'herbe, à mi-hauteur, dans un arbuste ou un fourré

2-5 ; blanchâtres, tachetés de brun et de gris

♀

Tohi de Californie

Pipilo crissalis

Ce gros bruant à plumage brun est commun en Californie où on le voit réquemment picorer le sol en dressant la verticale sa longue queue noirâtre. Mais attention : au moindre bruit susect, il se réfugiera dans les broussailles u sous une voiture ! La teinte canelle de ses rectrices sous-caudales ermet de l'identifier sur le terrain.

Jusqu'à tout récemment, on le classait comme ous-espèce du tohi des canyons (*Pipilo fuscus* ; 9-23 cm) qui fréquente l'intérieur des terres lans le Sud-Ouest américain ; il était alors onnu sous le nom de tohi brun.

J F M A M J J A S O N D

Des observations plus poussées ont révélé que les deux oiseaux ont des voix et des plumages différents et occupent des territoires distincts. Le tohi des canyons a un chant plaintif et bisyllabique et il fréquente peu les mangeoires de jardin ; il arbore une calotte brique sur la tête et une tache foncée au centre de la poitrine. Le tohi de Californie, quant à lui, émet un cri strident et métallique d'une seule syllabe.

TRAITS DISTINCTIFS

■ *19-23 cm*

■ *Brunâtre et uni*

▲ *T. des canyons (Sud-Ouest américain) : vertex brique, tache foncée sur la poitrine*

Nid robuste de brindilles et d'herbe, au bas ou au milieu d'un arbre

2-6 ; bleutés, marqués de brun

Bruant chanteur

Melospiza melodia

D'un perchoir peu élevé – arbuste ou poteau –, le bruant chanteur lance ses joyeux trilles à la ronde, au printemps et en été. Il se fait discret dans les endroits où il élit domicile en automne et en hiver. Il faut le chercher près des sols humides, dans les fourrés et les bosquets.

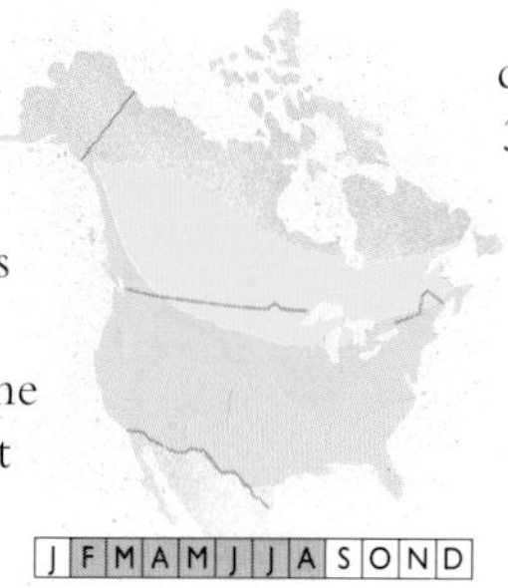

C'est l'un des oiseaux les plus variés d'Amérique du Nord et on en connaît quelque 31 sous-espèces, depuis le robuste sujet de 18 cm installé dans les îles Aléoutiennes, en Alaska, jusqu'aux oiseaux au plumage clair et à la poitrine tachetée des déserts du Sud-Ouest américain.

Le bruant chanteur typique a le dos brun-gris, une large rayure superciliaire grisâtre – c'est un trait distinctif – et des parties inférieures blanchâtres marquées de rayures brunes et souvent d'un point foncé au centre de la poitrine. Le juvénile a une face lavée de jaune ou de chamois et son abdomen est moins rayé que celui de l'adulte.

En plein concert

TRAITS DISTINCTIFS

■ *14-18 cm*

■ *Large rayure superciliaire grise*

■ *Rayures noirâtres et point foncé sur la poitrine*

▲ *Ressemble à d'autres bruants*

Nid d'herbacées, dans une touffe de plantes ou au pied d'un buisson

2-6 ; bleuâtres ou verdâtres, marqués de brun roux

B. chanteur typique

B. chanteur des îles Aléoutiennes

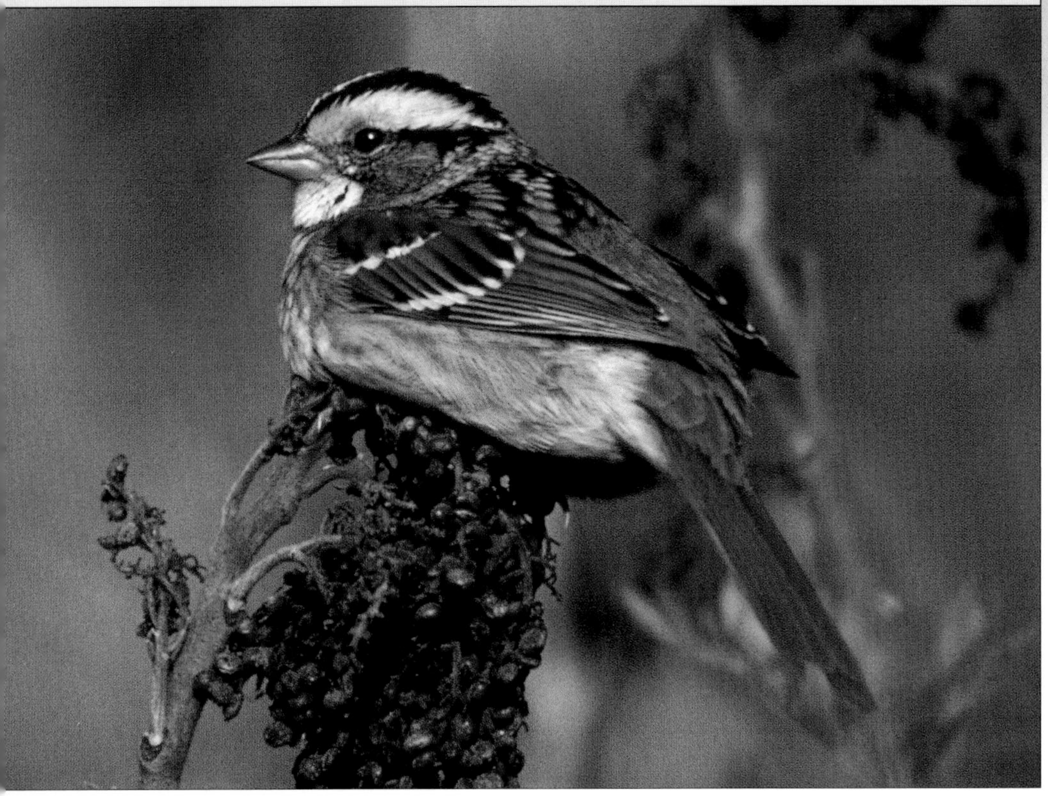

Bruant à gorge blanche

Zonotrichia albicollis

La phrase mélodieuse qui caractérise le bruant à gorge blanche – et que les Québécois traduisent par *où-es-tu-Frédéric-Frédéric-Frédéric* – a fait de cet oiseau un hôte bien connu de nos forêts conifériennes en été. En hiver, l'espèce émigre vers les États-Unis, en direction générale de l'est.

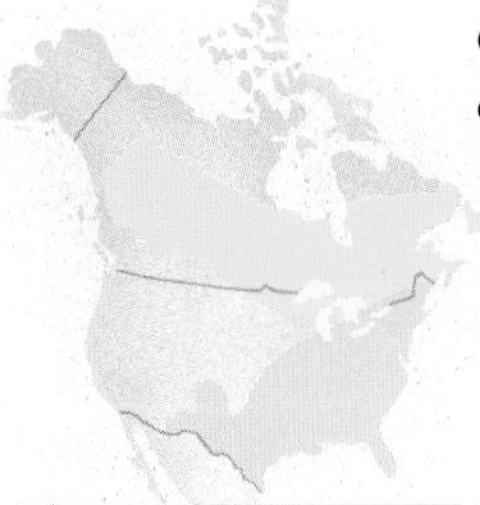

C'est surtout à son chant et à son cri d'alarme aigu qu'on identifie cet oiseau. L'adulte présente une rayure superciliaire qui varie de blanc à chamois, une tache blanche sur la gorge et un point jaune à l'avant de l'œil. Chez le juvénile, on note des rayures foncées sur la poitrine, une gorge gris clair et une rayure superciliaire moins bien définie que chez l'adulte.

Le bruant à gorge blanche est un sujet d'assez forte taille qui ressemble au bruant à couronne blanche (p. 159) par les rayures de sa tête, mais s'en distingue par la tache blanche qu'il arbore sur la gorge.

Rayure chamois chez l'adulte

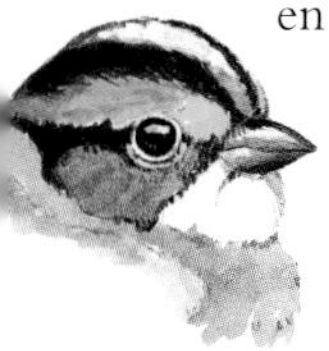

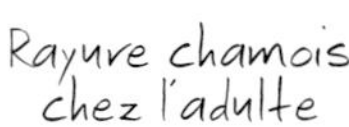

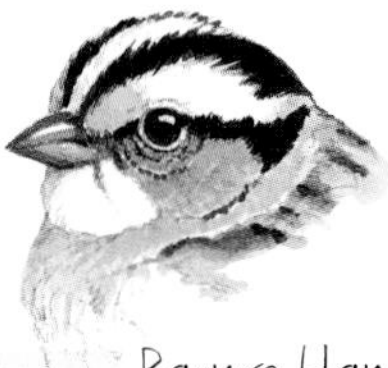

Rayure blanche chez l'adulte

TRAITS DISTINCTIFS

- *15-18 cm*
- *Tache blanche bien définie sur la gorge*
- *Points jaunes à l'avant de l'œil*
- ▲ *B. à couronne blanche : voir p. 159*
- *Nid d'herbe et d'aiguilles de pin, au pied des fourrés*
- *3-6 ; bleutés, marqués de brun et de noir*

Juvénile

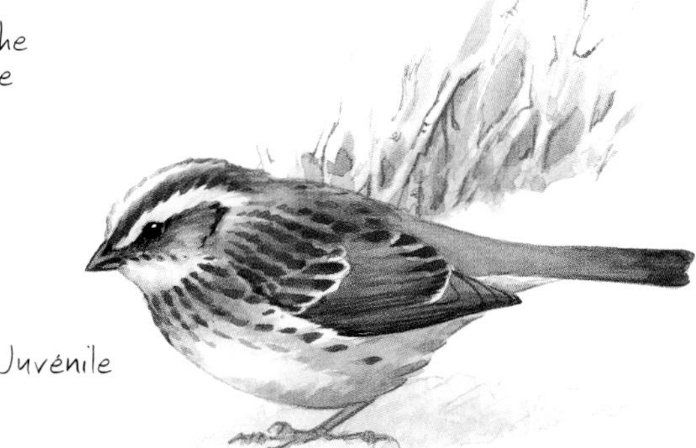

Quiscale bronzé

Quiscalus quiscula

Le quiscale bronzé (autrefois mainage bronzé) est un oiseau commun dans l'est du continent où il fréquente les régions urbaines, les terres agricoles et les forêts peu touffues. Le mâle est un peu plus gros que la femelle et arbore des coloris plus brillants, bien que de loin on puisse croire qu'ils sont identiques. Le corps du mâle présente un chatoiement plus prononcé, bronzé ou pourpré selon les régions, qui contraste avec les reflets violacés de la tête et du cou.

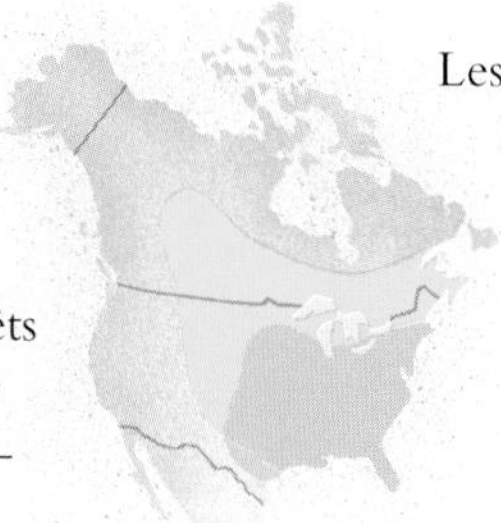

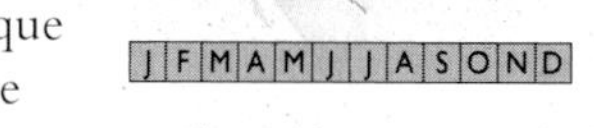

Les yeux sont jaune clair. La queue est longue et cunéiforme. Les juvéniles ont un plumage brun fuligineux et des yeux bruns.

Dans l'Est, on peut confondre le quiscale bronzé avec le quiscale rouilleux (*Euphagus carolinus* ; 21 cm) et, dans l'Ouest, avec le quiscale de Brewer (*E. cyanocephalus* ; 21,5-24 cm) – ou quiscale à tête pourprée –, mais ces deux espèces ont la queue plus courte.

TRAITS DISTINCTIFS

■ *25,5-30 cm*

■ *Plumage chatoyant bronze ou violet*

■ *Queue longue, terminée en coin et repliée en quille*

▲ *Q. rouilleux (Est) et Q. de Brewer (Ouest) : queue plus courte*

Nid d'herbe et de branchages, dans un arbre ou sur un édifice

4-5 ; vert clair ou bruns, marqués de points foncés

Roselin familier

Carpodacus mexicanus

Originaires des terres semi-arides de l'Ouest, les roselins familiers ont été introduits à Long Island vers 1940. Ils se sont vite répandus dans l'Est et débordent maintenant chez nous, faisant une concurrence croissante au moineau domestique (p. 120) en matière de logement et d'alimentation.

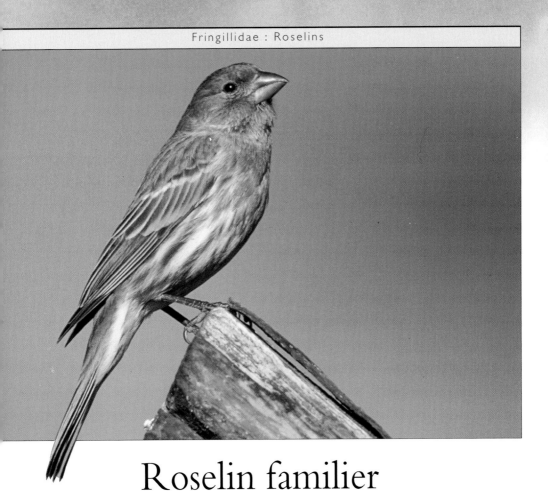

Le roselin familier fréquente assidûment les mangeoires. La femelle ressemble au moineau domestique, mais on la distingue à son plumage dépourvu de marque sur la face et les ailes ainsi qu'aux rayures grisâtres des parties inférieures. Le mâle, lui, arbore sur la tête, la gorge et le croupion, du rouge qui devient parfois orangé et presque jaune. Un proche parent peu craintif, le roselin pourpré (*Carpodacus purpureus* ; 14-16,5 cm), fréquente lui aussi les postes d'alimentation. On distingue le mâle du roselin pourpré par une coloration rouge framboise plus intense sur la tête et le dos ainsi que par l'absence de stries brunes sur l'abdomen.

J F M A M J J A S O N D

R. familier ♂

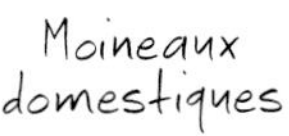

♀

TRAITS DISTINCTIFS

■ *14-15 cm*

■ *Mâle : front, plastron et croupion rouges*

■ *Femelle et juvénile : brun clair ; rayures grisâtres dessous*

▲ *R. pourpré : pas de flanc rayé chez le mâle et présence de raie superciliaire blanche chez la femelle*

Nid fait d'herbe et de brindilles, dans une cavité ou un feuillage dense

2-6 ; bleu-blanc, maculés de brun

Moineau domestique

Passer domesticus

Introduit à New York au milieu du XIXe siècle, le moineau domestique s'est répandu rapidement dans les deux Amériques. Comme il recherche la compagnie des humains, il constitue, avec le pigeon biset, l'oiseau sans doute le plus familier aux habitants des villes. Ses gazouillis joyeux s'entendent en toutes saisons, aussi bien dans les aires bétonnées des centres-villes que dans les parcs et les jardins boisés des banlieues.

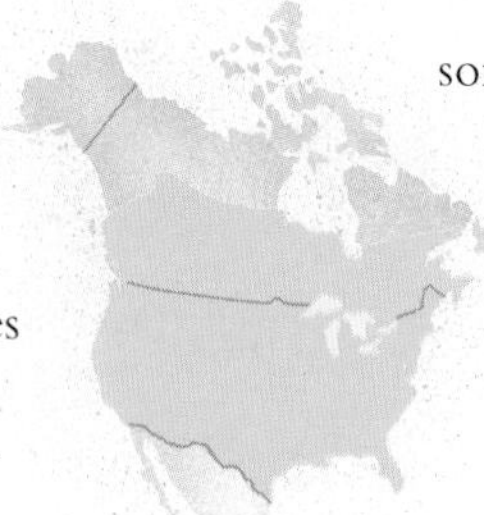

J F M A M J J A S O N D

Le mâle n'est pas dépourvu d'attraits avec ses rayures marron sur la tête et son plastron noir. Son bec, brun-gris en hiver, devient noir en été. Si vous aimez croquer des oiseaux sur le vif, la femelle du moineau vous offrira de nombreuses occasions de le faire ; du même coup, vous apprendrez à observer son anatomie et son comportement dont les subtilités peuvent, hors contexte, dérouter les ornithologues les plus expérimentés.

♂

TRAITS DISTINCTIFS

■ *14-15 cm*

■ *Mâle : vertex gris, croupion gris*

■ *Femelle et juvénile : gris*

▲ *À St. Louis, au Missouri, ne pas le confondre avec le moineau friquet qui vit dans les fermes*

Nid volumineux fait d'herbe et de paille, dans un trou ou un feuillage épais

2-6 ; blanchâtres, picotés de brun

Bois et forêts

Bois et forêts

Boisés, clairières, bosquets riverains, lisières, fourrés

Avant l'arrivée des Blancs, la plus grande partie de l'Amérique du Nord était couverte d'arbres. Les forêts, différentes selon le climat et l'altitude, donnaient asile à des populations d'oiseaux distinctes.

Des peuplements denses de sapins et d'épinettes caractérisaient la forêt septentrionale, tandis que, à l'extrémité de la Floride, les espaces boisés avaient des allures tropicales. L'est du continent était peuplé d'arbres à feuilles caduques : chêne, orme, érable, noyer, frêne, hêtre, cornouiller, tandis que dans les forêts fraîches et humides du Nord-Ouest poussaient des sapins de Douglas et des séquoias. Dans les étendues arides du Sud-Ouest se rencontraient une végétation riparienne (qui croît au bord de l'eau) de peupliers.

La forêt ancestrale est encore sur pied dans certaines régions de l'Ouest, mais, dans l'Est, elle est tombée sous la hache des bûcherons ou des agriculteurs. Ce qu'on trouve aujourd'hui dans les régions décimées par les grandes compagnies de bois et de papier est une forêt de regain, c'est-à-dire régénérée.

Une forêt en cours de reboisement traverse différentes phases, chacune caractérisée par une flore et une faune particulières. On peut même dire que l'avifaune d'une forêt dépend beaucoup plus de son degré d'évolution que de sa situation géographique.

À moins de catastrophes majeures, les forêts de regain finissent par devenir identiques aux forêts ancestrales. Celles qui atteignent un état optimal d'équilibre biologique sont dites forêts de climax.

Les arbres décidus sont ceux qui perdent leurs feuilles en hiver ; les conifères, sauf quelques exceptions, conservent leur feuillage. On dit d'une forêt qu'elle est dense lorsque les cimes d'arbre se rejoignent et qu'elle est clairsemée quand les cimes ne se touchent pas.

Les termes « forêt » et « boisé » sont synonymes ; on a pourtant tendance à utiliser le premier pour désigner un peuplement dense et le second, un peuplement clairsemé.

FORÊT DE CONIFÈRES Parmi les sapins et les épinettes, on rencontre, entre autres, la paruline à gorge noire et la paruline à gorge orangée.

CLAIRIÈRES ET ZONES INCENDIÉES attirent les oiseaux qui nichent sous le couvert de la forêt mais se nourrissent à découvert. La paruline à flancs marron, par exemple, préfère nettement les brûlis et les boisés de regain à la forêt naturelle.

VÉGÉTATION RIPARIENNE Pies, moucherolles et parulines fréquentent typiquement les berges des cours d'eau.

CIME DES ARBRES Viréos et tangaras font partie des oiseaux chanteurs qui élisent là domicile.
À MI-HAUTEUR Merles, grives, sittelles, mésanges et presque tous les pics sont au nombre des espèces qui vivent à mi-hauteur dans les arbres.
LISIÈRES Les oiseaux qui vivent à la lisière de la forêt sont les mêmes que ceux qui y habitent; ils sont tout simplement plus faciles à voir.
SOUS-BOIS Certains oiseaux, comme le tohi et la plupart des troglodytes, passent le plus clair de leur temps sur le sol ou très bas dans les arbres. Selon les endroits, le tétras, la bécasse et l'engoulevent s'y tiennent aussi.

Observer en forêt

La forêt regorge d'oiseaux, mais les observer n'est pas chose facile. Le feuillage qui les dissimule oblige à les identifier d'après leur chant et les espèces que vous y rencontrez varient en fonction du moment de l'année.

En hiver, on ne rencontre dans les forêts septentrionales que les oiseaux dont la nourriture – graines ou insectes cachés sous l'écorce – demeure accessible. Ces oiseaux se rassemblent et se déplacent en bandes mixtes : pics, sittelles, roselins, mésanges, etc. C'est la saison pendant laquelle on peut arpenter la forêt pendant des heures sans rien voir et tomber tout à coup sur l'un de ces grands vols. Pendant quelques précieux instants, les arbres se remplissent d'oiseaux qui gazouillent et volettent ici et là. Mais la manne est fugace ; la gent ailée reprend son vol, les gazouillis cessent et la forêt retrouve son silence.

Dans les climats plus chauds au sud et à l'ouest, les espèces d'oiseaux sont plus nombreuses en hiver que dans le Nord et on peut y voir des parulines et des moucherolles.

Au printemps et en été, la nourriture est abondante et les oiseaux se multiplient : moucherolles, merles, grives, viréos et parulines quittent la chaleur des Tropiques pour venir nicher dans le Nord. Les périodes migratoires du printemps et de l'automne, soit avril et mai et d'août à octobre, sont donc particulièrement profitables.

Connaître l'habitat

En forêt plus que dans tout autre habitat, il est utile de se renseigner sur l'environnement, de connaître, en particulier, les noms des arbres et

OBSERVATION EN FORÊT
La tête renversée, un groupe d'observateurs examinent un oiseau perché au-dessus d'eux. C'est une posture qu'il faut souvent adopter pour observer en milieu boisé.

ÉLECTION D'UN HABITAT
Certaines espèces optent pour un type de forêt : décidue ou conifériennne. La sittelle à poitrine blanche (ci-dessus, à droite) préfère les feuillus ; le mésangeai du Canada (ci-contre), les conifères.

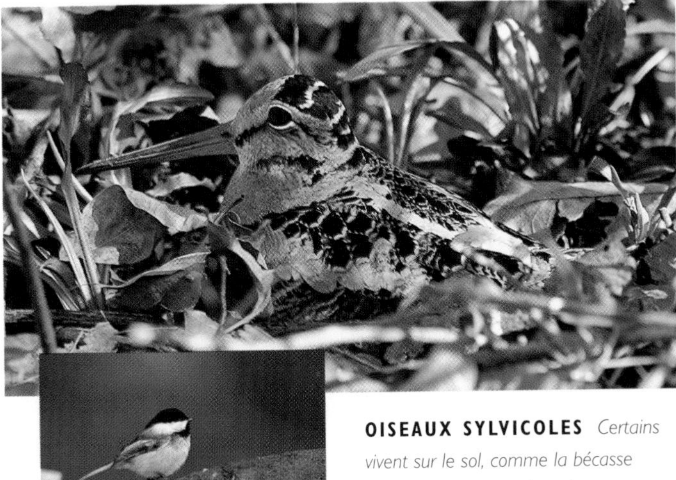

OISEAUX SYLVICOLES *Certains vivent sur le sol, comme la bécasse (ci-dessus) ; d'autres, à mi-hauteur dans les arbres, comme la mésange à tête noire (ci-contre) ; d'autres encore, au sommet, comme le viréo aux yeux rouges (ci-contre).*

es plantes qui y poussent. usieurs espèces d'oiseaux ont en effet étroitement asso- iées à un certain type de égétation. Si vous apprenez nom des arbres et celui des iseaux qui les fréquentent, il ous suffira d'examiner la ore pour découvrir quelles ont les espèces que vous êtes isceptible d'y rencontrer.

Dans ce guide, nous indi- uons dans le texte, là où c'est tile, les plantes et les arbres uxquels s'associent différentes spèces d'oiseaux.

E REPÉRAGE AU SON

Contrairement aux marécages u aux terrains non boisés où ien ne s'oppose à l'observa- ion visuelle, la forêt peut araître un milieu moins riche out simplement parce que le euillage dissimule les oiseaux. Dans un tel environnement, 'audition devient un aspect mportant de l'observation.

Il faut beaucoup s'exercer vant d'apprendre à reconnaî- re les oiseaux à leurs cris et à eurs chants (p. 72). Exercez- vous à la maison avec des enregistrements ou, mieux, des cassettes audiovisuelles. Quand vous allez en forêt près de chez vous, exercez-vous à identifier les oiseaux à partir des sons qu'ils émettent. Au début, l'identification par la vue sera plus facile, mais si, pendant que vous les avez sous les yeux, vous écoutez attentivement leurs cris et leurs chants, vous serez bientôt capable de les reconnaître simplement à la voix. Cette expérience, en affinant votre ouïe, vous permettra de repérer la présence d'espèces insolites ou du moins que vous ne connaissiez pas encore.

Vous finirez aussi par comprendre le sens de ces vocalisations et dans quel contexte elles sont émises. Par exemple, les petits oiseaux sylvicoles ont un cri d'alarme particulier pour signaler la présence d'un épervier. Les notes indignées qu'ils émettent lorsqu'ils aperçoivent un hibou vous mettront sur la piste de l'oiseau qu'ils harcèlent et de l'endroit où il se cache pour dormir pendant la journée.

MARCHEZ À PAS DE LOUP

En forêt, déplacez-vous silencieusement pour ne pas effrayer les oiseaux, mais aussi pour vous concentrer sur les sons que vous entendez. Choisissez un sentier peu fréquenté ou, mieux encore, une voie ferrée de campagne : vous n'aurez pas besoin de regarder où vous marchez et rien ne craquera sous vos pieds.

Examinez les arbres à tous les niveaux. Certains oiseaux vivent dans les hautes branches et n'en descendent pas. D'autres se déplacent à mi-hauteur. Un bon nombre d'espèces arpentent le sous-bois et se cachent dans les branches basses.

Les oiseaux ne réagissent pas tous de la même façon à la présence humaine. Certains sont inquiets et vous fuient tandis que d'autres, curieux, sont attirés par vous. Si vous vous déplacez lentement ou, mieux encore, si vous restez immobile pendant quelques minutes, plusieurs accepteront votre présence. Évitez par-dessus tout de les coincer ou de provoquer leurs réactions : ils s'envoleront précipitamment et vous ne les reverrez pas de sitôt.

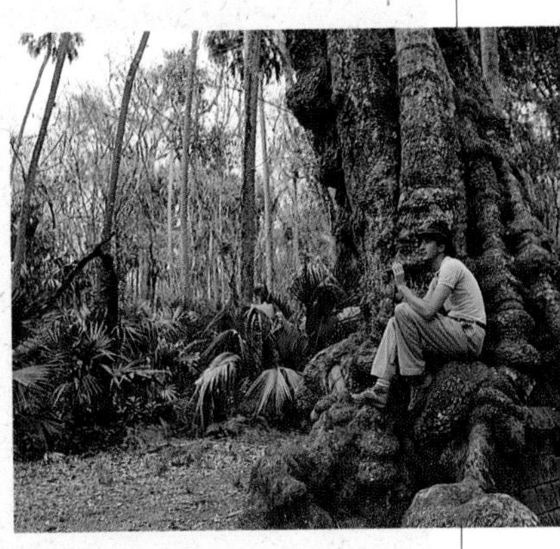

Épervier brun

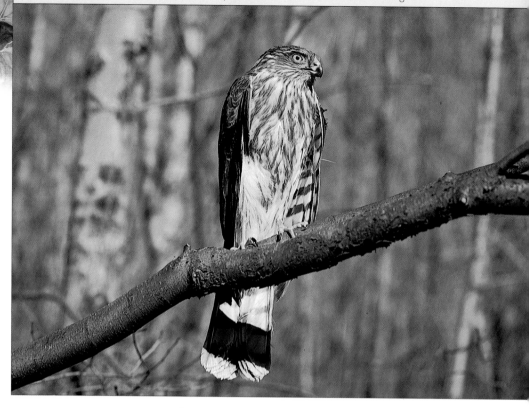

Accipiter striatus

L'épervier brun est le plus petit des Accipitrinés. Il se nourrit surtout d'oisillons et ne dédaigne pas de les cueillir aux mangeoires des jardins.

Pour différencier l'épervier brun de certains petits faucons comme la crécerelle d'Amérique (p. 173) et le faucon émerillon (*Falco columbarius* ; 28-35,5 cm) aux ailes pointues et effilées, on observera ses ailes larges et arrondies et aussi son vol : plusieurs coups d'ailes suivis d'une glissade. Les adultes ont les parties supérieures gris-bleu et les parties inférieures rayées de rouge orangé, tandis que, chez les juvéniles, les premières sont brunes et les secondes, rayées de brun rougeâtre. L'épervier de Cooper (*Accipiter cooperii* ; 38-51 cm), installé dans le sud du Canada et aux États-Unis, est moins commun que l'épervier brun ; il fréquente les forêt clairsemées et, en hiver, les terrains semi-dégagés. Selon certains ornithologues, l'épervier brun aurait la tête plus petite et la queue plus courte et plus carrée que l'épervier de Cooper, mais ce sont là des distinctions impossibles à faire quand les deux oiseaux ne sont pas côte à côte.

J F M A M J J A S O N D

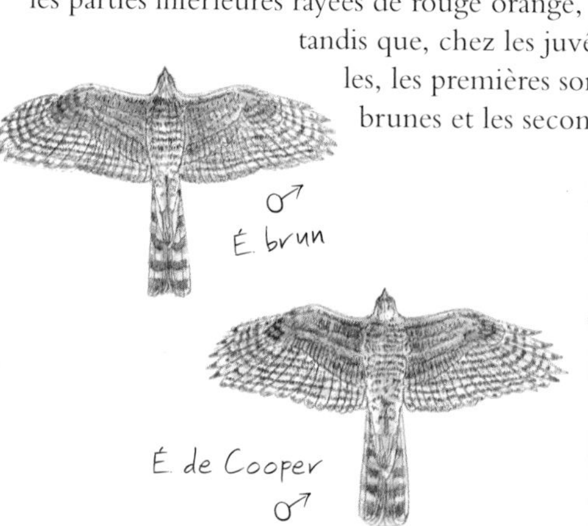

TRAITS DISTINCTIFS

- *28-35 cm*
- *Queue carrée ou légèrement fourchue*
- *Femelle : plus grosse que le mâle*
- ▲ *É. de Cooper : queue arrondie, tête plus grosse*
- *Plate-forme de branchages, vers le haut des arbres*
- *3-6 ; blancs, marqués de brun*

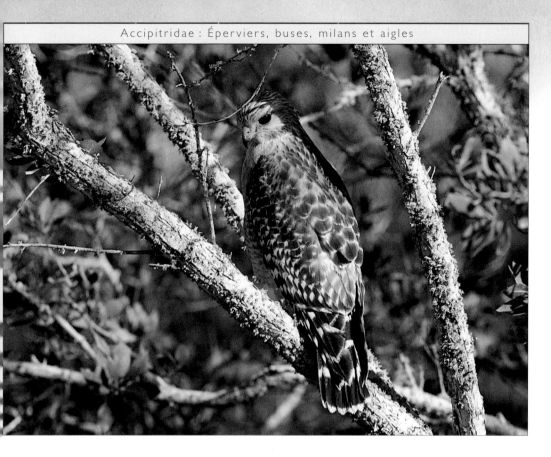

Buse à épaulettes

Buteo lineatus

La buse à épaulettes est commune dans les forêts de l'Est ; de taille moyenne, elle plonge sur sa proie, petits mammifères ou reptiles, après s'être perchée haut dans les arbres. Son cri persistant *kayali-kayali-kayali* attire l'attention. Une race plus colorée se retrouve dans l'Ouest.

De taille moyenne aussi, mais avec une queue plus courte et des ailes plus larges et plus pointues, la petite buse (*Buteo platypterus* ; 38-43 cm) est très répandue dans l'Est, quoique uniquement l'été puisqu'elle hiverne dans les tropiques. Son vol est plus glissé et ses battements d'ailes sont plus souples et plus rythmés que ceux de la buse à épaulettes dont le vol, avec ses rapides battements d'ailes suivis de séquences glissées, s'apparente davantage à celui des éperviers et des autours.

J F M A M J J A S O N D

L'hiver, la buse à épaulettes quitte les régions les plus nordiques de son aire et se déplace légèrement plus au sud.

TRAITS DISTINCTIFS

■ 45,5-56 cm

■ Épaulettes roussâtres

■ Ailes foncées, bandes alaires blanches

■ Dessous des ailes roussâtre, bandes sous-caudales gris-noir

▲ Petite buse : ailes plus larges et plus pointues, queue plus courte

Plate-forme de branchages, vers le haut des arbres

1-4 ; blancs, marqués de brun

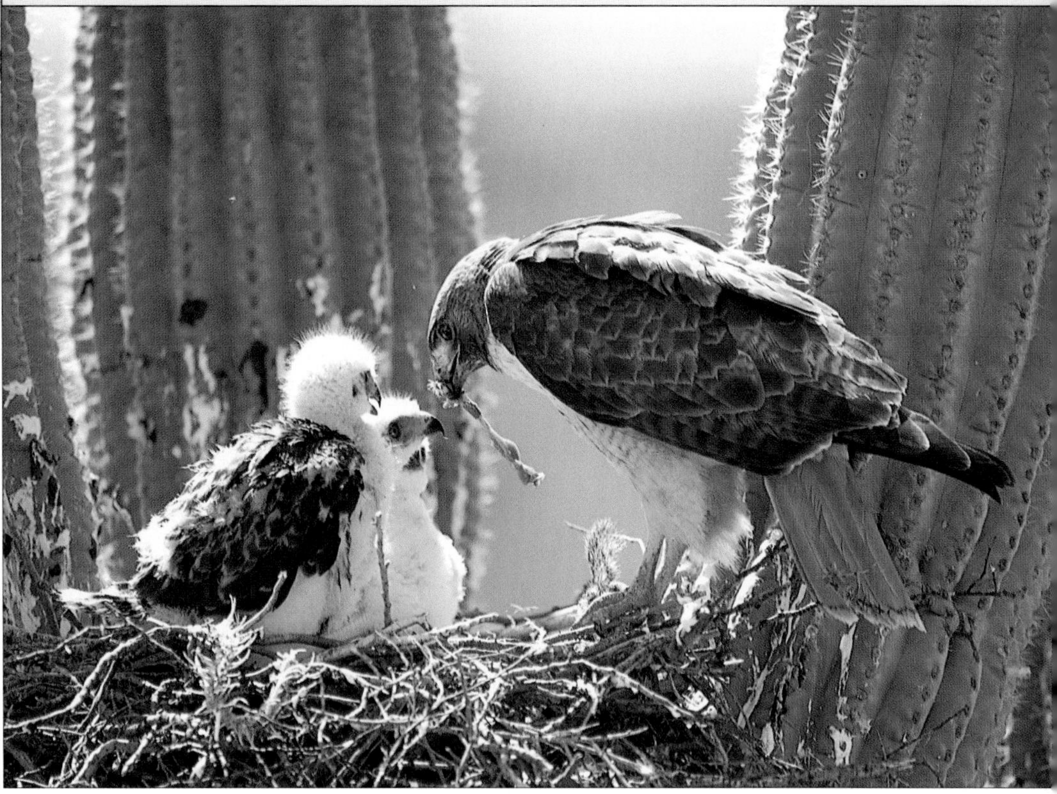

Buse à queue rousse

Buteo jamaicensis

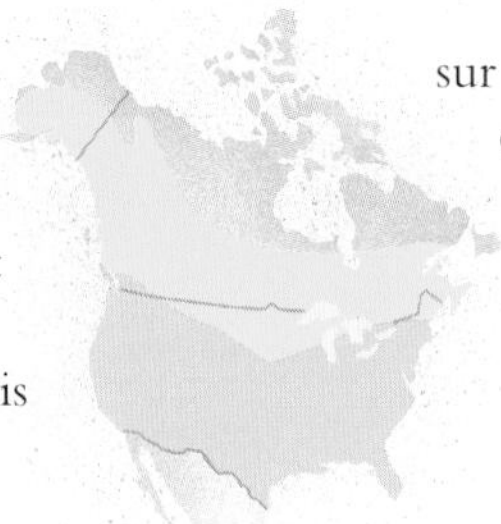

Cette buse, l'une des plus répandues sur le continent, fréquente les terrains boisés, les régions agricoles, les déserts et les zones urbaines plantées d'arbres. Elle chasse du haut d'un perchoir, mais aussi en plein vol. À l'occasion, elle plane dans le ciel avant de fondre sur sa proie, généralement un rongeur.

J F M A M J J A S O N D

Les buses à queue rousse ont une coloration très variable. La plupart sont foncées sur le dessus et pâles en dessous, mais d'autres sont entièrement foncées (race de Harlan) ou claires (race de Krider). Une région en V mouchetée de blanc sur le dos est un trait distinctif très visible quand l'oiseau est perché. Le juvénile a, toutes proportions gardées, les ailes et la queue plus longues que l'adulte ; le dessus de sa queue est brunâtre et marqué de lignes noirâtres.

Vue d'en dessous

TRAITS DISTINCTIFS

- *48-58,5 cm*
- *Très commune et très répandue*
- *Queue roussâtre*
- *V moucheté de blanc sur le dos*
- *Dessous pâle, abdomen rayé*
- ▲ *Coloration très variable*
- *Plate-forme de branchages, dans le haut des arbres*
- *1-5 ; blancs, mouchetés de brun*

Gélinotte huppée

Bonasa umbellus

La gélinotte huppée est une habituée des forêts mixtes ou de feuillus ; elle se promène souvent le long d'une route tranquille, en début et en fin de journée. Son plumage mimétique la confond avec le sous-bois et les feuilles mortes. Néanmoins, le tambourinage du mâle au printemps révèle sa présence : une série de sons sourds, comme un roulement de tambour, produits par des battements d'ailes accélérés.

J F M A M J J A S O N D

Il existe deux colorations chez la gélinotte huppée : l'une rousse, et l'autre, plus grise. Les deux types se retrouvent au Québec.

Dans les forêts conifériennes du Nord, la gélinotte huppée cède la place au tétras du Canada (*Dendragapus canadensis* ; 35,5-40,5 cm).

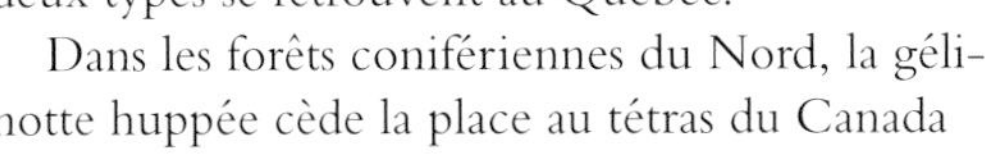

Collerette

Dans les régions nordiques, on retrouve aussi le lagopède des saules (*Lagopus lagopus* ; 40 cm) et le lagopède alpin, ou lagopède des rochers (*L. mutus* ; 33 cm), qui arborent en hiver des plumages blancs, sauf pour les rectrices extrêmes noires. Seule la ligne noire entre le bec et l'œil distingue alors le lagopède alpin du lagopède des saules.

TRAITS DISTINCTIFS

■ *40,5-45,5 cm*

■ *Collerette noire sur les côtés du cou*

■ *Queue rougeâtre ou grisâtre à large bande subterminale foncée*

▲ *Tétras du Canada : plus foncé, plus trapu, queue noirâtre, bout des rectrices rouille*

Une dépression dans le sol, tapissée de feuilles et d'aiguilles de pin

8-14 ; chamois, parfois tachetés de brun

Grand duc d'Amérique

Bubo virginianus

Les *hou h-hou houhou* profonds du grand duc sont des sons familiers d'un bout à l'autre du continent. Cet oiseau spectaculaire, qui fréquente aussi bien les forêts que les déserts, aime à se percher, au crépuscule, sur un poteau, un câble ou une antenne. En terrain découvert, il utilise de nuit les perchoirs que la buse à queue rousse (p. 128) occupe le jour.

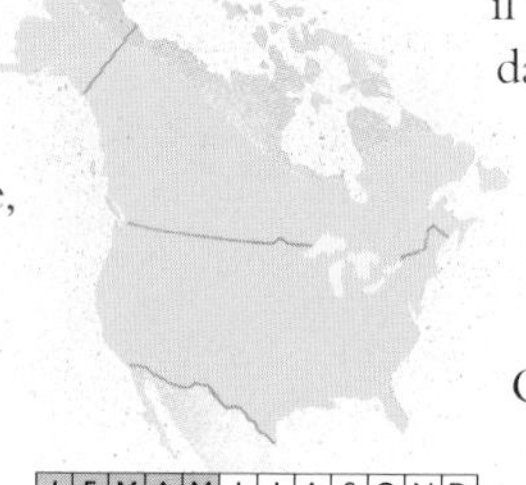

Le plumage du grand duc d'Amérique est assez varié ; il va du gris argenté dans la toundra canadienne au brun foncé très moucheté dans les forêts pluvieuses de la côte Ouest. Mais tous les grands ducs se distinguent des autres hiboux par les aigrettes saillantes qu'ils portent au-dessus des yeux, par leur plastron blanc et par les larges bandes transversales foncées qui marquent leurs parties inférieures.

Si des grands ducs nichent près de chez vous, vous entendrez durant un mois environ, l'été, les piaillements aigus et persistants des oisillons qui réclament leur pitance.

TRAITS DISTINCTIFS

- *48-61 cm*
- *Gros oiseau trapu*
- *Yeux jaunes*
- *Aigrettes saillantes au-dessus des yeux*
- *Plastron blanc*
- *Vieux nid d'épervier ou de corneille ; trou dans un arbre ou un rocher*
- *1-6 ; blancs*

Chouette rayée

Strix varia

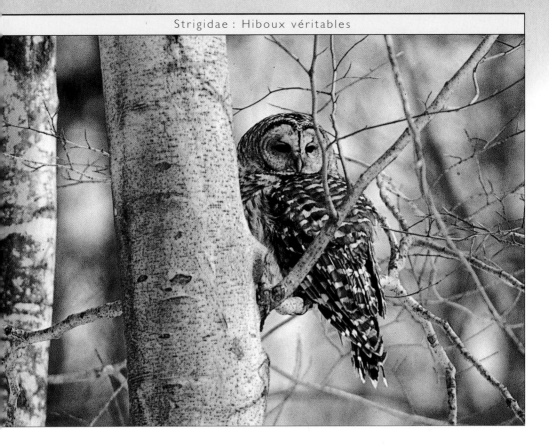

La chouette rayée aux beaux yeux bruns est commune au cœur des forêts profondes de l'Est, particulièrement dans les vallées ; elle se rencontre au Canada jusqu'à la côte du Pacifique. Son pendant dans l'Ouest est la chouette tachetée (*Strix occidentalis* ; 43-48 cm), célèbre comme symbole dans le débat pour la préservation des forêts ancestrales de la côte du Pacifique.

J F M A M J J A S O N D

La chouette rayée présente des bandes horizontales sur la poitrine et des raies verticales sur l'abdomen, tandis que la chouette tachetée a des raies et des taches sur toutes les parties inférieures. Le cri de la chouette rayée est un hululement soutenu aux sons enchaînés ; celui de la chouette tachetée est plus court et plus saccadé.

L'une et l'autre hululent en fin d'après-midi. Si vous avez la chance d'en apercevoir une au cours de la journée, vous pourrez sans doute vous en approcher pour la regarder de plus près, car c'est un oiseau peu craintif.

C. tachetée

TRAITS DISTINCTIFS

- 45,5-56 cm
- Corps trapu
- Yeux foncés
- Bandes pectorales ; abdomen rayé
- ▲ C. tachetée (Ouest) : plus foncée ; bandes et raies en dessous
- Cavité dans un arbre ou une souche ; vieux nid d'épervier ou d'écureuil
- 1-4 ; blancs

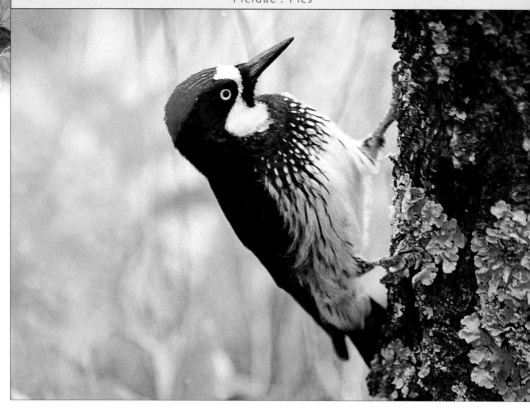

Pic glandivore

Melanerpes formicivorus

Ce pic spectaculaire habite les forêts de chêne de l'Ouest et du Sud-Ouest américains où il crible les arbres de petits trous (on en a dénombré plus de 50 000 dans un seul arbre) pour y cacher des glands.

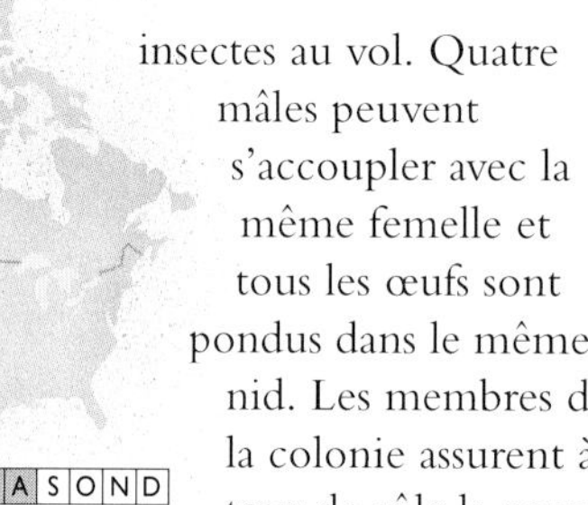

C'est un oiseau sociable qui vit en colonies d'une quinzaine d'individus réunis autour d'une réserve de nourriture. Des observations ont permis d'établir que ces colonies regroupent les petits de l'année, leurs cousins et leurs parents.

Les pics glandivores, aussi appelés pics à chênes, se nourrissent en outre de vers et de larves qu'ils débusquent dans les arbres ou chassent nonchalamment des insectes au vol. Quatre mâles peuvent s'accoupler avec la même femelle et tous les œufs sont pondus dans le même nid. Les membres de la colonie assurent à tour de rôle la couvaison et l'alimentation des oisillons.

♀

TRAITS DISTINCTIFS

- *21-23,5 cm*
- *Très voyant*
- *Calotte rouge*
- *Yeux blancs ; joues noires*
- *Croupion blanc ; tache subterminale blanche sur les ailes*
- *Femelle : tache noire devant la couronne rouge*
- *Trou creusé dans un arbre*
- *4-6 ; blancs*

Pic flamboyant

Colaptes auratus

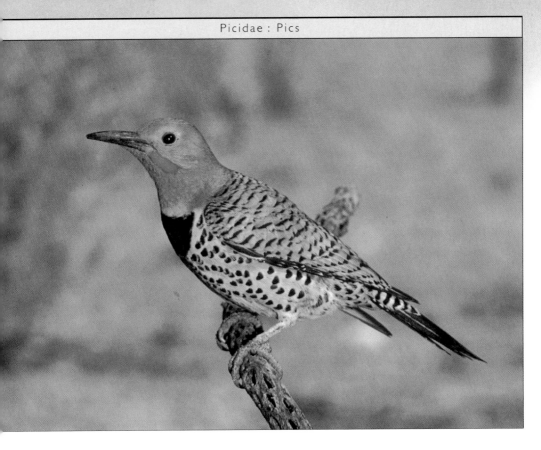

Le pic flamboyant est le plus commun et le plus facilement observable des grands pics d'Amérique du Nord. Il comporte trois sous-espèces, identifiées par la couleur des rachis des rémiges : le pic jaune dans l'Est, le pic rose dans l'Ouest et le pic doré dans les déserts du Sud-Ouest américain. Ces trois races se sont fortement hybridées.

J F M A M J J A S O N D

Les pics flamboyants vivent dans les forêts peu denses, mais viennent se nourrir sur les pelouses où, de leur langue extensible, ils débusquent les fourmis. On peut identifier les mâles à leurs rayures malaires, souvent appelées moustaches, noires dans la race jaune, rouges dans les deux autres. Le croupion, toujours blanc, est très visible en vol.

Dans les forêts matures, on retrouve le grand pic (*Dryocopus pileatus* ; 43-48 cm). Il porte une huppe rouge très distinctive. De grands trous oblongs creusés dans les arbres dénotent sa présence.

P. flamboyant en vol

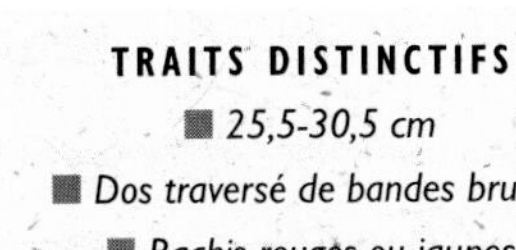

TRAITS DISTINCTIFS

- 25,5-30,5 cm
- Dos traversé de bandes brunes
- Rachis rouges ou jaunes
- Croissant noir en travers de la poitrine
- ▲ Trois sous-espèces : couronne, nuque et rayures malaires de couleur différente
- Trou creusé dans un arbre
- 3-10 ; blancs

Tyran huppé

Myiarchus crinitus

Comme la plupart des tyrans, celui-ci ne réside que l'été en Amérique du Nord où on le retrouve dans les lieux boisés et les zones résidentielles de l'Est. De grande taille pour un tyran, il se cache la plupart du temps dans le vaste feuillage des arbres. Sa voix y signale sa présence, un babillage sonore et impérieux ou un sifflant *couîp* suivi de plusieurs *ouîp* en une gamme ascendante.

J F M A M J J A S O N D

Dans l'Ouest, le tyran huppé cède la place au tyran à gorge cendrée (*Myiarchus cinerascens* ; 19-20,5 cm), qui fréquente des habitats plus secs et plus dégagés et est moins timide que son cousin.

Là où les deux espèces cohabitent, on reconnaît le tyran huppé à ses parties supérieures brunes, à sa gorge et à sa poitrine grises ainsi qu'à son abdomen jaune. Le tyran à gorge cendrée est plus terne dans l'ensemble. Tous deux ont du brun cannelle sur les ailes et la queue.

T. huppé

T. à gorge cendrée

TRAITS DISTINCTIFS

- 20,5-22 cm
- Gorge et poitrine gris foncé
- Abdomen jaune
- Ailes et queue marquées de brun cannelle
- ▲ T. à gorge cendrée : coloris plus terne ; bec noir plus petit
- Cavité dans un arbre ou un poteau
- 3-8 ; crème, lavés de brun

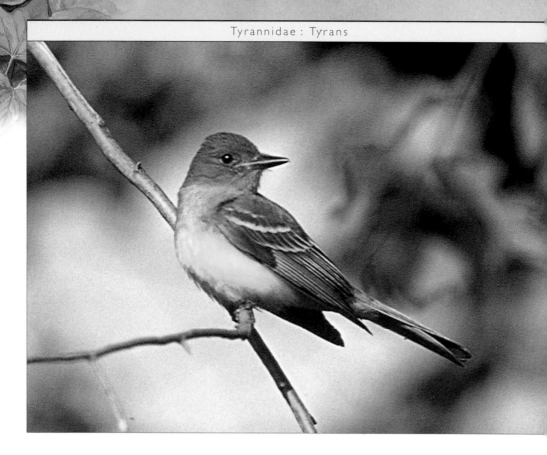

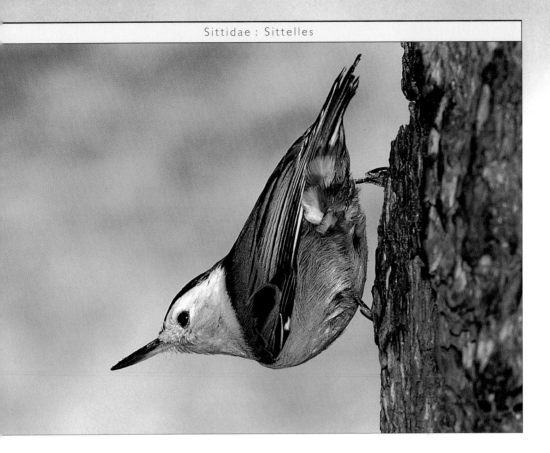

Sittelle à poitrine blanche

Sitta carolinensis

Une note nasillarde répétée avec insistance – *ianc-ianc-ianc* – révèle souvent la présence de la sittelle à poitrine blanche. C'est un petit oiseau qui parcourt les troncs d'arbre la tête en bas à la recherche d'insectes cachés dans l'écorce. Elle fait bon ménage avec les mésanges en hiver et visite les mangeoires de jardin.

La sittelle à poitrine blanche fréquente surtout les régions boisées ; dans l'Ouest, elle affectionne les forêts de chêne en peuplement pur ou mélangé de pins.

TRAITS DISTINCTIFS

- *13-14 cm*
- *Masque blanc ; yeux noirs*
- *Monte et descend sur les troncs*
- ▲ *S. à poitrine rousse : poitrine rousse, rayure noire de part et d'autre des yeux*
- *Nid tapissé d'herbe et d'écorce, dans une cavité en haut des arbres*
- *4-8 ; blanchâtres, maculés de roux*

La sittelle à poitrine rousse (*Sitta canadensis* ; 11-11,5 cm), plus petite, est très répandue sur le continent mais préfère les forêts de conifères.

En hiver, elle se déplace au sud en plus ou moins grand nombre selon les années, sans toutefois quitter tout à fait nos régions. On la reconnaît à ses parties inférieures rousses. Les mâles des deux espèces portent une calotte noire et chatoyante, grisâtre chez les femelles.

Dans le sud du Québec, les deux espèces sont fréquentes l'hiver aux postes d'alimentation.

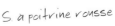

S. à poitrine blanche ♀

S. à poitrine rousse ♂

Roitelet à couronne rubis

Regulus calendula

C'est un oiseau minuscule et seul le colibri est plus petit que lui au Canada. Il a les parties supérieures vert olive, les dessous gris pâle, deux bandes alaires blanches et un cercle blanchâtre incomplet autour des yeux dans une face unie. La couronne rubis du mâle ne se voit que s'il en dresse les plumes.

Le roitelet à couronne rubis fréquente nos forêts en été. C'est un petit oiseau très actif, qui plane brièvement en cherchant sa nourriture dans les brindilles et les feuilles. Son chant, étonnamment sonore pour un si petit oiseau, est varié, mais c'est un *ti-tît* sec, souvent monocorde, qui caractérise l'espèce.

J F M A M J J A S O N D

Dans le même habitat, le roitelet à couronne dorée (*Regulus satrapa* ; 9,5-10 cm) s'en distingue par une calotte jaune entourée de noir, des lignes foncées sur la face et une rayure superciliaire blanche ; une tache vermillon au sommet de la tête caractérise le mâle.

Le cri du roitelet à couronne dorée, un *tzi-tzi-tzi* aigu, permet de le repérer facilement, en été, parmi les épinettes et les sapins où il aime à nicher en hauteur. Certains sujets passent l'hiver au sud du Canada.

Calotte exposée

R. à couronne dorée

R. à couronne dorée ♂

R. à couronne rubis ♂

TRAITS DISTINCTIFS

- *10-11 cm*
- *Petit, actif*
- *Deux bandes alaires blanches*
- *Cercle blanc incomplet autour des yeux*
- ▲ *R. à couronne dorée : sourcil blanchâtre*
- *Nid creux de mousse, de lichen et de fils d'araignée, en haut des arbres*
- *5-10 ; blanchâtres, à points bruns*

Gobemoucheron gris-bleu

Polioptila caerulea

Le petit gobemoucheron gris-bleu niche dans les forêts clairsemées et les bois peu denses peuplés de pins pignons et de genévriers. En hiver, il préfère les forêts mixtes et les fourrés broussailleux. C'est un petit oiseau actif qui agite et retrousse constamment sa queue noire aux rectrices externes blanches. Il volette entre les arbres et, comme le roitelet, fait souvent du surplace pour cueillir des insectes sous les feuilles et les brindilles. En hiver, on le retrouve dans le Sud au sein de vols mixtes ; en été, on le repère à son cri, un *tchî* aigu et nasal modulé sur un ton gémissant. Son chant est un gazouillis clair, sec et grinçant.

J F M A M J J A S O N D

En été, on reconnaît le mâle à une fine bande noire en travers du front, mais en hiver, cette marque disparaît et la face est uniformément gris-bleu avec un cerne blanc autour des yeux, comme la femelle.

Son nid, une remarquable structure de lichen et de duvet végétal en forme de coupe, logé dans une fourche, est souvent parasité par le vacher à tête brune qui vient y déposer ses œufs.

TRAITS DISTINCTIFS

- *10-14 cm*
- *Queue longue et noire, rectrices externes blanches*
- *Dessus gris-bleu, dessous blanc*
- *Mâle en été : ligne superciliaire noire*
- *Nid fait de lichen et de brindilles, accroché à une fourche*
- *3-6 ; bleutés, maculés de roux*

Merle bleu de l'Est

Sialia sialis

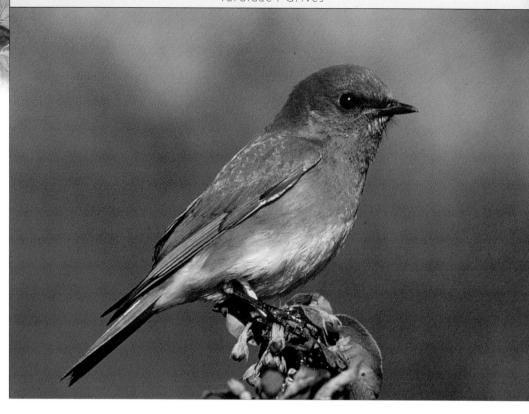

Les merles bleus sont des oiseaux d'une rare beauté. En été, ils fréquentent les forêts clairsemées et les vergers. En hiver, ils se déplacent vers le sud où ils recherchent les terres agricoles et les prairies herbeuses. Pour se nourrir, le merle bleu se perche sur un poteau ou plane avant de s'élancer vers le sol sur les insectes qu'il a repérés. À l'ouest de la Prairie, il cède la place au merle bleu de l'Ouest (*Sialia mexicana* ; 16,5-18 cm).

J F M A M J J A S O N D

Le merle bleu niche dans des cavités naturelles, mais aussi dans de vieux piquets de clôture en cèdre ou des troncs d'arbres morts creusés par les pics. Avec la disparition des clôtures et l'émondage des arbres morts, son habitat s'est rétréci, d'autant qu'il doit le partager avec les moineaux et les étourneaux sansonnets. Si l'on ajoute qu'il est très sensible aux vagues de froid dans ses quartiers d'hiver, on comprendra qu'il ait connu un déclin alarmant. Mais une campagne pour lui aménager des nichoirs a réussi à renverser la tendance et le merle bleu est maintenant en expansion dans plusieurs régions.

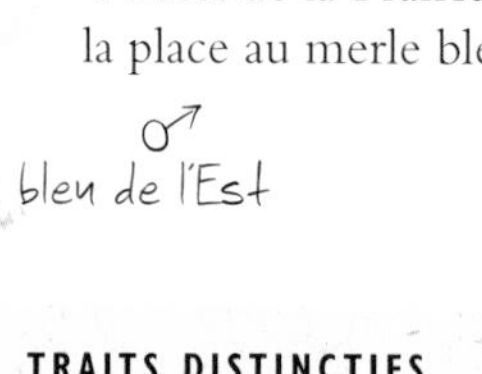

TRAITS DISTINCTIFS

- *16.5-18 cm*
- *Peu craintif*
- *Plumage contrasté, dessus bleu intense, dessous rouge orangé*
- ▲ *M. bleu de l'Ouest : gorge bleue ; un peu de vermillon sur le dos*
- *Cavité dans un arbre ; nichoir*
- *2-6 ; bleu clair à blancs*

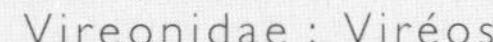

Viréo aux yeux rouges

Vireo olivaceus

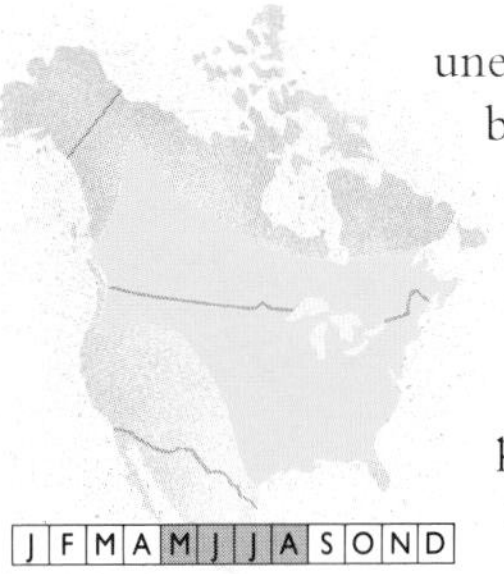

Dans les boisés et les jardins ombragés de l'Est, on peut entendre le chant doux, mélancolique et presque monotone du viréo aux yeux rouges durant les longues journées d'été. Si vous vous laissez guider par cette voix (qui rappelle celle du merle d'Amérique, encore que la mélodie soit moins claironnante et plus soutenue), vous apercevrez un petit oiseau plutôt terne de la taille d'une paruline, mais un peu plus trapu.

J F M A M J J A S O N D

Le viréo aux yeux rouges a les parties supérieures vert olive et les dessous blanchâtres ; sur le terrain, on le reconnaît à ses yeux rouges et à une large rayure superciliaire blanchâtre bordée de deux lignes noires. Les juvéniles ont cependant les yeux bruns en automne.

C'est un migrateur. Il niche et élève sa couvée dans le Nord où il profite de la manne des insectes, puis il s'envole vers le sud pour passer l'hiver en Amazonie.

Comme tous les viréos, celui-ci se construit un nid étroit et profond avec des herbes fines, du fil d'araignée et des fragments d'écorce et l'accroche dans une fourche, entre deux branches.

TRAITS DISTINCTIFS

- *14-15 cm*
- *Yeux rouges*
- *Ligne noire de part et d'autre des yeux et au bord de la calotte grise*
- *Pas de bande alaire*
- *Nid d'herbe et d'écorce, suspendu à une fourche, en haut d'un arbre*
- *3-5 ; blancs, mouchetés de brun*

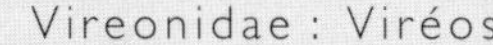

Viréo mélodieux

Vireo gilvus

Une mélodie rapidement exécutée et un peu grésillante : le viréo mélodieux est de retour du Mexique ou de l'Amérique centrale où il vient d'hiverner. Les premiers sujets atteignent la Californie en mars et le Canada en mai. Au début d'octobre, la plupart sont repartis vers le soleil.

J F M A M J J A S O N D

Ces oiseaux timides et ternes trahissent leur présence par leur chant et nichent dans des bois de feuillus clairsemés et dans des bosquets près de cours d'eau. Ils ont les parties supérieures et la tête verdâtres, sans rayure, et les parties inférieures blanchâtres. Une large rayure superciliaire blanche constitue leur seul trait distinctif. Les juvéniles ont un plumage vert olive sur le dessus, des dessous jaunes et deux bandes alaires cannelle ; chose étonnante, ils sont plus colorés que les adultes et pourraient être confondus avec le viréo de Philadelphie (*Vireo philadelphicus* ; 11-12 cm), plus petit et plus commun dans le nord-est du continent. Enfin, le viréo mélodieux a souvent la surprise de voir éclore dans son nid les rejetons du vacher à tête brune.

TRAITS DISTINCTIFS

- *12-13 cm*
- *Large rayure superciliaire blanche*
- *Dessus de la tête verdâtre*
- *Plus petit, plus pâle et plus gris que le viréo aux yeux rouges*
- ▲ *V. de Philadelphie (Est) : gorge et poitrine jaunâtres, bande alaire chamois*
- *Nid fait d'herbe, de fils d'araignée et d'écorce, dans une fourche en haut d'un arbre*
- *3-5 ; blancs, maculés de brun*

Paruline verdâtre

Vermivora celata

Cette paruline plutôt terne nidifie dans le Nord et dans l'Ouest et n'est commune que durant sa migration hivernale qui l'amène dans l'Est et le Sud. Elle fréquente les bois broussailleux et les lisières de forêt.

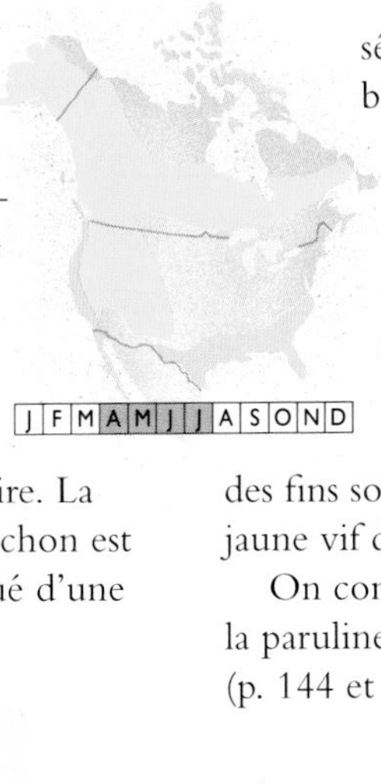

Comme la plupart des espèces du genre *Vermivora*, la paruline verdâtre a le bec très pointu et pas de bande alaire. La tache orangée qu'elle porte sur le capuchon est rarement visible. Son chant est constitué d'une série de trilles rapides qui s'interrompent brusquement. Son aire de dispersion étant très grande, la paruline verdâtre présente des variations régionales : les formes de l'Ouest ont un plumage jaune, parfois brillant ; celles de l'Est sont d'un gris olivâtre terne à capuchon gris. Deux traits distinctifs caractérisent toutes les sous-espèces : la couleur pâle des fins sourcils et du croissant des yeux, et le jaune vif des tectrices sous-caudales.

On confond souvent la paruline verdâtre avec la paruline jaune et la paruline à calotte noire (p. 144 et 152).

J F M A M J J A S O N D

TRAITS DISTINCTIFS

- *11,5-12,5 cm*
- *La plus terne des parulines sylvicoles*
- *Ligne pâle au-dessus et autour des yeux*
- *Pas de bande sur l'aile ou la queue*
- *Tectrices sous-caudales jaune vif*
- ▲ *P. jaune, P. à calotte noire (p. 144 et 152)*
- *Nid fait d'herbe et d'écorce, sur le sol ou au bas d'un arbre*
- *3-6 ; blancs, marqués de roux*

Paruline à joues grises

Vermivora ruficapilla

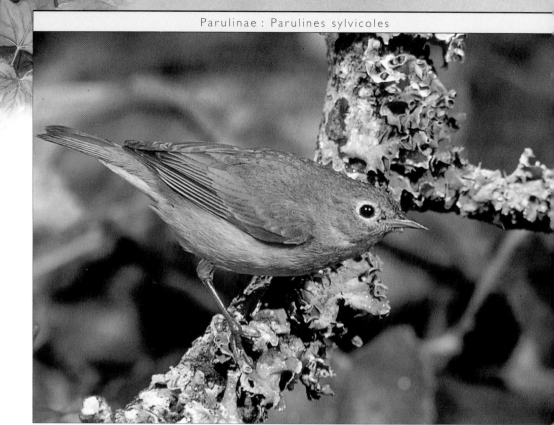

La paruline à joues grises et la paruline de Virginia (*Vermivora virginiae* ; 10-11,5 cm) s'hybrident à l'intérieur d'un territoire donné ; certains ornithologues ont même estimé qu'il s'agissait d'une seule et même espèce. Ce sont deux parulines dépourvues de marques à l'intérieur du genre *Vermivora*.

J F M A M J J A S O N D

La paruline à joues grises niche dans des régions boisées à peuplement mixte, souvent marécageuses ; la paruline de Virginia fréquente les forêts mixtes de pins pignons et de genévriers à sous-bois broussailleux. Les ornithologues expérimentés arrivent à distinguer les parulines à leur chant, mais il faut avoir une oreille exercée. Ces deux-ci émettent un cri métallique et monocorde qui permet de les repérer lorsqu'elles cherchent leur nourriture dans les broussailles en se dandinant et en branlant la queue.

La paruline à joues grises présente un capuchon gris et des cercles oculaires blancs ; le reste de son plumage est vert olive dessus, jaune dessous. Les mâles sont plus colorés que les femelles. La paruline de Virginia se distingue de la précédente par son plumage plutôt gris, mais les mâles ont parfois la poitrine jaune.

P. de Virginia ♂

TRAITS DISTINCTIFS

- *11-12 cm*
- *Jaune vif dessous ; vert olive dessus*
- *Capuchon gris ; cercle oculaire blanc*
- *P. de Virginia : presque toute grise, sans olive sur le dos*
- *Nid fait d'herbe et d'écorce, bien dissimulé sur le sol ou près du sol*
- *3-5 ; blancs, mouchetés de brun roux*

P. à joues grises dans son nid

Paruline à collier

Parula americana

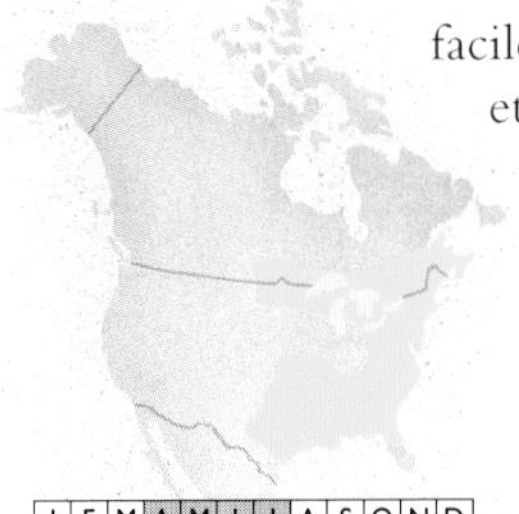

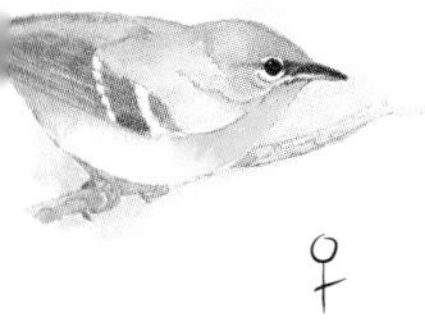

C'est l'une des plus petites parulines en Amérique du Nord ; c'est aussi l'une des plus jolies. La paruline à collier fréquente, en été, les forêts mixtes de l'Est, surtout quand elles sont situées près d'une étendue d'eau. Son nid est très spécifique ; elle le creuse dans une masse de lichen du genre *Usnea* dans le Nord et dans des touffes d'alfa dans le Sud.

Son chant – un trille aigu et inquiet qui se termine brusquement – est assez facile à reconnaître. Laissez-le vous guider et vous découvrirez un très joli mâle à la poitrine rayée de gris ardoise et de roux. La femelle, moins colorée, n'a pas de rayures pectorales, mais elle porte, comme le mâle, une tache olive sur la nuque, des croissants blancs près des yeux et une gorge jaune vif. La paruline à collier monte du Sud tôt en mars et y retourne, tôt aussi, au début d'août.

♀

TRAITS DISTINCTIFS

- *10-11 cm*
- *Dessus bleuâtre ; deux bandes alaires*
- *Tache olive sur la nuque*
- *Croissants oculaires blancs*
- *Mâle : collier foncé*
- *Nid profond creusé dans une masse végétale, dans un arbre*
- *3-7 ; blancs, mouchetés de brun*

Paruline jaune

Dendroica petechia

En été, la paruline jaune est l'une des plus répandues en Amérique du Nord. Elle niche dans des boisés de régénération, aulnes ou saules, et dans des vergers, souvent près de l'eau. L'oiseau porte bien son nom : le mâle a la face et les dessous jaune vif. Ses rayures marron sur la poitrine constituent un trait distinctif sur le terrain. Plus terne que le mâle, la femelle est jaune elle aussi, mais sa tête et ses parties supérieures sont teintées d'olive.

À l'automne, on peut confondre certains juvéniles, plutôt ternes, avec la paruline verdâtre ou la paruline à calotte noire (p. 141 et 152).

J F M A M J J A S O N D

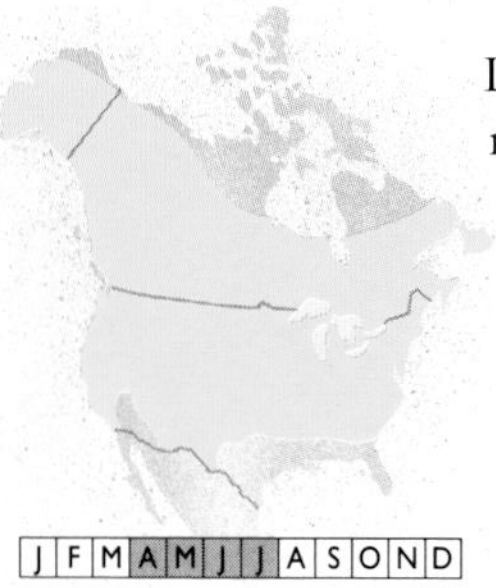

La paruline jaune a la tête uniformément jaune. Elle n'a pas la raie sourcilière et le bec pointu de la paruline verdâtre. Enfin, elle est dépourvue du capuchon de la paruline à calotte noire.

Son chant, en général un joyeux *tzi-tzi-tzi-tzi-zeta-oui-zi*, peut toutefois varier et ressemble à celui de plusieurs autres parulines.

TRAITS DISTINCTIFS

- *11,5-12,5 cm*
- *Presque entièrement jaune*
- *Œil noir bombé*
- *Mâle : rayures pectorales marron*
- ▲ *P. verdâtre et P. à calotte noire : (p. 141 et 152)*
- *Nid fait d'herbe et de lichen, dans le haut d'un arbre*
- *3-6 ; blanchâtres, marqués de brun et de gris*

Paruline à flancs marron

Dendroica pensylvanica

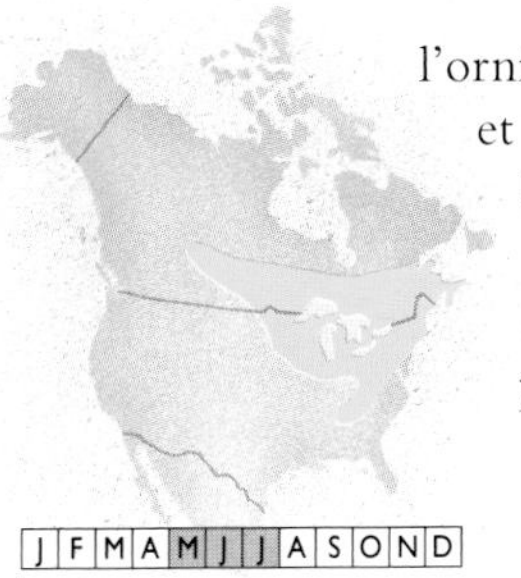

La ravissante paruline à flancs marron fréquente tout l'été les boisés de régénération t les champs en friche de l'Est du ontinent. Le chant du mâle – *ti, ti, i, huit oui-tchou* –, fortement accentué ur la dernière syllabe, est caractéristi- ue de l'espèce. Bien qu'elle soit très épandue maintenant, cette paruline tait rare il y a 200 ans, à l'époque où les forêts ouffues étaient plus courantes que les clairières ui lui conviennent.

J F M A M J J A S O N D

Au printemps et en été, la paruline à flancs narron se reconnaît à sa calotte jaune, à ses rayu- es superciliaire et malaire noires, et à ses flancs narron. Mais après la mue d'automne, l'oiseau eut prendre en défaut l'ornithologue même averti avec ses joues et ses dessous gris pâle, son cercle oculaire blanc, sa calotte et son dos vert vif et ses deux bandes alaires jaune pâle. Les adultes gardent parfois un peu de marron sur les flancs.

TRAITS DISTINCTIFS

- *11,5-12,5 cm*
- *Plumage nuptial : calotte jaune ; rayures superciliaire et malaire noires ; flancs marron*
- *Plumage d'automne : dessus verdâtre ; deux bandes alaires jaunes ; joues et dessous gris ; cercle oculaire blanc*
- *Nid de tiges, d'herbe et d'écorce, au bas d'un arbuste ou d'un petit arbre*
- *3-5 ; blancs, mouchetés de brun*

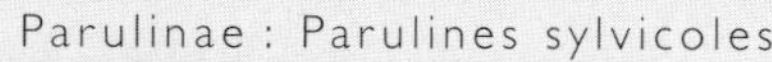

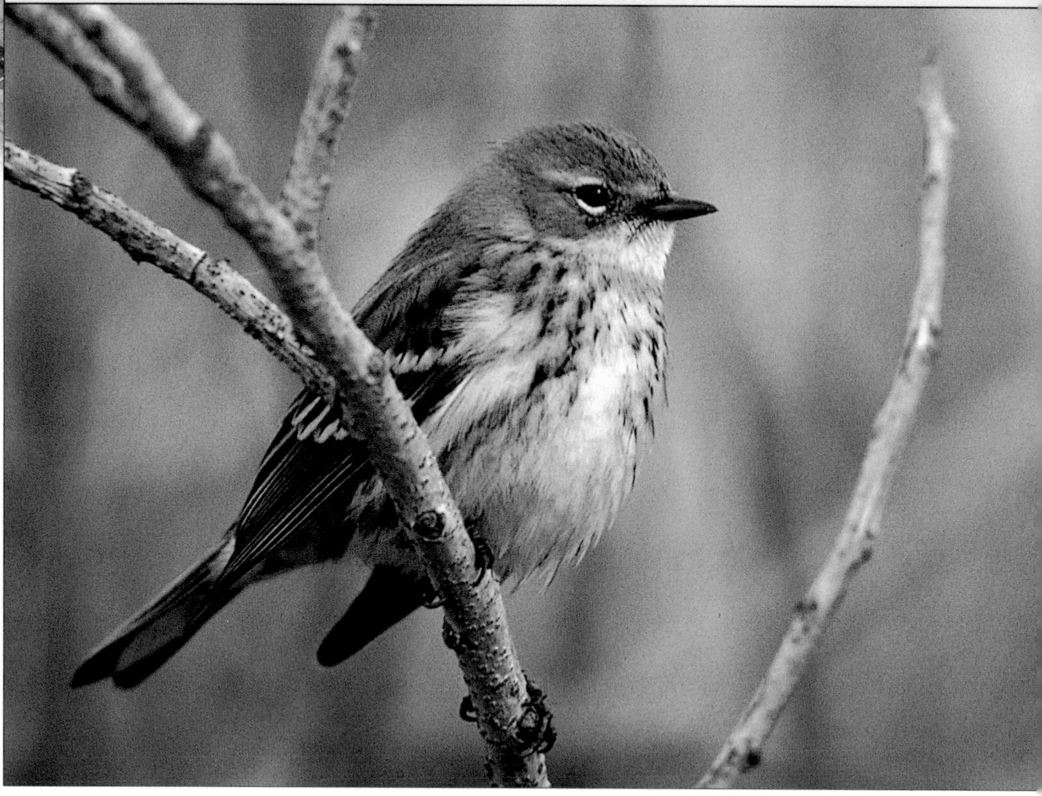

Paruline à croupion jaune

Dendroica coronata

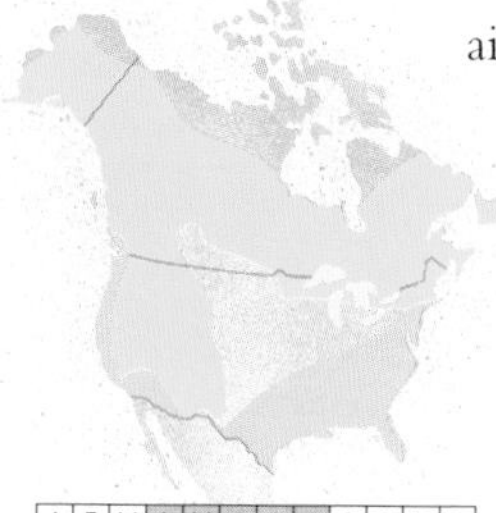

C'est l'une des rares parulines à hiverner sur les côtes atlantique et pacifique des États-Unis ; on voit fréquemment de grands vols de parulines à croupion jaune lever des boisés, des jardins et des champs en friche. En été, elle fréquente de préférence les forêts conifériennes.

Les deux sous-espèces, la paruline de Myrtle, qui niche dans le Nord et l'Est, et la paruline d'Audubon, qui niche dans l'Ouest, furent longtemps classées comme des espèces distinctes, jusqu'à ce qu'on se rende compte qu'elles s'accouplent sans distinction dans les zones où elles cohabitent, au sud-ouest du Canada. En été, la gorge blanche des parulines de Myrtle mâles se distingue aisément de la gorge jaune des parulines d'Audubon mâles. Il faut noter, chez ces dernières, le cercle oculaire, alors que la forme à gorge blanche de l'Est affiche une raie sourcilière blanche.

Leur cri commun, un *tchèp* simple, est assez facile à identifier par rapport à la complexité de celui des autres parulines.

♂ Myrtle en plumage nuptial

Audubon ♀

Audubon ♂ en plumage nuptial

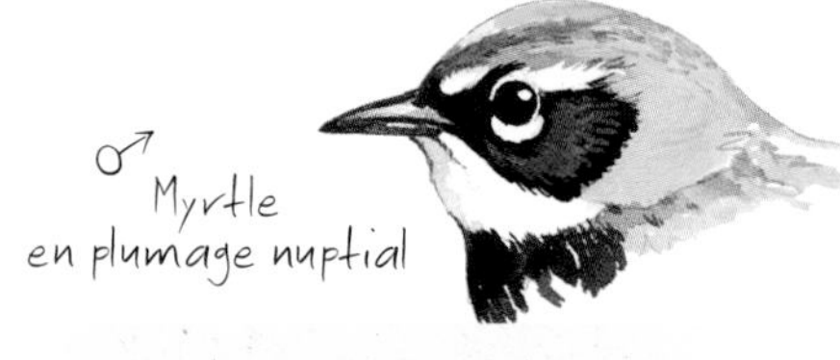

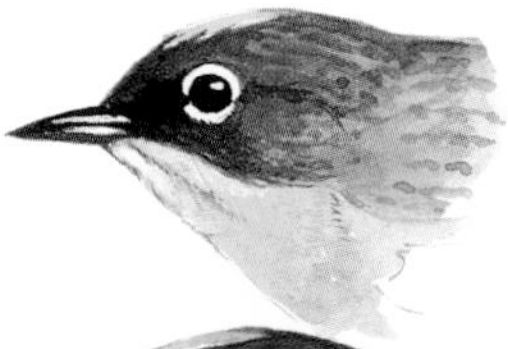

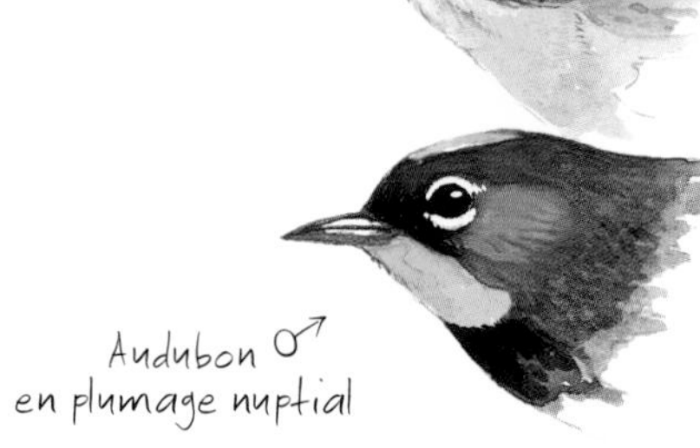

TRAITS DISTINCTIFS

- *12,5-14 cm*
- *Croupion jaune vif*
- *Plumage nuptial : tache jaune vif sur la tête et de chaque côté de la poitrine ; gorge jaune (Ouest) ou blanche (Est)*
- *Nid de brindilles, d'herbe et de radicelles, n'importe où dans un arbre*
- *3-5 ; blancs, marqués de bruns*

Paruline de Townsend

Dendroica townsendi

La paruline de Townsend niche dans les forêts conifériennes de l'Ouest. Une espèce voisine, la paruline à gorge noire (naguère appelée paruline verte à gorge noire, *Dendroica virens* ; 11,5-12,5 cm), vit dans les forêts conifériennes ou mixtes du Nord et de l'Est. Il arrive à la première d'hiverner le long de la côte californienne, mais tout comme la seconde, elle descend souvent au Mexique et en Amérique centrale.

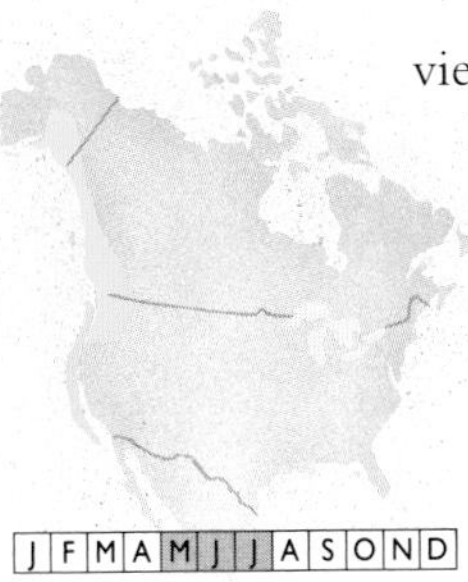

J F M A M J J A S O N D

Ces deux espèces se tiennent dans le haut des arbres et passent souvent inaperçues. Il faut donc savoir les reconnaître à leur chant, une série variée de cinq notes rauques ou gazouillantes. C'est quand elles viennent manger et s'abreuver au sol à l'orée des forêts qu'on a la chance de les voir. En automne, elles peuvent se mêler à d'autres espèces en vol.

Un grand plastron noir identifie le mâle ; il est plus petit chez la femelle et souvent absent chez le juvénile en automne. Une face noire et un masque noir caractérisent la paruline de Townsend, tandis que la paruline à gorge noire arbore une face jaune et un dos vert.

P. de Townsend ♂

P. de Townsend ♀

P. à gorge noire ♂

TRAITS DISTINCTIFS

- *11,5-12,5 cm*
- *Face jaune à masque noir*
- ▲ *P. à gorge noire (Nord et Est) : face jaune, dos vert*
- *Nid fait d'herbe, de mousse et d'écorce, dans le haut d'un arbre*
- *3-5 ; blancs, tachetés de brun*

Paruline à gorge orangée

Dendroica fusca

Parmi les petites merveilles ailées qui constituent le genre des parulines se range la paruline à gorge orangée. C'est l'une des plus spectaculaires avec son plastron orange flamboyant, son masque noir et sa large bande alaire blanche. Quoique plus ternes, la femelle et le juvénile portent le masque distinctif de l'espèce ; sur le dos, deux rayures pâles facilitent leur identification sur le terrain.

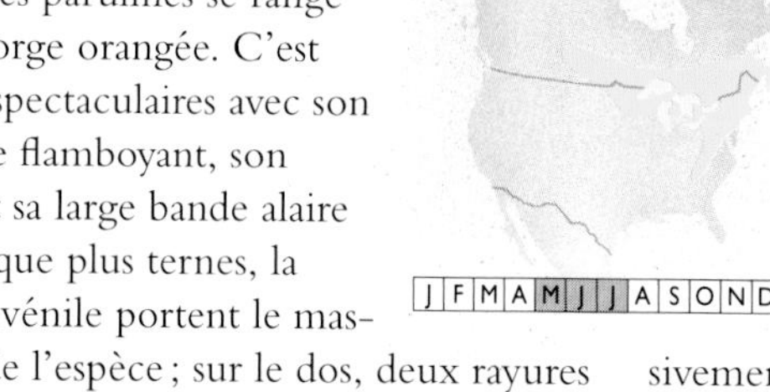

La paruline à gorge orangée niche dans les forêts conifériennes et mixtes du Nord-Est. Elle se tient, de préférence, dans le haut de l'arbre ; aussi la repère-t-on presque uniquement à son chant aigu et métallique.

C'est au printemps qu'on peut le plus facilement la voir. Comme bien des parulines sylvicoles qui viennent nicher dans nos régions, elle monte progressivement vers le nord en traversant tout l'Est de l'Amérique du Nord. Elle fréquente alors les bois et les parcs, cherchant sa nourriture au sol, au pied des fourrés et des buissons où l'on peut facilement l'observer.

En plein récital ♂

♀

Juvéniles ♂

TRAITS DISTINCTIFS

- *11,5-12,5 cm*
- *Mâle : plastron orange vif, masque noir, grande tache alaire blanche*
- *Femelle : plus terne, masque noir, deux rayures pâles sur le dos*
- *Nid fait de brindilles et d'herbe, vers le haut d'un conifère*
- *4-5 ; blanchâtres, marqués de brun*

Paruline des pins

Dendroica pinus

Comme son nom l'indique, cette paruline est commune dans les pinèdes de l'Est. Elle est plus facile à observer que plusieurs autres parulines car elle a l'habitude de se nourrir en picorant les touffes d'aiguilles de pin ou en furetant par terre, au pied des troncs d'arbre.

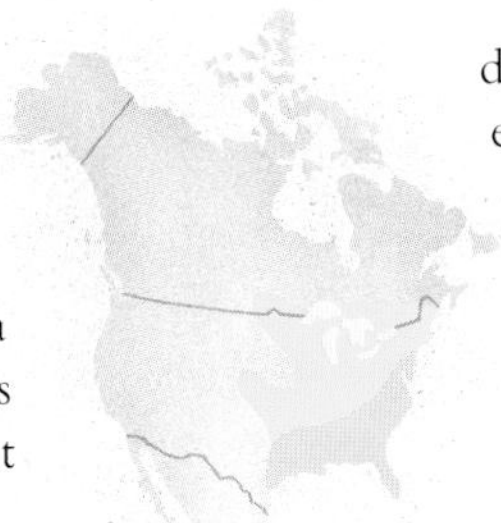

C'est l'une des rares parulines à hiverner dans le sud de sa zone de nidification. On la trouve alors dans les forêts de feuillus et dans les forêts mixtes. En automne et en hiver, les vols peuvent regrouper une dizaine ou une vingtaine d'individus qui voltigent entre les arbres avec des mésanges et des sittelles.

J F M A M J J A S O N D

Quelques traits spécifiques permettent d'identifier cette paruline à bec robuste et longue queue : tête et dos olive, sans marque ; courte rayure superciliaire pâle ; demi-cercle oculaire pâle. Le mâle arbore une gorge et une poitrine jaune vif, celle-ci devenant chamois chez la femelle et le juvénile. À l'encontre de plusieurs parulines à bande alaire blanche, celle-ci n'a pas de marque distinctive noire sur le dos et les parties inférieures. Le chant du mâle, un trille, peut se confondre avec celui du bruant familier (p. 157).

TRAITS DISTINCTIFS

- *12-13 cm*
- *Tête et dos olive, sans marque*
- *Sourcil et demi-cercle oculaire pâles*
- *Mâle : gorge et poitrine jaune vif*
- *Nid fait d'herbe et d'aiguilles de pin, dans le haut d'un pin*
- *3-5 ; blancs, marqués de brun*

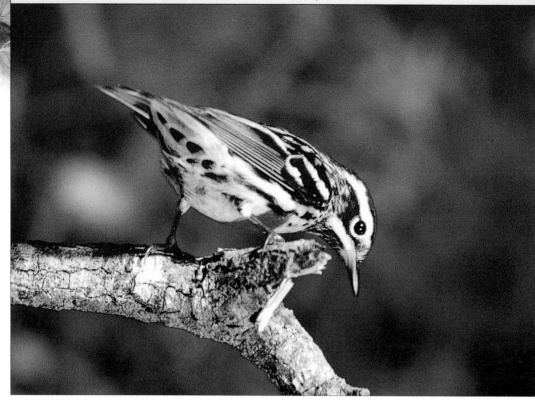

Paruline noir et blanc

Mniotilta varia

À cause de son plumage rayé, qui est remarquable, mais à cause aussi de la manière qu'elle a de parcourir les troncs d'arbre la tête en bas, comme la sittelle, à la recherche des insectes et des larves dont elle se nourrit, la paruline noir et blanc est très facilement identifiable.

Cette paruline niche dans les forêts de feuillus ou d'essences mélangées et se retrouve principalement dans le Nord et l'Est. Elle se signale à l'attention par son chant aigu et sifflant, un *ui-si* qu'elle répète lentement six à huit fois.

Le mâle porte une gorge et un masque noirs en été ; après l'accouplement, il mue et sa gorge devient blanche. Femelles et juvéniles ont les joues et la gorge blanches avec une rayure gris foncé derrière l'œil.

Marche la tête en bas comme une sittelle

J F M A M J J A S O N D

Les parulines noir et blanc sont des émigrantes hâtives ; elles montent vers le nord tôt au printemps car leurs mœurs alimentaires ne requièrent pas que la feuillaison ait commencé. Elles atteignent le sud des États-Unis en mars, mais certaines sont de retour au Mexique dès le milieu de juillet.

TRAITS DISTINCTIFS

- *11,5-12,5 cm*
- *Arpente comme une sittelle les troncs et les branches*
- *Plumage rayé noir et blanc*
- *Gorge blanche*
- *Mâle en plumage nuptial : gorge et masque noirs*
- *Nid fait d'herbe et d'écorce, sur le sol ou dans le bas d'un arbuste ou d'une souche*
- *4-5 ; blanchâtres, maculés de brun*

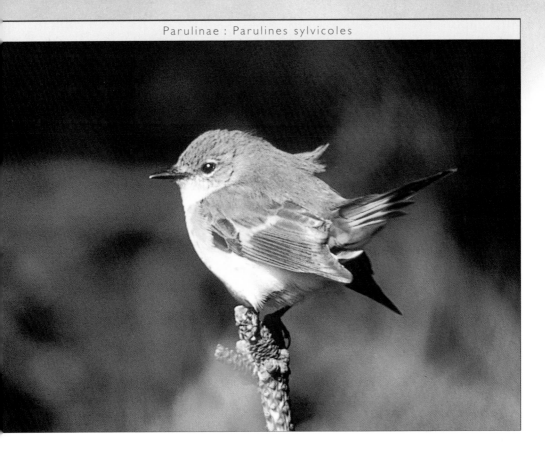

Paruline flamboyante

Setophaga ruticilla

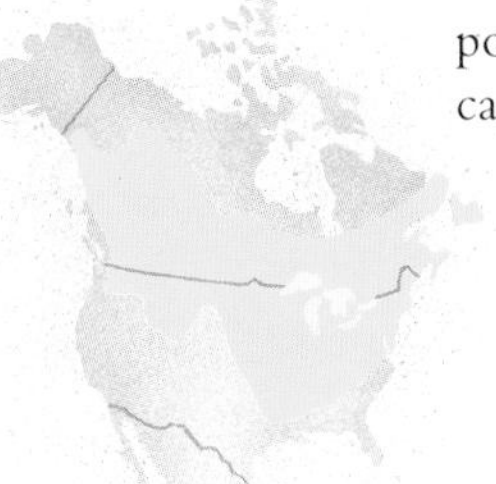

La paruline flamboyante est l'une des plus communes en Amérique du Nord en été. À son arrivée du Mexique, de l'Amérique centrale ou des Antilles où elle hiverne, elle fréquente les boisés de régénération, feuillus ou mixtes, et s'y délimite un territoire.

C'est une paruline affairée qui étale sa longue queue et déploie ses ailes vers le bas, exposant ainsi de belles taches orangées chez le mâle, jaunes chez la femelle. À la différence des autres parulines, celle-ci a, de chaque côté des commissures du bec, des plumes en forme de poils appelées vibrisses qui l'aident à capturer ses proies au vol.

Les oiseaux chanteurs mâles ont l'habitude de troquer leurs habits de juvénile au printemps pour la tenue de l'adulte. La paruline flamboyante fait exception à cette règle. Lors de son premier été, le mâle ressemble à la femelle, sauf qu'il laisse voir quelques taches noires sur la tête et la poitrine et un reflet orangé plus brillant de chaque côté de la poitrine. Autre particularité de la paruline flamboyante mâle : elle a le même plumage en hiver qu'en été.

Vibrisses

TRAITS DISTINCTIFS

- *12-13 cm*
- *Attitude fréquente : queue étalée, ailes déployées vers le bas*
- *Mâle : plumage noir et orange vif*
- *Femelle et juvénile : même motif, dans des tons ternes d'olive et de jaune*
- *Nid fait d'herbe, de lichen et d'écorce, à n'importe quelle hauteur, dans un arbuste ou un arbre*
- *2-5 ; blanchâtres, marqués de brun*

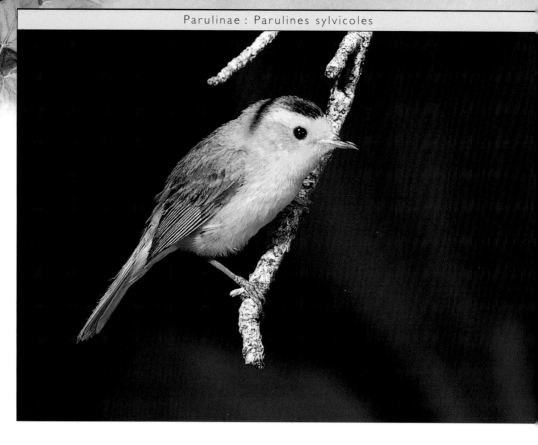

Paruline à calotte noire

Wilsonia pusilla

C'est dans les fourrés d'aulnes et de saules, près des cours d'eau, dans le nord et l'ouest du continent, que niche la très active paruline à calotte noire. Commune dans l'Ouest en été, elle est moins fréquente dans l'Est.

J F M A M J J A S O N D

Au premier regard, cette paruline s'identifie comme un oiseau de petite taille, au coloris jaune vif, qui furète au pied des arbustes et des arbres. On remarque ensuite qu'elle a une queue assez longue, souvent dressée, et de gros yeux noirs bien ronds. Le mâle se signale par une calotte noire, chatoyante et bien délimitée, tandis que la femelle montre soit une calotte noirâtre plus petite, soit une tête sans marque, olivâtre comme le dos. Les formes de l'Ouest ont les parties inférieures jaune vif et une face jaune presque dorée, tandis que les formes de l'Est, bien que semblables, sont plus ternes.

La paruline à calotte noire ressemble à la paruline verdâtre et à la paruline jaune au point qu'il est difficile de les distinguer les unes des autres (p. 144). Dans l'Ouest, où l'on trouve peu d'espèces de parulines, il est assez facile de reconnaître le chant de celle-ci, une série de gazouillis qui s'intensifient avant de s'arrêter brusquement.

TRAITS DISTINCTIFS

- *11-12 cm*
- *Dessous jaune vif, dessus olive*
- *Yeux noirs et globuleux*
- *Mâle : calotte noire chatoyante*
- *Nid d'herbe et de mousse, dissimulé sur le sol ou à faible hauteur*
- *4-6 ; blanchâtres, tachetés de brun*

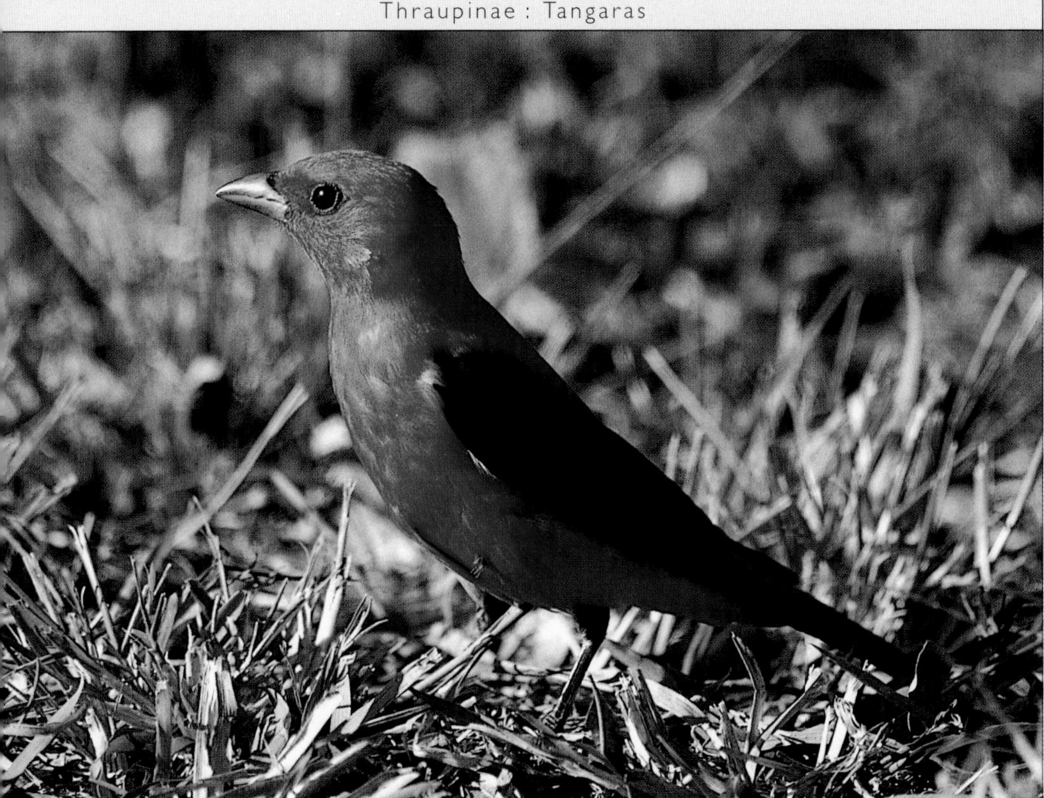

Tangara écarlate

Piranga olivacea

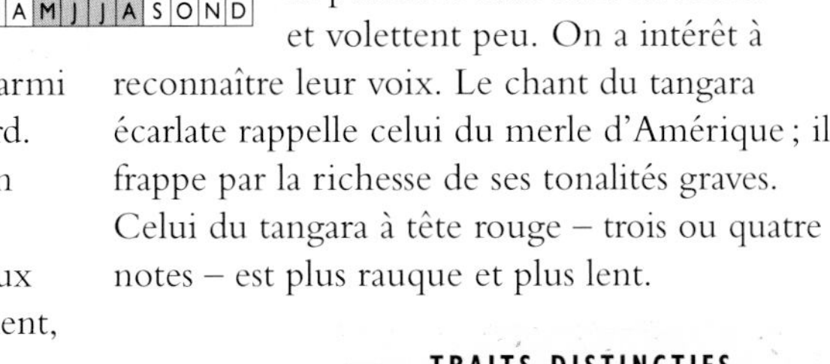

Les tangaras écarlates passent l'hiver en Amérique du Sud et montent vers le nord en té pour nicher dans les boisés de euillus ou les forêts mixtes de l'Est. Le angara à tête rouge (*Piranga ludoviciana* ; 6,5-18,5 cm), qui lui fait pendant lans l'Ouest, fréquente en plus les oisés de conifères.

Les mâles en plumage nuptial se classent parmi es plus beaux oiseaux de l'Amérique du Nord. lus ternes, les femelles et les juvéniles ont un lumage généralement olive et jaunâtre, grémenté chez le tangara à tête rouge de deux andes alaires très visibles. Après l'accouplement, e tangara écarlate mâle mue our un plumage plus sobre, semblable à celui de la femelle, tout en conservant ses ailes noires. En dépit de leurs couleurs voyantes, les tangaras ne sont pas faciles à apercevoir car ils perchent haut dans les arbres et volettent peu. On a intérêt à reconnaître leur voix. Le chant du tangara écarlate rappelle celui du merle d'Amérique ; il frappe par la richesse de ses tonalités graves. Celui du tangara à tête rouge – trois ou quatre notes – est plus rauque et plus lent.

TRAITS DISTINCTIFS

■ *16,5-18 cm*

■ *Mâle en plumage nuptial : rouge vif ; ailes noires et queue noire*

■ *Femelle : entièrement olive et jaune*

▲ *Femelles difficiles à identifier*

Nid fait de brindilles, d'herbe et de radicelles, dans le haut des arbres

3-5 ; bleuâtres, maculés de brun

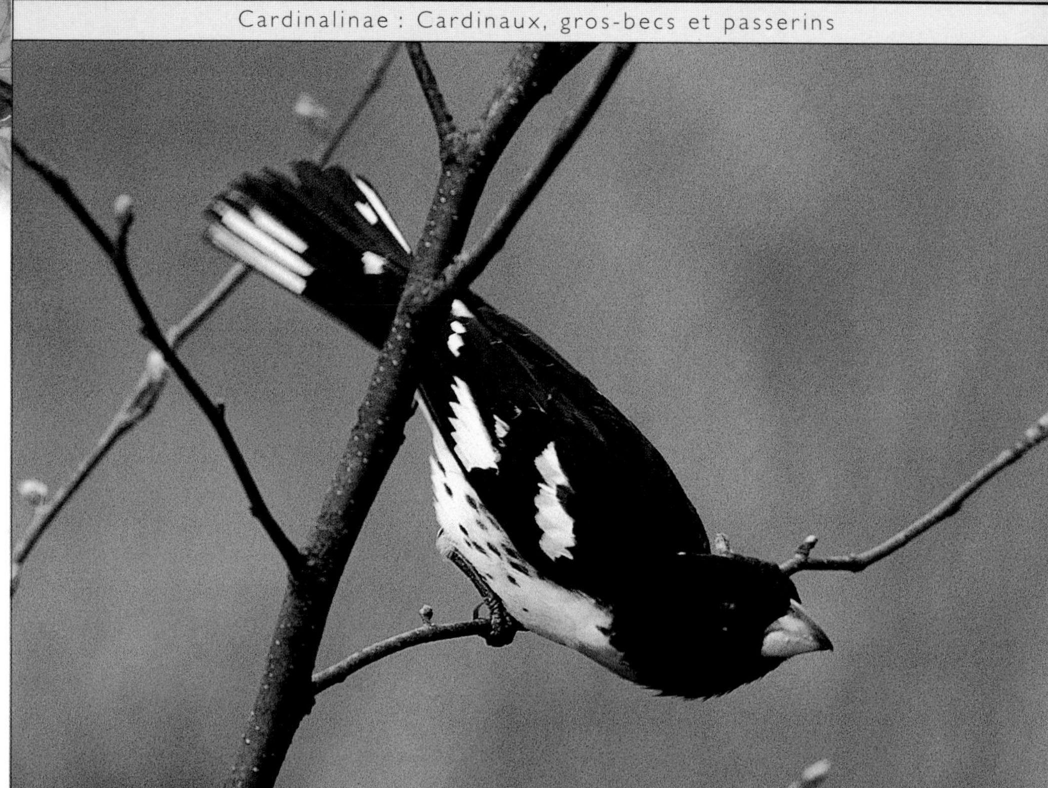

Cardinal à poitrine rose

Pheucticus ludovicianus

Le cardinal à poitrine rose (autrefois appelé gros-bec à poitrine rose), dans l'Est, et son proche parent dans l'Ouest, le cardinal à tête noire (*Pheucticus melanocephalus* ; 16,5-19 cm), sont un bel exemple d'oiseau atteignant sa maturité en deux temps. Le mâle juvénile, en premier plumage nuptial, se situe, par son motif de coloration, quelque part entre la femelle et le mâle adulte ; plus terne que celui-ci, il se trouve donc désavantagé devant les femelles.

J F M A M J J A S O N D

Les deux espèces nichent en été dans des bois de feuillus, souvent près d'une nappe d'eau. Le reboisement de la prairie centrale, en élargissant les territoires traditionnels des deux cardinaux, leur a permis de se rencontrer et de s'hybrider. On se demande donc maintenant s'il s'agit toujours de deux espèces distinctes ou bien plutôt de sous-espèces.

Le chant des cardinaux à poitrine rose et à tête noire ressemble à celui du merle d'Amérique, en plus mélodieux et avec plus de rigueur. Les mâles ont l'habitude peu répandue de chanter tout en couvant les œufs.

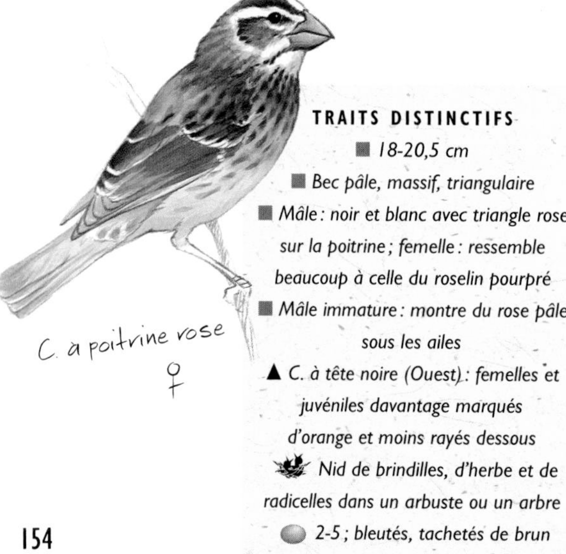

TRAITS DISTINCTIFS

■ *18-20,5 cm*

■ *Bec pâle, massif, triangulaire*

■ *Mâle : noir et blanc avec triangle rose sur la poitrine ; femelle : ressemble beaucoup à celle du roselin pourpré*

■ *Mâle immature : montre du rose pâle sous les ailes*

▲ *C. à tête noire (Ouest) : femelles et juvéniles davantage marqués d'orange et moins rayés dessous*

Nid de brindilles, d'herbe et de radicelles dans un arbuste ou un arbre

2-5 ; bleutés, tachetés de brun

Passerin indigo

Passerina cyanea

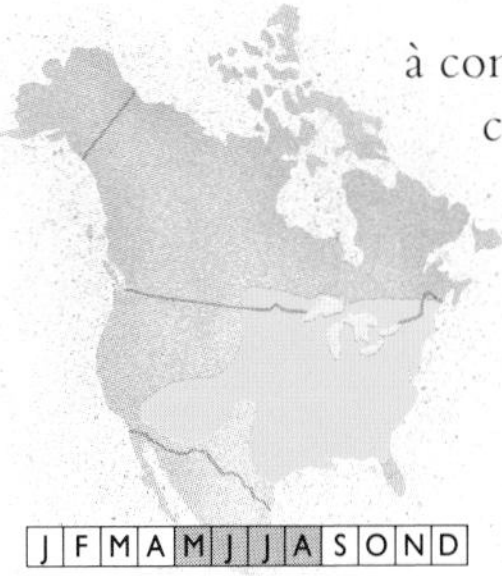

Un éclair bleu vif au-dessus d'un sentier ou d'un chemin par un bel après-midi d'été peut signaler la présence d'un passerin indigo (autrefois appelé bruant indigo). On entendra souvent alors son chant, mélodieux au début puis bourdonnant.

Le passerin indigo hiverne au Mexique et en Amérique centrale mais niche dans les boisés et les champs en friche de l'est et du sud du continent nord-américain. La femelle est uniformément brune avec des dessous plus pâles et des marbrures sur la poitrine. Après la saison des amours, le mâle troque son magnifique plumage bleu contre une livrée brune simplement ponctuée de taches bleues.

Si le passerin indigo est facile à voir en été, il n'en va pas de même en hiver et l'on sait peu de chose de sa vie sous les Tropiques. On commence tout juste à connaître le programme de mue fort complexe de cet oiseau. Le juvénile subit deux mues à son premier automne – l'une avant la migration, l'autre après – et une autre à la fin de l'hiver, qui lui donne son plumage adulte. Son cousin de l'Ouest, le passerin azuré (*Passerina amoena* ; 12-13cm) a la poitrine cannelle et l'abdomen blanc.

TRAITS DISTINCTIFS

12-13 cm

Plumage nuptial : bleu vif, presque noir dans la pénombre

Femelle : uniformément brune ; rayures pectorales grisâtres

▲ Passerin azuré (Ouest) : deux bandes alaires blanches

Nid fait d'herbe et d'écorce, dans le haut d'un fourré ou d'un arbuste

3-6 ; blanc-bleu

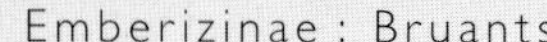

Tohi à flancs roux

Pipilo erythrophthalmus

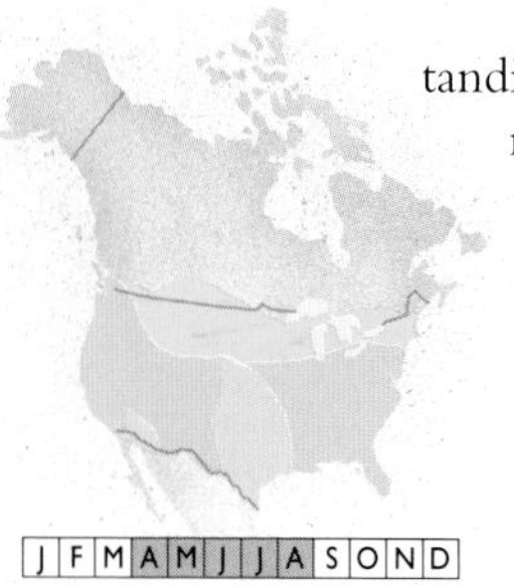

Jusque vers 1950, on croyait qu'il y avait deux espèces de tohis à flancs roux en Amérique du Nord : le tohi commun, à œil rouge, dans l'Est, et le tohi tacheté, dans l'Ouest. Bien que ces deux formes aient des colorations et des chants distincts, on a constaté qu'elles s'hybrident dans leur aire commune. On en a donc fait une seule et même espèce.

Forme à œil blanc de Floride

J F M A M J J A S O N D

Comme l'indiquent les anciennes appellations, la forme de l'Ouest présente des points blancs sur le dos et les ailes, tandis que les mâles de l'Est sont uniformément noirs sur le dessus et les femelles, brunes. Autre particularité géographique : la forme de Floride a les yeux blancs et non rouges.

Le tohi à flancs roux est un oiseau, assez répandu mais timide, qui fréquente les boisés broussailleux et clairsemés, les fourrés et les jardins de l'Amérique du Nord. Il s'alimente au sol dans le sous-bois en bousculant les matières végétales avec ses pattes pour en déloger des graines. Dans l'Est, le cri commun est *tô-ouî* ; dans l'Ouest, c'est un *mî-aûi* nasillard.

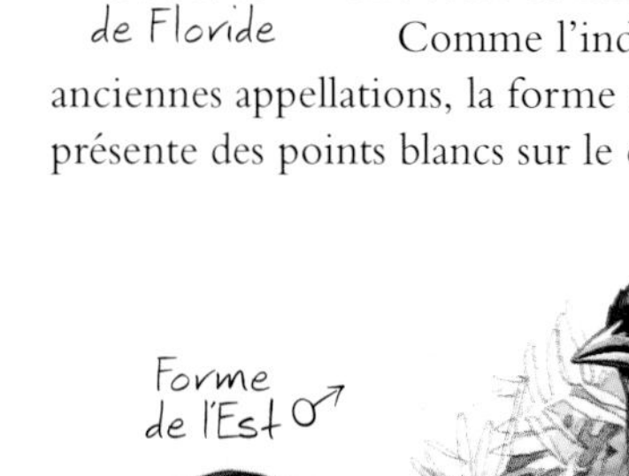

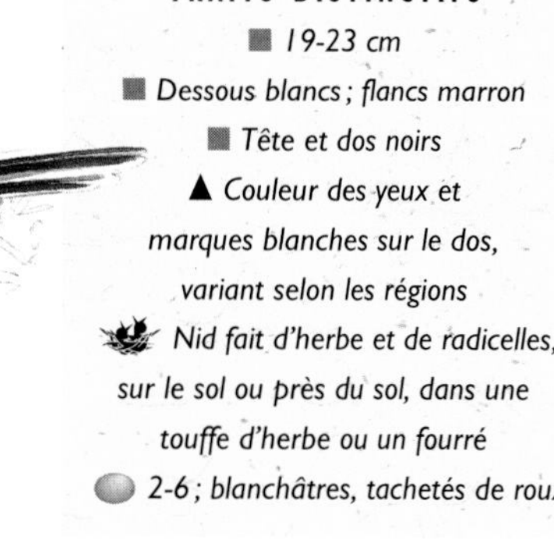

TRAITS DISTINCTIFS

- *19-23 cm*
- *Dessous blancs ; flancs marron*
- *Tête et dos noirs*
- ▲ *Couleur des yeux et marques blanches sur le dos, variant selon les régions*
- *Nid fait d'herbe et de radicelles, sur le sol ou près du sol, dans une touffe d'herbe ou un fourré*
- *2-6 ; blanchâtres, tachetés de roux*

Bruant familier

Spizella passerina

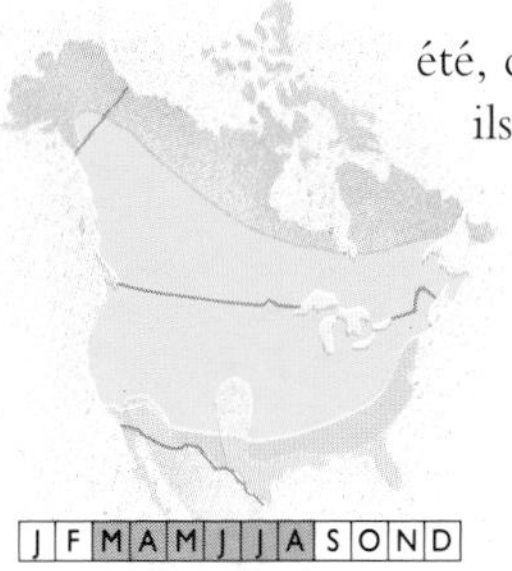

Presque partout en Amérique du Nord, cet oiseau svelte à longue queue est commun en été dans les forêts peu denses, les parcs et les prés, surtout peuplés de pins. En hiver, il émigre dans le sud de son aire où on le trouve dans les champs broussailleux et arides.

C'est un oiseau qui cherche sa nourriture au sol, mais qui se réfugie dans les buissons ou les arbres au premier bruit suspect. Il se perche haut pour chanter, de préférence dans un pin. Son chant, un trille monocorde, rappelle celui de la paruline des pins (p. 149).

Il arrive qu'un bruant familier s'accouple avec deux femelles. Après la période de reproduction, mâles et femelles perdent leur calotte rousse et leur face grise ; ils prennent alors la tête brune et rayée de plusieurs autres bruants en hiver et leur bec, noir en été, devient rosâtre. Mais en toute saison, ils arborent deux traits distinctifs : une large rayure superciliaire blanche ou pâle et un croupion gris. Les juvéniles sont rayés et bruns, mais on peut déceler chez eux quelque chose du motif facial de l'adulte.

J F M A M J J A S O N D

Juvénile

TRAITS DISTINCTIFS

- *12,5-14 cm*
- *Rayure superciliaire blanche*
- *Croupion gris*
- *Mâle en plumage nuptial : calotte rousse, bec noir, large raie superciliaire blanche*
- ▲ *Femelles et juvéniles semblables à plusieurs autres bruants en hiver*
- *Nid fait d'herbacées, au sol ou à n'importe quel niveau dans un arbre*
- *3-5 ; bleu pâle ; marques foncées*

Bruant fauve

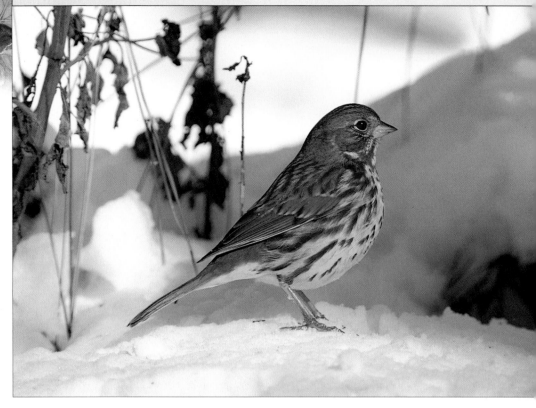

Passerella iliaca

Voici un bon exemple pour illustrer à quel point un oiseau chanteur très répandu peut changer de coloration d'une région à l'autre. Quelque 18 races de ce grand bruant ont en effet été décrites.

Dans le Nord (et dans l'Est en hiver), cet oiseau a la queue et les ailes fauves, une large rayure superciliaire grise et des taches grises de chaque côté du cou. Dans les Rocheuses, il a la tête et le dos gris et une queue fauve. Les oiseaux qui nichent dans les forêts humides de la côte nord du Pacifique ont la tête et les dessus plus foncés ; la queue seule porte un peu de roux. Toutes les formes sont dotées d'un bec fort de couleur grise, avec une mandibule inférieure plus pâle.

Le bruant fauve niche dans les sous-bois denses des forêts conifériennes ou mixtes. On le repère à son cri sonore, un *tssk !* cinglant, mais surtout au bruit qu'il fait quand il bouscule les matières végétales sur le sol pour y dénicher sa nourriture, de la même façon que le tohi à flancs roux. En raison de sa forte taille, il pourrait être confondu avec la grive, dont il partage l'habitat, si l'on ne tenait pas compte de son bec distinctif.

J F M A M J J A S O N D

Forme de l'Ouest

Forme des Rocheuses

Forme de l'Est

TRAITS DISTINCTIFS

■ *16,5-19 cm*
■ *Bruant de forte taille*
■ *Croupion et queue fauves*
■ *Bouscule les matières végétales au sol*
▲ *Colorations variées selon les régions*
Nid fait de brindilles, de mousse et d'herbe, sur le sol ou près du sol, dans un fourré
2-5 ; vert pâle, marqués de brun

Bruant à couronne blanche

Zonotrichia leucophrys

J F M A M J J A S O N D

Très commun dans les parcs, les boisés clairsemés et les jardins des États-Unis en hiver, le bruant à couronne blanche niche dans les zones tempérées du Nord et dans les montagnes de l'Ouest. Au Québec, il est abondant aux postes d'alimentation à l'automne et au printemps, alors qu'il transite entre ses aires de reproduction et d'hivernage. Sur la côte centrale de la Californie, une race a fait preuve d'une étonnante faculté d'adaptation à un microclimat. L'air froid émanant de l'océan y rencontre l'air chaud venu de l'intérieur et tempère ce qui serait autrement une région très chaude ; l'oiseau s'y plaît tout au long des étés frais et brumeux. Mais il suffit de faire 2 km vers l'intérieur pour le voir disparaître.

Le bruant à couronne dorée (*Zonotrichia atricapilla* ; 16,5-18,5 cm), un proche parent, niche à la limite des arbres, dans le Nord, mais il vient sur la côte en hiver et y rencontre le bruant à couronne blanche. Chez les juvéniles des deux espèces, on voit, comme pour tous les bruants, se dessiner sur la tête la coloration des adultes.

B. à couronne dorée juvénile

B. à couronne blanche juvénile

TRAITS DISTINCTIFS

- *16-18 cm*
- *Tête rayée noir et blanc*
- *Juvéniles peu distinctifs*
- ▲ *B. à gorge blanche (p. 117) : taches jaunes en avant des yeux ; haut de la gorge blanc lavé de gris*
- *Nid fait de brindilles, d'herbe et de mousse, sur le sol ou près du sol, dans un arbuste ou un petit arbre*
- *3-5 ; bleu pâle à blanchâtres, mouchetés de brun*

Junco ardoisé

Junco hyemalis

Chez ce bruant, la coloration du plumage varie grandement selon la région qu'il habite. Au Canada, la forme de l'Est a le capuchon, les parties supérieures et les flancs gris ; la forme de l'Ouest a un capuchon noir, le dos roux et les flancs chamois. Les juvéniles des deux formes sont rayés et ressemblent très peu aux adultes. Ils ont cependant les rectrices externes blanches.

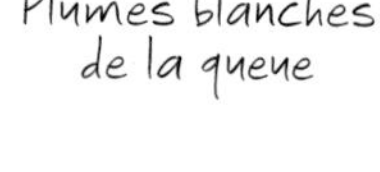
Plumes blanches de la queue

J F M A M J J A S O N D

Aux États-Unis, il existe au moins trois autres formes. Le junco ardoisé niche dans des boisés de conifères ou d'essences mélangées ; en hiver, il émigre au sud du continent où il visite parcs et jardins en bandes nombreuses. Son chant ressemble à un trille claironnant et sec et la compagnie tout entière émet un gazouillis strident si on la dérange. Quand le junco ardoisé prend son envol, on voit distinctement les rectrices externes de la queue, d'un blanc brillant, qui caractérisent l'espèce.

TRAITS DISTINCTIFS

- *14-15 cm*
- *Queue noire ; rectrices externes blanches, visibles au vol*
- *Bec rosé*
- ▲ *Coloration variable selon la région*
- *Nid fait d'herbe, de brindilles et de radicelles, sur le sol, dans un talus, sous une souche ou dans un amoncellement de broussailles*
- *3-6 ; blanc-bleu, tachetés de brun*

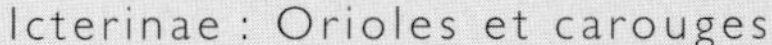

Oriole des vergers

Icterus spurius

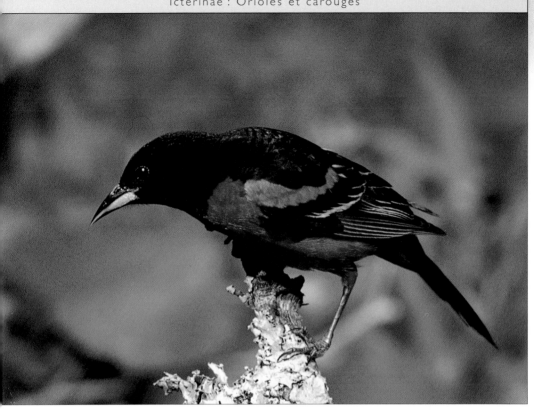

Au printemps, dans les boisés clairsemés, les vergers et les jardins ombragés de l'est des États-Unis et jusqu'au sud-est de l'Ontario, un chant puissant et rauque, émis d'un perchoir, ou en vol au moment de la pariade, signale la présence de l'oriole des vergers.

J F M A M J J A S O N D

C'est le plus petit oriole d'Amérique du Nord. Les dessous marron foncé du mâle constituent son seul trait distinctif, car la femelle et les juvéniles ressemblent aux autres orioles et surtout à l'oriole masqué du Sud-Ouest (p. 272). On remarque sa petite taille et son bec petit, effilé et légèrement incurvé. Le plastron noir du jeune mâle le distingue des femelles.

C'est l'une des deux seules espèces d'orioles à nicher en colonies : dans un petit territoire de moins de 3 ha, en Louisiane, les ornithologues ont pu dénombrer 114 nids ! Dès juillet, l'oriole des vergers reprend la route du Mexique où il passera l'hiver.

TRAITS DISTINCTIFS

15-17 cm

Mâle : plumage noir et marron

Femelles et juvéniles semblables à d'autres orioles (surtout à l'oriole masqué, p. 272) ; à noter la queue et le bec courts

Nid fait d'herbe, suspendu à une fourche, dans un arbre

3-7 ; bleu pâle, marqués de brun et de gris

Oriole du Nord

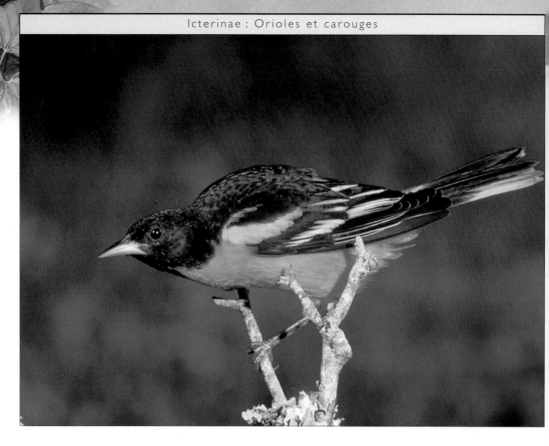

Icterus galbula

C'est l'oriole le plus familier en Amérique du Nord ; il fréquente en été les boisés de feuillus et les forêts mixtes. Les deux races, très différentes l'une de l'autre, qui composent cette espèce – la race de l'Est, et la race de l'Ouest, qui a du blanc sur les ailes – ont été longtemps tenues pour des espèces à part entière. La plantation de ceintures d'arbres autour des fermes, dans la prairie centrale, a permis à ces deux orioles de se rencontrer et de s'hybrider. Les ornithologues les ont donc regroupés dans une seule et même espèce.

Les mâles à leur premier été ressemblent aux femelles adultes, sauf pour la présence d'un peu de noir sur la face et la gorge. Les juvéniles des deux formes sont presque identiques.

J F M A M J J A S O N D

Le chant de l'oriole du Nord consiste en une série de sifflements irréguliers, clairs et puissants, parfois interrompus par des caquètements rauques.

Les deux races passent l'hiver au Mexique et en Amérique centrale.

♂
Race de l'Ouest

Race de l'Est
♀

TRAITS DISTINCTIFS

■ *18-20,5 cm*

■ *Mâle : plumage orange vif et noir*

▲ *Femelles et juvéniles peu caractérisés ; un peu d'orange dans le plumage*

Nid en forme de bourse, fait d'herbe et d'écorce, suspendu à une fourche, dans un arbre

● *3-6 ; blanc-bleu, irrégulièrement marqués de brun, de gris et de noir*

Prairies

Prairies

Plaines, champs, terres agricoles

Autrefois, le centre de l'Amérique du Nord était presque entièrement recouvert d'herbe. Cette vaste prairie était délimitée à l'ouest par les Rocheuses, à l'est par le Mississippi et la rivière Arkansas. Elle débutait au sud, dans le Texas, et remontait au nord jusqu'à la forêt boréale, dans ce qu'il est convenu d'appeler aujourd'hui, au Canada, les provinces de l'Ouest.

La partie est de cette région comportait de riches terres noires à hautes herbes, tandis que, vers l'ouest, le sol devenu moins fertile ne produisait qu'une herbe prostrée dont se nourrissaient les bisons.

Cette prairie naturelle est à peu près disparue, les hautes herbes ayant cédé la place à la culture du blé. Mais le milieu écologique qu'on appelle prairie subsiste toujours et les grands espaces dégagés couvrent une bonne partie du continent sous la forme de terres agricoles et de pâturages.

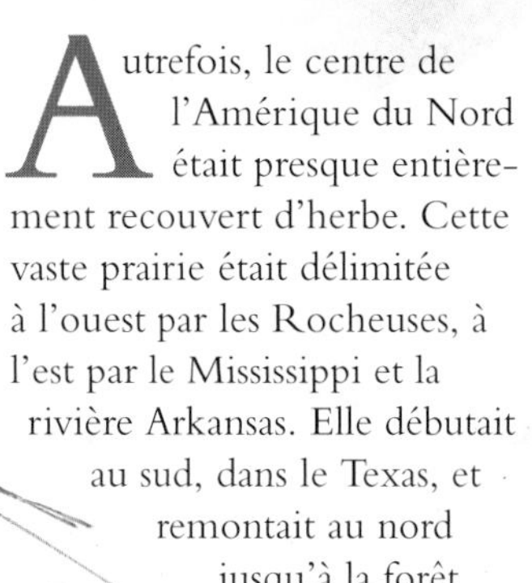

POTEAUX ET FILS ÉLECTRIQUES sont d'excellents perchoirs pour voir venir une proie des kilomètres à la ronde. C'est là qu'il faut chercher les crécerelles, les buses et les tyrans.

HERBAGES Les prairies naturelles, moins vastes qu'autrefois, abritent encore le bruant noir et blanc, le bruant à joues marron, la chouette des terriers et, une rareté, le bruant de Baird.

BORDS DE ROUTE Des espèces, dont les vachers, y fouillent la végétation et s'y baignent dans les mares. Les alouettes et certaines tourterelles grattent le bord de la chaussée.

Dans l'Est, la plupart de ces terres ont été défrichées à même la forêt ancestrale. Partout où ces transformations ont eu lieu, elles ont profondément modifié la faune. Certains oiseaux se sont adaptés à leur nouvel environnement et ont même proliféré ; le vacher à tête brune et le quiscale des marais, par exemple, ont connu une expansion remarquable au cours des dernières années. Mais d'autres, comme le bruant de Baird et le bruant à collier gris, ont connu un déclin dramatique.

Les prés alpins dans les Rocheuses et les plaines de la Floride se classent dans le même type d'habitat. Mais de tous les espaces dégagés, c'est la toundra arctique qui exerce incontestablement l'influence la plus profonde sur l'avifaune de l'Amérique du Nord. Des millions d'espèces y nichent, tout particulièrement les oiseaux de rivage et les oiseaux aquatiques ; d'autres y vivent l'été en attendant de descendre passer l'hiver plus au sud.

BRISE-VENT Ces rangées d'arbres permettent aux oiseaux de la forêt de s'aventurer dans la prairie. On peut y rencontrer des geais, des roselins, des mésanges, des orioles et quelques pics.

CHAMPS CULTIVÉS Ils attirent les goélands, les pluviers kildirs et les quiscales. En hiver ou au printemps, on peut aussi y voir divers bruants dont le bruant des neiges.

PÂTURAGES Peu d'espèces fréquentent les pâturages déboisés ; mais parmi elles, on remarque le goglu et le bruant vespéral.

CLÔTURES Des oiseaux de toutes tailles – hirondelles et bruants, tout comme les grands urubus – s'y perchent pour se reposer, se chauffer au soleil ou surveiller les environs.

Observer en milieu ouvert

Une vue dégagée sur les grands espaces facilite l'observation de nombreuses espèces telles la crécerelle perchée sur son fil et l'alouette qui picore dans les champs. D'autres oiseaux sont plus timides.

La meilleure façon de faire de l'observation dans un grand espace dégagé, c'est en automobile. Plusieurs espèces sont très visibles le long de la route, et vous pouvez les observer sans être vu. La voiture vous permet en outre de découvrir des espèces peu abondantes ou d'autres dont le territoire de chasse est très vaste, comme c'est le cas des buses en hiver.

Quel que soit votre moyen de locomotion, n'oubliez pas d'inspecter les poteaux de téléphone et leurs fils, ainsi que les clôtures ; ce sont des perchoirs devenus naturels pour les oiseaux. En été, par exemple, c'est le meilleur endroit pour observer des tyrans, tandis que, en hiver, bien des buses viennent y prendre un bain de soleil ou surveiller leurs proies. Dans certaines régions, et tout particulièrement dans le sud-ouest des États-Unis, les corbeaux ont adopté les poteaux pour y faire leurs nids, à défaut d'arbres dans cet habitat complètement découvert.

Si vous passez devant un champ qui vient d'être labouré, arrêtez-vous et examinez-le. Les labours font sortir de terre toutes sortes d'insectes, de larves et de vers qui attirent une vaste gamme d'oiseaux, depuis les goélands jusqu'aux

MILIEU OUVERT *La brume se dissipe lentement sur ce pré où logent beaucoup d'espèces, comme le chardonneret d'Amérique (à droite). Celui-ci est attiré par les pâturages en friche et les terrains vagues où pousse le chardon dont il raffole. Dans les hautes herbes humides, le typha (quenouille) abrite le nid du carouge à épaulettes (tout en haut). Ci-dessus, des observateurs explorent une prairie particulièrement riche en avifaune, la toundra arctique.*

ouettes et aux bruants. Selon saison, plusieurs espèces, ont certains pluviers et cerins bruants par exemple, édaigneront les herbages au rofit des champs labourés.

Ne présumez pas que tous s sujets dans un groupe ppartiennent nécessairement la même espèce. Plusieurs iseaux de la prairie sont gréaires en dehors de la période e nidification ; de plus, des iseaux vagabonds ou solitais se joignent souvent aux spèces locales.

Rappelez-vous que la résence de haies et d'arbres lairsemés accroît grandement diversité des oiseaux que ous pouvez observer.

CHANGEMENTS AISONNIERS

n automne et en hiver, les hamps moissonnés offrent de nourriture aux espèces qui migrent vers le sud. Si vous raversez régulièrement des rairies herbeuses ou des hamps cultivés, depuis la fin e l'été jusqu'à l'hiver, vous y encontrerez des populations lus nombreuses qu'en toute utre saison de l'année, surout chez les buses, les crécelles, les bruants, les quiscales t les roselins. Cet accroissement s'explique par la reproduction, mais aussi par la venue d'espèces qui trouvent dans la prairie de quoi s'alimenter, mais n'y nichent pas.

HAUTES HERBES

La prairie, où rien n'obstrue la vue, présente de réels avantages sur la forêt. Mais ces avantages ne valent pas pour tous les oiseaux, ni durant les quatre saisons. Au printemps et en été, les mâles chantent ; ils sont donc faciles à repérer et à identifier. En automne et en hiver, cependant, certaines espèces, comme les bruants, se laissent bien peu voir.

Si vous faites lever un bruant en marchant avec un ami, regardez où il va se poser. L'un de vous peut continuer à regarder dans la bonne direction pendant que l'autre s'y rend. Si ce dernier repère l'oiseau, celui resté en arrière peut alors le rejoindre. De la sorte, vous vous approchez du

LES PRÉS ALPINS *abritent des roselins bruns, des lagopèdes et plusieurs espèces qui aiment vivre en altitude.*

bruant sans le perdre de vue, lui et l'endroit où il s'est posé.

DISSIMULEZ-VOUS

Si le champ où vous vous trouvez est bordé de haies ou d'arbres, marchez le long de cet abri : vous serez moins visible. D'ailleurs, ce sont des endroits très fréquentés par les oiseaux.

ÉQUIPEMENT UTILE

L'observation dans la prairie nécessite peu d'accessoires, si ce n'est de bonnes jumelles. Néanmoins, un télescope vous permettra de repérer l'oiseau s'il est loin. Grâce à une monture spéciale, vous pouvez l'installer sur la vitre d'une fenêtre à demi-ouverte, dans la voiture, d'où vous pourrez voir sans être vu.

POUR OBSERVER *les oiseaux dans la prairie, il faut de bonnes jumelles, car plusieurs espèces sont faciles à repérer, mais difficiles à approcher. Le tyran tritri (ci-dessus) est l'un de ceux qui aiment se percher sur les fils de clôture.*

Héron garde-bœufs

Bubulcus ibis

Courant dans le sud des États-Unis, le héron garde-bœufs y était pratiquement inconnu il y a 50 ans. Les premiers représentants de l'espèce en Amérique ont été signalés au Surinam en 1877 ; on présume qu'ils avaient traversé l'Atlantique en provenance de l'Afrique. Dans le Nouveau Monde, ils trouvèrent des prairies grasses parcourues par du bétail, comme dans leur environnement d'origine. Ils passèrent des Antilles à la Floride vers 1940 et furent rejoints, 10 ans plus tard, par un second groupe venu d'Amérique centrale. Leur territoire depuis ne cesse de s'agrandir et le héron garde-bœufs fait des incursions de plus en plus fréquentes dans le sud du Québec.

J F M A M J J A S O N D

Ce petit héron se reconnaît à son corps trapu et à son habitude de suivre les troupeaux pour se nourrir des insectes que les bêtes délogent du sol.

Une grande partie de l'année, le héron garde-bœufs est uniformément blanc, avec des pattes foncées et un bec jaune. Au début de la pariade, il se pare de plumes chamois sur la tête, la poitrine et le dos ; le bec devient rougeâtre et les pattes virent à l'orangé.

Plumage d'hiver

TRAITS DISTINCTIFS

- *45,5-53,5 cm*
- *Petit et trapu*
- *Cou court, mandibule forte*
- *Plumage nuptial : huppe, poitrine et dos maculés de chamois*
- *Nid plat fait de branchages, souvent avec d'autres hérons*
- *2-6 ; bleu pâle, sans marque*

Plumage nuptial

Urubu noir

Coragyps atratus

Oiseau caractéristique des grands espaces et des régions chaudes, l'urubu noir (autrefois appelé vautour noir) se reconnaît à sa tête grise et dénudée de plumes, à ses ailes larges, garnies en dessous d'une grande tache blanche au bout, et à sa queue carrée, relativement courte. Il a un vol ramé caractérisé par des battements rapides, interrompus par de courtes séquences planées pendant lesquelles il étend les ailes presque à plat. Sa forme ainsi que les particularités de son vol permettent de reconnaître l'urubu noir de loin et de le différencier de l'urubu à tête rouge (p. 170).

J F M A M J J A S O N D

Les urubus noirs sont sociables. On les voit souvent en groupes dans les décharges publiques, sur les plages ou les jetées en quête de poissons morts, ou le long des routes se nourrissant de charognes. Si vous les observez avec attention, vous remarquerez que, à l'automne, certains ont un bec tout gris tandis que chez d'autres le bout du bec est pâle. Les premiers sont des juvéniles de l'année ; les seconds, des adultes.

TRAITS DISTINCTIFS

- *56-66 cm*
- *Tête grise dégarnie de plumes*
- *Ailes larges, tachées de blanc dessous, presque droites au vol ; queue courte*
- *Dépression, au pied d'un arbre ou sur une falaise*
- *1-3 ; vert pâle, marqués de brun*

Urubu à tête rouge

Cathartes aura

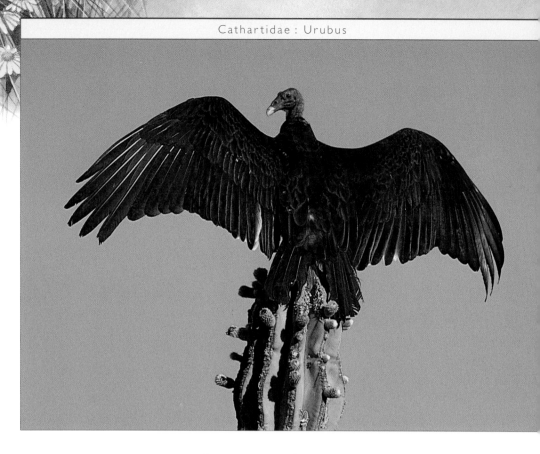

Bien qu'il quitte la partie la plus septentrionale de son territoire pour se rendre jusqu'en Amérique du Sud, en hiver, l'urubu à tête rouge, autrefois appelé vautour à tête rouge, se voit fréquemment dans le ciel de l'Amérique du Nord. On le distingue de l'urubu noir (p. 169) par sa forme et son vol : il a les ailes et la queue plus longues et ses battements d'ailes sont moins rapides. Vues d'en dessous, ses ailes présentent une coloration plus sombre devant et plus pâle vers l'arrière.

J F M A M J J A S O N D

L'espèce est en expansion vers le nord et on l'observe de plus en plus dans nos régions. Au cours des dernières années, on a même confirmé qu'elle niche dans le sud du Québec.

L'adulte a une tête rougeâtre dénudée de plumes, tandis que chez les juvéniles, elle est grisâtre comme celle de l'urubu noir. En général, les urubus à tête rouge vivent en solitaires ou par petites bandes et volent plus bas que les urubus noirs, car ils se guident à leur odorat pour chasser.

Double coloration des ailes

TRAITS DISTINCTIFS

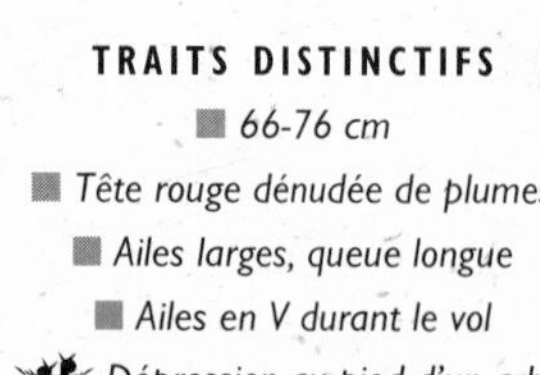

- 66-76 cm
- Tête rouge dénudée de plumes
- Ailes larges, queue longue
- Ailes en V durant le vol
- Dépression au pied d'un arbre, ou dans une anfractuosité rocheuse
- 1-3 ; blanchâtres, fortement maculés de brun et de gris

Adulte

Juvénile

Busard Saint-Martin

Circus cyaneus

Croupion blanc

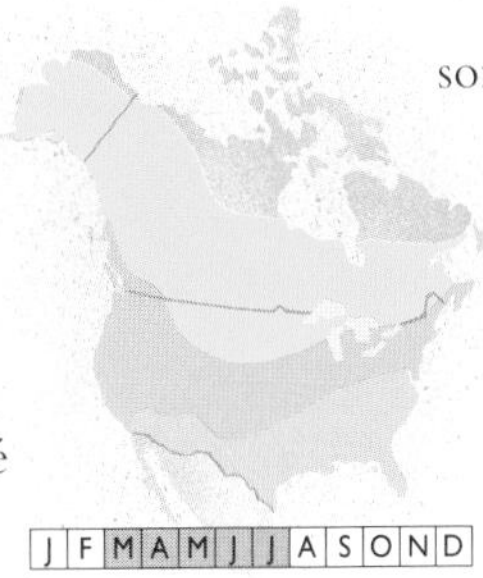

J F M A M J J A S O N D

Le busard Saint-Martin, autrefois appelé busard des marais, fréquente les prairies et les champs découverts, surtout en région marécageuse. Il chasse en rase-mottes, les ailes un peu relevées en V, freine, tourne avec l'agilité d'un acrobate et se pose au sol ou se perche sur un pieu de clôture mais rarement plus haut, contrairement aux éperviers et aux buses.

Son croupion blanc, bien visible en vol, facilite son identification sur le terrain. Entièrement gris, le mâle a le bout des ailes noir. La femelle, plus grande que lui, est uniformément brune ; les juvéniles ont des dessous d'une riche teinte cannelle.

En hiver, plusieurs busards peuvent s'observer chassant côte à côte sur de petits territoires. En parade nuptiale, le mâle s'élève dans les airs et exécute des glissades et des culbutes en lançant rapidement une série de sifflements nasillards. Le reste de l'année, il est silencieux.

Juvénile avec disque facial

TRAITS DISTINCTIFS

- *45,5-56 cm*
- *Ailes et queue longues*
- *Croupion blanc*
- *Vol plané lent et bas au-dessus des prairies et des marais*
- *Plate-forme de branchages et d'herbe, sur le sol*
- *3-9, blanc-bleu, parfois mouchetés de brun*

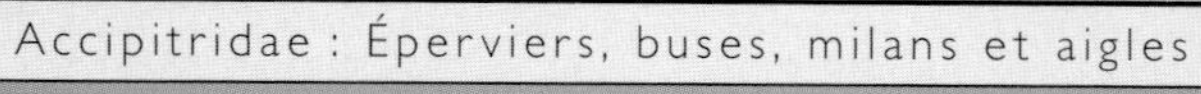

Buse de Swainson

Buteo swainsoni

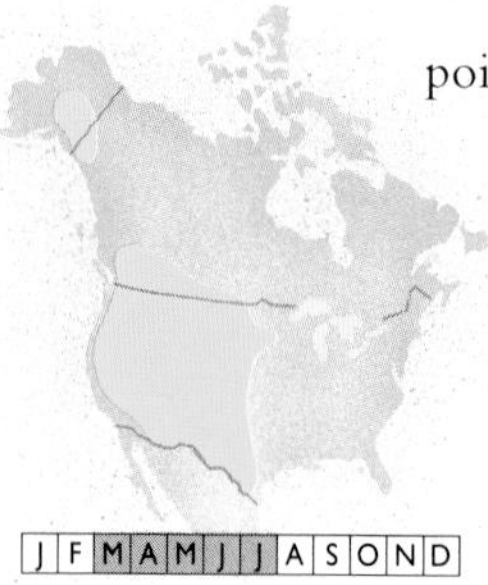

Les buses de Swainson sont reconnues pour leur longue migration hivernale vers la pampa argentine. En compagnie d'urubus à tête rouge et de petites buses, elles survolent le Mexique et l'Amérique centrale par bandes de plusieurs centaines. En mars, la buse de Swainson remonte vers l'Amérique du Nord pour nicher dans les terres herbeuses et les prairies de l'Ouest où elle est assez commune en été.

J F M A M J J A S O N D

Phase de coloration foncée

Comme plusieurs buses de l'Amérique du Nord, le plumage de la buse de Swainson adulte subit plusieurs phases de coloration dont la pâle est la plus connue. Ses ailes, longues, pointues et relativement étroites, la rendent apte à exécuter de longs voyages. La partie avant de l'aile est plus pâle que la partie arrière, vue d'en dessous.

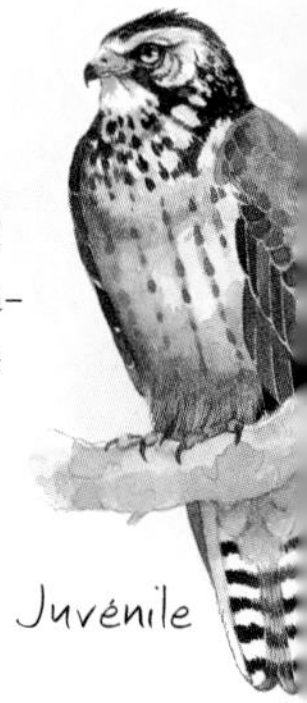

Juvénile

Pour chasser, les buses de Swainson planent en gardant les ailes légèrement au-dessus de l'horizontale et se laissent porter par le vent. Lorsqu'un champ brûle, on les voit affluer et plonger hardiment pour saisir les sauterelles que la chaleur fait fuir.

Vol au-dessus d'un champ en feu

TRAITS DISTINCTIFS

- *48-56 cm*
- *Ailes plus longues, étroites et pointues que la plupart des buses*
- *Plusieurs phases de coloration ; souvent plastron foncé contrastant avec le menton et les dessous pâles*
- *Plate-forme de branchages, dans le bas d'un arbre ou d'un buisson isolé*
- *2-4 ; blanchâtres, souvent marqués de brun*

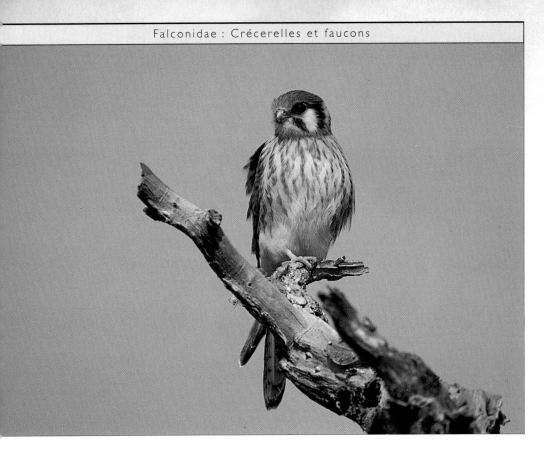

Crécerelle d'Amérique

Falco sparverius

Un petit faucon, la crécerelle d'Amérique se retrouve partout dans les deux Amériques. Elle se perche sur les fils électriques le long des routes, ou chasse en faisant du surplace au-dessus des champs et des vergers. C'est à ses ailes – pointues comme chez plusieurs faucons – qu'on la distingue des éperviers aux ailes larges et arrondies.

J F M A M J J A S O N D

Avec ses ailes bleues et sa queue rousse, le mâle est l'un des plus jolis oiseaux du continent. La femelle, plus terne, a le dos et la queue fortement rayés de noir.

Comme chez plusieurs rapaces, le mâle est plus petit que la femelle. Cette particularité leur permet de chasser des proies différentes, élargissant ainsi leurs sources d'approvisionnement. Mais alors, pourquoi le plus gros des deux n'est-il pas le mâle ? Chez les faucons et les éperviers, la femelle couve les œufs presque à elle seule ; on croit qu'étant plus grosse, elle peut rester plus longtemps au nid. Par ailleurs, c'est le mâle qui lui apporte à manger ; or, les proies plus petites qu'il chasse sont plus abondantes que les proies habituelles des femelles.

Vol en surplace

♀

♂

TRAITS DISTINCTIFS

- 25,5-29 cm
- *Petite, très répandue ; vole en surplace*
- *Dos et queue roux*
- *Mâle : ailes gris-bleu*
- *Cavité dans un arbre ou une falaise ; ouverture dans un bâtiment*
- *3-7 ; crème, maculés de brun*

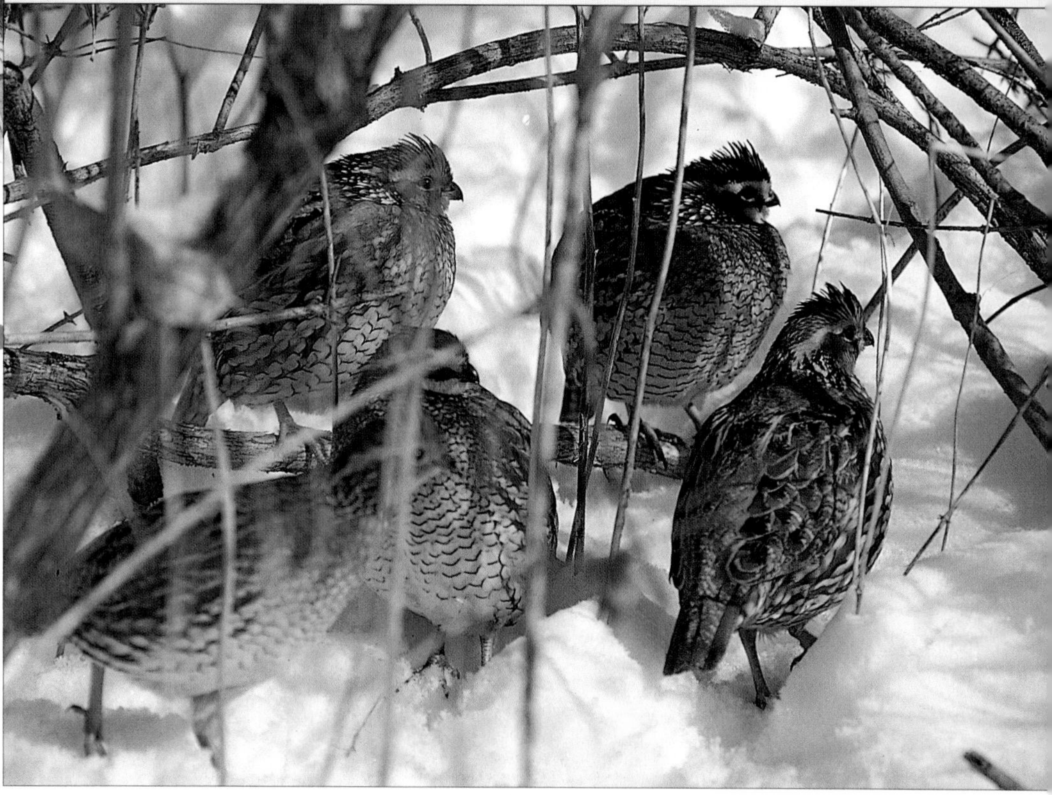

Colin de Virginie

Colinus virginianus

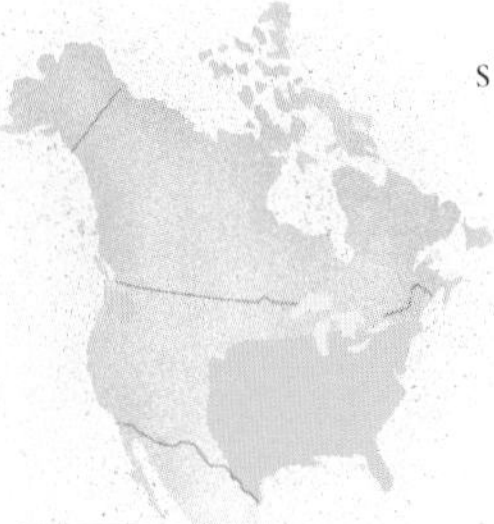

J F M A M J J A S O N D

Quand on entend son cri, un *bob-ouête* sifflant qui lui a donné son nom de *bob white* en anglais, on ne peut le confondre avec aucun autre. À l'est des États-Unis et au sud des Grands Lacs, c'est un cri familier des régions rurales car le colin de Virginie vit à proximité des champs.

La plupart du temps, l'espèce se rassemble en vols d'une vingtaine d'individus ; le printemps venu, elle se divise en couples. Quand on dérange un colin, il se cache dans les arbres ou s'élance dans les airs dans un bruissement d'ailes avant de trouver un abri.

La femelle, avec un motif de coloration moins marqué que le mâle, présente une rayure superciliaire et une tache chamois sur la gorge.

Le colin masqué a la face et la gorge noirâtres. Cette race a quitté, au début du XXe siècle, les déserts de l'Arizona ; on tente actuellement de la réintroduire à partir du Mexique.

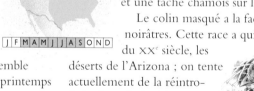

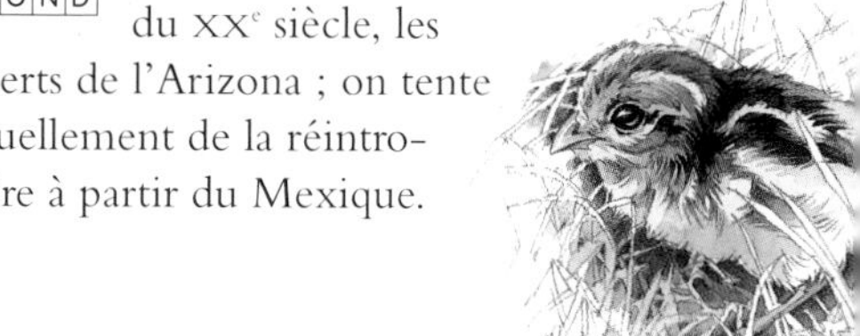

Poussin

Forme masquée

Forme de l'Est

♀

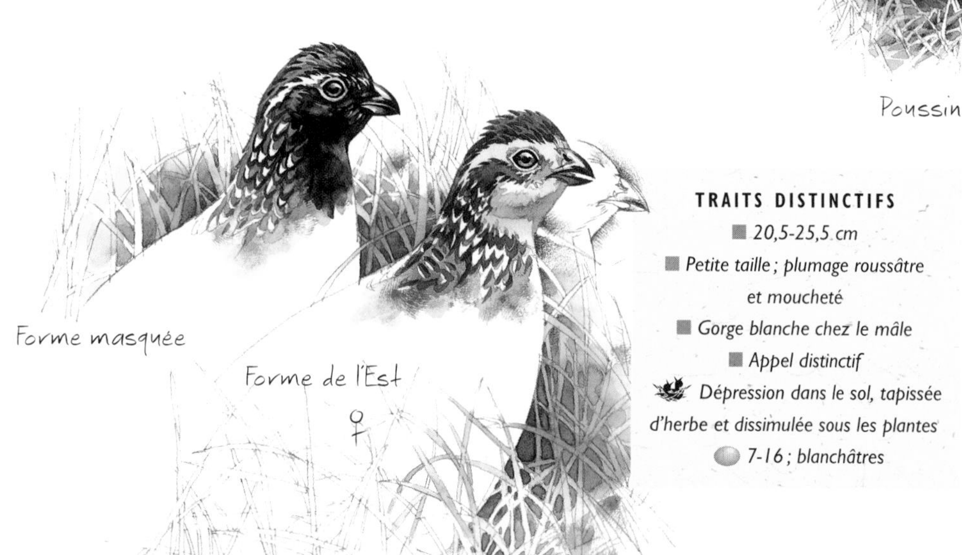

TRAITS DISTINCTIFS

- *20,5-25,5 cm*
- *Petite taille ; plumage roussâtre et moucheté*
- *Gorge blanche chez le mâle*
- *Appel distinctif*
- *Dépression dans le sol, tapissée d'herbe et dissimulée sous les plantes*
- *7-16 ; blanchâtres*

Pluvier kildir

Charadrius vociferus

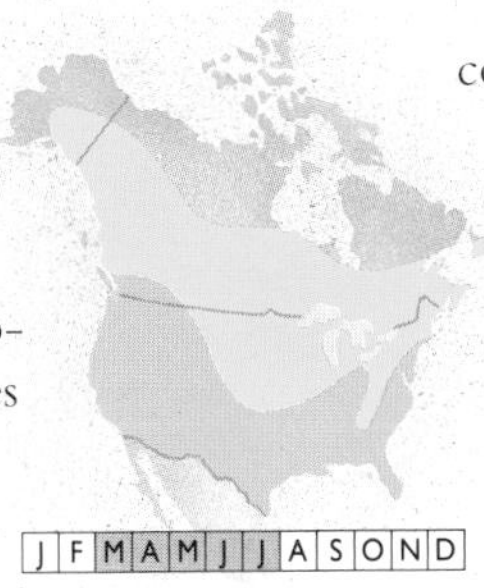

Cet oiseau bruyant au coloris frappant est en réalité un oiseau de littoral ; il est néanmoins commun en Amérique du Nord où il fréquente les régions agricoles et les terrains découverts, comme les aéroports, les aires de jeu et les berges des cours d'eau. Il tire son nom de son cri, un *kill-dî* retentissant et plaintif. Il l'émet quand il est menacé, mais aussi quand il fait sa cour à la femelle en décrivant des cercles avec des battements d'ailes lents et amples.

Quand un intrus s'approche du nid où sont les œufs ou les poussins, le couple feint d'être blessé : pour faire diversion, la femelle ou le mâle se déplace sur le sol en laissant pendre son aile comme si elle était cassée et l'empêchait de s'envoler. Ce stratagème ne vise qu'à protéger sa progéniture. Si vous en êtes témoin, éloignez-vous discrètement et l'oiseau regagnera son nid.

Le kildir ne recherche pas la proximité de l'eau salée. Outre cette particularité, il se différencie des autres pluviers par un double collier noir et une longue queue orangée terminée par du noir et du blanc. Contrairement à bien des oiseaux de littoral, il présente à peu près toujours le même plumage, bien que le juvénal n'ait qu'un seul collier noir.

Pour se nourrir, le kildir effectue un double mouvement : il court et picore au sol, puis s'arrête brusquement avant de répéter la même séquence.

TRAITS DISTINCTIFS

- *24-25,5 cm*
- *Commun et bruyant*
- *Croupion rouge vif*
- *Double bande pectorale noire*
- *Dépression au sol, tapissée de galets et d'herbe*
- *3-5 ; chamois, marqués de brun et de noir*

Manœuvre de diversion : aile cassée

Tourterelle triste

Zenaida macroura

Cette élégante tourterelle de taille moyenne est commune dans son aire de dispersion, car elle fréquente en abondance les zones agricoles, les parcs, les jardins, les forêts peu denses et les terres semi-arides. Dans le Sud en particulier, elle se déplace, l'automne et l'hiver, en vols de plusieurs centaines de sujets.

J F M A M J J A S O N D

♀

La tourterelle triste doit son nom à son cri lent, mélodieux et plaintif, *o-whou-whou-whou,* qu'on méprend souvent pour celui du hibou. Son plumage relativement uni et sa longue queue pointue sont des traits distinctifs. Le mâle aux coloris de porcelaine présente une région gris-bleu pastel sur la nuque et un reflet rosé de chaque côté du cou.

La tourterelle triste prend son envol dans un bruissement d'ailes tapageur ; son vol est puissant et rapide. En période nuptiale, le mâle monte haut dans les airs avec des battements lents, puis se laisse glisser vers le sol en repliant partiellement les ailes.

En régions arides, les tourterelles peuvent parcourir de grandes distances, à l'aube et au crépuscule, pour trouver des points d'eau ou de nourriture. Si vous aimez parcourir la campagne à ces heures, vous apprendrez rapidement à repérer la fine silhouette de cet oiseau attachant.

TRAITS DISTINCTIFS

- *25,5-30,5 cm*
- *Plumage brun à reflets rosés*
- *Queue longue et pointue à bout blanc*
- *Nid peu profond de brindilles, dans un arbre ou un arbuste*
- *1-4 ; blancs*

♂

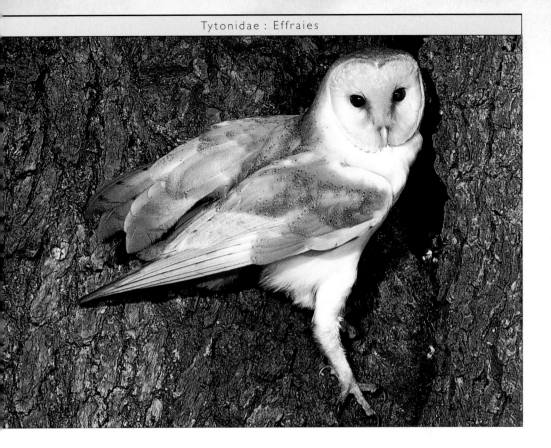

Effraie des clochers

Tyto alba

L'effraie se rencontre un peu partout dans le monde dans les zones tempérées, mais elle se hasarde rarement à nos latitudes. Elle fréquente aussi bien la ville que la campagne et chasse généralement au crépuscule ou durant la nuit, près des routes et des chemins dont les abords abritent sa nourriture de prédilection, les rongeurs. Dans le feu des phares, ses dessous blancs et son vol en surplace silencieux lui donnent un aspect fantomatique.

J F M A M J J A S O N D

La disparition progressive des arbres et des vieux bâtiments, comme les granges et les clochers désaffectés, où les effraies aiment à faire leurs nids, ont amené un déclin sensible des populations dans plusieurs régions. Ailleurs, on a tenté de préserver l'effraie, à l'instar des pays d'Asie où on lui fournit des sites de nidification dans les vergers d'arbres fruitiers, car elle chasse efficacement les rats qui s'attaquent aux récoltes.

Une des particularités de cette espèce est que le poussin, en perdant son duvet, acquiert immédiatement le plumage de l'adulte. En outre, le doigt médian des pattes est doté d'un ongle pectiné, c'est-à-dire en forme de peigne, avec lequel l'oiseau lisse ses plumes.

Ongle pectiné

L'effraie des clochers a un cri à vous glacer le sang dans les veines : un sifflement perçant et aigu, souvent émis en vol.

TRAITS DISTINCTIFS

- *35,5-40,5 cm*
- *Disque facial blanc en forme de cœur*
- *Dessous blanc, dessus rouille*
- *Cavité dans un arbre ; combles d'un vieux bâtiment ; clocher désaffecté*
- *3-11 ; blancs*

Poussins

Engoulevent d'Amérique

Chordeiles minor

Un *pînt* sonore et nasillard, à l'heure calme du crépuscule, vous fera peut-être lever la tête vers le ciel ; vous apercevrez tout là-haut un oiseau semblable à un martinet par sa forme mais plus gros et qui vole à la manière d'un gros papillon nocturne. Cet oiseau, c'est l'engoulevent d'Amérique qui fréquente, en été, tout le continent depuis les plaines de l'Ouest jusqu'aux villes de l'Est.

Un proche parent, l'engoulevent minime (*Chordeiles acutipennis* ; 20,5-23 cm) habite durant l'été les déserts et les terres arides du Sud-Ouest. Son cri fait penser au coassement d'un crapaud.

Dans les forêts de l'Est, l'engoulevent bois-pourri (*Caprimulgus vociferus* : 24 cm), dont le cri, *ouîp-pour-ouîl*, a suggéré le nom, se distingue par des taches blanches à l'extrémité des rectrices externes.

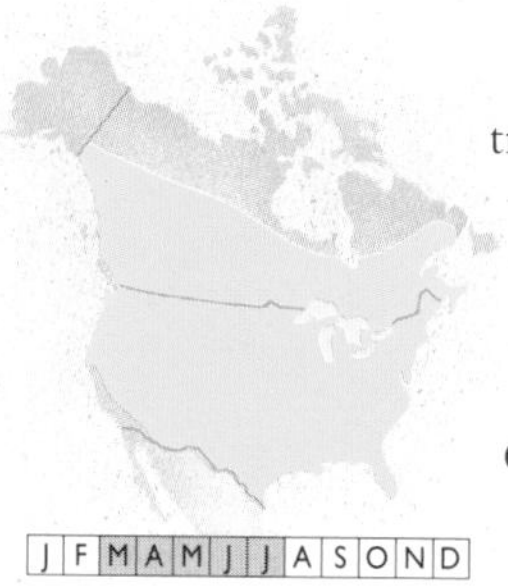

J F M A M J J A S O N D

Il n'est pas facile de distinguer ces trois engoulevents par leur apparence. Chez les oiseaux noctures, en effet, le plumage joue un rôle de camouflage et c'est donc par le chant qu'il faut apprendre à les reconnaître. On peut dire toutefois que la bande alaire blanche est plus terminale chez l'engoulevent minime que chez l'engoulevent d'Amérique, et totalement absente chez l'engoulevent bois-pourri.

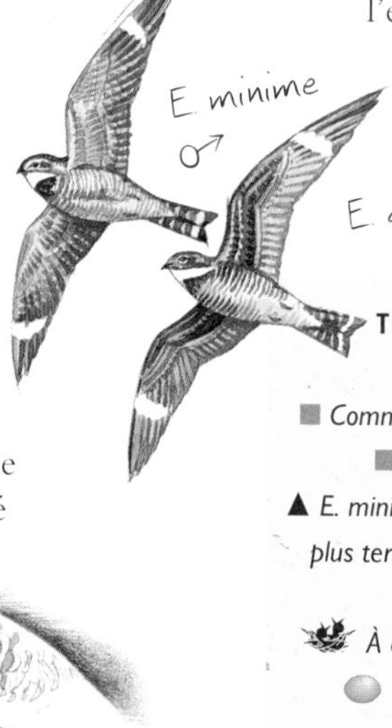

TRAITS DISTINCTIFS

■ 23-25,5 cm

■ *Commun dans les régions habitées*

■ *Bande alaire blanche*

▲ *E. minime (Sud-Ouest) : bande alaire plus terminale ; E. bois-pourri (Est) : pas de bande alaire*

À découvert au sol ; sur toit plat

2 ; crème à cannelle pâle, maculés de brun

Tyran tritri

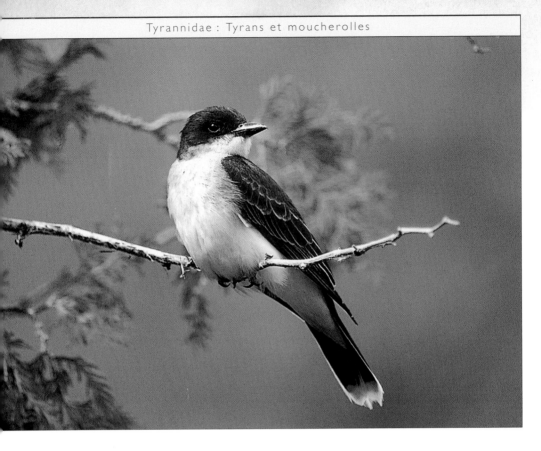

Tyrannus tyrannus

Les tyrans sont de gros moucherolles très voyants qu'on peut souvent apercevoir, en été, perchés sur les fils électriques ou les clôtures. Huit espèces nichent en Amérique du Nord. Ce sont des oiseaux migrateurs qui hivernent au Mexique et en Amérique du Sud.

Tyran tritri sur un fil ♂

J F M A M J J A S O N D

Le tyran tritri est commun dans la plus grande partie de l'Amérique du Nord ; ses dessus noirâtres, ses dessous blancs et sa queue noire à bout blanc en font un oiseau très facile à reconnaître.

Très possessif de son territoire durant la nidification, il forme des bandes nombreuses pour la migration et en hiver. Contrairement à plusieurs oiseaux chanteurs, les tyrans voyagent de jour ; au printemps et à l'automne, on peut voir un vol entier s'abattre dans un arbre pour se nourrir et repartir aussitôt fait.

Le tyran le plus spectaculaire en Amérique du Nord est le tyran à longue queue (*Tyrannus forficatus* ; 19-35,5 cm), un oiseau relativement petit et paré d'une très longue queue, profondément fourchue, qui niche au Texas et dans les États voisins où il est très commun. Quand il est perché, on le reconnaît à son abdomen rosé ; en vol, il révèle une tache rose vif sur les flancs. Sa queue spectaculaire est plus courte chez le juvénile.

TRAITS DISTINCTIFS

- *19,5-21 cm*
- *Commun et très voyant*
- *Dessus gris ardoise, dessous blanc*
- *Queue à bande terminale blanche*
- *Nid volumineux, fait d'herbe, dans un arbuste ou un arbre*
- *3-5 ; blanchâtres, marqués de brun*

Tyran à longue queue

Tyran de l'Ouest

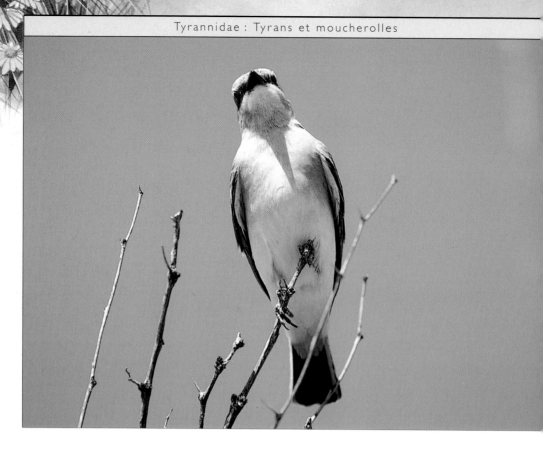

Tyrannus verticalis

En été, le tyran de l'Ouest est un oiseau commun dans le Midwest et l'Ouest américains ; en certains endroits, il partage le territoire du tyran tritri (p. 179). Le tyran de l'Ouest a la tête et la poitrine gris pâle, l'abdomen jaune ainsi qu'une queue noire marquée par un bout carré et des rectrices externes blanches.

J F M A M J J A S O N D

T. de l'Ouest

Le tyran de Cassin (*Tyrannus vociferans* ; 20,5-23 cm) a lui aussi l'abdomen jaune, mais il préfère les habitats arides du sud du Montana et du centre de la Californie. On l'identifie à son cri guttural et légèrement explosif.

Présent dans les boisés du sud du Canada, de l'est et du centre des États-Unis, le tyran huppé (*Myiarchus crinitus* ; 20-23 cm) se distingue des autres tyrans par ses ailes et sa queue teintées de cannelle. Il a la poitrine grise et le ventre jaune. Le tyran huppé a une prédilection marquée pour les exuvies : parmi les matériaux de son nid, qu'il loge dans une cavité, on retrouve en effet immanquablement une peau délestée par une couleuvre en mue.

T. de Cassin

TRAITS DISTINCTIFS

■ *19,5-21 cm*

■ *Tête et poitrine gris pâle ; queue carrée ; rectrices externes blanches*

▲ *T. de Cassin (Sud-Ouest) : menton blanc contrastant avec poitrine grisâtre*

▲ *T. huppé : ailes et queue teintées de cannelle*

Nid volumineux fait d'herbe et de brindilles, dans un buisson ou un arbre

3-7 ; blanchâtres, marqués de brun

Alouette hausse-col

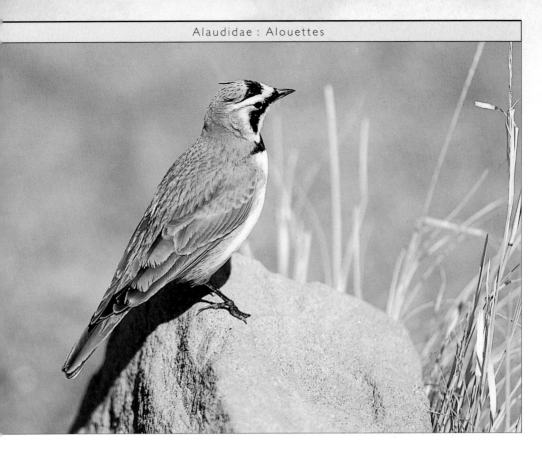

Eremophila alpestris

Le mâle de l'alouette hausse-col attire l'attention par son chant soutenu, émis soit d'un perchoir près du sol, soit très haut dans le ciel. Le reste du temps, mâle comme femelle passent en général inaperçus et se confondent avec la nature ou se mettent discrètement à l'abri sitôt qu'on les dérange. Pris par surprise, ils s'enfuient avec un vol ondulant et bas en lançant quelques notes cristallines et aiguës.

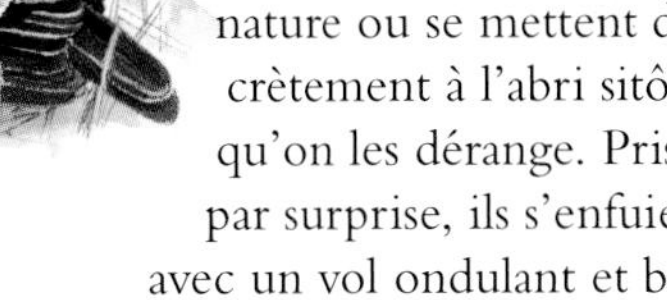

Poussin

J F M A M J J A S O N D

L'alouette hausse-col, autrefois appelée alouette cornue, fréquente les habitats découverts, depuis la toundra jusqu'aux déserts du Sud-Ouest américain, sans oublier les champs moissonnés et les plages. À la fin de l'hiver, on aperçoit parfois des volées d'une centaine d'oiseaux le long d'une route ou dans un champ.

Comme plusieurs oiseaux chanteurs à vaste territoire, le plumage des alouettes hausse-col varie beaucoup d'un endroit à l'autre. Mais on retrouve chez toutes un masque noir, un plastron noir sur la poitrine et, sur le front, une bande noire terminée par deux petites aigrettes chez le mâle.

Avec ses dessus tachetés de points blancs et sans masque noir, le juvénile diffère beaucoup de l'adulte et est difficile à identifier lorsqu'on l'observe pour la première fois.

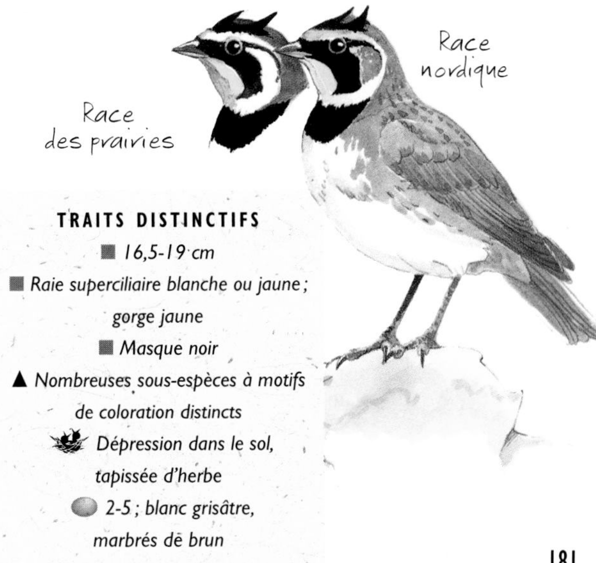

TRAITS DISTINCTIFS

- *16,5-19 cm*
- *Raie superciliaire blanche ou jaune ; gorge jaune*
- *Masque noir*
- ▲ *Nombreuses sous-espèces à motifs de coloration distincts*
- *Dépression dans le sol, tapissée d'herbe*
- *2-5 ; blanc grisâtre, marbrés de brun*

Pie bavarde

Pica pica

On rencontre la pie bavarde dans les terres agricoles, les ranchs et les forêts peu denses du Centre ouest et du Nord-Ouest du continent ; elle se signale par une longue queue émarginée et un cri rauque proféré en séquence.

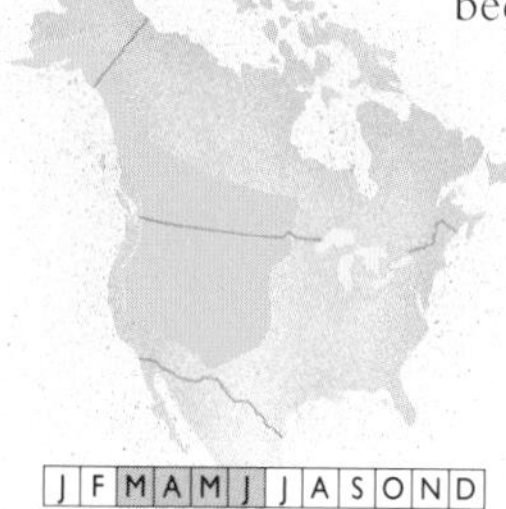

La pie à bec jaune (*Pica nuttallii* ; 43-53,5 cm), commune dans les vallées du centre de la Californie, est un bon exemple de différenciation biogéographique, terme savant pour désigner la formation d'une espèce à partir d'un groupe isolé. Une chaîne de hautes montagnes l'a, en effet, définitivement isolée de la pie bavarde, faisant d'elle en même temps la seule espèce exclusive à la Californie. Comme son nom l'indique, elle est aisément reconnaissable à son bec jaune, quoique gris foncé chez les juvéniles. Quand on l'observe de près, on remarque que le pourtour de l'œil est jaune et dépourvu de plumes.

Les pies se réunissent en bandes d'une vingtaine d'oiseaux et peuvent aussi, à l'occasion, nicher en colonies. Là où elles sont communes, leurs nids volumineux, auxquels elles retournent chaque année, marquent le paysage de leur masse sombre.

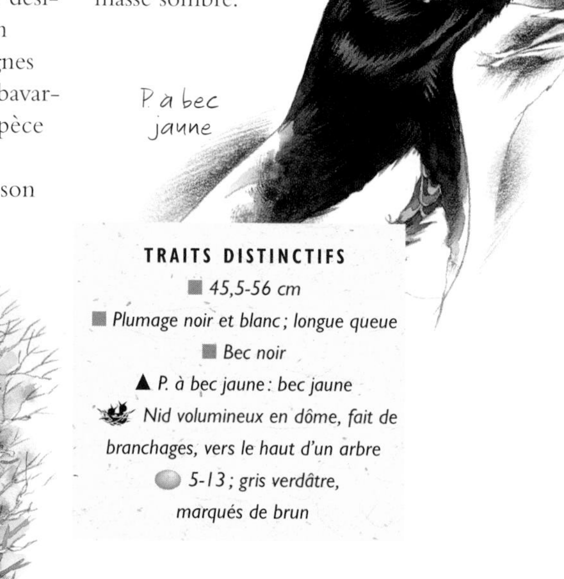

TRAITS DISTINCTIFS

■ 45,5-56 cm

■ Plumage noir et blanc ; longue queue

■ Bec noir

▲ P. à bec jaune : bec jaune

Nid volumineux en dôme, fait de branchages, vers le haut d'un arbre

5-13 ; gris verdâtre, marqués de brun

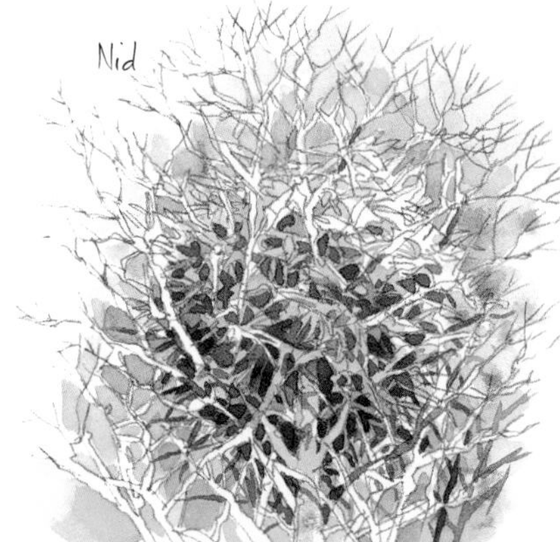

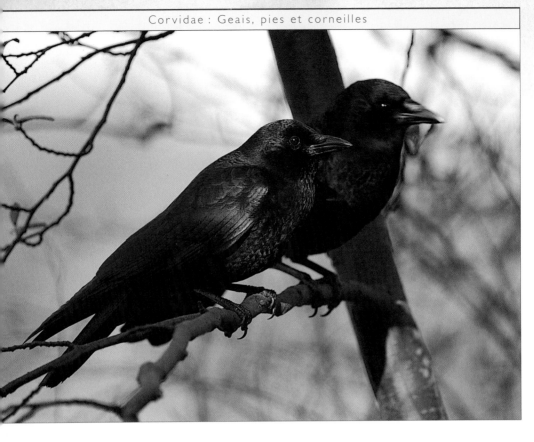

Corneille d'Amérique

Corvus brachyrhynchos

Commune dans la majeure partie de l'Amérique du Nord, la corneille d'Amérique fréquente les régions agricoles, rurales et urbaines. Sur la côte Ouest, elle cède la place à la corneille d'Alaska (*Corvus caurinus* ; 40,5 cm), un peu plus petite et qui n'en serait, selon certains ornithologues, qu'une sous-espèce.

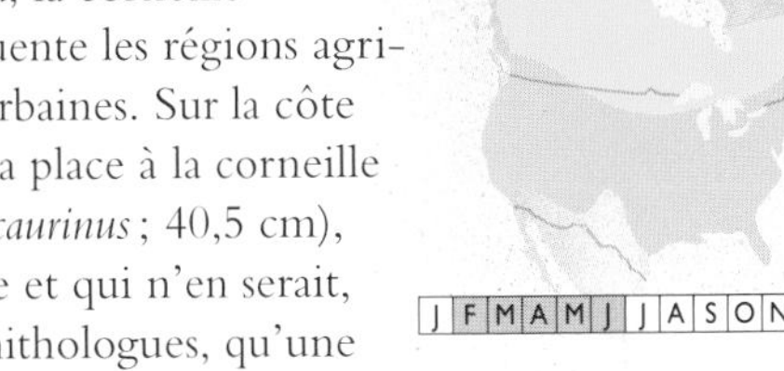

Les corneilles sont des oiseaux sociables, particulièrement en hiver où elles forment des colonies de plusieurs milliers de membres.

Observez-les : vous remarquerez que, pendant que la bande se nourrit, une ou deux sentinelles font le guet, prêtes à donner l'alarme au moindre danger.

C. d'Amérique

Grand corbeau

Des cinq corneilles nord-américaines, la seule autre espèce qui soit très répandue est le grand corbeau (*Corvus corax* ; 56-67 cm), présent au Canada dans l'Est et dans l'Ouest. Il est plus gros et plus massif que la corneille d'Amérique ; sa queue est taillée en biais, au lieu d'être carrée comme celle de la corneille ; il a un bec plus gros et des plumes ébouriffées sur la gorge.

TRAITS DISTINCTIFS

- *40,5-51 cm*
- *Plumage noir*
- *Seul corvidé répandu presque partout en Amérique du Nord*
- ▲ *Grand corbeau : plus gros ; queue en forme de cravate ; bec robuste*
- ▲ *Plusieurs espèces locales de corneilles dans des territoires délimités*
- *Nid volumineux fait de branchages, dans un arbre ou sur un poteau*
- *3-7 ; verdâtres, marqués de brun et de gris*

Dickcissel d'Amérique

Spiza americana

Bien qu'ils soient communs, en été, dans la région des prairies, les dickcissels n'apparaissent pas toujours en même nombre d'une année à l'autre : parfois, ils sont très abondants ; parfois, ils sont rares et même absents.

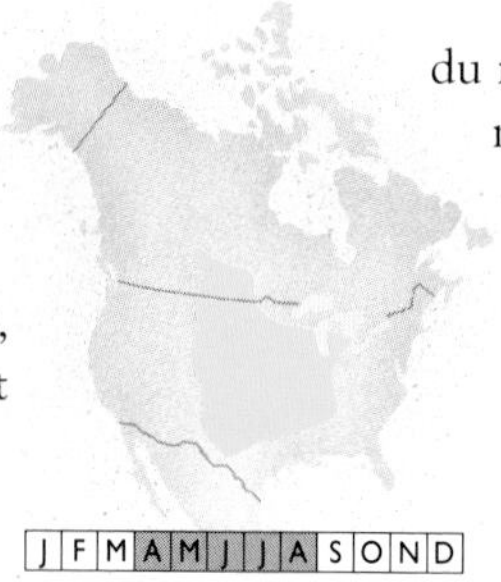

J F M A M J J A S O N D

Le dickcissel d'Amérique niche dans les champs de céréales et dans les clairières ; c'est là que le mâle, perché sur une clôture ou près du sol, fait entendre le cri qui lui a donné son nom. Ces oiseaux grégaires se déplacent en groupes surtout au moment de la migration ou dans leur territoire d'hiver, sous les Tropiques. De loin, on dirait un nuage ondulant d'insectes.

Le mâle est facile à identifier, mais le juvénile et la femelle ressemblent beaucoup à la femelle du moineau domestique. On remarquera, néanmoins, le bec plus long et plus conique du dickcissel, sa bavette noire et ses scapulaires rouille. Les juvéniles ont souvent la poitrine et les flancs rayés.

Juvénile

TRAITS DISTINCTIFS

- 14,5-16 cm
- Rayure superciliaire jaunâtre
- Bec robuste et gris
- Taches alaires rouille
- Nid volumineux fait d'herbe, dans une touffe d'herbe ou une haie
- 3-5 ; bleu pâle

Vol de dickcissels d'Amérique

Bruant à joues marron

Chondestes grammacus

Familier en été des terres agricoles, des prairies et des régions rurales des États-Unis, le bruant à joues marron est l'un des plus faciles à identifier grâce à son masque d'arlequin et aux larges rectrices externes blanches de sa queue. Son chant, mélodieux et puissant, est très varié ; on y découvre des trilles, des bourdonnements, des cris secs et toutes sortes de sons. Il émet aussi un *tchip* plus faible par lequel on peut le reconnaître.

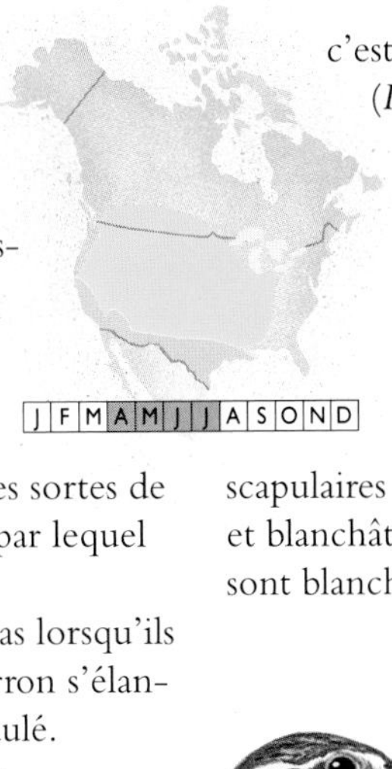

La plupart des bruants volent très bas lorsqu'ils lèvent, alors que le bruant à joues marron s'élance vers le ciel d'un vol puissant et ondulé.

Le juvénile se distingue par de fines rayures foncées sur la poitrine et l'ébauche de ce qui sera le masque de l'adulte, mais les parties marron chez ce dernier sont brunes chez lui.

Un autre bruant présente, lui aussi, du blanc dans la queue : c'est le bruant vespéral (*Pooecetes gramineus* ; 14-15 cm), très répandu en été dans les habitats découverts de toute l'Amérique du Nord. Son plumage brun est uniformément rayé. Il montre des scapulaires marron et un cercle oculaire étroit et blanchâtre ; les rectrices externes de sa queue sont blanches.

J F M A M J J A S O N D

B. à joues marron

B. vespéral

TRAITS DISTINCTIFS

■ *15-16,5 cm*

■ *Dessous blanchâtres ; point noir sur la poitrine*

■ *Masque marqué de blanc, de marron et de noir*

▲ *Juvénile peu distinct des autres bruants*

Nid fait d'herbe, sur le sol, dans les herbes ou les graminées

3-6 ; blanchâtres, mouchetés de brun ou de gris foncé

Bruant noir et blanc

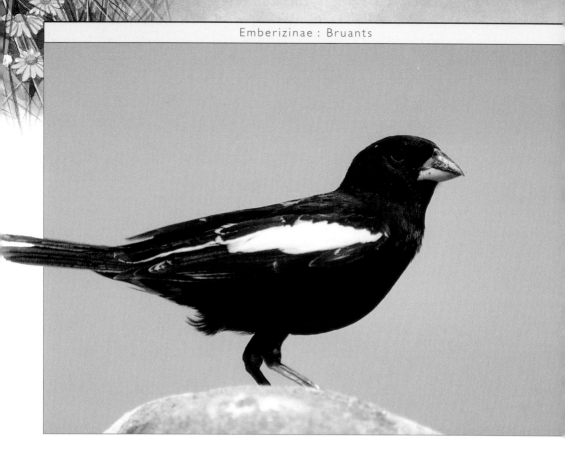

Calamospiza melanocorys

Dans la prairie centrale, on aperçoit souvent, en été, le joli bruant noir et blanc en train de chanter, perché sur une clôture ou en plein vol. Comme cette espèce n'a pas de prétentions territoriales affirmées, plusieurs mâles peuvent chanter ensemble dans un espace restreint.

La femelle peut facilement être confondue avec celle du roselin pourpré. On remarque néanmoins son bec robuste, noir dessus et gris-bleu dessous, et sa tache alaire blanchâtre. Après la nidification, le mâle acquiert le même plumage que la femelle avec néanmoins plus de noir sur la gorge et plus de blanc dans les ailes. Le seul oiseau qui ressemble au bruant noir et blanc en été dans cet habitat est le goglu des prés (p. 188), qui a, lui, la nuque jaunâtre et le croupion blanc.

En automne et en hiver, les bruants noir et blanc se rassemblent en grandes bandes pour se nourrir le long des routes et dans les espaces ouverts. L'espèce est absente dans l'est du continent.

J F M A M J J A S O N D

En hiver ♂

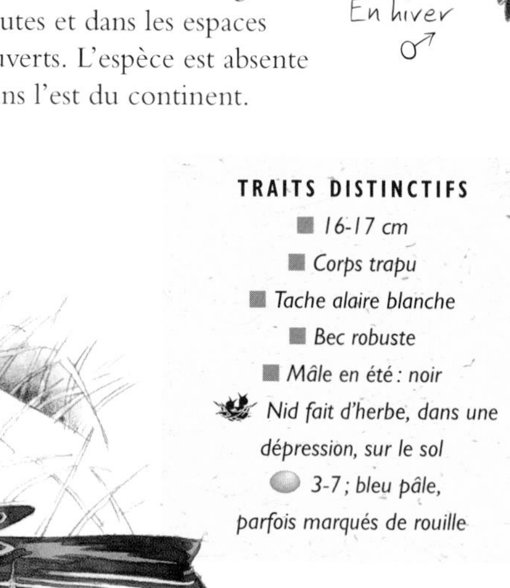

TRAITS DISTINCTIFS

- *16-17 cm*
- *Corps trapu*
- *Tache alaire blanche*
- *Bec robuste*
- *Mâle en été : noir*
- *Nid fait d'herbe, dans une dépression, sur le sol*
- *3-7 ; bleu pâle, parfois marqués de rouille*

Bruant des prés

Passerculus sandwichensis

L'un des oiseaux les plus répandus en Amérique du Nord, le bruant des prés, brun et rayé, fréquente les champs, les prés, les marécages et les dunes herbeuses. C'est un oiseau timide qui lève dès qu'on l'approche, mais se pose aussitôt au sol où il disparaît dans la végétation. Contrairement à beaucoup de bruants des prairies et des marécages qui demeurent silencieux quand ils s'envolent, celui-ci lance un cri aigu. Parfois, il se perche brièvement sur une tige herbacée, dans un buisson prostré ou sur une clôture avant de se perdre dans les herbes. Au printemps, le mâle attire pourtant l'attention avec un chant sifflant terminé par un double trille.

Dans la plus grande partie de son aire de dispersion, il présente un petit bec rosâtre, une poitrine rayée et une rayure superciliaire chamois pâle ou blanchâtre, ainsi qu'une tache jaunâtre devant les yeux. Certains oiseaux de la côte atlantique (parfois appelés bruants d'Ipswich) sont plus gros et généralement plus pâles ; ils n'ont pas de jaune sur la face ou en ont très peu, alors que les bruants des marais salés du sud de la Californie sont plus foncés et plus fortement rayés.

J F M A M J J A S O N D

Forme pâle du désert

TRAITS DISTINCTIFS

- *12,5-15 cm*
- *Commun et très répandu*
- *Brun et rayé*
- *Bec et pattes roses*
- *Rayure superciliaire jaunâtre*
- ▲ *Coloris très variables*
- *Nid d'herbe, dans une dépression*
- *3-6 ; blanchâtres ou bleu-vert pâle, marqués de brun*

Goglu des prés

Dolichonyx oryzivorus

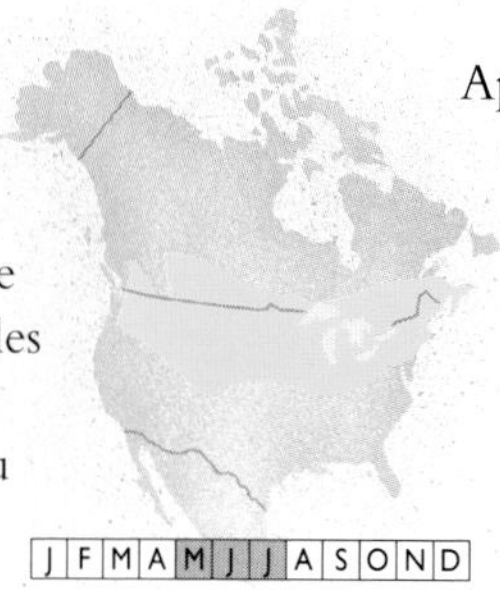

J F M A M J J A S O N D

Son nom anglais, *bobolink*, constitue la transcription phonétique de son chant. Le goglu des prés, que l'on reconnaît à ce chant très caractéristique, niche dans les champs de foin et les terres en friche. Le mâle lance son chant amoureux du haut des airs et peut s'accoupler avec plus d'une femelle. Ce comportement serait le résultat des préférences qu'affichent les femelles envers les mâles ayant les plus grands territoires.

Après la reproduction, le mâle mue et adopte un plumage semblable à celui de la femelle et des juvéniles : uniformément chamois, marqué de brun foncé sur la face, le dos et les flancs. Ce plumage rappelle celui des bruants ; le goglu des prés s'en distingue par une taille plus forte et par des dessous unis : les rayures des flancs épargnent la poitrine. À toutes les périodes, il montre une queue raide à rectrices pointues.

On peut reconnaître facilement le goglu des prés au cri d'appel, un petit *pingue*, qu'il lance souvent en vol.

TRAITS DISTINCTIFS

- *15-18 cm*
- *Mâle : dessous noirs ; scapulaires et croupion blancs ; nuque chamois*
- *Femelle : jaunâtre ; dessus et flancs fortement rayés*
- *Nid fait d'herbe, au creux des herbes hautes ou des céréales*
- *4-7 ; gris pâle ou brunâtres, marqués de brun*

Rectrices pointues

Sturnelle des prés

Sturna magna

Les sturnelles des prés sont des oiseaux chanteurs familiers qui fréquentent les terrains découverts. Dans le Midwest et le Sud-Ouest, leur territoire rencontre celui de leur pendant de l'Ouest, la sturnelle de l'Ouest (*Sturna neglecta* ; 19-24 cm). On peut apercevoir les deux espèces perchées sur des pieux de clôture ou sur des fils électriques dans le voisinage des champs.

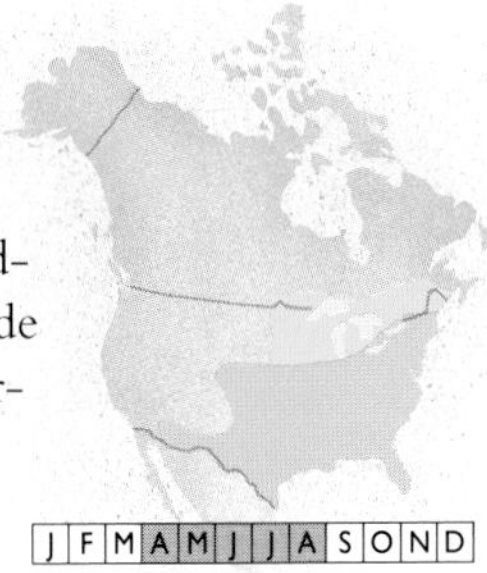

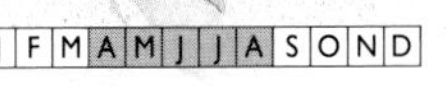

Rectrices externes blanches de la queue

S. de l'Ouest ♀

Même les experts ont du mal à identifier ces deux sturnelles quand elles sont silencieuses. Si la sturnelle de l'Ouest mâle affiche une marque jaune plus ample sur la joue que la sturnelle des prés mâle, c'est à leur voix qu'on arrive le mieux à les reconnaître.

S. des prés ♂

La sturnelle des prés a un chant mélodieux à trois ou quatre notes plaintives et sifflantes ; celui de la sturnelle de l'Ouest, flûté et plus complexe, comprend des notes riches et carillonnantes qui rappellent à la fin le chant des parulines. Les deux espèces ont également des cris d'appel distincts : rauque chez la première et grave chez la seconde.

S. de l'Ouest ♂

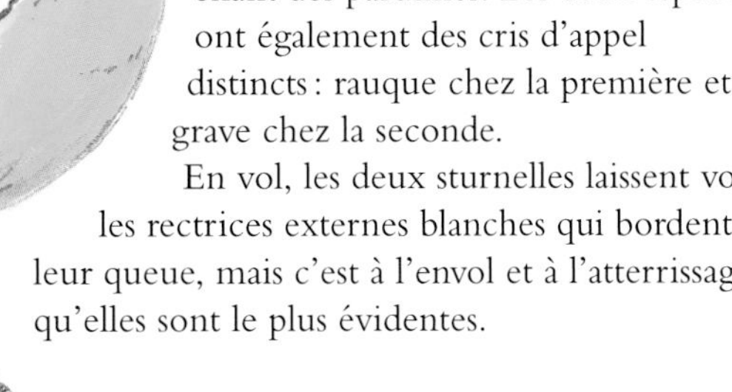

En vol, les deux sturnelles laissent voir les rectrices externes blanches qui bordent leur queue, mais c'est à l'envol et à l'atterrissage qu'elles sont le plus évidentes.

TRAITS DISTINCTIFS

■ *19-24 cm*

■ *Dessous jaune vif ; rectrices externes de la queue blanches*

■ *Bande pectorale noire en forme de V*

▲ *S. de l'Ouest lui ressemble*

Nid d'herbes, souvent avec un dôme, dans une dépression au sol

3-7 ; blanchâtres, marqués de brun

Quiscale à longue queue

Quiscalus mexicanus

Jusque vers 1960, on pensait que le quiscale à longue queue était de la même espèce que le quiscale des marais (*Quiscalus major*; 33-40,5 cm) qui habite le littoral américain entre la Nouvelle-Angleterre et l'est du Texas. Puis des études ont démontré que ces deux oiseaux occupent le même territoire, mais ne s'hybrident pas; cette observation a amené la création de deux espèces distinctes.

Le quiscale à longue queue se reconnaît à sa grande taille et à ses yeux jaune pâle. Le quiscale des marais a en règle générale les yeux bruns, mais une forme du littoral atlantique montre des yeux jaune clair. Les parades amoureuses de l'un et de l'autre diffèrent, de même que leurs chants, bien que ceux-ci se situent dans le même répertoire de sons. Le quiscale à longue queue se répand vers le Sud-Est à mesure que progresse l'extension des terres agricoles et des espaces urbains bien irrigués. Sauf en Floride, le quiscale des marais se limite aux régions du littoral et s'associe aux marais salés.

J F M A M J J A S O N D

Q. des marais ♂

TRAITS DISTINCTIFS

- *26,5-47 cm*
- *Oiseau de grande taille*
- *Queue longue et large*
- *Yeux jaune doré*
- *Nid volumineux fait d'herbe, dans un arbre ou un arbuste, sur toute la hauteur du tronc*
- *3-4; gris clair; marques foncées*

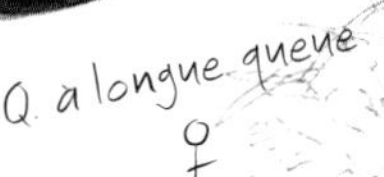

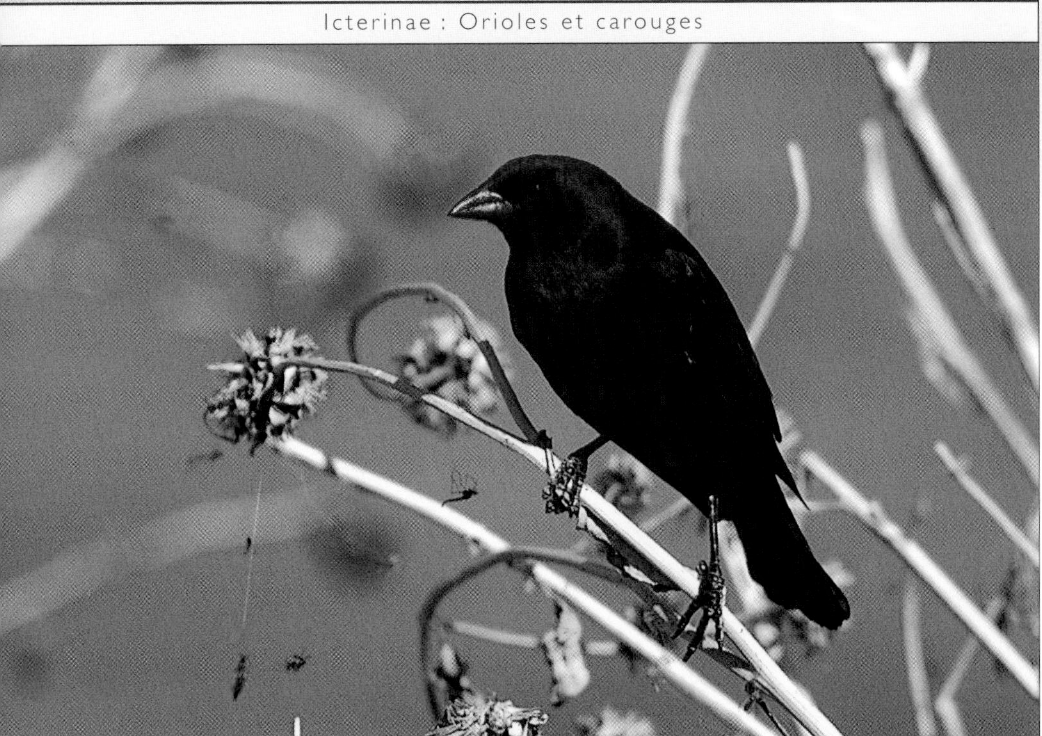

Vacher à tête brune

Molothrus ater

Le trait le plus connu – mais non le plus flatteur – du vacher à tête brune, c'est que la femelle pond ses œufs dans les nids d'autres oiseaux et se désintéresse totalement de ce qui leur arrive par la suite. Une étude a révélé que des œufs de vacher à tête brune avaient été trouvés dans les nids de 220 espèces différentes allant du canard au colibri. On estime que la femelle pond au total 80 œufs en deux ans. Même si 3 p. 100 seulement des petits arrivent à maturité, il n'en reste pas moins que la femelle produit 2,4 adultes en moyenne ; on comprend dès lors que l'espèce ne cesse de s'accroître.

J F M A M J J A S O N D

Originaire des Prairies, le vacher suivait autrefois les troupeaux de bisons dans leurs déplacements, se nourrissant au sol des insectes délogés par ces bêtes. C'est ainsi qu'il a développé des stratégies de nomade, y compris celle de confier à d'autres l'éducation de sa progéniture. Il s'est par la suite répandu à travers le continent, à mesure que se multipliaient les fermes et les pâturages. Le chant du vacher mâle est glougloutant et sifflant ; le cri, strident. Les femelles et les juvéniles ont un plumage brun-gris uniforme, plus pâle sur la tête et les dessous, un bec robuste et un cercle oculaire pâle.

Viréo de Bell nourrissant des petits vachers

TRAITS DISTINCTIFS

- *16,5-19 cm*
- *Corps trapu, bec robuste, queue courte*
- *Mâle : noir à tête brune*
- *Femelle : brun-gris ; dessous pâles*
- *Juvénile : semblable à la femelle adulte ; dessous rayés*
- *Œufs pondus dans les nids d'autres espèces*
- *Blanc-bleu, fortement mouchetés de brun*

♀

Chardonneret jaune

Carduelis tristis

Le chardonneret jaune est commun dans les champs broussailleux, les boisés clairsemés et les régions urbaines. Il manifeste une nette prédilection pour les graines de chardon, d'où son nom. Le mâle en plumage nuptial est l'un de nos plus beaux oiseaux ; à la fin de l'été, mâles et femelles adoptent un plumage foncé, semblable à celui des juvéniles. En hiver, le chardonneret jaune fréquente volontiers les mangeoires de jardin.

Dans la plus grande partie du Sud-Ouest, le chardonneret jaune, présent en hiver, est remplacé en été par le chardonneret mineur (*Carduelis psaltria* ; 10-11,5 cm) qui vient y nicher. Le mâle de cette espèce a, dans l'ouest de son territoire, un dos vert et une calotte noire tandis que, dans l'est, sa tête et son dos sont noirs. Contrairement au chardonneret jaune, le chardonneret mineur montre une tache blanche à la base des primaires quand les ailes sont repliées et du blanc sur les plumes sous-caudales qui sont jaunâtres, et non blanchâtres.

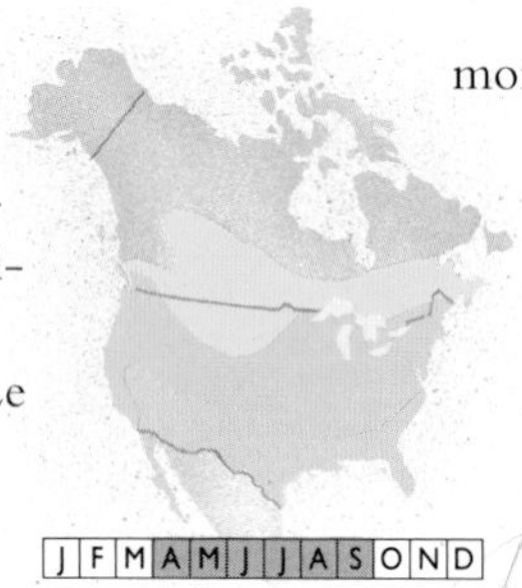

TRAITS DISTINCTIFS

■ *11,5-12,5 cm*

■ *Plumage nuptial unique*

■ *Chez toutes les espèces : plumes sous-caudales blanches et absence de rayures*

▲ *C. mineur : tectrices sous-caudales jaunâtres, dos vert ; mâle : capuchon noir*

Nid fait de matières végétales fines, dans un arbuste ou un arbre

4-6 ; uniformément bleutés

Milieux humides

DANS LES AIRS Il y a toujours beaucoup d'activité dans les airs au-dessus d'un marais. Recherchez les canards d'Amérique et les bernaches du Canada avec leur vol typique en V.
EAUX PROFONDES Les fuligules et autres canards plongeurs nagent en groupes compacts sur les lacs profonds, loin du rivage, là où vont aussi les plongeons et la plupart des grèbes.
HAUTS-FONDS Leurs eaux peu profondes attirent, selon la latitude, aigrettes, hérons, phalaropes, échasses ou avocettes qui se nourrissent en fouillant la vase de leur bec.
VASIÈRES Beaucoup d'oiseaux aiment fouiller la vase. Certains oiseaux de rivage, comme le bécasseau minuscule, recherchent plutôt l'eau douce.

Milieux humides

Marais, hauts-fonds, réservoirs, lacs, rivières

Les milieux humides sont un habitat inculte où s'épanouit une flore particulière. On les associe à différents types de nappes d'eau : aux lacs et aux bassins de retenue d'une part, mais aussi aux Grands Lacs canado-américains et aux marécages des Everglades dans le sud de la Floride. Pour les fins de ce guide, il est utile d'inclure, sous le terme générique de « milieu humide », non seulement les terres imbibées d'eau douce, mais aussi les nappes d'eau qui les alimentent – réservoirs, lacs et rivières – et d'y intégrer parmi leur faune les oiseaux de mer qui les fréquentent régulièrement.

Les environnements humides – et les espèces qu'ils attirent – sont fort variés : les lacs profonds et glacés du Nord attirent des populations évidemment très différentes de celles qui fréquentent les étangs peu profonds et ensoleillés de la Prairie centrale ou les grands marais à cyprès du Sud. En général, les milieux humides du Nord, de l'Ouest et de la Prairie sont fréquentés par la sauvagine et les oiseaux de rivage, et ceux du Sud, par de grands échassiers comme les aigrettes et les ibis.

Pour l'ornithologue, l'intérêt que présente un milieu humide est fonction de la variété d'espèces qu'il aura la chance d'y trouver. Or, celle-ci dépend de la quantité des terres détrempées et de la proportion de vase, de plantes aquatiques et de bassins d'eau qu'elles renferment.

On a trop longtemps considéré les milieux humides comme des terrains inutiles, sans penser qu'ils jouent un rôle essentiel dans notre écosystème. Les grands travaux d'assèchement et de récupération sont à l'origine du déclin de plusieurs espèces d'oiseaux. C'est le cas du marais Oak Hammock, au Manitoba. Il y a un siècle, ce marais couvrait 47 000 ha. Il n'en reste plus que 250 ha, que des biologistes ont reconvertis d'arrache-pied pour favoriser le retour de milliers d'oiseaux privés de leurs lieux traditionnels de nidification.

Il faut encourager les programmes visant à préserver les milieux humides ou à les convertir en parcs et en réserves fauniques.

TYPHA (QUENOUILLES) Râles et butors s'y cachent, mais ils en sortent pour se nourrir. Des oiseaux chanteurs, comme le troglodyte des marais, peuvent y bâtir leur nid à l'occasion, tandis que les carouges à épaulettes y nichent en colonies nombreuses.

Observer en milieu humide

Le milieu humide, au sens élargi que nous lui donnons ici, est l'endroit idéal pour étudier le comportement social des oiseaux, leurs méthodes d'alimentation et leurs migrations annuelles

Grâce à la diversité de leurs habitats, les milieux humides offrent à l'observateur la chance de voir tout un échantillonnage d'oiseaux fascinants : pélicans, hérons, aigrettes, oies, balbuzards et oiseaux de rivage. Ils constituent en outre une zone bien délimitée où il est possible de noter de jour en jour les variations qui se produisent et le nombre d'oiseaux qui s'y trouvent.

Dans la forêt ou la prairie, il peut vous arriver, un jour donné, de voir plus de parulines ou de bruants que la veille ou le lendemain, mais comment savoir combien sont cachés dans les arbres ou les herbes ? Mais si vous apercevez un beau jour 20 canards dans un marais et n'en voyez plus le lendemain, il y a de fortes chances que les oiseaux soient partis et non pas simplement dissimulés.

Lieu de passage

Les milieux humides sont des lieux de transit ou d'hivernage pour un grand nombre de canards et d'oiseaux de rivage qui nichent en Alaska ou dans le Grand Nord.

Des oiseaux en route vers le sud apparaissent dès la fin de juillet, marquant le début d'une circulation aérienne qui ne se terminera qu'à la fin de novembre. Certains restent pour l'hiver ; d'autres poursuivent leur route vers l'Amérique centrale ou l'Amérique du Sud. Au printemps, quelques espèces remontent vers le nord dès que les glaces régressent, tandis que d'autres sont encore en migration au début de juin.

Il est fascinant de noter tous ces changements dans un calepin et de comparer les arrivées et les départs des différentes espèces d'une année à l'autre. Si vous constatez que les variations quotidiennes obéissent à des facteurs météorologiques, planifiez vos sorties d'observation en conséquence.

La coexistence

Comme le milieu humide regroupe plusieurs types d'habitats clairement définis, il vous permet d'observer la complexité avec laquelle les ressources d'un même milieu se répartissent entre plusieurs types d'oiseaux.

Par exemple, vous êtes presque certain d'y trouver au moins une espèce de petit échassier à pattes courtes, un pluvier par exemple, qui se

RÉSERVES FAUNIQUES *Ce sont des lieux privilégiés pour observer les oiseaux des marais : canards barboteurs (ci-dessous) ou ibis blancs (ci-contre) vus ici dans une mangrove.*

SPECTACLES COURUS *La nature nous offre parfois des spectacles inoubliables, comme celui des oies des neiges en migration (ci-contre) qui attirent toujours une foule de gens (ci-dessus).*

contente d'arpenter les rives vaseuses sans y pénétrer. Il y aura des échassiers à pattes moyennes, comme les chevaliers, qui ne craignent pas de patauger dans l'eau peu profonde, et d'autres échassiers à pattes longues, aigrette ou héron, qui s'avancent loin dans l'eau et profitent d'une plus grande partie du fond marécageux. D'autres espèces, comme les sternes, exploitent la nappe d'eau entière, même si, pour cela, elles doivent rester longtemps dans les airs. Parmi les canards, certains s'en tiennent aux hauts-fonds ; d'autres font de la demi-plongée ; d'autres encore, en plongeant en eau profonde, tirent partie d'une ressource inexploitée par les autres. Enfin les râles, grâce à leur corps mince, peuvent se glisser entre les roseaux du bord du marais.

Plus qu'aucun autre habitat, le milieu humide permet de constater jusqu'à quel point la convivialité entre oiseaux, loin d'être le fruit du hasard, est le résultat d'une utilisation optimale des ressources. Or, cette constatation permet à l'ornithologue de faire toutes sortes d'observations intéressantes et de les consigner.

COMMENT CIRCULER

Il n'est pas toujours facile pour l'ornithologue amateur de se déplacer dans le marécage. Si la nappe d'eau n'est pas très grande, le canot et le kayak sont les moyens de transport de prédilection car ils permettent de s'approcher des oiseaux sans les effrayer.

Dans certains cas, vous pouvez vous poster sur une jetée ou une digue et explorer le marais ou le lac avec des jumelles ou un télescope. Ailleurs, vous serez obligé de mettre carrément les pieds dans l'eau.

Vous pouvez porter des bottes, mais l'expérience vous apprendra qu'il leur manque toujours les quelques centimètres qui vous auraient empêché de vous mouiller les pieds. Voilà pourquoi les observateurs expérimentés emportent des chaussettes et des chaussures de rechange ainsi qu'une vieille serviette dans le coffre de leur voiture.

Dernière recommandation : n'oubliez pas de vous munir d'un bon insectifuge. Car si le milieu humide est le paradis des oiseaux, c'est, hélas, aussi celui des moustiques !

BASSINS DE RETENUE *On les équipe souvent de trottoirs (à gauche) et de caches, tant ils sont fréquentés. Le canot (ci-dessus) constitue un moyen de transport silencieux, idéal dans cet environnement.*

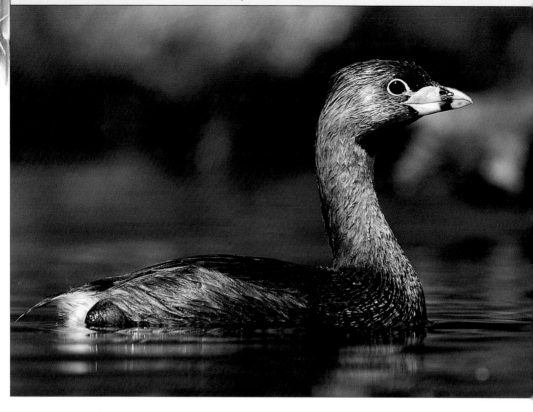

Grèbe à bec bigarré

Podilymbus podiceps

Commun dans la plus grande partie du continent, ce petit grèbe trapu fréquente les étangs et les lacs entourés de végétation aquatique. En règle générale, il évite les nappes d'eau dégagées, comme les bassins et les estuaires à rivages caillouteux, mais il lui arrive de fréquenter ces habitats dans ses territoires d'hiver, surtout si les petits lacs sont gelés. Comme tous ses congénères, c'est un habile plongeur. Méfiant et discret, surtout en période de nidification, il trahit souvent sa cachette dans les joncs par des gloussements répétés.

J F M A M J J A S O N D

Le grèbe à bec bigarré présente une grosse tête et un bec robuste de teinte claire entouré, en période nuptiale, d'un large cercle noir qui lui a valu son nom. Cette bande n'apparaît ni chez le juvénile ni chez l'adulte en hiver qui ont tous deux la gorge blanchâtre. Les juvéniles ont une tête rayée de noir et de blanc et se déplacent souvent sur le dos des parents.

Le grèbe se nourrit de poissons, mais il consomme également une grande quantité de plumes : la moitié du contenu de l'estomac peut être constituée de plumes. On prétend qu'elles servent à protéger la muqueuse stomacale des arêtes de poisson qui ne se seraient pas fragmentées dans le gésier de l'oiseau.

TRAITS DISTINCTIFS

■ *28–33 cm*

■ *Corps trapu, gorge noire*

■ *Bec robuste, blanc, entouré d'une bande noire en été, jaunâtre autrement*

Plate-forme de plantes aquatiques, flottante ou ancrée aux joncs

2–10 ; blanc bleuté

Grèbe élégant

Aechmophorus occidentalis

Après la reproduction, ce grèbe de l'Ouest, qui niche en colonies sur le bord des lacs, va passer l'hiver sur la côte du Pacifique où se trouvent déjà, depuis l'été, les oiseaux qui ne sont pas en âge de se reproduire.

Si vous observez les grèbes élégants en période de nidification, vous aurez peut-être la chance de les voir effectuer un rituel nuptial complexe et spectaculaire au cours duquel ils courent sur l'eau ou exécutent un pas de deux en tenant des herbes aquatiques dans leur bec.

Jusqu'à tout récemment, on croyait qu'il existait deux formes du grèbe élégant : une forme foncée, chez qui les plumes noires de la tête descendent jusqu'à la base de l'œil, et une forme claire, où le casque noir se termine au-dessus de l'œil. Des observations plus poussées ont révélé que ces formes ne s'hybrident pour ainsi dire jamais. Le grèbe élégant correspond à la forme foncée ; le grèbe à face blanche (*Aechmophorus clarkii* ; 51-61 cm), à la forme claire.

J F M A M J J A S O N D

Les masques faciaux ne sont évidents qu'à l'époque de la pariade ; il est donc plus facile d'identifier les deux espèces à partir de leur bec, qui est jaune terne chez le grèbe élégant et jaune-orange plus vif chez le grèbe à face blanche.

G. élégant

G. à face blanche

Rituel nuptial

TRAITS DISTINCTIFS

- *51–61 cm*
- *Gros oiseau à cou gracieux et bec effilé*
- *Dessus noirâtres ; dessous blancs*
- ▲ *G. à face blanche : bec orange*
- *Plate-forme de plantes aquatiques, flottante ou ancrée à des plantes*
- *2–7 ; uniformément bleutés*

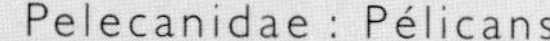

Pélican d'Amérique

Pelecanus erythrorhynchos

Étant donné l'envergure de leurs ailes qui peut atteindre 3 m, rien n'est plus spectaculaire que de voir dans le ciel un vol de pélicans d'Amérique – jadis nommés pélicans blancs – planant et tournant à l'unisson. Cet oiseau énorme niche en colonies sur de grands lacs, au centre et à l'ouest du continent, mais hiverne dans les lagunes et les estuaires du sud des États-Unis et du Mexique.

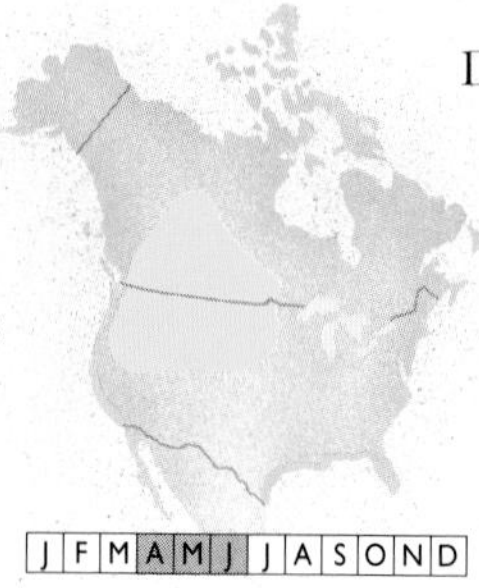

Contrairement aux pélicans bruns, oiseaux pélagiques qui, du haut des airs, fondent sur leurs proies, ceux-ci mettent la tête sous l'eau et gobent les poissons tout en nageant. Pour mieux piéger le poisson en eau peu profonde, ils nagent à plusieurs en ligne droite.

J F M A M J J A S O N D

Durant la saison de la pariade, une excroissance cornée apparaît sur le culmen (partie supérieure du bec) du pélican d'Amérique ; elle tombe après la ponte des œufs. Les juvéniles ont le bec grisâtre ou couleur chair plus pâle que celui de l'adulte, des pattes orangées également plus pâles et du brun sur les petites tectrices des ailes. Ils acquièrent le plumage des adultes à la fin de la deuxième année.

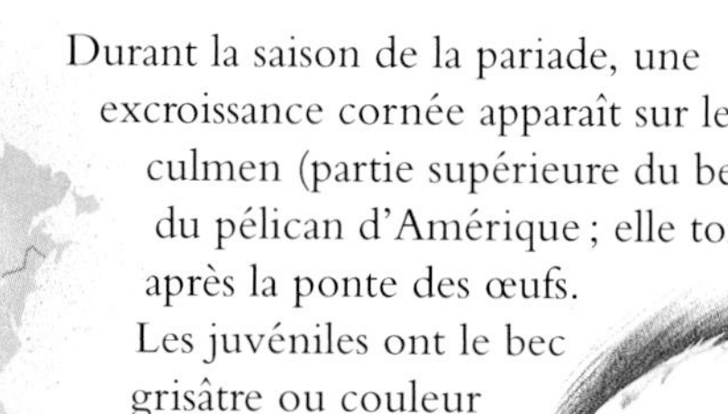

Bec avec excroissance cornée

TRAITS DISTINCTIFS

145-165 cm

Oiseau blanc ; ailes à extrémité noire ; long bec à poche gulaire

Dépression dans le sol, nid parfois construit de boue

1-6 ; blanc terne

Grand héron

Ardea herodias

Présent dans la plupart des habitats humides, le grand héron est assez commun en Amérique du Nord. On ne lui connaît qu'un nombre restreint de colonies dans son aire de nidification, toutes très éloignées des endroits où les juvéniles passent l'été.

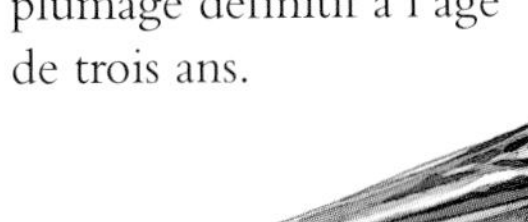

Dans les Keys, en Floride, existe une forme toute blanche, autrefois tenue pour une espèce autonome. Cette forme se distingue de la grande aigrette (p. 202) par son bec jaunâtre et terne et ses pattes pâles.

Pour se nourrir, le grand héron arpente lentement les rives d'un lac ou d'un marais ou demeure immobile en eau assez profonde où ses longues pattes lui permettent de pêcher. Dans certaines régions, il chasse le spermophile et la souris dans les champs ou sur les pelouses. À l'arrivée d'un intrus, il s'envole avec lourdeur, parfois en lançant un cri guttural, et s'éloigne avec des battements d'ailes de grande amplitude.

Le juvénile présente une calotte gris ardoise et un plumage plus terne que celui de l'adulte. Il acquiert son plumage définitif à l'âge de trois ans.

TRAITS DISTINCTIFS

■ *101-127 cm*

■ *Grand oiseau gris*

▲ *Forme blanche (s. de la Floride) ; semblable à la grande aigrette mais bec et pattes jaunâtres*

Plate-forme de branchages, dans les arbres, sur le sol ou sur une falaise

3-7 ; verdâtres

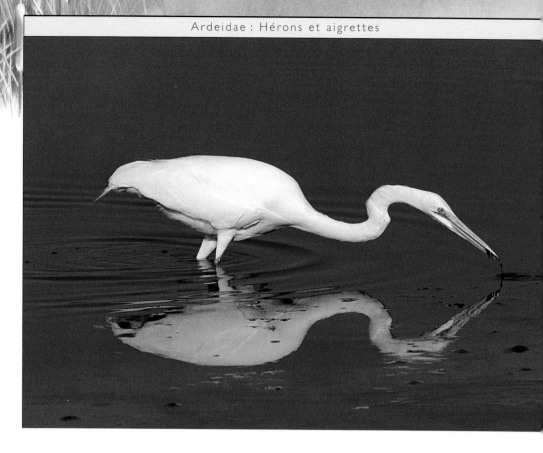

Grande aigrette

Casmerodius albus

Surtout présente aux États-Unis près des lacs, des lagunes, des cours d'eau et des littoraux marins, la grande aigrette est un grand échassier blanc. Comme la plupart des hérons, elle niche en colonies mixtes où l'on peut retrouver d'autres oiseaux aquatiques.

Sa taille est un trait distinctif, comme le sont son bec jaune vif et ses pattes entièrement noires ; pendant un temps très bref au début de la période de nidification, un petit espace entre les yeux et le bec – appelé scientifiquement les lores – se colore en vert vif.

La grande aigrette se nourrit en restant immobile dans l'eau ou en arpentant lentement le rivage ; son port altier la distingue en cette occasion de l'aigrette neigeuse (p. 203).

Au milieu du siècle dernier, la mode des chapeaux à plumes a failli sonner le glas de l'espèce. Les gouvernements sont heureusement intervenus à temps au début du XXe siècle, sous la pression de campagnes menées par divers organismes de protection telle la société Audubon (dont le symbole est justement la grande aigrette) ; les populations, depuis, se sont rétablies.

TRAITS DISTINCTIFS

- *84-99 cm*
- *Grand oiseau blanc à bec jaune*
- *Pêche immobile, à l'affût*
- *Plate-forme de branchages, dans les arbres ou sur un lit de plantes aquatiques*
- *1-6 ; verdâtres*

Plumage nuptial

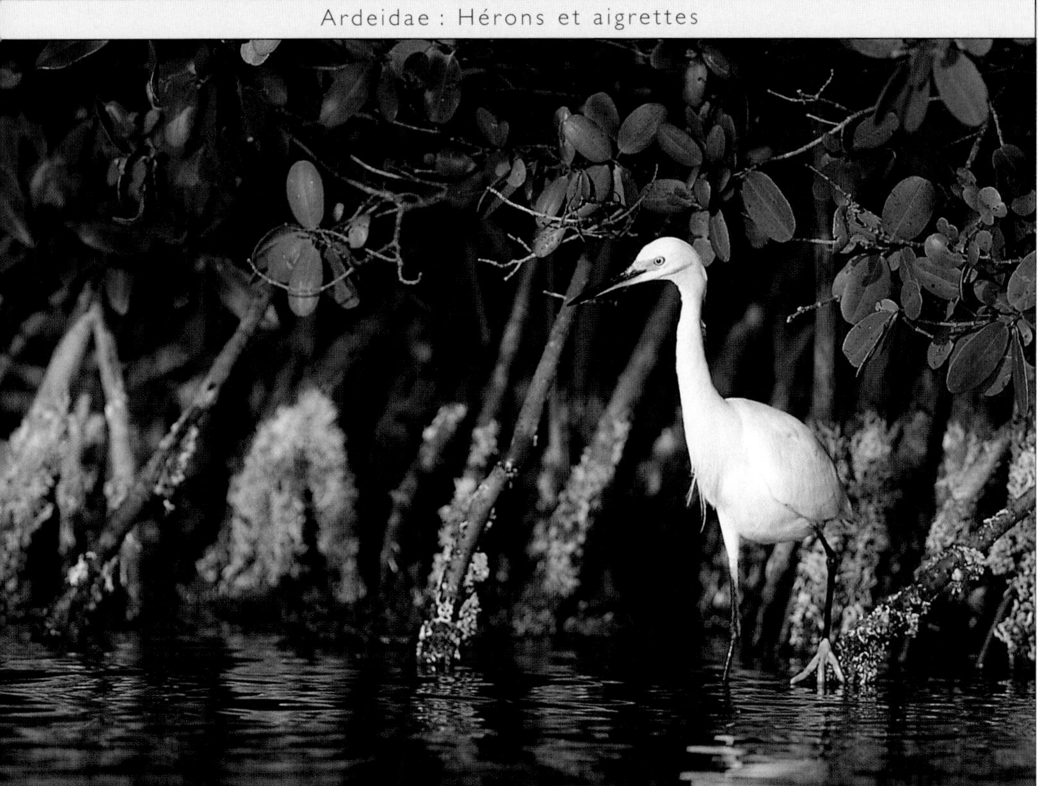

Aigrette neigeuse

Egretta thula

Il arrive à l'aigrette neigeuse de se déplacer précipitamment en déployant partiellement les ailes, ifférant en cela de la grande aigrette, oujours calme. Certains ornithologues ensent que ce comportement aurait our fonction d'effrayer et de débus-uer les poissons, tandis que l'étale-nent des ailes, en faisant de l'ombre ır l'eau, permettrait à l'oiseau de voir ses proies.

J F M A M J J A S O N D

Présent dans certains lacs, marais et régions ôtières du continent, ce petit héron blanc se econnaît à son bec complètement noir, à une ache jaune entre le bec et les yeux et à des pattes oires terminées par des « pantoufles dorées ».

Dans le Sud-Est, et surtout près du littoral, on trouve l'aigrette bleue (*Egretta caerulea* ; 51-61 cm). L'adulte est facilement identifiable par son plumage bleu foncé, son cou bleu à reflets brunâtres et son bec bicolore. Le juvénile, tout blanc, pourrait être confondu avec une aigrette neigeuse, mais on remarque que, dans son cas, seul le bout du bec est noir.

A. bleue juvénile

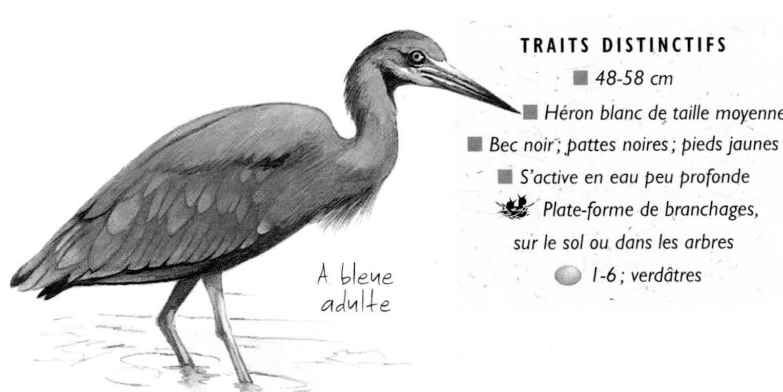

A. bleue adulte

TRAITS DISTINCTIFS

- *48-58 cm*
- *Héron blanc de taille moyenne*
- *Bec noir ; pattes noires ; pieds jaunes*
- *S'active en eau peu profonde*
- *Plate-forme de branchages, sur le sol ou dans les arbres*
- *1-6 ; verdâtres*

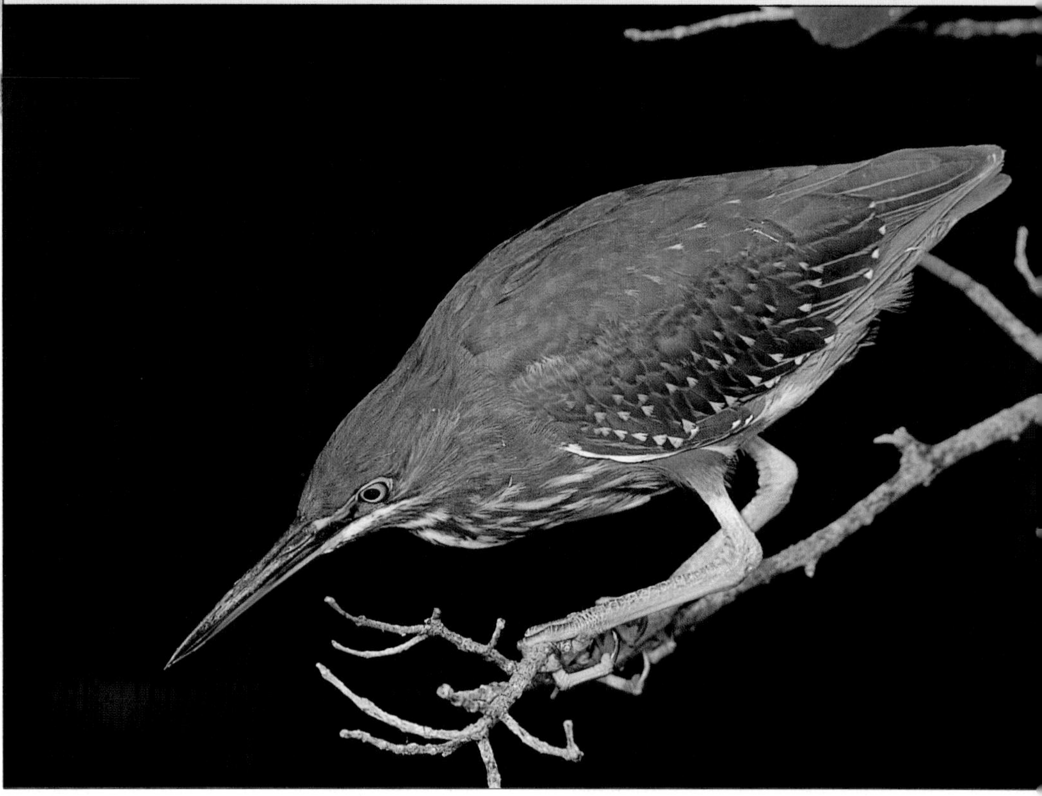

Héron vert

Butorides virescens

Bien que commun et très répandu aux États-Unis, ce héron de la grosseur d'un corbeau n'y est pas aussi visible que les grands hérons et les aigrettes, car il préfère vivre dans les marécages et près des étangs, en milieu boisé, plutôt que d'arpenter les vastes habitats découverts.

Néanmoins, si vous marchez lentement et gardez l'œil ouvert, vous pourrez apercevoir le héron vert, immobile au bord d'un étang ou d'un marais, l'air renfrogné. On reconnaît souvent sa présence à ses appels, de forts et stridents *quéaû* qu'il lance en s'envolant, mais aussi à des cris rauques et à des grognements.

Adulte

J F M A M J J A S O N D

En vol, le héron vert se distingue par sa petite taille trapue et son plumage foncé, mais surtout par ses pattes qui dépassent de la queue ; au sol, par ses joues et son cou marron, sa calotte sombre aux reflets verdâtres et ses pattes jaunes. Si la lumière est vive, les reflets verts qui lui donnent son nom sont visibles sur le dos, surtout en plumage nuptial quand ses pattes deviennent orangées. Les juvéniles, plus ternes, ont le cou et la poitrine striés de brun et de crème.

TRAITS DISTINCTIFS

- *38-43 cm*
- *Héron de petite taille*
- *Pattes jaunâtres*
- *Paraît sombre de loin*
- *Plate-forme de branchages, dans les plantes aquatiques ou les arbres*
- *3-6 ; verdâtres*

Bihoreau gris

Nycticorax nycticorax

J F M A M J J A S O N D

Naguère appelé bihoreau à couronne noire, le bihoreau gris est un oiseau nocturne, bien que l'on puisse l'observer le jour, qui fréquente les berges des lacs et des lagunes côtières et se repose dans les arbres, près de l'eau. Son cri rauque, qui lui vaut le surnom de kouak dans le Bas Saint-Laurent, s'entend au crépuscule, quand il quitte son abri diurne et s'en va chasser à l'heure où les autres hérons rentrent au nid.

Debout, l'attitude renfrognée du bihoreau gris permet de le distinguer d'un proche parent plus radicalement dressé, le bihoreau violacé (*Nycticorax violaceus*; 51-58,5 cm) du Sud-Est. Au vol, les pattes de celui-ci dépassent nettement la queue, contrairement au bihoreau gris. Les juvéniles des deux espèces sont très semblables avec leur plumage brun marqué de taches claires sur les dessus. C'est à leur forme générale qu'on les distingue, mais aussi à leur bec qui est épais et tout noir chez le bihoreau violacé, tandis qu'il est jaune à la base chez le bihoreau gris.

B. violacé

B. gris

TRAITS DISTINCTIFS

- *56-63 cm*
- *Adulte : capuchon et dos noirs, ailes grises, dessous blancs*
- *Deux longues aigrettes blanches*
- ▲ *B. violacé : calotte blanche au lieu de noire ; tache blanche sur la joue*
- *Plate-forme de branches dans les arbres et les marais*
- 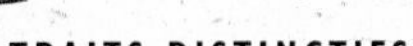 *1-6 ; verdâtres*

B. violacé

B. gris juvénile

Oie des neiges

Chen caerulescens

J F M A M J J A S O N D

Peu de spectacles sont aussi saisissants que celui de milliers d'oies des neiges qui, dans un concert de glapissements cacophoniques, volent en formation ou atterrissent dans un champ. Ce spectacle est particulièrement remarquable au cap Tourmente, un peu à l'est de la ville de Québec. Durant le voyage qu'elles effectuent depuis leur site de nidification dans la toundra arctique jusqu'à leurs territoires d'hiver aux États-Unis, elles font escale dans cette réserve faunique située à 550 m d'altitude. C'est un site privilégié pour les observer, surtout à cette époque où leur livrée blanche se détache magnifiquement sur le paysage flamboyant de l'automne.

Forme bleue

Il existe deux formes d'oies des neiges. La plus commune est la forme de coloration blanche qui, autrefois, donnait son nom à l'espèce (oie blanche). La forme de coloration sombre était tenue pour une espèce à part entière et dénommée oie bleue. Cette dernière est plus fréquente dans le Midwest et les prairies.

Les juvéniles sont blanc grisâtre dans la forme blanche et brun grisâtre dans la forme bleue. Ils n'atteignent pas nécessairement leur plumage adulte au printemps.

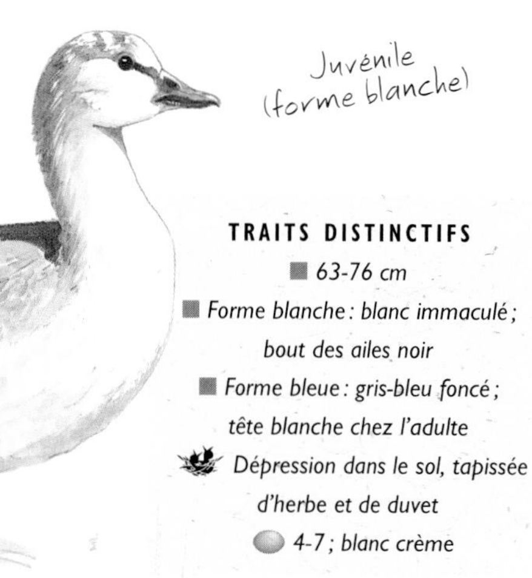

Juvénile (forme blanche)

TRAITS DISTINCTIFS

- *63-76 cm*
- *Forme blanche : blanc immaculé ; bout des ailes noir*
- *Forme bleue : gris-bleu foncé ; tête blanche chez l'adulte*
- *Dépression dans le sol, tapissée d'herbe et de duvet*
- *4-7 ; blanc crème*

Bernache du Canada

Branta canadensis

La bernache du Canada – appelée outarde au Québec – est sans doute l'oie la plus répandue en Amérique du Nord ; elle est reconnue pour ses variations morphologiques géographiques puisque certaines sous-espèces sont deux fois plus grandes que les plus petites.

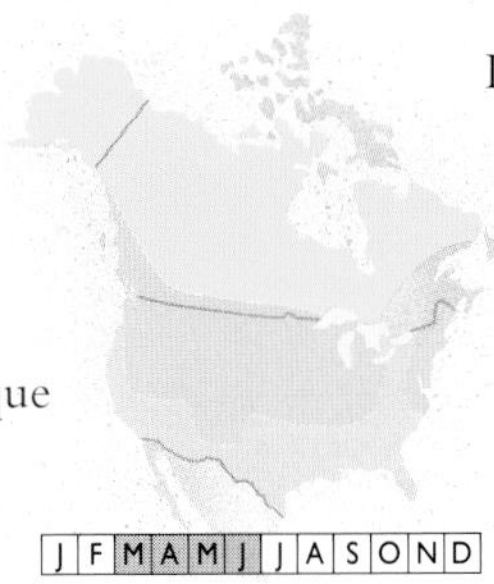

On a en effet identifié de 8 à 11 sous-espèces qu'on classifie, pour des raisons pratiques, en petites, moyennes et grandes races. En règle générale, les petites races, qui font le quart des gros oiseaux, ont des cris d'appel aigus, tandis que les grandes races ont des voix de baryton.

Toutes les bernaches du Canada arborent le même signe distinctif : un croissant blanc sous le cou, ou mentonnière ; les dessous montrent diverses nuances de brun. Le juvénile ressemble à l'adulte.

Les races moyennes et grandes occupent de vastes territoires ; les petites nichent dans le Grand Nord et n'hivernent que dans quelques localités de l'Ouest et du Midwest.

Pour ses vols migratoires, la bernache du Canada adopte la formation en V ; les familles tendent à passer l'hiver ensemble.

Petite sous-espèce

TRAITS DISTINCTIFS

- *56-114 cm*
- *Tête et cou noirs*
- *Croissant blanc sous le menton*
- *Dépression dans le sol, renforcée d'herbe et tapissée de plumes*
- *2-12 ; blanc mat*

Canard branchu

Aix sponsa

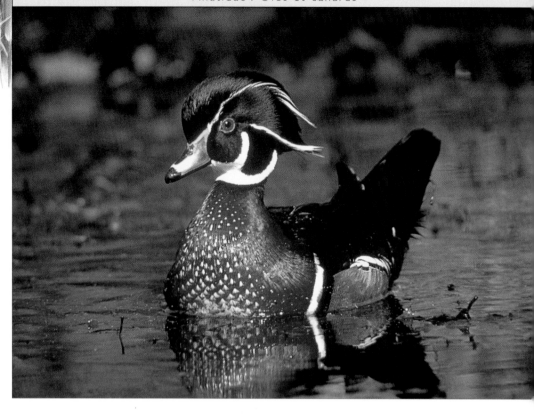

Autrefois appelé canard huppé, le canard branchu est maintenant commun dans l'est de l'Amérique du Nord grâce à de sages mesures de conservation. Au début du siècle, en effet, l'assèchement des terres marécageuses, l'exploitation des forêts et une chasse excessive le menaçaient d'extinction. Un moratoire fut décrété sur la chasse entre 1918 et 1941 ; tant au Canada qu'aux États-Unis, on se mit à protéger ses habitats. Et pour finir, une campagne ayant pour objectif l'installation de nichoirs contribua à rétablir les populations.

Le premier vol d'un canardeau

J F M A M J J A S O N D

On fait souvent la découverte du canard branchu au bord d'un étang entouré d'arbres. On entend soudain un *ou-ic* répété et aigu et l'on voit deux canards à longue queue carrée prendre leur envol et décrir des cercles dans les airs. Il suffit de ne pas bouger pour les voir se poser de nouveau, tout près ; on a alors tout le loisir d'observer l'un de nos plus beaux canards.

En plumage nuptial, le mâle est remarquable. Après la nidification, il prend le coloris terne de la femelle, tout en conservant le bec rouge qui le caractérise. Sur le terrain, on identifie la femelle à sa tache blanche oculaire.

TRAITS DISTINCTIFS

- 43-48 cm
- *Mâle : motif unique de coloration*
- *Femelle : terne ; tête grise ; tache blanche autour des yeux*
- *Cavité dans un arbre ; ou nichoir*
- *9-12 ; blanc cassé*

♀

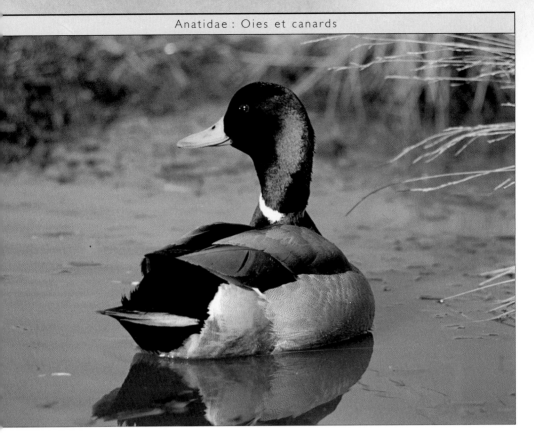

Canard colvert

Anas platyrhynchos

Chasseurs et gourmets le connaissent encore sous le nom de malard. Le colvert est le canard le plus répandu dans l'hémisphère septentrional. Comme il s'apprivoise facilement, on le voit dans les parcs où l'on peut l'examiner sous toutes ses coutures et observer ses différents plumages, ses comportements reproducteurs et ses mues, autant de connaissances qui seront pratiques pour l'observation d'autres espèces.

J F M A M J J A S O N D

Le colvert est l'ancêtre de la majorité des races de ferme et domestiques. Sujets sauvages et sujets d'élevage retournés à l'état sauvage s'hybrident librement, ce qui donne lieu à une vaste gamme de coloration allant jusqu'à des sujets presque tout blancs. Les femelles ont un plumage terne moucheté de blanc.

Dans l'Est, il lui arrive de s'hybrider avec un proche parent, le canard noir (*Anas rubripes* ; 53,5-61 cm) – certains ornithologues voient donc plutôt en ce dernier une sous-espèce ; canard et cane ressemblent en plus sombre à la femelle du colvert. Le canard noir, toutefois, a un spéculum d'un bleu soutenu, ourlé de blanc dans le bas, tandis que celui du colvert est ourlé de blanc des deux côtés.

Colvert barbotant à la surface de l'eau

♂

Spéculum

TRAITS DISTINCTIFS

■ *51-58,5 cm*

■ *Mâle : tête verte chatoyante, poitrine acajou, collier blanc*

▲ *Femelle semblable au canard noir ; spéculum ourlé de blanc des deux côtés chez le colvert*

Nid fait de feuilles et d'herbe, tapissé de duvet, sur le sol

5-14 ; blanc verdâtre

Canard noir

Sarcelle à ailes vertes

Anas crecca

Les sarcelles sont de petits canards barboteurs. La sarcelle à ailes vertes est commune en Amérique du Nord. Elle niche dans de hautes herbes aquatiques à proximité des lacs et des marais, alors que, en hiver, elle préfère les eaux boueuses des marais et des estuaires où elle trouve à se nourrir. Hors de la période de nidification, les sarcelles à ailes vertes se déplacent en vols nombreux et serrés. Elles s'associent à d'autres canards barboteurs pour se nourrir, mais volent généralement à part, encore qu'on puisse voir quelques individus voler avec des colverts ou des canards noirs.

Le mâle en plumage nuptial est un oiseau aux ravissants coloris, tandis que la femelle ne diffère des autres canards que par sa petite taille. Au vol, elle se distingue rapidement de la sarcelle à ailes bleues (p. 212) et de la sarcelle cannelle par la teinte brune (et non bleu pâle) de la partie antérieure de ses ailes et par son spéculum vert vif.

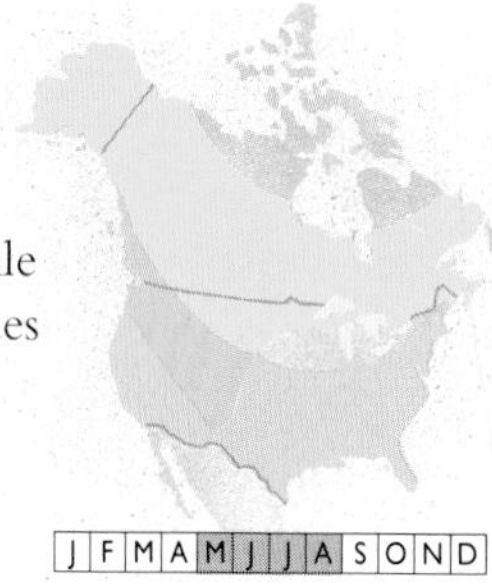

J F M A M J J A S O N D

Ces trois sarcelles se ressemblent beaucoup quand elles nagent. Mais l'espèce à ailes vertes a un croissant blanc à l'avant de l'aile et des plumes sous-caudales blanchâtres.

TRAITS DISTINCTIFS

- *35,5-38 cm*
- *Canard de petite taille*
- *Mâle : tête unie, marron et vert bouteille*
- *Croissant blanc à l'avant de l'aile*
- *Plumes sous-caudales blanchâtres, spéculum vert*
- *Dépression dans le sol, tapissée d'herbe*
- *7-15 ; crème*

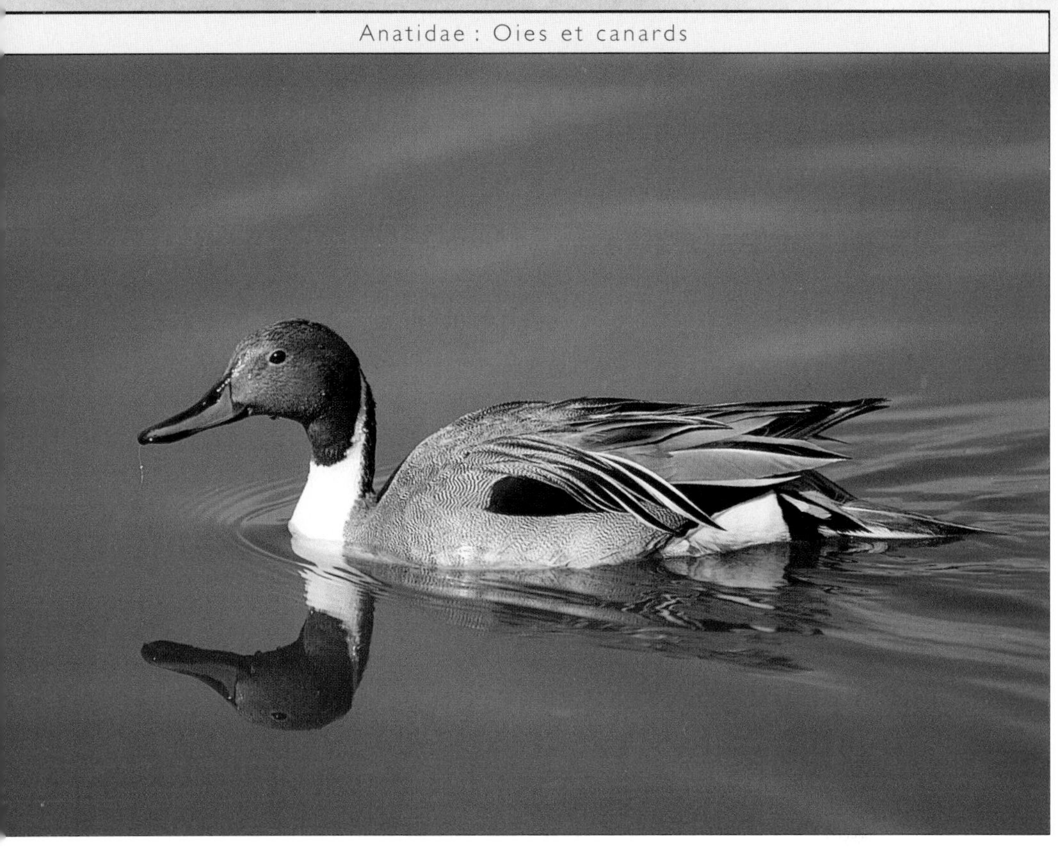

Canard pilet

Anas acuta

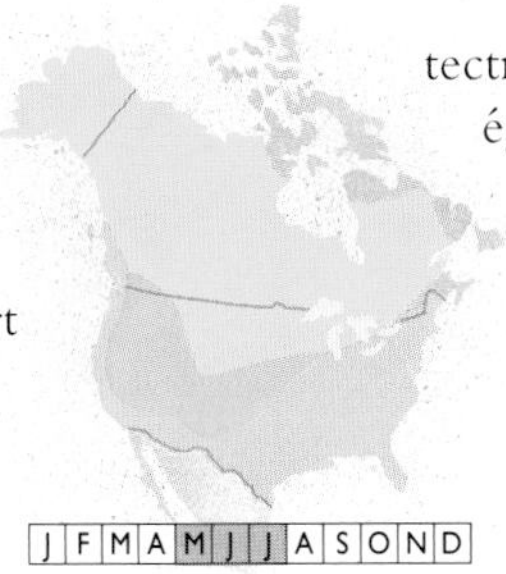

Après le colvert et peut-être le petit fuligule, l'élégant canard pilet est l'un des canards les plus abondants en Amérique du Nord. Comme la plupart des canards barboteurs, celui-ci trouve sa nourriture principalement dans les lacs et les marais du Nord et de l'Ouest. En hiver, il émigre vers les côtes de l'Ouest et du Sud ; on le voit alors en grand nombre dans les estuaires et les lagunes du littoral.

J F M A M J J A S O N D

Grâce à son long cou, le canard pilet peut se nourrir en eau relativement profonde. En plumage nuptial, le mâle ne passe pas inaperçu avec ses tectrices centrales légèrement fourchues, égales au quart de sa longueur totale.

La femelle est plus pâle et plus grise que les femelles des autres barboteurs, mais elle conserve le long cou et la longue queue du mâle. Au vol, on la reconnaît surtout à la bordure blanche de son spéculum brun.

TRAITS DISTINCTIFS

- *51-66 cm*
- *Silhouette élégante, long cou gracile*
- *Mâle : tête brune, pointe blanche de chaque côté du cou*
- *Femelle : tête unie, queue pointue, pattes grises*
- *Dépression dans le sol, tapissée d'herbe et de feuilles*
- *6-12 ; crème*

♀

En train de barboter

En plumage nuptial

♂

♀

Sarcelle à ailes bleues

Anas discors

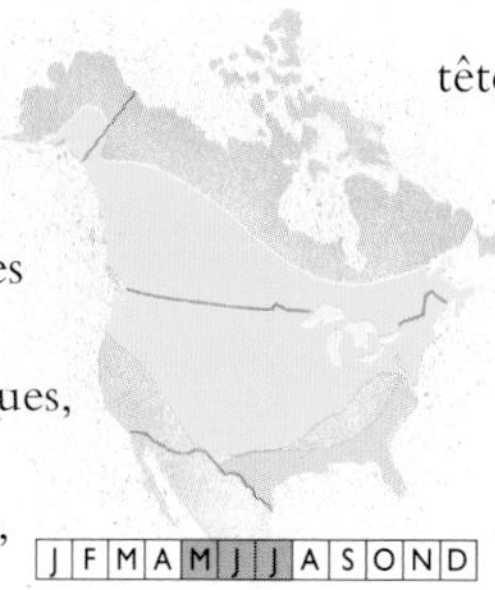

Présente sur tout le continent, la sarcelle à ailes bleues est l'un des canards à émigrer le plus loin en hiver : certaines populations se rendent jusqu'en Argentine. Pour des raisons mal connues, elle connaît actuellement un certain déclin dans l'Est. Une proche parente, la sarcelle cannelle (*Anas cyanoptera* ; 38-40,5 cm), se rencontre dans l'Ouest.

J F M A M J J A S O N D

Les mâles de ces deux espèces sont faciles à différencier en plumage nuptial. La sarcelle à ailes bleues présente un grand croissant blanc entre le bec et l'œil, qui contraste avec la tête bleu ardoise, tandis que le plumage de la sarcelle cannelle, en dépit de son nom, est brun marron. Les femelles, les juvéniles et les mâles en plumage d'hiver sont par contre difficiles à identifier même pour un ornithologue averti.

Au vol, les deux espèces se distinguent de la sarcelle à ailes vertes (p. 210) par leur spéculum bleu pâle, plus vif chez le mâle adulte.

S. cannelle ♀

TRAITS DISTINCTIFS

- 38-40,5 cm
- *Mâle : face bleu ardoise, croissant blanc*
- *Femelle : tache pâle à la base du bec*
- *Nid fait d'herbes mortes entrelacées, sur le sol*
- *6-15 ; blanc crème*

Canard souchet

Anas clypeata

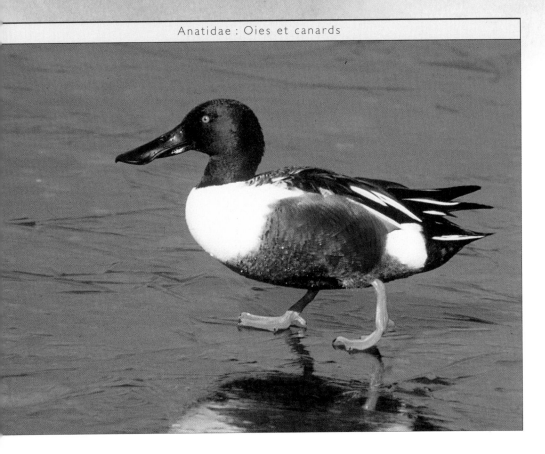

Grâce à son bec spatulé, c'est le canard le plus facile à identifier. Vu de profil, le bec du souchet est plus long que la tête, trait distinctif chez un canard barboteur. La taille même de ce bec oblige l'oiseau à voler en penchant un peu la tête. Quand il s'alimente dans des eaux généralement peu profondes, le canard souchet étire le cou en avant et immerge seulement les mandibules ; les petites dents pectinées dont elles sont garnies lui servent de passoire pour filtrer ses aliments.

Le mâle en plumage nuptial est très beau. La femelle, comme toutes celles des canards barboteurs, offre un plumage brun moucheté. Mais contrairement aux autres canards barboteurs, le juvénile ne prend son plumage de mâle adulte que tard en hiver. Jusque-là, il ressemble à l'adulte mais en plus terne, sauf pour un croissant blanchâtre qu'il porte en avant de l'œil jusqu'en janvier.

♂ Juvénile

TRAITS DISTINCTIFS

- *43-51 cm*
- *Bec large et spatulé*
- *Mâle : tête verte, poitrine blanche, flancs marron*
- *Femelle : unie, terne ; bec distinctif*
- *Dépression dans le sol, tapissée d'herbe*
- *6-14 ; chamois pâle*

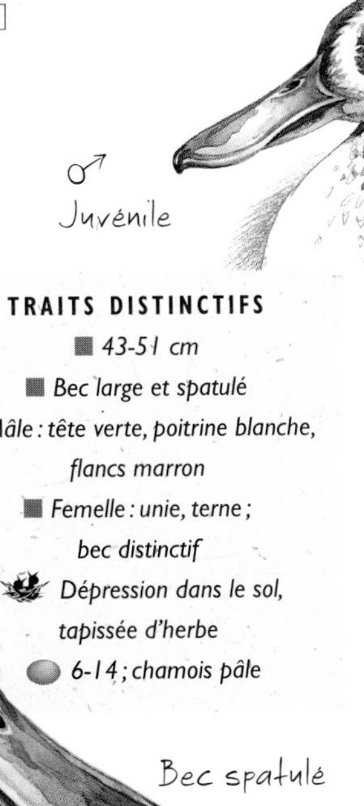

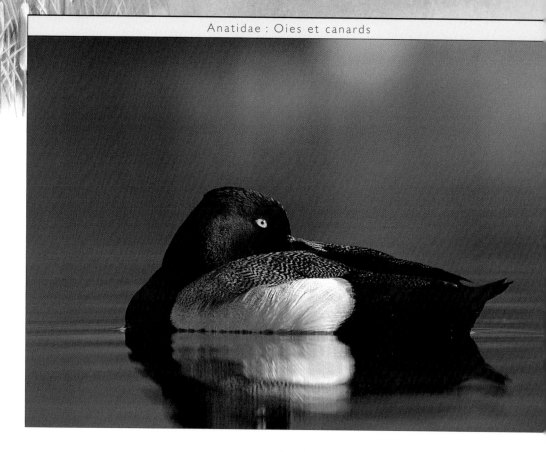

Petit fuligule

Aythya affinis

En hiver, les petits fuligules (autrefois petits morillons) fréquentent les lacs et les bassins de retenue, au sein de grandes bandes où peuvent figurer d'autres canards plongeurs. Ou bien ils hivernent dans des lagunes et des estuaires protégés sur les littoraux du Pacifique et de l'Atlantique. En été, ils nichent principalement dans les petits lacs de la Prairie. Ils s'alimentent de nuit ; le jour, ils dorment, le bec caché dans les plumes du dos.

Un proche parent, le fuligule à collier (jadis morillon à collier, *Aythya collaris* ; 40,5-45,5 cm), se tient parfois avec le petit fuligule, bien qu'il semble préférer des habitats moins découverts, comme les étangs et les petits lacs entourés d'arbres. En vol, le petit fuligule laisse voir une bande alaire blanche, qui est gris pâle chez le fuligule à collier. La femelle du petit fuligule arbore une tache blanche à la base de son bec uni. Celle du fuligule à collier a la face grise, un cercle oculaire étroit et blanc et le bec marqué d'un anneau blanc. Les deux espèces ont la même forme de tête et de bec.

Contrairement aux canards barboteurs, ces canards plongeurs courent sur l'eau avant de s'envoler.

J F M A M J J A S O N D

Petit fuligule ♀

TRAITS DISTINCTIFS

■ *38-43 cm*

■ *Bande alaire blanche et non pas grise*

▲ *F. à collier : calotte pointue et croissant blanc devant l'aile*

Dépression tapissée d'herbe et de duvet, dans le sol

6-15 ; chamois olive foncé

Petit garrot

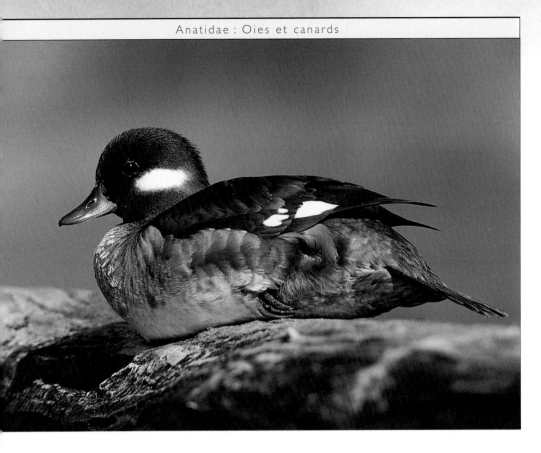

Bucephala albeola

Le petit garrot est le plus petit de nos canards plongeurs. C'est en outre l'un des seuls à s'envoler sans prendre son élan en courant sur l'eau. Les petits garrots sont communs en hiver dans les lacs, les bassins de retenue, les lagunes côtières, les estuaires et les ports protégés. Ils se tiennent en petites bandes et s'associent à d'autres canards plongeurs.

J F M A M J J A S O N D

Les femelles et les mâles à leur premier hiver se reconnaissent à leur petite taille et à une tache blanche de chaque côté de la tête. En vol, le mâle laisse voir une tache blanche sur la partie antérieure de l'aile, tandis que la femelle et le juvénile ont une tache blanche sur les plumes secondaires de vol.

Le garrot à œil d'or (*Bucephala clangula* ; 43-51 cm) occupe les mêmes habitats et les mêmes territoires que le petit garrot. On peut souvent les voir côte à côte. Le mâle adulte se reconnaît à une grande tache ronde et blanche qu'il porte devant l'œil, tandis que la femelle et le juvénile ont la tête brune. Au milieu de l'hiver, le mâle juvénile laisse souvent apparaître une tache blanchâtre devant l'œil.

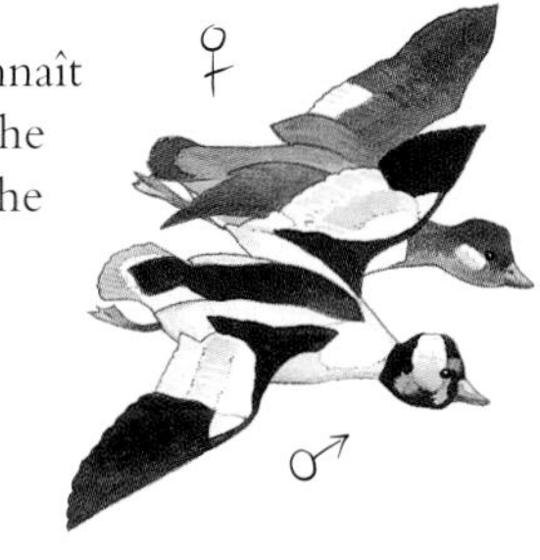

TRAITS DISTINCTIFS

■ *35,5-40,5 cm*

■ *Mâle : surtout blanc ; grosse tête ronde vert foncé avec bonnet blanc*

■ *Femelle : tête gris foncé ; tache horizontale blanche sur la joue*

Cavité dans un arbre, souvent creusée par le pic flamboyant

6-11 ; crème

Érismature roux

Oxyura jamaicensis

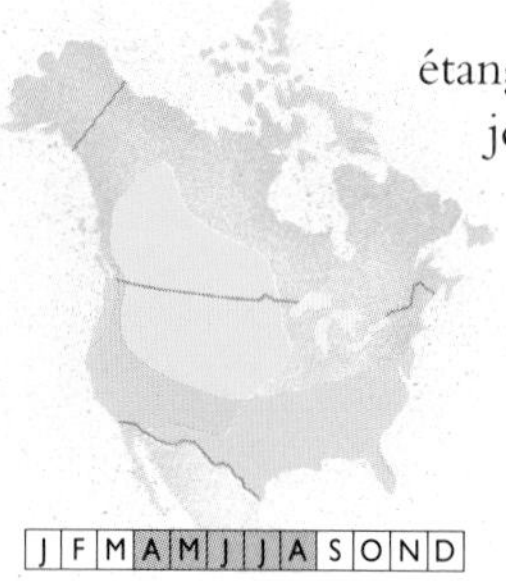

Autrefois appelé canard roux, ce canard est un oiseau rondelet à queue raide souvent tenue dressée, particulièrement quand il dort. En hiver, les deux sexes ont les joues pâles, mais celles de la femelle sont traversées d'une bande foncée. Le mâle prend sa livrée nuptiale rousse en mars et la perd à la fin de l'été. Au Québec, l'espèce est confinée à l'extrême sud du territoire.

Parfois, ce plongeur s'enfonce tout doucement dans l'eau sans produire la moindre ride. Durant la pariade, le mâle fait des « bulles » : il se gonfle la poitrine d'air et la frappe du bec pour disperser les bulles dans l'eau.

L'érismature roux est commun en beaucoup d'endroits ; il niche dans des étangs et des lacs marécageux entourés de joncs et passe l'hiver dans les lacs, les lagunes et les bassins de retenue. Durant toute l'année, les oiseaux qui ne sont pas en pariade se réunissent en bandes, à l'écart des autres canards.

En vol, ses dessus sont uniformément foncés, sans les marques blanches de plusieurs canards.

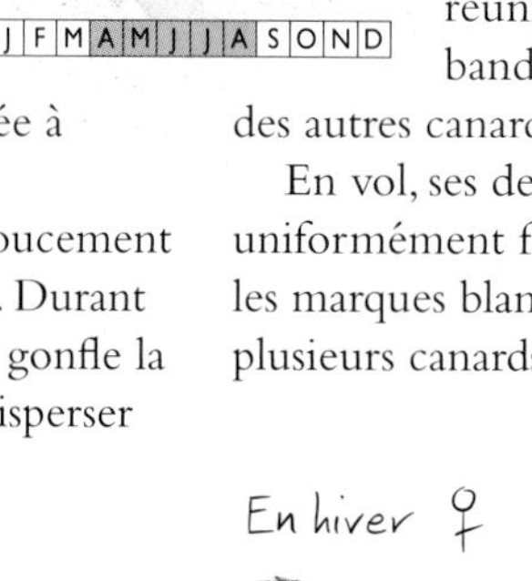

En plongée

TRAITS DISTINCTIFS

- *35,5-40,5 cm*
- *Corps rondelet*
- *Queue raide, horizontale ou dressée*
- *Mâle : corps roux, bec bleu, calotte noire, joues blanches*
- *Femelle : corps gris-brun, trait foncé en travers des joues*
- *Nid fait de plantes aquatiques entrelacées, accroché à des roseaux*
- *5-10 ; blanc crème*

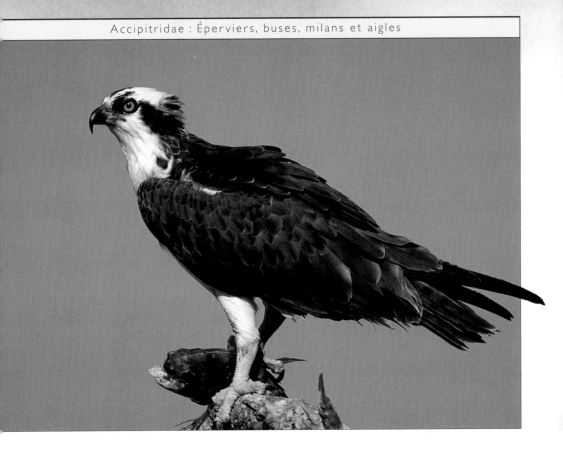

Balbuzard pêcheur

Pandion haliaetus

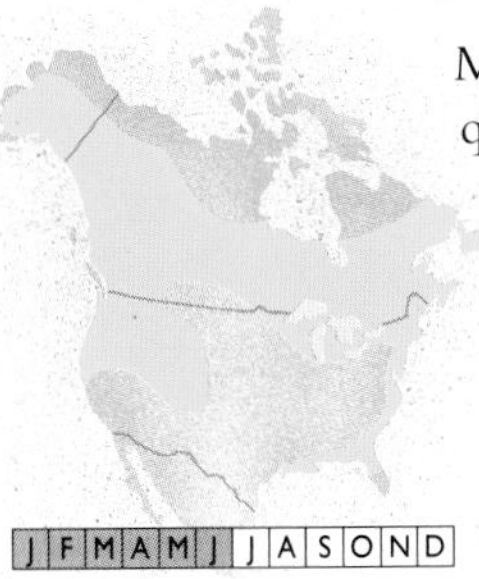

Le balbuzard vole en décrivant des cercles au-dessus de l'eau. Ce vol sur place lui sert repérer sa proie. Il se distingue par les marques foncées sur le tarse et une ayure oculaire foncée. Si vous l'observez avec patience, vous aurez peut-être a chance de le voir plonger, les pieds es premiers, et ressortir de l'eau avec ın poisson, tête la première, entre ses serres.

Bien que le balbuzard, autrefois appelé aigle pêcheur, soit maintenant commun en été, es populations ont décliné abruptement entre 1950 et 1970 à la suite de l'utilisation ncontrôlée de pesticides, comme le DDT, qui amincissent la coquille des œufs et mettent ainsi a reproduction en danger. L'interdit sur le DDT et la mise en place de plates-formes de nidification ont permis à l'oiseau de refaire ses effectifs.

J F M A M J J A S O N D

Mâle et femelle se ressemblent, bien que la femelle ait souvent un collier de marbrures brunes sur la poitrine. Le juvénile se reconnaît en automne au bout pâle des plumes des parties supérieures.

Marque noire sur le tarse

TRAITS DISTINCTIFS

- *56-66 cm*
- *Dessus brun foncé, dessous blancs*
- *Marques foncées sur le tarse sous-alaire*
- *Vole les ailes repliées*
- *Structure robuste de branchages, dans un arbre, sur une falaise ou sur une plate-forme*
- *2-4 ; rosés, très marqués de brun*

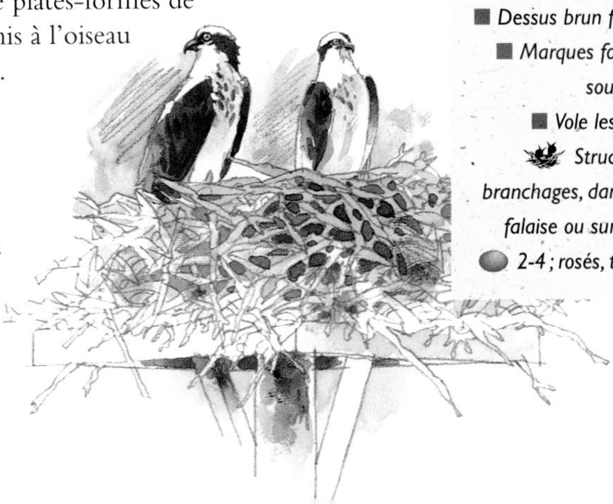

Plate-forme artificielle

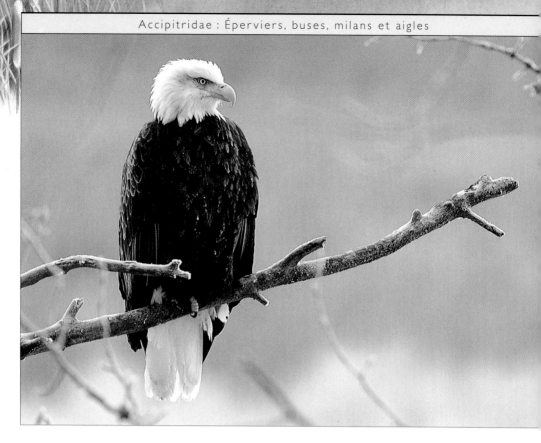

Pygargue à tête blanche

Haliaeetus leucocephalus

Le pygargue à tête blanche, autrefois aigle à tête blanche, serait une espèce menacée dans certaines régions. Dans le Nord-Ouest, cependant, on a de bonnes chances de voir cet impressionnant rapace près de l'océan et des grands lacs. En automne, les pygargues se rassemblent quelque 3 000 à la fois là où la pêche est bonne, surtout près des frayères de saumons en Colombie-Britannique et en Alaska. Dans l'Est et le Sud, où les pygargues à tête blanche sont moins communs, on assiste à une remontée des populations après un déclin lié à l'usage des pesticides et surtout du DDT.

En 1782, le pygargue à tête blanche était choisi comme emblème des États-Unis, l'emportant sur l'urubu à tête rouge. Cet honneur, prétend-on, était attribuable à son comportement féroce. Or, dans la réalité, ce rapace est plutôt timide et se nourrit le plus souvent en capturant lui-même sa nourriture, bien qu'il s'alimente à l'occasion à même des charognes. Après avoir guetté sa proie du haut d'un perchoir, il plonge pour la saisir entre ses serres et repart se percher pour la manger.

De loin, on distingue le pygargue à sa stature robuste et à ses ailes larges, tenues à l'horizontale. Le juvénile est brun foncé, moucheté de blanc sur les ailes. Il atteint le plumage caractéristique de l'adulte – tête et queue blanches – à l'âge de quatre ans.

TRAITS DISTINCTIFS

■ *76-101 cm*

■ *Tête et queue blanches*

▲ *Juvéniles facilement confondus avec l'aigle royal (*Aquila chrysaetos*)*

Masse volumineuse de brindilles, dans un arbre ou sur une falaise

1-3 ; blanc terne

Foulque d'Amérique

Fulica americana

Très répandu et facile à identifier, le foulque d'Amérique fréquente les lacs et les étangs de l'Amérique du Nord. Contrairement au canard, qui s'envole à la première alerte, le foulque accepte la présence de l'homme et peut même nicher dans les pièces d'eau des parcs urbains. Il a l'habitude de balancer la tête en nageant, trait qui permet de le distinguer, de loin, des canards. Pour s'envoler, le foulque a besoin de prendre son élan en courant sur l'eau dans un grand déploiement de coups d'ailes et de gouttes d'eau.

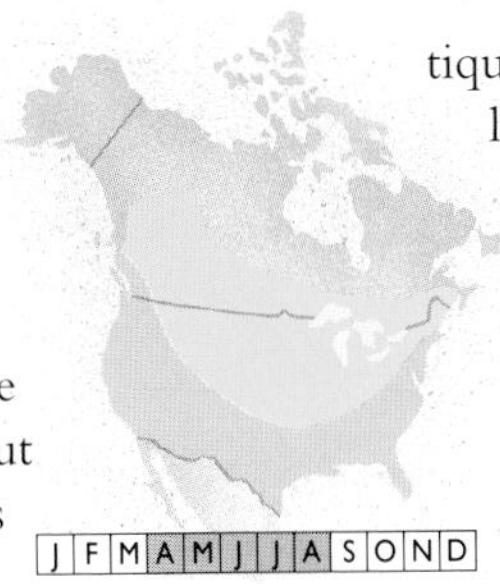

J F M A M J J A S O N D

En hiver, les foulques s'assemblent en bandes nombreuses au milieu des lacs. En période de nidification, cependant, ils deviennent timides et se cachent au milieu des herbes aquatiques ; seuls leurs nasillements trahissent leur présence.

Le juvénile, qui n'a pas la marque dénudée entre les yeux, caractéristique de l'adulte, est aussi plus pâle et plus gris, avec un cou et une face blanchâtres. L'hiver venu, il va prendre le motif de coloration de l'adulte.

F. d'Amérique juvénile

Dans les marais et les étangs de l'Est et du Sud, la gallinule poule-d'eau (*Gallinula chloropus* ; 33-35,5 cm) agite la tête avec plus d'énergie que le foulque et se laisse rarement voir dans les lacs dégagés ou en groupe. On la distingue facilement à son bec rouge et jaune et à la bande blanche qui longe ses flancs.

Gallinule poule-d'eau

TRAITS DISTINCTIFS

- *35,5-40,5 cm*
- *Presque entièrement noir*
- *Bec blanc*
- *Plate-forme de plantes aquatiques, ancrée à des roseaux*
- *6-12 ; chamois pâle, mouchetures foncées*

Échasse d'Amérique

Himantopus mexicanus

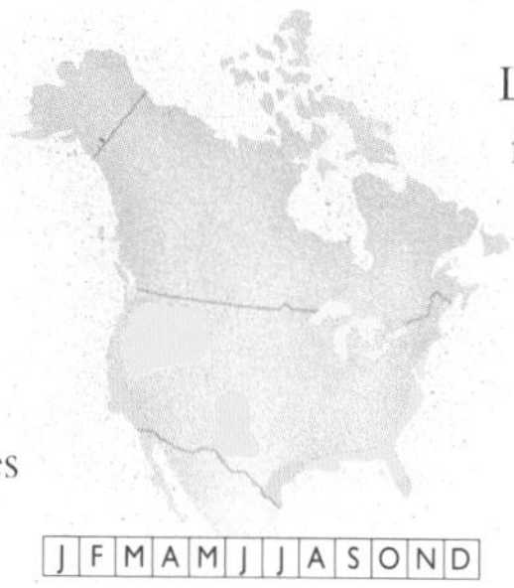

L'échasse d'Amérique est un oiseau élégant qui fréquente les eaux peu profondes et saumâtres des lacs, des marais et des champs inondés du sud et de l'ouest des États-Unis. De tous les oiseaux, c'est celui qui a les plus longues pattes (16,5 cm) par rapport au corps ; ce trait lui permet d'avancer en eau profonde, pour attraper les insectes qui flottent à la surface de l'eau ou se meuvent juste en dessous. Le mâle a le dos noir brillant ; la femelle, brun-noir terne.

L'avocette d'Amérique (*Recurvirostra americana* ; 39,5-43 cm), une parente, niche à l'intérieur des terres à l'ouest du continent. On les rencontre toutes les deux dans des petits groupes communs, surtout sur des lacs d'eau salée.

J F M A M J J A S O N D

Les avocettes se reconnaissent à leur bec fin, incurvé vers le haut, avec lequel elles fauchent l'eau pour se nourrir. En plumage nuptial, elles ont la tête et le cou cannelle, devenant gris pâle en hiver. La plupart émigrent vers les lagunes du littoral marin en fin d'automne.

Échas

Avocette

TRAITS DISTINCTIFS

- *35,5-40,5 cm*
- *Plumage noir et blanc*
- *Pattes roses, très longues*
- *Dépression dans le sol tapissée d'herbe*
- *3-5 ; chamois, marqués de brun*

Grand chevalier

Tringa melanoleuca

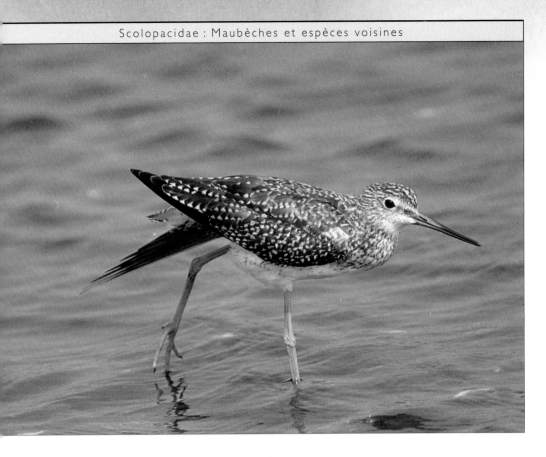

Oiseau de rivage de taille moyenne, le grand chevalier a un long bec droit ou légèrement retroussé et de longues pattes jaune vif. Le petit chevalier (*Tringa flavipes* ; 24-25,5 cm), qui lui est apparenté, a le bec plus petit et plus droit. Il est utile de savoir que le petit chevalier est à peine plus gros qu'un pluvier kildir (p. 175), tandis que le grand chevalier est d'une taille nettement supérieure.

Le cri d'appel du grand chevalier, un retentissant *ki-you, ki-you, ki-you*, attire l'attention ; celui du petit chevalier, deux notes glissantes, est beaucoup plus doux. En été, les mâles des deux espèces sont fortement marqués de noir ; en hiver, ils sont plus uniformément gris ; les juvéniles ont un plumage brun, moucheté sur le dos.

J F M A M J J A S O N D

Comme bien des oiseaux de rivage, les chevaliers nichent dans le Grand Nord. En tout autre temps, on les voit près des marais, des lagunes et des lacs, et le long des côtes. Ils préfèrent les eaux fraîches ou saumâtres, mais le grand chevalier se rencontre aussi en eau salée.

TRAITS DISTINCTIFS

■ 29-31,5 cm

■ Croupion blanc ; longues pattes jaunes

▲ Petit chevalier : oiseau plus petit ; bec plus court et plus mince ; cri distinct

Dépression dans le sol

4 ; chamois, marqués de brun

Chevalier grivelé (c. branlequeue)

Actitis macularia

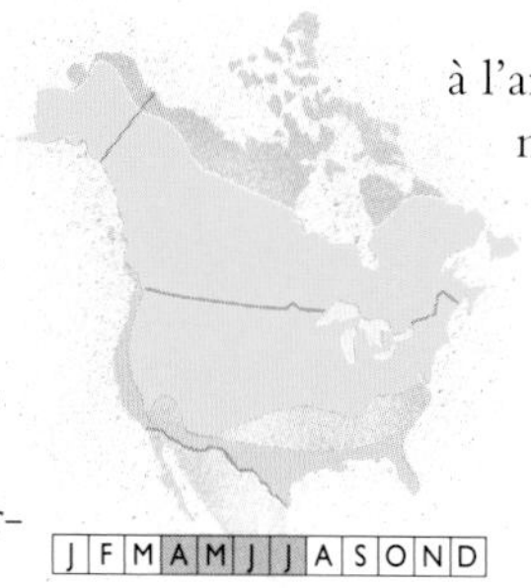

À première vue, ce petit oiseau, avec son plumage brun et blanc et sa bande alaire blanche, ressemble à n'importe quel chevalier ; et pourtant certains traits en font un oiseau de rivage des plus faciles à identifier. Si l'on prend le temps de l'observer, on remarquera que, tout en marchant, il hoche sans arrêt la moitié postérieure de son corps, et surtout la queue ; à l'arrêt, il continue souvent à faire la même chose. En vol, il a un battement d'ailes court et raide, de sorte que ses ailes bougent très vite et qu'elles s'incurvent vers le bas.

Le chevalier grivelé se distingue également des autres chevaliers en étant solitaire : il ne se mêle pas, comme eux, aux autres oiseaux de son habitat. Durant la migration et en hiver, on le trouve près des lacs, des estuaires, des bassins de retenue et des rochers le long de la mer, mais aussi au bord des cours d'eau où il niche en été.

Son plumage nuptial arbore de nombreuses petites taches. En hiver, la base du bec et les pattes sont jaunâtres ou rose terne, tandis qu'elles sont d'un rose orangé intense en période de nidification.

J F M A M J J A S O N D

Plumage nuptial

TRAITS DISTINCTIFS

- *16,5-18 cm*
- *Dessous tachetés en été, blanchâtres en hiver*
- *Hoche constamment la partie postérieure du corps, surtout la queue*
- *Au vol, ailes incurvées vers le bas ; battements courts*
- *Dépression dans le sol*
- *1-4 ; chamois, marqués de brun*

Martin-pêcheur d'Amérique

Ceryle alcyon

Le cri immanquablement distinctif du martin-pêcheur d'Amérique, une sorte de bruit de crécelle retentissant, est inséparable des espaces marécageux de toute l'Amérique du Nord. Sitôt ce cri entendu, on voit apparaître un oiseau de taille moyenne, à la tête couronnée d'une grosse huppe échevelée et au bec robuste et pointu. Le mâle montre une seule bande gris-bleu sur des dessous blancs ; la femelle a, en plus, une bande marron sous la première.

J F M A M J J A S O N D

Le martin-pêcheur a l'habitude de se percher sur une branche ou un fil électrique surplombant l'eau. De là, il plonge, tête la première, pour attraper un poisson avec son bec. Il peut aussi faire du surplace à bonne altitude jusqu'à ce qu'il aperçoive une proie.

Le juvénile apprend à pêcher avec ses parents ; ceux-ci laissent tomber un poisson mort dans l'eau et le petit doit aller le chercher. Au bout d'un entraînement de 10 jours, les parents le chassent de leur territoire.

Le martin-pêcheur est un oiseau solitaire en hiver ; il reste au nord tant qu'il trouve de l'eau libre de glace.

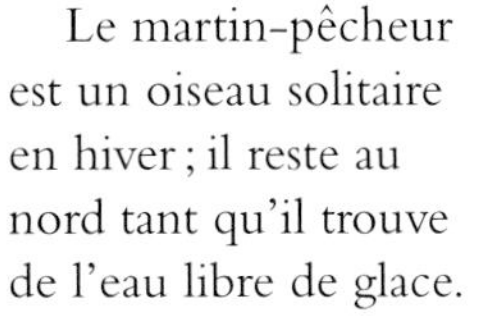

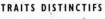

TRAITS DISTINCTIFS

- *30,5-33 cm*
- *Huppe échevelée*
- *Bec robuste et pointu*
- *Dessous blancs ; bande pectorale gris-bleu*
- *Femelle : bandes pectorales gris-bleu et marron*

Terrier creusé dans un rivage

5-8 ; blancs immaculés

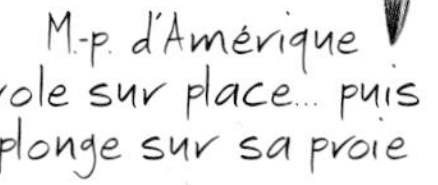

M.-p. d'Amérique
vole sur place... puis
plonge sur sa proie

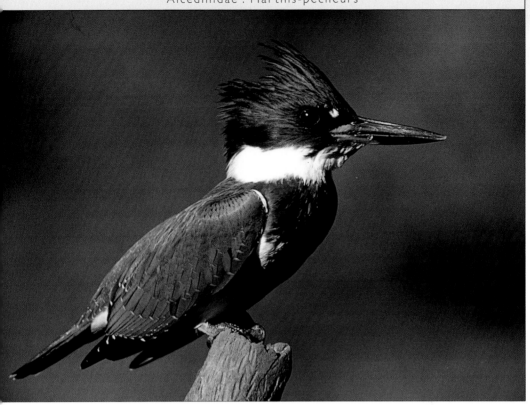

Moucherolle phébi

Sayornis phoebe

On aperçoit souvent le moucherolle phébi perché au-dessus de l'eau, sur un poteau ou sur une branche, d'où il émet ses cris d'appel, un *fî-bî* en ton mineur appuyé sur la première syllabe, ou un *tchîp* aigu et strident. L'hiver venu, ce moucherolle robuste ne va pas plus loin que le sud des États-Unis, puisqu'il trouve là tous les insectes aquatiques dont il se nourrit.

J F M A M J J A S O N D

Chez le moucherolle phébi, le mâle et la femelle sont identiques et peu voyants. Ce sont des oiseaux entièrement brun-gris verdâtre, un peu lavés de jaune sur les dessous. Il leur manque même le cercle oculaire pâle et les bandes alaires blanchâtres très voyantes des autres moucherolles. Mais ils ont une particularité : ils branlent la queue, quand ils sont perchés, vers le bas et non vers le haut.

Un proche parent, le moucherolle noir (*Sayornis nigricans* ; 15-18 cm) du Sud-Ouest américain, ressemble au moucherolle phébi par ses mœurs et par ses cris. Il est entièrement noirâtre, sauf pour l'abdomen qu'il a blanc. Le juvénile a des bandes alaires cannelle très visibles.

M. noir

TRAITS DISTINCTIFS

- *16-17 cm*
- *Dessous blanchâtres*
- *Tête foncée*
- *Se tient droit et alerte*
- *Hoche la queue vers le bas*
- *Nid fait de boue et d'herbe, sur une corniche ou sur un bâtiment*
- *3-8 ; blanchâtres*

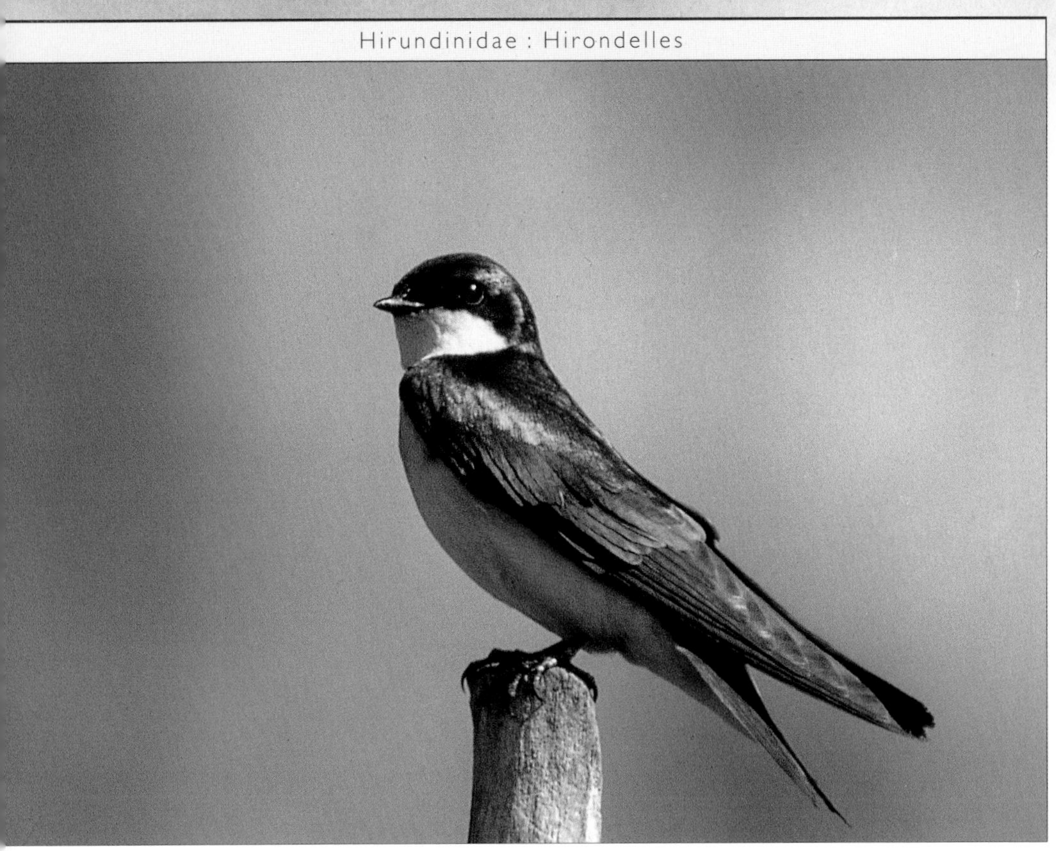

Hirondelle bicolore

Tachycineta bicolor

En été, l'hirondelle bicolore est commune dans la plupart des habitats boisés près de l'eau, surtout là où des arbres morts peuvent abriter son nid dans leurs cavités. (Elle s'installe également dans des nichoirs.) Durant la migration d'automne, elle voyage en grandes bandes qui obscurcissent le ciel comme des nuées d'insectes. Elle se nourrit aussi bien de petits fruits que d'insectes : elle n'a donc pas besoin de descendre autant au sud que ses parentes purement insectivores.

J F M A M J J A S O N D

L'hirondelle bicolore se distingue par ses parties supérieures bleu-vert chatoyant et ses dessous d'un blanc immaculé. Les juvéniles ont cependant le dos brunâtre et l'abdomen grisâtre, tout comme les femelles, du moins la première année. On peut donc les confondre avec deux autres espèces d'hirondelles à dos brun, l'hirondelle de rivage (*Riparia riparia* ; 12-13 cm) et l'hirondelle à ailes hérissées (*Stelgidopteryx serripennis* ; 12,5-14 cm). Mais la première, plus petite, arbore un collier sombre bien visible, tandis que la seconde a la gorge gris-brun et une queue moins fourchue. Toutes deux se creusent des tunnels dans des berges sablonneuses.

H. bicolore juvénile

H. à ailes hérissées

H. de rivage

H. bicolore

TRAITS DISTINCTIFS

■ *13-14,5 cm*

■ *Dessus bleu-vert chatoyants, dessous blancs*

▲ *Femelles et juvéniles peuvent être confondus avec l'h. de rivage et l'h. à ailes hérissées (voir ci-dessus)*

Nid fait d'herbe, dans une cavité

4-6 ; blancs

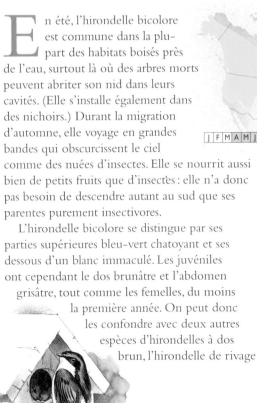

Paruline masquée

Geothlypis trichas

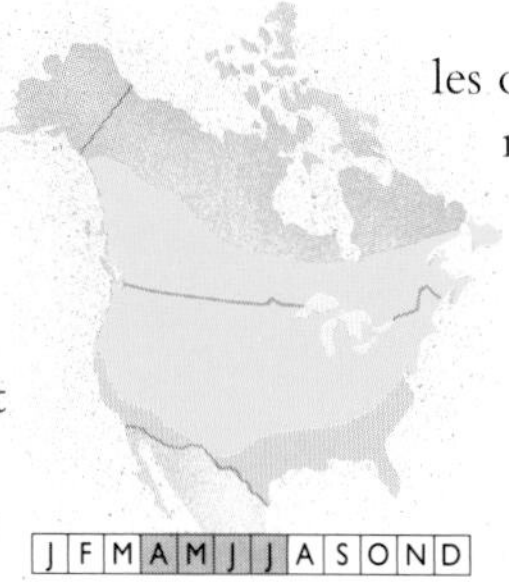

Un *ouistiti-ouistiti-ouistiti-ouit* vif et joyeux révèle la présence de la paruline masquée. Commune en été dans les marécages et les prés humides, elle fréquente, en migration, les champs et les jardins broussailleux, souvent très loin de l'eau. On peut aussi la repérer à son cri, un *tchip* rauque. Quand on répond à ce cri par un appel quelconque prononcé du bout des lèvres, un *pschitt* par exemple, la paruline masquée vient voir d'où provient ce drôle de bruit. On ne sait pourquoi les oiseaux réagissent à ce type de son, mais on sait qu'il a du succès tout particulièrement auprès de la paruline masquée.

J F M A M J J A S O N D

Le mâle se reconnaît à son masque noir ourlé en haut de blanc, de gris ou de jaune pâle. La femelle est plutôt terne ; elle a les dessus vert olive et les dessous jaunes, d'une teinte plus vive sur la gorge et sur les plumes sous-caudales. À l'automne, les jeunes mâles ressemblent aux femelles, mais on décèle déjà chez eux ce qui sera plus tard le masque noir de l'adulte.

TRAITS DISTINCTIFS

■ *11,5-13 cm*

■ *Mâle : Dessus olive, dessous jaune vif, masque noir très voyant*

▲ *Femelle : peu distinctive ; se nourrit au sol ; queue sans marque ; gorge jaune, poitrine jaunâtre*

Nid volumineux fait d'herbe, près du sol, dans des arbustes en milieu humide

● *3-5 ; blanchâtres, maculés de brun*

Carouge à épaulettes

Agelaius phoeniceus

Les carouges à épaulettes, très répandus dans toute l'Amérique du Nord, nichent dans les marais, les fossés humides, les champs de céréales et les prés marécageux. En hiver, ils se réunissent par milliers et même par millions de sujets qui s'abattent dans les champs pour se nourrir en compagnie de vachers et de quiscales.

J F M A M J J A S O N D

Au printemps, le mâle lance son chant rauque et claironnant d'un perchoir ou en voltigeant. Il laisse alors voir ses épaulettes, deux taches rouge vermillon bordées de jaune. La femelle, brun foncé, est fortement striée, surtout sur les dessous. Les jeunes mâles ressemblent aux femelles jusqu'à leur deuxième année.

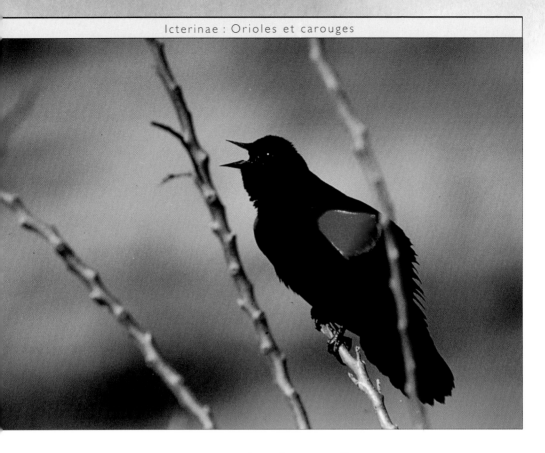

Proche parent du carouge à épaulettes, le carouge de Californie (*Agelaius tricolor*; 18-23 cm) se rencontre seulement en Californie et dans quelques régions limitrophes. Trait distinctif du mâle, ses épaulettes sont bordées de blanc et non de jaune. Les femelles, elles, se ressemblent tellement que les distinguer est une épreuve redoutable, même pour un ornithologue averti.

de Californie ♂

TRAITS DISTINCTIFS

■ *18-24 cm*

■ *Mâle : corps noir ; tache rouge bordée de jaune sur les épaules*

▲ *C. de Californie : tache rouge bordée de blanc sur les épaules ; femelles très semblables*

Nid fait d'herbe, ancré à des joncs ou de hautes plantes

3-5 ; bleu pâle ; marques foncées

♀ C. à épaulettes

♂ C. à épaulettes

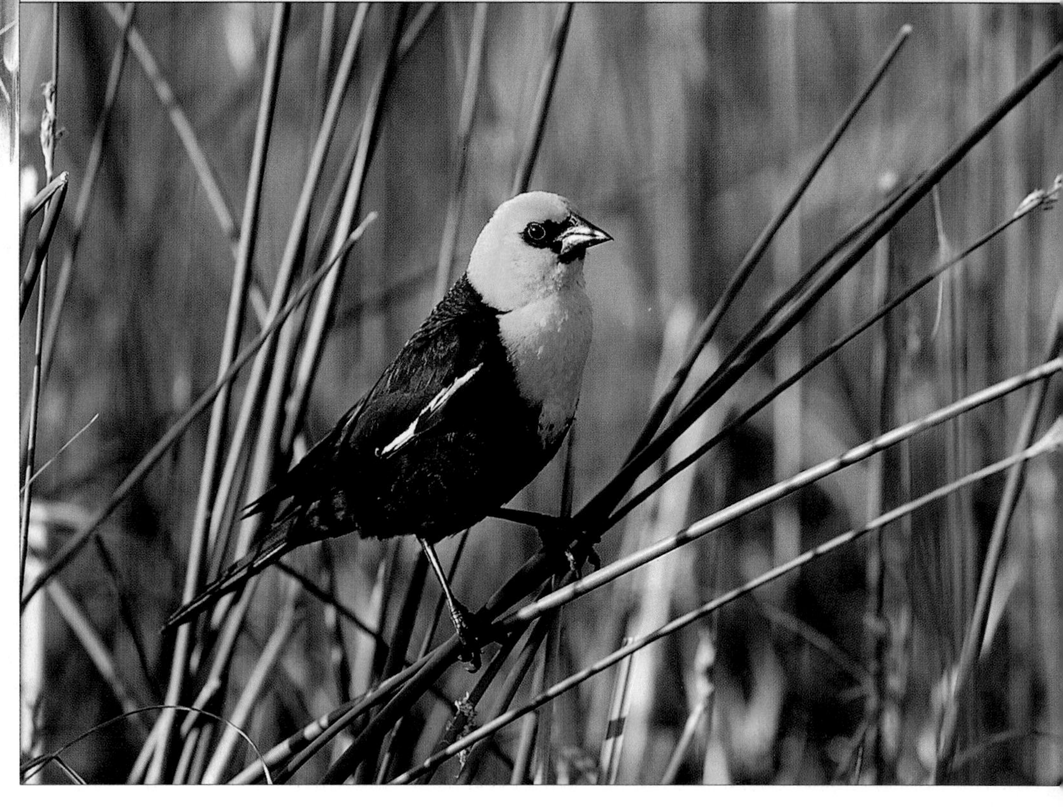

Carouge à tête jaune

Xanthocephalus xanthocephalus

Le superbe carouge à tête jaune mâle est sans aucun doute l'oiseau chanteur le plus frappant qu'il soit donné de voir dans un habitat humide. La femelle est plus petite et plus terne que le mâle. Son plumage est brunâtre ; elle a la gorge et la poitrine jaunes mais il lui manque la tache alaire blanche du mâle. Les juvéniles mâles et femelles ont la tête et la poitrine chamois doré avant d'adopter le plumage terne de la femelle. Le juvénile mâle se colore progressivement et, le printemps venu, aura pris le motif contrasté de l'adulte.

Les carouges à tête jaune sont rares dans l'Est, mais communs dans l'Ouest et le Centre de l'Amérique du Nord. Ils nichent en colonies denses et investissent les lits de plantes aquatiques entre lesquels retentissent bientôt les notes rauques et grinçantes de leur chant. En migration et en hiver, le carouge à tête jaune demeure très grégaire et se joint à d'autres carouges pour picorer dans les champs. Mâles et femelles se tiennent en bandes séparées, de sorte qu'on peut avoir la chance d'observer un vol entièrement composé de carouges à tête jaune mâles, spectacle qui ne s'oublie pas.

J F M A M J J A S O N D

♀

TRAITS DISTINCTIFS

- *19-25,5 cm*
- *Mâle : plumage noir ; tête et poitrine jaune vif*
- *Femelle : plumage brun foncé ; face et poitrine jaunes*
- *Nid profond fait de brins d'herbe entrelacés avec des plantes aquatiques*
- *3-5 ; gris pâle, marqués de brun*

Bords de mer

ESTUAIRES ET MARAIS SALÉS Les bécasseaux et les courlis recherchent la vase des estuaires que la marée basse découvre ; à marée haute, ils se reposent en groupes serrés dans les marais salés ou sur les plages de galet.
PLAGES DE SABLE Quand elles ne pêchent pas au large, les sternes s'abattent sur les plages. Les bécasseaux sanderlings, en fouillant le sable, rencontrent les goélands. Le pluvier siffleur, menacé d'extinction, fréquente aussi cet habitat.
FALAISES ET ROCHERS En grandes colonies, cormorans, marmettes, fous de Bassan et certaines espèces de goélands y font leur nid.

LE GRAND LARGE Des espèces comme le puffin fuligineux y demeurent en quasi-permanence.

BORDS DE MER

Plages, dunes, falaises, estuaires, mangroves

Le littoral océanique, cette bande côtière où la terre a rendez-vous avec la mer, est un environnement clairement défini et merveilleusement varié. Depuis les rivages glacés du Labrador et de l'Alaska en hiver jusqu'aux mangroves de la Floride et aux plages brûlées du Texas, le littoral de l'Amérique du Nord offre une vaste gamme d'habitats : falaises, rochers battus par les vagues, plages sablonneuses, estuaires envasés, forêts pluviales et mangroves.

HAUTS-FONDS Le poisson, plus accessible près des côtes, attire des cormorans et des pélicans bruns ; on y voit aussi, surtout en hiver, macreuses, grèbes, marmettes et plongeons.

Bien qu'il n'existe pas de frontières très étanches entre les groupes d'oiseaux, certaines espèces s'associent à des habitats spécifiques : les cormorans aux falaises, les sternes aux plages, les échassiers aux estuaires. La mangrove est un type de marais presque exclusivement réservé au Sud-Est américain ; elle constitue un environnement spécifique, susceptible d'attirer une avifaune particulière : des échassiers à longues pattes, comme les aigrettes, les ibis et les spatules.

Le climat définit l'habitat et détermine le type d'aliments que les oiseaux y trouvent. Les alcidés et les goélands, par exemple, préfèrent un environnement froid : on les trouve sur les littoraux septentrionaux ; par contre, les sternes sont plus communes sur les côtes du Sud.

La mer elle-même offre plusieurs environnements définis par certains facteurs auxquels l'homme est peu sensible, comme la profondeur des fonds ainsi que la température et la salinité de l'eau. Les oiseaux véritablement pélagiques, ceux par exemple qui sont dotés de narines tubulaires comme les albatros et les puffins, ne s'aventurent jamais dans le bouclier continental, tandis qu'on remarque des distinctions notoires entre les oiseaux qui vivent au large du littoral et les espèces côtières.

L'avifaune de l'océan Pacifique est exceptionnellement riche ; en été, on y voit des colonies de macareux et de cormorans nicheurs, tandis que, en hiver, des canards pélagiques, comme les macreuses, les rejoignent.

Observer à la mer

Les bords de mer sont des environnements difficiles pour l'observation des oiseaux. Alors que les parcs et les jardins permettent d'étudier leur comportement dans un contexte familier, le milieu marin est celui où l'ornithologue va chercher à relever des défis.

L'observation des oiseaux ne serait pas un passe-temps aussi passionnant si tout y était facile. Or, le littoral marin recèle trois des cinq groupes les plus difficiles à identifier : les goélands, les oiseaux de rivage migrateurs et les oiseaux de mer (les quatrième et cinquième groupes étant constitués par les moucherolles et les parulines en automne).

Goélands et mouettes

On reconnaît un goéland sitôt qu'on en voit un. Mais distinguer les espèces les unes des autres est un casse-tête, surtout du fait que les sujets changent de plumage pendant deux, trois ou quatre ans avant d'atteindre celui de l'adulte. Pour compliquer encore davantage ce tableau, les plumages d'hiver diffèrent de ceux d'été, parfois même chez les juvéniles. L'observateur doit donc exercer son choix entre plusieurs options. Passer ces options en revue est l'opération la plus longue ; cela fait, l'identification sera simple. Heureusement, goélands et mouettes se laissent (d'habitude) approcher d'assez près. Voici quelques-uns des traits à observer :

- couleur et forme du bec ;
- couleur des pattes ;
- motif de coloration des ailes ;
- présence ou absence d'une bande caudale foncée.

Oiseaux de rivage

Les oiseaux de rivage migrateurs sont plus timides que les goélands et ils se rassemblent en grands vols où se regrou-

LES HABITATS *de la côte sont dominés par les goélands. On voit ici un vol mixte de goélands posés sur une plate-forme rocheuse à Monterey Bay (ci-dessus), ainsi qu'une mouette atricille en vol plané (ci-contre). Les îles Pribilof, dans la mer de Béring, accueillent des espèces peu communes comme l'alque perroquet (ci-dessus, à droite).*

AU BORD DE LA MER, *le télescope (à gauche) est un article indispensable. Il permet entre autres d'identifier de petits oiseaux de plage comme les bécasseaux sanderlings (ci-dessous) qui fouillent le sable devant la vague.*

ent souvent plusieurs espèces, ce qui complique encore l'identification, qui doit se faire de loin. Enfin, comme les goélands, ces oiseaux passent par une grande variété de plumages. En période nuptiale, ils sont très caractérisés, mais les juvéniles et les adultes en hiver ont un plumage semblable. Dans quelques cas, cette similarité est tellement poussée que l'identification dépend, au pied de la lettre, d'une analyse plume par plume ou d'un examen comparatif de leur taille ou de leur morphologie. Dans la plupart des cas, cependant, vous aurez fait la moitié du travail si vous notez avec soin :

- la couleur des pattes ;
- la longueur et la forme du bec ;
- le motif de coloration subalaire (s'il y a lieu) ;
- la présence ou l'absence d'un croupion blanc.

Oiseaux de mer

Le troisième groupe est celui que forment les oiseaux de mer, surtout ceux qui ont des narines tubulaires. Deux difficultés se posent ici. Tout d'abord, ce sont des oiseaux pélagiques qui restent généralement au large des côtes : les chances de les observer à partir du rivage sont donc très réduites. Quant à aller les voir en mer, c'est une occasion qui ne s'offre pas assez souvent pour en faire des oiseaux familiers. Ensuite, ce sont des espèces semblables par le plumage, le vol et la morphologie ; ce qui les différencie les unes des autres est extrêmement subtil.

Pour être capable d'identifier ces oiseaux, il faut les observer en mer avec un bon guide. On peut pour cela profiter des excursions en haute mer, organisées dans les centres côtiers, en compagnie d'un ornithologue spécialisé.

Marées

Les oiseaux de terre et de mer ont, comme nous, un rythme de vie à deux cycles : diurne et nocturne. Ceux qui vivent là où la mer et la terre se rencontrent sont influencés par un autre facteur : les marées. Les oiseaux qui se nourrissent quand la mer descend se reposent quand elle monte ; d'autres font le contraire. Si vous allez souvent faire de l'observation sur la côte ou en mer, vous devrez donc tenir compte des marées.

La marée basse est, des deux, la plus profitable puisque vous vous retrouvez sur le littoral avec les oiseaux qui viennent se nourrir dans les espaces laissés à découvert par la mer descendante. Tâchez d'arriver de préférence au moment où la mer, en remontant, chasse les oiseaux devant elle ; occupés à éviter la vague et à fouiller la vase, ils remarqueront moins votre présence. Dans certaines régions, les oiseaux de rivage se réunissent en bandes à marée haute pour se reposer ; c'est le moment de les observer.

Accessoires

Dans les estuaires, et en général au bord de la mer, le télescope, plus puissant que les jumelles, s'impose. Les oiseaux du littoral sont facilement effrayés et extrêmement mobiles ; les repérer et les suivre des yeux est plus difficile dans cet environnement que dans la prairie. En outre, vous êtes forcé de les identifier de beaucoup plus loin.

Les grossissements 20 et 40 sont les plus pratiques ; au-delà, vous agrandissez les conditions atmosphériques plutôt que les oiseaux. Un télescope sans trépied est à peu près inutile, surtout au bord de la mer où il y a souvent du vent et de la pluie. Vous trouverez à la page 64 d'autres renseignements concernant les télescopes et les trépieds.

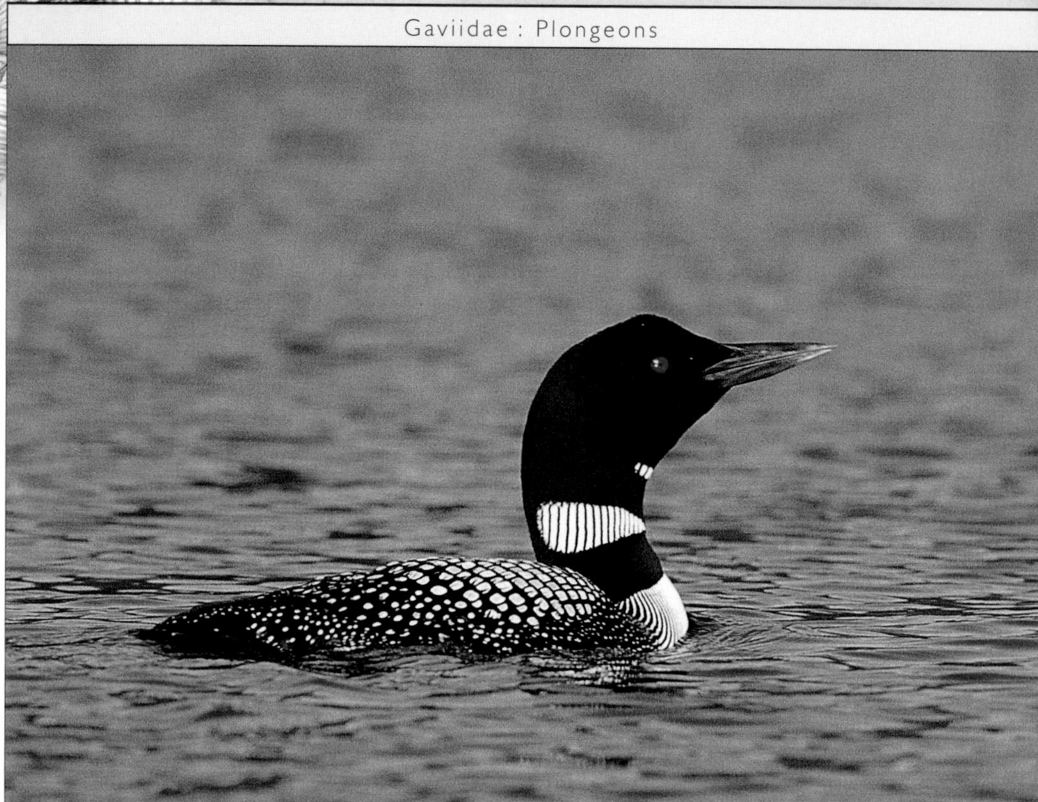

Plongeon huard

Gavia immer

Son cri étrange symbolise la nature sauvage et les grands espaces. Le plongeon huard, autrefois appelé huart à collier, niche généralement sur les lacs d'eau douce et parfois y passe aussi l'hiver, en particulier dans les Grands Lacs. Mais pour ceux qui l'observent en hiver, le plongeon est un oiseau du littoral.

J F M A M J J A S O N D

En plumage d'hiver, tous les plongeons ont les dessus foncés et les dessous blancs : une grosse tête, un bec robuste et droit, et un cercle blanchâtre autour de l'œil distinguent à cette période le plongeon huard du plongeon du Pacifique – autrefois huart du Pacifique (*Gavia pacifica* ; 56-66 cm) –, qui niche dans le Nord-Ouest et est commun sur la côte du Pacifique en hiver.

Comparé au plongeon huard, le plongeon du Pacifique, plus petit, présente une tête ronde et mafflue, et un bec plus fin. En été, le mâle a la tête et l'arrière du cou gris pâle, et le devant du cou noirâtre bordé de rayures blanches ; le plongeon huard, lui, a la tête noire et son cou, noir aussi, est marqué d'un large collier incomplet blanc, finement rayé de noir.

P. huard (en hiver)

Quand le plongeon huard vole, on voit ses deux larges pieds dépasser de sa queue comme des avirons. Le plongeon du Pacifique vole plus bas que le plongeon huard et souvent en groupes.

P. huard (plumage nuptial)

P. du Pacifique (plumage nuptial)

TRAITS DISTINCTIFS

- *66-84 cm*
- *Bec pointu ; collier rayé*
- *Plus foncé que la plupart des plongeons*
- *Difficile à distinguer des autres plongeons en hiver*
- *Nid fait d'herbe et de brindilles, sur la terre ferme ou sur des îlots flottants de végétation*
- *1-3 ; brun olive à fines macules foncées*

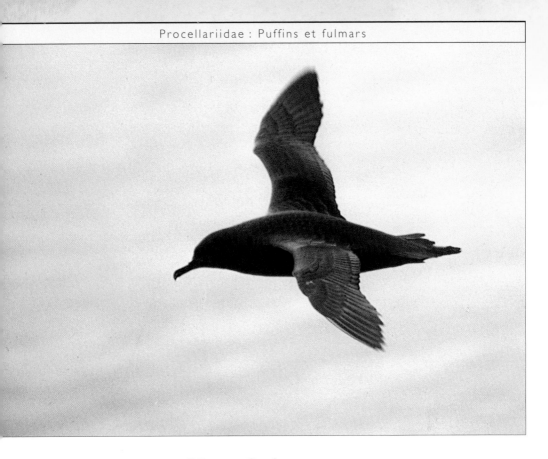

Puffin fuligineux

Puffinus griseus

À la fin de l'été, vous pouvez voir, au large des côtes, tant de l'Atlantique que du Pacifique, de grands vols d'oiseaux noirs à longues ailes qui planent et écument la surface de la mer en « fendant » les vagues. Vous les voyez également tourner en rond dans le ciel ou se poser tous ensemble sur l'eau, semblables de loin à des nappes d'huile noire. Ce sont des puffins fuligineux, oiseaux parmi les plus abondants du monde. Ils nichent dans les îles pélagiques du Sud mais, après la reproduction, s'envolent vers les parties septentrionales des océans Atlantique et Pacifique. Ils sont communs sur les deux côtes, mais davantage dans l'Ouest, et plus nombreux en été, bien que des juvéniles demeurent dans les eaux de l'Amérique du Nord toute l'année.

J F M A M J J A S O N D

Si vous faites une excursion en mer, vous avez de fortes chances de rencontrer le puffin fuligineux. Observez-le bien : vous remarquerez que, lorsqu'il vire sur l'aile et montre ses dessous, il laisse voir une tache sous-alaire blanc argenté. Comme les pétrels et les autres puffins, il présente des narines tubulaires qui débouchent sur le dessus du bec et par lesquelles il expulse le sel marin de l'eau qu'il boit.

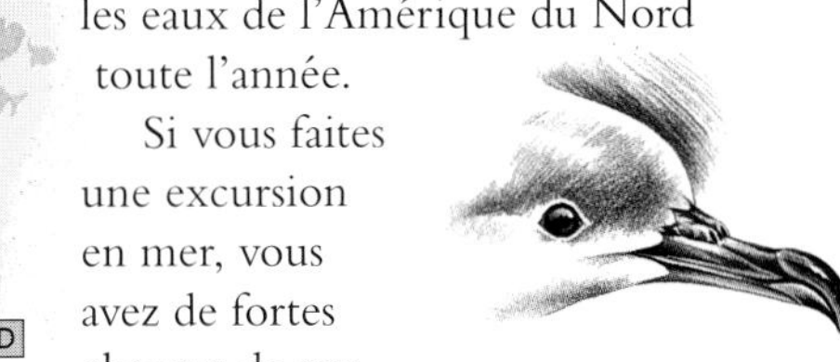
Bec à narines tubulaires

P. fuligineux sur l'eau

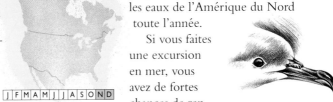

TRAITS DISTINCTIFS

■ 43-45,5 cm

■ *Tache sous-alaire très voyante*

▲ *Semblable à diverses espèces de puffins entièrement noirs*

Terrier dans le sol

1 ; blanc

Pélican brun

Pelecanus occidentalis

J F M A M J J A S O N D

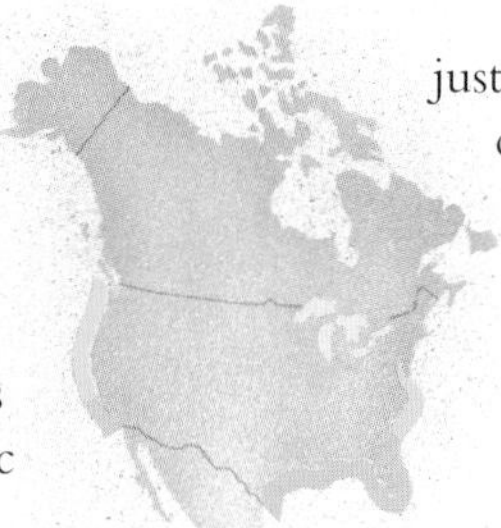

Durant les années 60 et 70, le pélican brun était devenu un oiseau rare sur les côtes américaines. Cette chute des populations était causée par les pesticides, surtout le DDT, qui rendent les coquilles des œufs plus minces et donc plus fragiles. La proscription du DDT a permis au pélican brun de se multiplier, de sorte que cet oiseau est de nouveau commun. Quand vous êtes sur la plage, en Floride particulièrement, regardez au loin : vous verrez des pélicans planer à la queue leu leu juste au-dessus des vagues. Dans les ports de pêche, vous rencontrerez des spécimens presque apprivoisés qui se perchent sur les jetées, indifférents aux allées et venues des passants.

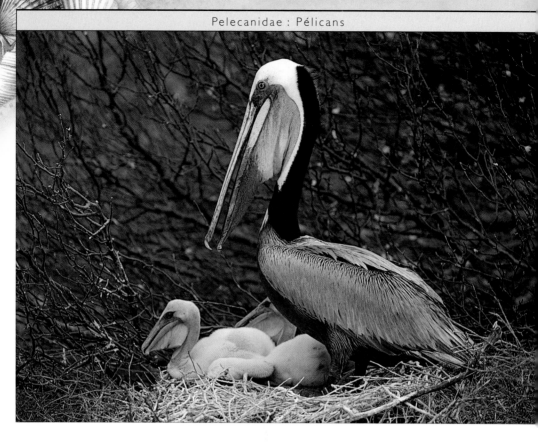

Le pélican brun pêche en plongeant tête première du haut des airs. Il entre dans l'eau à angle aigu s'il plane à basse altitude, plus directement s'il vole haut. Malgré son nom, c'est un oiseau gris argenté avec une tête et un cou blanchâtres. Avant la nidification, la partie arrière du cou des adultes devient marron foncé. Les juvéniles ont un plumage uniformément brunâtre jusqu'à ce qu'ils prennent le plumage adulte à l'âge de trois ans.

Plumage d'hiver

Plumage d'été

Vol de pélicans bruns

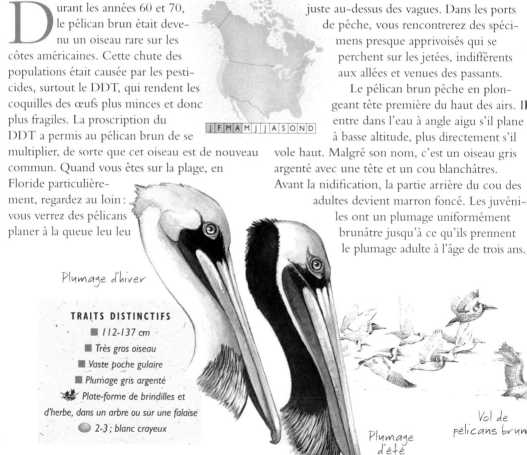

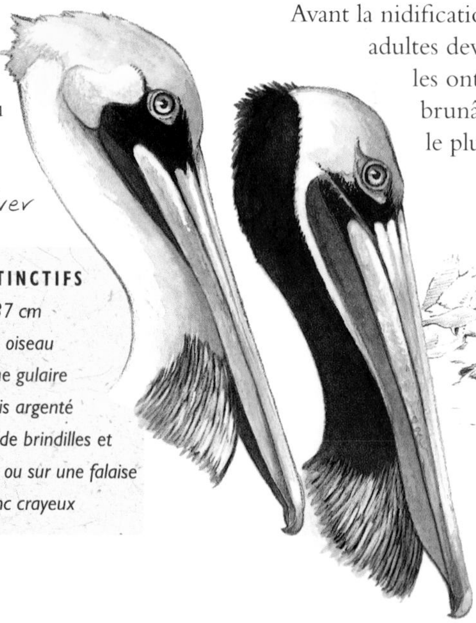

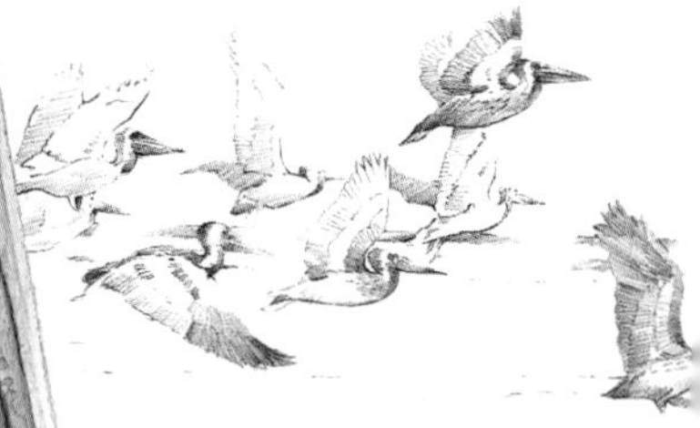

TRAITS DISTINCTIFS

- *112-137 cm*
- *Très gros oiseau*
- *Vaste poche gulaire*
- *Plumage gris argenté*
- *Plate-forme de brindilles et d'herbe, dans un arbre ou sur une falaise*
- *2-3 ; blanc crayeux*

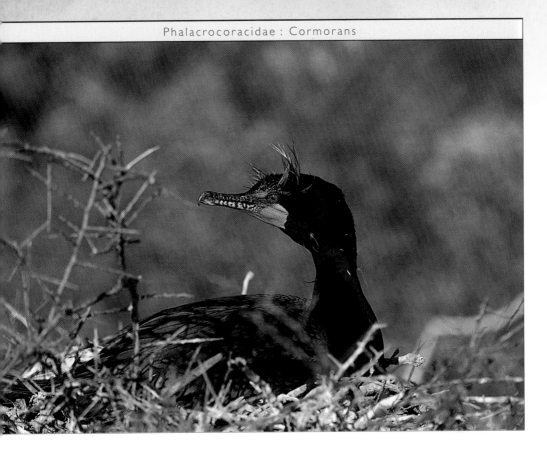

Cormoran à aigrettes

Phalacrocorax auritus

J F M A M J J A S O N D

C. à aigrettes

C. de Brandt

Le cormoran à aigrettes est le plus répandu des cormorans en Amérique du Nord ; on le trouve aussi bien au bord des grands lacs que près du littoral. Ce sont néanmoins les estuaires qu'il préfère et les lacs situés près des côtes ; il s'aventure rarement en haute mer. De loin, on distingue un cormoran d'un plongeon au saut qu'il effectue avant de plonger et à la façon qu'il a de voler la tête dans le prolongement du corps, alors qu'un plongeon vole la tête baissée.

Durant la plus grande partie de l'année, les adultes sont entièrement noirs. À la pariade, ils se parent d'aigrettes, noires dans l'Est, blanches dans l'Ouest. Les juvéniles sont brun foncé, à l'exception d'une tache blanchâtre sur la partie antérieure du cou et sur la poitrine. La grande poche gulaire d'un jaune orange vif est un trait distinctif dans tous les plumages.

Sur la côte du Pacifique, le cormoran de Brandt (*Phalacrocorax penicillatus* ; 73-84 cm) fréquente exclusivement les eaux salées. La poche gulaire de l'adulte est gris-bleu.

Pour les différencier en vol, on remarquera que le cormoran à aigrettes dresse la tête au point d'en avoir le cou tordu tandis que chez le cormoran de Brandt, la tête se trouve exactement dans le prolongement du cou.

TRAITS DISTINCTIFS

71-81 cm

Poche gulaire orange (toute l'année)

Plumage nuptial : deux aigrettes, blanches dans l'Ouest, noires dans l'Est

Plate-forme de brindilles et d'algues, sur une falaise ou dans un arbre

2-7 ; bleu pâle et crayeux

Ibis blanc

Eudocimus albus

Les ibis blancs sont de grands échassiers grégaires qui hantent les mangroves, les marais salés et les lagunes d'eau douce à proximité du littoral dans le sud-est des États-Unis. Contrairement aux hérons, ils volent le cou tendu, avec des battements d'ailes rapides (vol ramé) et de peu d'amplitude auxquels succèdent de longues glissades (vol plané). À l'aube et au crépuscule, on les voit voler en file ou groupés en V. Avec leur bec incurvé vers le bas, ils sondent les sols vaseux, différant en cela des aigrettes.

J F M A M J J A S O N D

En plumage nuptial, l'ibis blanc adulte se pare d'une caroncule (excroissance charnue) rouge vif sous le bec. Le juvénile est uniformément brun, mais en vol, son croupion blanc et ses plumes sus-caudales blanches sont très voyants. Chez l'adulte, par contre, on remarque en vol les bouts noirs des ailes.

La spatule rosée (*Ajaia ajaja*; 71-79 cm) est un grand échassier qui fréquente des habitats semblables sur les côtes du golfe du Mexique. Le juvénile est entièrement blanc avec un vague reflet rose sur les ailes. C'est seulement à l'âge de trois ans qu'il acquiert les ailes rose vif et la tête dénudée de plumes de l'adulte.

I. blanc

Adulte

Juvénile

Spatule rosée

TRAITS DISTINCTIFS

- *53-63,5 cm*
- *Presque tout blanc*
- *Pattes et bec incurvé rose pâle ou écarlates selon la saison*
- *Juvéniles : dessus bruns, dessous blancs ; bec incurvé rose terne*
- *Plate-forme dans un arbre*
- *3-4 ; blanc verdâtre, tachés de brun*

Macreuse à front blanc

Melanitta perspicillata

Les macreuses à front blanc fréquentent en hiver le littoral des côtes nord-américaines de l'Atlantique et du Pacifique. On les trouve également, mais en petit nombre, dans les estuaires, les ports et les lagunes où elles se regroupent en colonies denses pour s'alimenter et dormir. En été, elles vont très loin dans le Nord nicher dans la toundra ; les juvéniles qui ne sont pas en âge de se reproduire demeurent sur la côte.

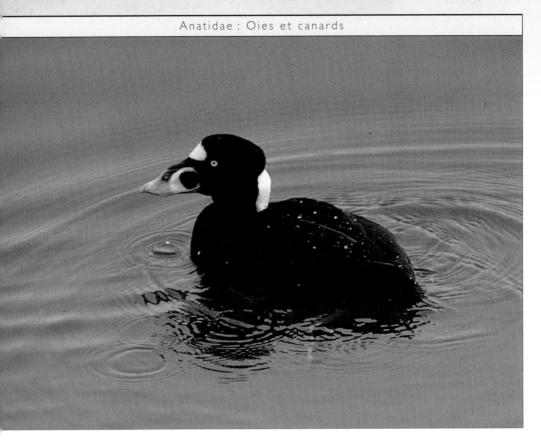

Le mâle, facilement identifiable, se classe parmi les plus beaux canards. La femelle et le juvénile, entièrement bruns, peuvent être confondus avec la macreuse noire (aussi appelée macreuse à bec jaune, *Melanitta nigra* ; 45,5-51 cm) et la macreuse brune (aussi appelée macreuse à ailes blanches, *Melanitta fusca* ; 51-58,5 cm), deux proches parentes. La première se distingue par une excroissance jaune orangé sur le bec ; chez la seconde, on note que la marque blanchâtre en avant de l'œil est en forme de croissant, alors qu'elle est ronde chez la macreuse à front blanc. En vol ou quand la macreuse brune, posée sur l'eau, secoue ses ailes, sa tache alaire blanche très voyante est un trait distinctif facile à observer.

J F M A M J J A S O N D

♂ M. brune

M. à front blanc ♀

M. brune ♀

TRAITS DISTINCTIFS

■ *45,5-51 cm*

■ *Mâle en plumage nuptial : noir, bec coloré, nuque et front blancs*

■ *Femelle et juvénile : bruns, avec deux taches blanches sur la face*

▲ *M. noire : excroissance jaune orangé sur le bec*

▲ *M. brune : spéculum blanc*

Nid fait d'herbe, dans une petite dépression sur le sol

5-8 ; chamois

Groupe de macreuses

Pluvier argenté

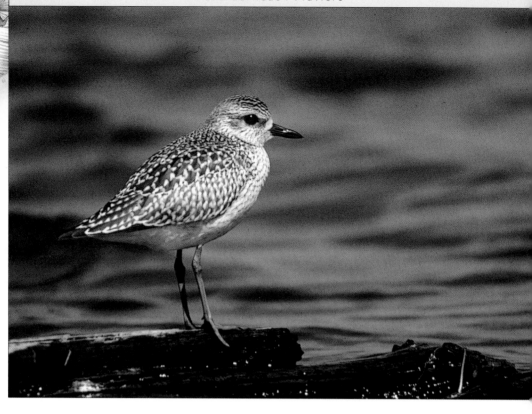

Pluvialis squatarola

Ce pluvier, le plus grand de l'Amérique du Nord, s'observe au Québec le long des côtes, au printemps mais surtout à l'automne, en migration. À la même époque, il lui arrive aussi de fréquenter les lacs et les champs labourés de l'intérieur du continent.

J F M A M J J A S O N D

Plumage d'hiver

P. argenté

Plumage nuptial

Le pluvier argenté, autrefois appelé pluvier à ventre noir, émet un sifflement plaintif, *ti-yû-ii*, qu'on entend avant de l'apercevoir. L'adulte en été se distingue par son abdomen noir, sa face noire et une gorge noire liserée d'un large trait blanc. L'adulte en hiver et le juvénile ont des dessus gris et des dessous blanchâtres.

En vol, son croupion blanc, sa large bande alaire blanche et ses axillaires (ou aisselles) noires le distinguent du pluvier bronzé, autrefois appelé pluvier doré d'Amérique (*Pluvialis dominica* ; 24-25,5 cm) qui niche dans le Grand Nord et passe l'hiver en Amérique du Sud. Celui-ci traverse le centre du continent au printemps et la côte de l'Atlantique en automne. En vol, il montre des dessus uniformes et des dessous d'ailes gris.

Plumage d'hiver

P. bronzé

TRAITS DISTINCTIFS

- 26,5-29 cm
- Croupion blanc
- Large bande alaire blanche
- Axillaires noires
- Plumage nuptial : dessous très noirs
- Faible dépression au sol, tapissée d'herbe
- 3-4 ; brun chamois, marqués de noir

Chevalier semipalmé

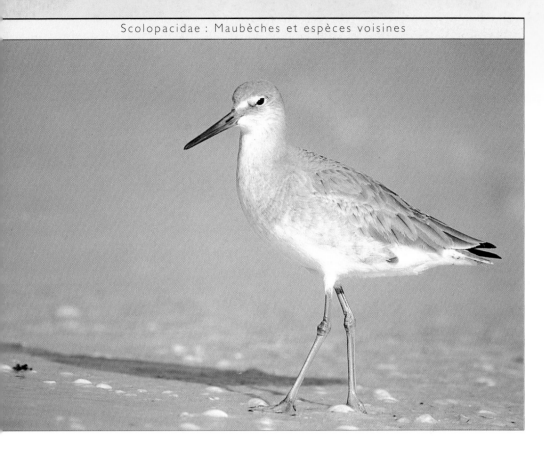

Catoptrophorus semipalmatus

Durant la plus grande partie de l'année, le chevalier semipalmé présente au sol un plumage uniformément gris terne qui ressemble à celui de bien d'autres échassiers. Toutefois, en prenant son envol, il laisse voir un motif alaire noir et blanc, distinctif et très voyant. Il fréquente alors les plages, les estuaires et les lagunes des côtes de l'Atlantique et du Pacifique.

J F M A M J J A S O N D

Les chevaliers semipalmés nichent sur les côtes de l'Atlantique et du golfe du Mexique, ainsi que près des lacs et des marais des régions intérieures de l'Ouest. En période nuptiale, leur cri perçant, *pil-ouilette*, permet de les identifier. L'oiseau présente alors des rayures et des striures noires et blanches sur la face, le cou et la poitrine, ainsi que des marques noires sur le dos. Après la nidification, la femelle confie les poussins au mâle et entreprend son voyage migratoire. Dans leurs quartiers d'hiver, les femelles sont donc les premières arrivées. On reconnaît les juvéniles à l'automne par leur plumage brun à mouchetures claires qui contraste par sa fraîcheur avec la livrée nuptiale délavée des adultes.

TRAITS DISTINCTIFS

- *31,5-35,5 cm*
- *Bruyant ; attire l'attention*
- *Taches alaires noir et blanc distinctement visibles en vol*
- *Été : dessus et dessous tachetés*
- *Hiver : dessus gris uni ; dessous blanchâtres*
- *Faible dépression tapissée d'herbe*
- *4-5 ; olive, marqués de brun*

Courlis corlieu

Numenius phaeopus

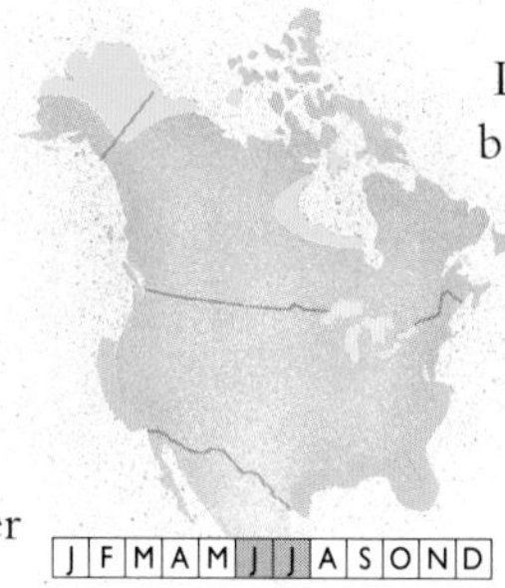

J F M A M J J A S O N D

Une séquence rapide de cris sifflants et flûtés signale d'en haut le passage des courlis corlieux, oiseaux de rivage qui fréquentent les plages, les estuaires et les lagunes des côtes atlantique et pacifique du sud des États-Unis. Il leur arrive d'emprunter l'intérieur des terres pour aller nicher dans la toundra arctique, sur la côte ouest de la baie d'Hudson et en Alaska.

Cet oiseau de taille moyenne a un plumage nuptial gris-brun semblable à son plumage d'hiver ; on l'identifie aux rayures foncées de sa tête, à son bec assez long et incurvé et à l'absence de coloris cannelle sur ses plumes.

Le courlis à long bec (*Numenius americanus* ; 45,5-58,5 cm) est dépourvu de rayures sur la tête, mais le dessous de ses ailes est de teinte cannelle. Il niche dans les marais et les terres herbeuses de l'intérieur, dans l'Ouest, et passe souvent l'hiver dans les mêmes habitats que le courlis corlieu. Il ressemble à la barge marbrée, mais la forme du bec diffère (page ci-contre). Chez cette dernière, en outre, l'extrémité du bec est légèrement retroussée.

C. à long bec

C. corlieu

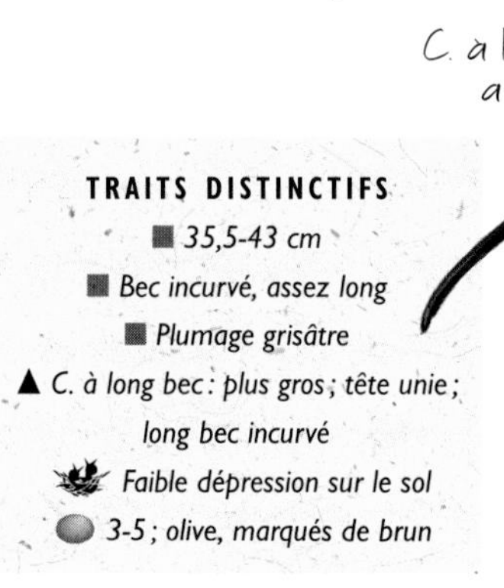

TRAITS DISTINCTIFS

■ *35,5-43 cm*

■ *Bec incurvé, assez long*

■ *Plumage grisâtre*

▲ *C. à long bec : plus gros ; tête unie ; long bec incurvé*

Faible dépression sur le sol

3-5 ; olive, marqués de brun

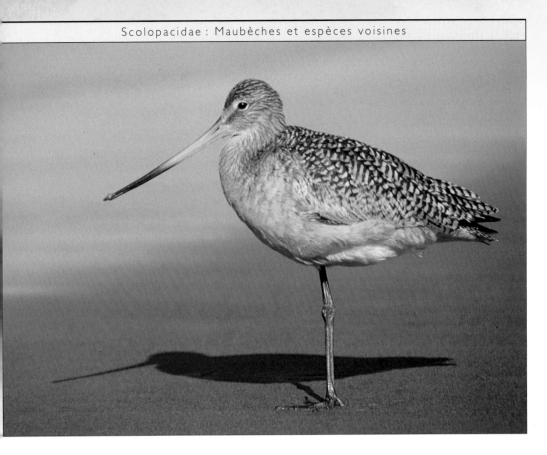

Barge marbrée

Limosa fedoa

De juillet à mai, les barges marbrées sont communes sur la côte Ouest dont elles fréquentent les plages, les estuaires et les lagunes. Elles sont moins communes sur les côtes de l'Est et du golfe du Mexique. Avec l'arrivée de l'été, les adultes partent nicher dans les prés humides des plaines du Canada, laissant derrière eux de petites populations de juvéniles. On reconnaît un vol de barges marbrées en migration à leurs cris rieurs, des *ac-ac* émis par séries de deux ou de trois, fort différents des cris des courlis.

Comme pour le petit courlis corlieu et le courlis à long bec, le plumage des barges marbrées varie peu d'une saison à l'autre ; un regard attentif révèle pourtant que les dessous de l'oiseau en pariade sont rayés de brun foncé, alors qu'ils sont unis chez les juvéniles et les adultes en hiver. Ce plumage, avec ses taches sous-alaires cannelle, ressemble à s'y méprendre à celui du courlis à long bec ; au repos, il est donc difficile de les distinguer, si ce n'est à leur bec, qui est un trait distinctif absolu.

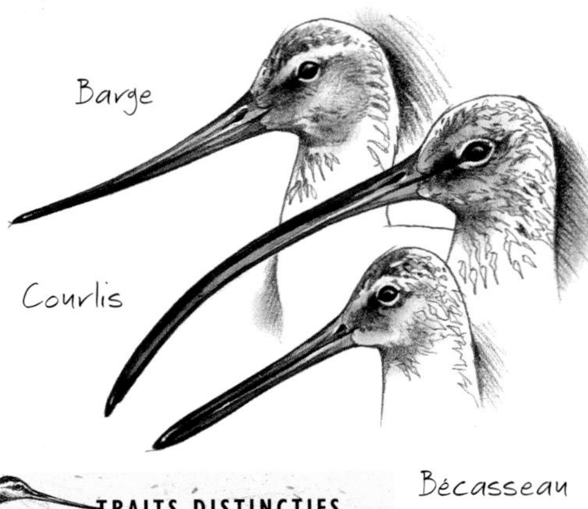

Vol de barges marbrées

TRAITS DISTINCTIFS

- *38-45,5 cm*
- *Bec légèrement incurvé vers le haut*
- *Taches sous-alaires cannelle qui la distinguent des autres barges*
- *Faible dépression au sol*
- *3-5 ; olive, marqués de brun*

Tourne-pierre à collier

Arenaria interpres

Comme l'indique son nom, le tourne-pierre se sert de son bec court, pointu et légèrement retroussé pour tourner les pierres, les algues et les débris sur la plage afin d'y trouver les proies dont il se nourrit. C'est un oiseau trapu de taille moyenne qu'on retrouve sur les plages de sable, les côtes rocheuses et les jetées, au sud des États-Unis ; il évite les littoraux vaseux. En été, il niche dans la toundra arctique.

J F M A M J J A S O N D

Son plumage nuptial est très contrasté, mais en hiver, l'adulte et le juvénile sont ternes. On remarque toutefois leur bec court, leurs pattes rougeâtres et des taches pectorales foncées de forme arrondie.

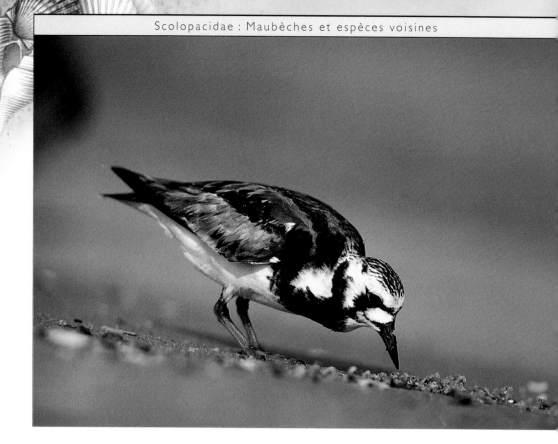

Sur la côte Ouest, le tourne-pierre noir (*Arenaria melanocephala* ; 21,5-23 cm) fréquente les littoraux rocheux et les récifs. Il est plus foncé que le tourne-pierre à collier ; sa poitrine est noirâtre et ses pattes, plus ternes, sont grisâtres ou rosâtres. En vol, les deux laissent voir des taches triangulaires blanches sur les dessus et émettent des gazouillis et des bruits de crécelle secs.

T. à collier (plumage nuptial)

T. noir (plumage nuptial)

T. noir

T. à collier (en hiver)

TRAITS DISTINCTIFS

■ *21,5-23 cm*

■ *Motif de coloration noir, blanc et roux*

■ *Plastron noir*

■ *Dessous blancs*

■ *Pattes rougeâtres*

▲ *T. noir : tête et poitrine noirâtres*

Faible dépression, dans la toundra

3-4 ; olive, marqués de brun

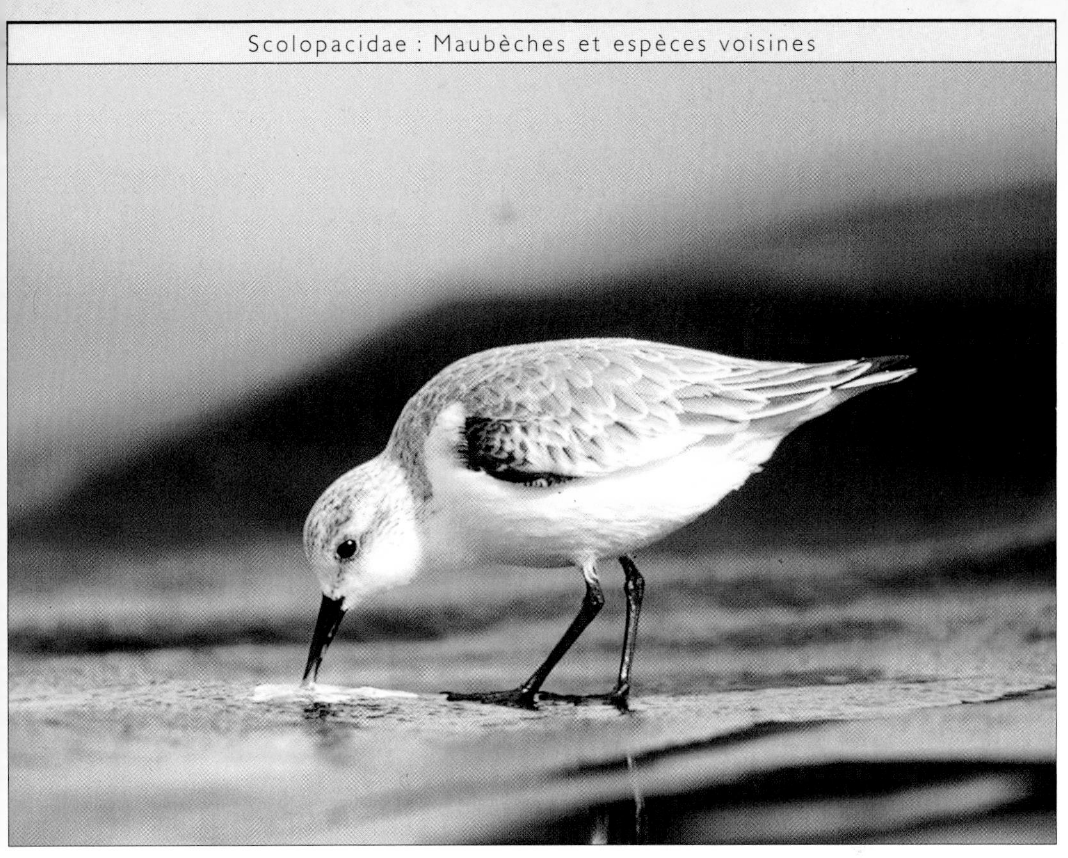

Bécasseau sanderling

Calidris alba

On rencontre fréquemment les bécasseaux sanderlings sur les plages sablonneuses. Quand l'onde se retire, ils courent derrière elle pour gober les proies qu'elle a dégagées et retraitent prestement sitôt qu'elle avance. Ceux que l'on voit en été, entre mai et août, sont des juvéniles qui n'ont pas suivi les adultes partis nicher dans le Grand Nord.

J F M A M J J A S O N D

Poussins

Par rapport aux autres bécasseaux, les sanderlings sont particulièrement pâles en hiver. Les oiseaux en plumage nuptial ont la face, la poitrine et les dessus d'un roux vibrant ; les juvéniles, qui ont la face blanche, arborent une calotte et des dessus foncés pailletés de crème. Au Québec, c'est en août et en septembre qu'ils sont de passage.

Le sanderling a une particularité entre autres : il est le seul bécasseau à ne pas avoir de doigt postérieur.

Le bécasseau variable (*Calidris alpina* ; 19,5-21,5 cm) est un bécasseau commun très répandu, de taille semblable à celle du sanderling mais avec un bec plus long et légèrement incurvé vers le bas. En hiver, son plumage, gris-brun dessus et sur la poitrine, est plus foncé que celui du sanderling ; au printemps, les adultes ont une tache noire sur l'abdomen. Les bécasseaux variables ont une prédilection pour les estuaires et les plages de vase qu'ils fréquentent en grandes bandes.

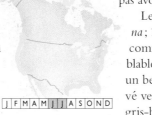

B. sanderling juvénile

En plumage nuptial

B. variable (en hiver)

TRAITS DISTINCTIFS

- *18-19 cm*
- *Gris pâle ; grande tache alaire blanche*
- *Pattes et bec noirs*
- *Court avec les vagues pour se nourrir*
- ▲ *Autres bécasseaux plus foncés, sans tache alaire*
- *Faible dépression dans le sol, tapissée de mousse*
- *3-4 ; olive, marqués de brun*

Bécasseau d'Alaska

Calidris mauri

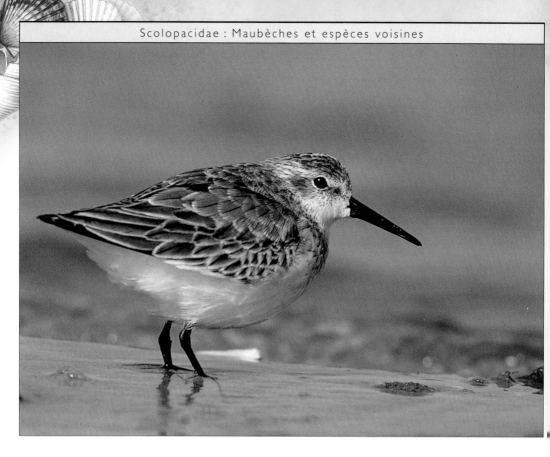

Il y a cinq espèces communes de bécasseaux en Amérique du Nord. Deux d'entre elles hivernent aux États-Unis : le bécasseau d'Alaska et le bécasseau minuscule.

Le premier est commun dans les estuaires et sur les rivages détrempés des deux côtes américaines. On en voit des groupes onduler au-dessus de la mer, effectuant des manœuvres aériennes d'un synchronisme parfait.

B. minuscule (en hiver)

On reconnaît le bécasseau d'Alaska à son long bec légèrement recourbé et à ses pattes noires. En plumage nuptial, l'adulte présente une calotte et des joues brunâtres ; des taches sombres ornent ses flancs. En hiver, ses dessus sont grisâtres et ses dessous, blancs. Les juvéniles sont abondants en août et septembre.

Le bécasseau minuscule (*Calidris minutilla* ; 13-14,5 cm), même s'il préfère l'intérieur du continent, partage parfois les grèves avec les bécasseaux d'Alaska. On le distingue à son plumage plus franchement brun et à ses pattes jaunâtres.

TRAITS DISTINCTIFS

■ *15-16,5 cm*

■ *Bec pointu, légèrement recourbé*

■ *Épaules à reflets bruns*

▲ *Difficile à distinguer d'autres petits bécasseaux*

Faible dépression sur le sol, tapissée d'herbe

4 ; chamois, marqués de brun

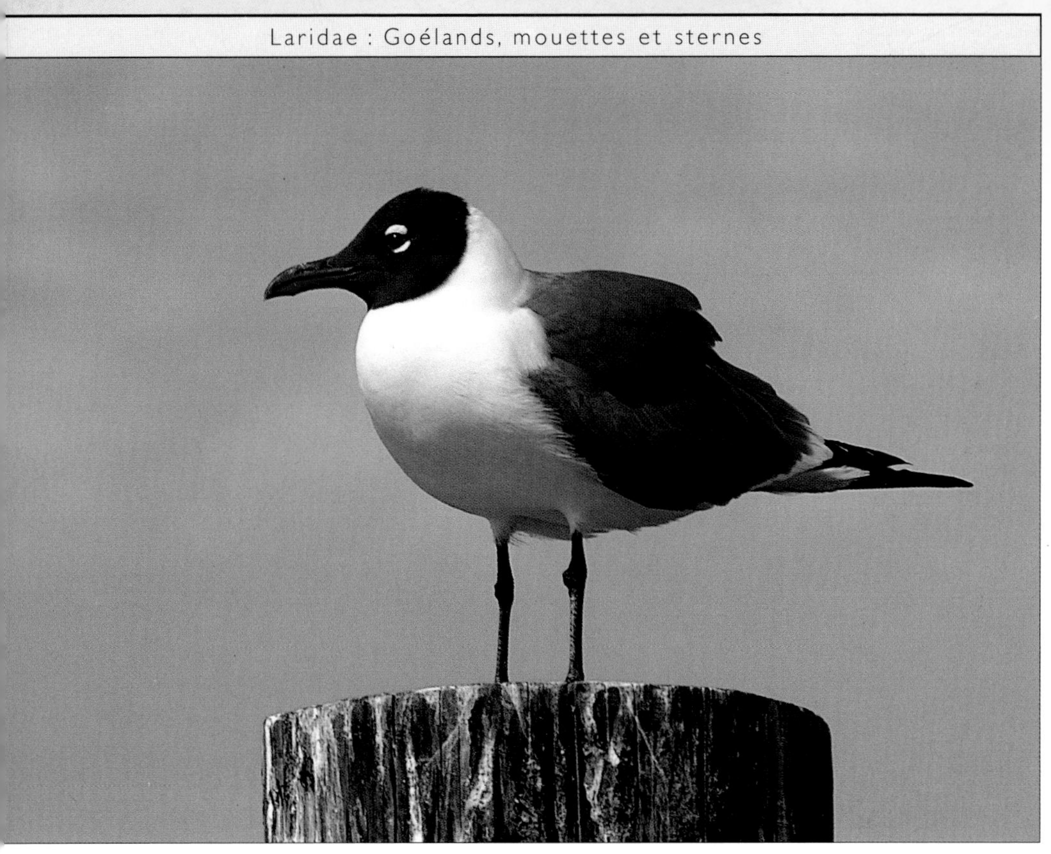

Mouette atricille

Larus atricilla

La mouette atricille, autrefois mouette à tête noire ou mouette rieuse d'Amérique, est commune sur les côtes américaines de l'Atlantique et du golfe du Mexique où elle fréquente les plages, les estuaires et les champs. Elle se situe parmi les plus petits des goélands de taille moyenne ; il lui faut trois ans pour atteindre son plumage d'adulte (voir p. 232).

Parmi les traits distinctifs de l'adulte, on note sa taille, son dos gris foncé et son bec foncé dont le bout est légèrement recourbé. En plumage nuptial, il acquiert un capuchon noir, tandis que, en plumage d'hiver, il a la tête blanche, lavée de gris sur la nuque. Le juvénile a des dessus brunâtres et une bande pectorale de même teinte. Il a le dos gris le premier hiver ; l'hiver suivant, il est semblable à l'adulte.

J F M A M J J A S O N D

Une espèce voisine, la mouette de Franklin (*Larus pipixcan* ; 35,5-38 cm), passe l'hiver dans l'hémisphère Sud ; elle émigre par le centre de l'Amérique du Nord pour aller nicher dans les prairies du Nord. L'adulte se distingue de la mouette atricille, qui a le bout des ailes noir, par une double rayure noire et blanche au même endroit.

M. atricille plumage d'hiver

M. de Franklin plumage d'hiver

M. de Franklin plumage nuptial

M. atricille premier hiver

TRAITS DISTINCTIFS

- *38-43 cm*
- *Gris ardoise ; bout des ailes tout noir*
- *Bec long et fin, rouge en plumage nuptial*
- *Hiver : Tête blanche lavée de gris clair*
- ▲ *Deux plumages juvéniles*
- *Nid fait d'algues, dans une faible dépression au sol*
- *3-4 ; olive, marqués de brun*

Goéland argenté

Larus argentatus

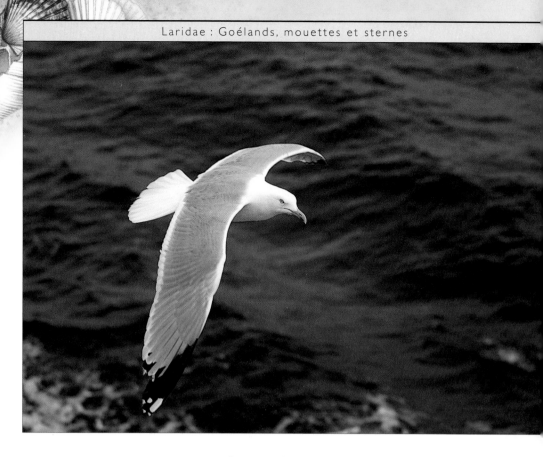

Le goéland argenté atteint son plumage adulte à sa quatrième année (voir p. 232). Il est commun sur les deux littoraux, surtout celui de l'Atlantique, mais aussi près des lacs et des bassins de retenue presque partout en Amérique du Nord. On le voit se nourrir dans les ports de pêche, sur les plages, dans les décharges et dans les champs cultivés et voler dans le ciel en longues processions, lorsque, le jour fini, il regagne son dortoir.

Point rouge

J F M A M J J A S O N D

L'adulte se distingue par sa grande taille, son dos gris pâle, le bout noir de ses ailes et ses pattes roses ; son bec laisse voir une tache rouge près du bout. Les oiseaux de un an, au plumage tacheté de brun, ont le bec noir. La deuxième année, ils ont le dos gris clair ; la troisième année, ils ressemblent aux adultes, mais ils ont un peu de noir près du bout du bec et dans la queue, et moins de blanc au bout des ailes.

TRAITS DISTINCTIFS

- *56-69 cm*
- *Pattes rosâtres*
- *Bec jaune ; point rouge sur la mandibule inférieure*
- *Bout des ailes noir, marqué de points blancs*
- ▲ *Trois plumages juvéniles*
- *Nid fait d'algues, dans une faible dépression au sol*
- *2-3 ; bleu clair ou brunâtres, marqués de taches foncées*

Goéland à bec cerclé

Larus delawarensis

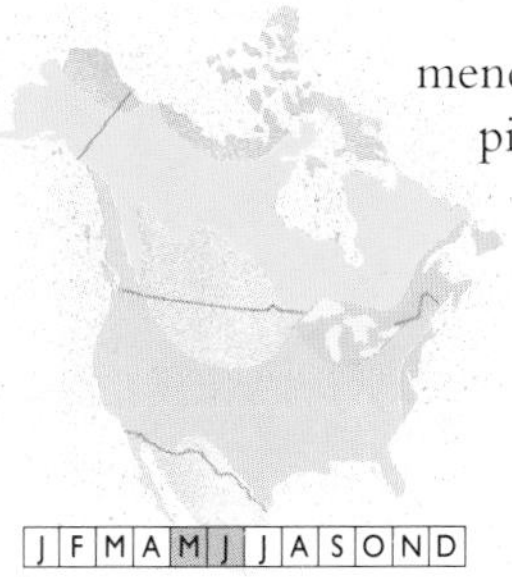

À peu près partout en Amérique du Nord, sur les plages, les estuaires, les lacs, es bassins de retenue et même dans es terrains de stationnement, on encontre le goéland à bec cerclé, un oiseau de taille moyenne, adulte en rois ans (voir p. 232). Très habitué à réquenter les êtres humains, il vient mendier de la nourriture dans les aires de pique-nique et sur les plages.

J F M A M J J A S O N D

Avec son dos gris argenté pâle, son bec jaune cerclé de noir et ses pattes jaune verdâtre, l'adulte est impossible à confondre.

Adulte

Comme chez la plupart des goélands, le juvénile présente un plumage brunâtre fortement moucheté. À son premier hiver, il a le dos gris ; ses pattes et son bec sont rosâtres à bout noir. À son second hiver, il est semblable à l'adulte, mais il lui manque les taches alaires voyantes au bout des ailes et il a encore du noir dans la queue. Les juvéniles qui ne sont pas prêts à se reproduire se tiennent à l'écart des aires de nidification.

De près, les juvéniles de ce goéland ressemblent aux juvéniles du goéland argenté (page ci-contre) mais leur bec est plus petit, plus pâle et ils sont de plus petite taille.

TRAITS DISTINCTIFS

- *43-51 cm*
- *Bec jaune à étroite bande noire*
- *Pattes jaune verdâtre*
- *Deux plumages juvéniles*
- *Nid fait d'herbe, dans une faible dépression au sol*
- *2-4 ; chamois, marqués de brun*

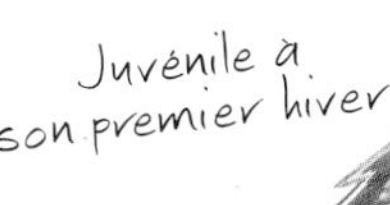

Goéland d'Audubon

Larus occidentalis

Présent presque toute l'année sur le littoral du Pacifique, aux États-Unis, le goéland d'Audubon est un gros oiseau qui atteint sa maturité en quatre ans (voir p. 232). L'adulte a les pattes roses et le dos gris, plus foncé que chez le goéland argenté. Dans toutes ses phases de mue, le juvénile ressemble au juvénile du goéland argenté (p. 248).

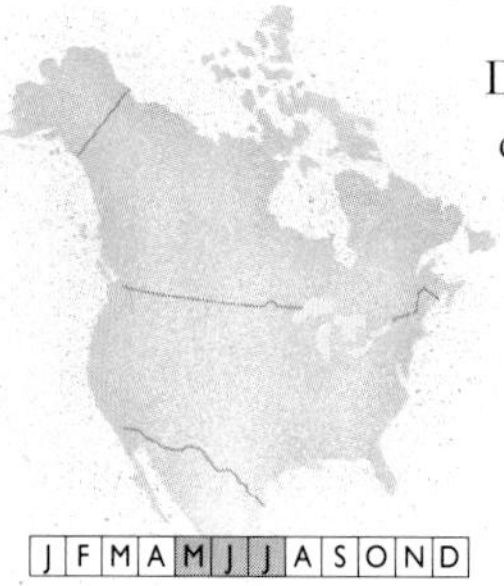

Au nord, le goéland d'Audubon cède la place au goéland à ailes grises (*Larus glaucescens* ; 56-71 cm) qui descend la côte pendant l'hiver. L'adulte a les pattes roses, le dos gris clair et le bout des ailes gris et non noir ; le juvénile du goéland à ailes grises a le bout des ailes plus pâle que le goéland d'Audubon.

Dans certains endroits, surtout sur la côte au nord de l'État de Washington, ces deux goélands forment des colonies mixtes qui s'hybrident. Pour cette raison, certains ornithologues estiment qu'il s'agit d'une seule et même espèce.

G. à ailes grises adulte

G. à ailes grises à son premier hiver

G. d'Audubon à son premier hiver

TRAITS DISTINCTIFS

■ 53,5-66 cm

■ Manteau et parties supérieures des ailes gris ardoise ; pattes roses

▲ Trois plumages juvéniles

▲ S'hybride avec le G. à ailes grises

Nid fait d'algues et d'herbe, dans une faible dépression au sol

1-5 ; chamois à gris clair, marqués de taches foncées

Goéland marin

Larus marinus

Le goéland marin, aussi appelé goéland à manteau noir, n'hésite pas à croquer des :anardeaux et autres volatiles de même aille qu'il avale en quelques bouchées. l fréquente les ports, les plages et le ttoral rocheux du Nord-Est. Son ire de nidification s'étend constamment vers le sud et, en hiver, on le encontre maintenant sur le golfe du Mexique.)n en voit même quelques spécimens à ongueur d'année sur les Grands Lacs.

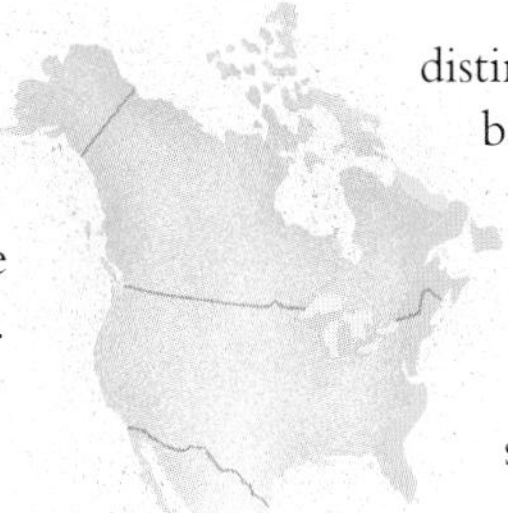

Le goéland marin atteint sa maturité en quatre ns (voir p. 232). On l'identifie à son gros bec nassif et à son dos noir, un trait distinctif armi les goélands de grande taille de l'Est. À sa remière année, il ressemble aux juvéniles des grands goélands ; comparé au juvénile du goéland rgenté (p. 248), il présente des dessus plus distinctement marqués ; sa queue porte une bande noire, non pas unie mais marquée de lignes ondulantes, et sa tête paraît souvent plus pâle. À sa deuxième année, il a des plumes gris foncé sur le dos.

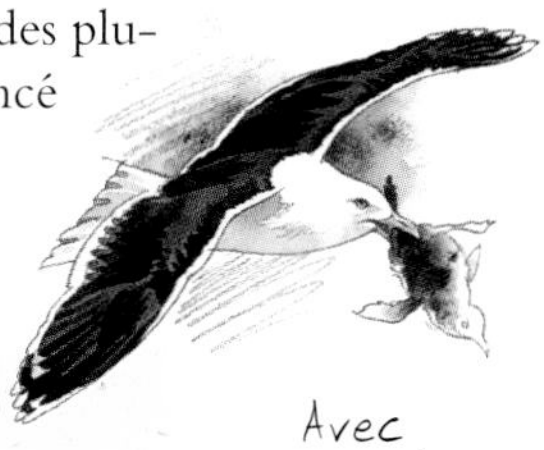

J F M A M J J A S O N D

Avec une proie

TRAITS DISTINCTIFS

- ■ *63,5-79 cm*
- ■ *Oiseau très gros (plus gros que la plupart des autres goélands)*
- ■ *Gros bec jaune, très robuste ; point rouge sur la mandibule inférieure*
- ▲ *Trois plumages juvéniles*
- *Nid d'algues, à même le sol*
- *1-4 ; olive, marqués de brun*

Sterne caspienne

Sterna caspia

En vol, on la reconnaît souvent par son cri profond, guttural et rauque. C'est la plus grande de nos sternes ; elle a la taille d'un goéland moyen. Elle se distingue par son bec robuste d'un rouge corail vif, sa calotte noire et une grande tache sous-alaire foncée au bout des ailes, très visible en vol.

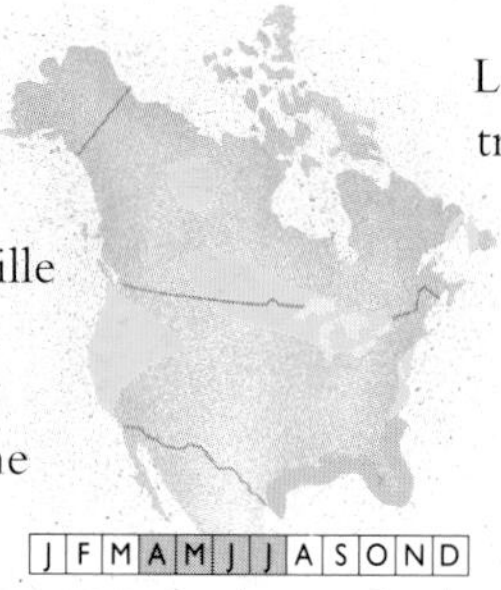

Les sternes caspiennes sont localement très communes en été sur les plages et les lagunes côtières, ainsi que sur les lacs et les rivières de l'intérieur. En fin d'été, les juvéniles volent derrière leurs parents, durant la migration, en lançant des sifflements aigus très différents des cris graves des adultes.

La sterne royale (*Sterna maxima* ; 43-48 cm), un peu plus petite que la caspienne, est commune sur la côte Sud-Est et se rencontre aussi sur la côte du sud de la Californie. Elle a un bec robuste, rouge orangé vif, mais il lui manque la grande tache sous-alaire foncée de la caspienne au bout des ailes. Durant la plus grande partie de l'année, la sterne royale a une grande tache blanche sur le front, tandis que la sterne caspienne a le front strié de noir et de blanc.

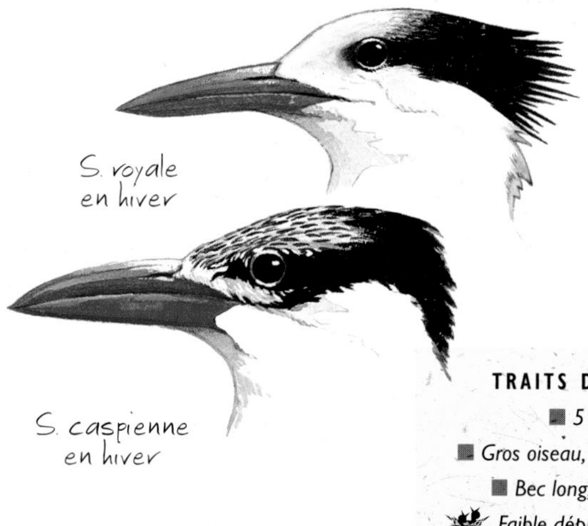

TRAITS DISTINCTIFS

- 51-56 cm
- Gros oiseau, proche du goéland
- Bec long, robuste, rouge
- Faible dépression dans le sable, souvent tapissée d'herbe
- 1-4 ; chamois, marqués de brun

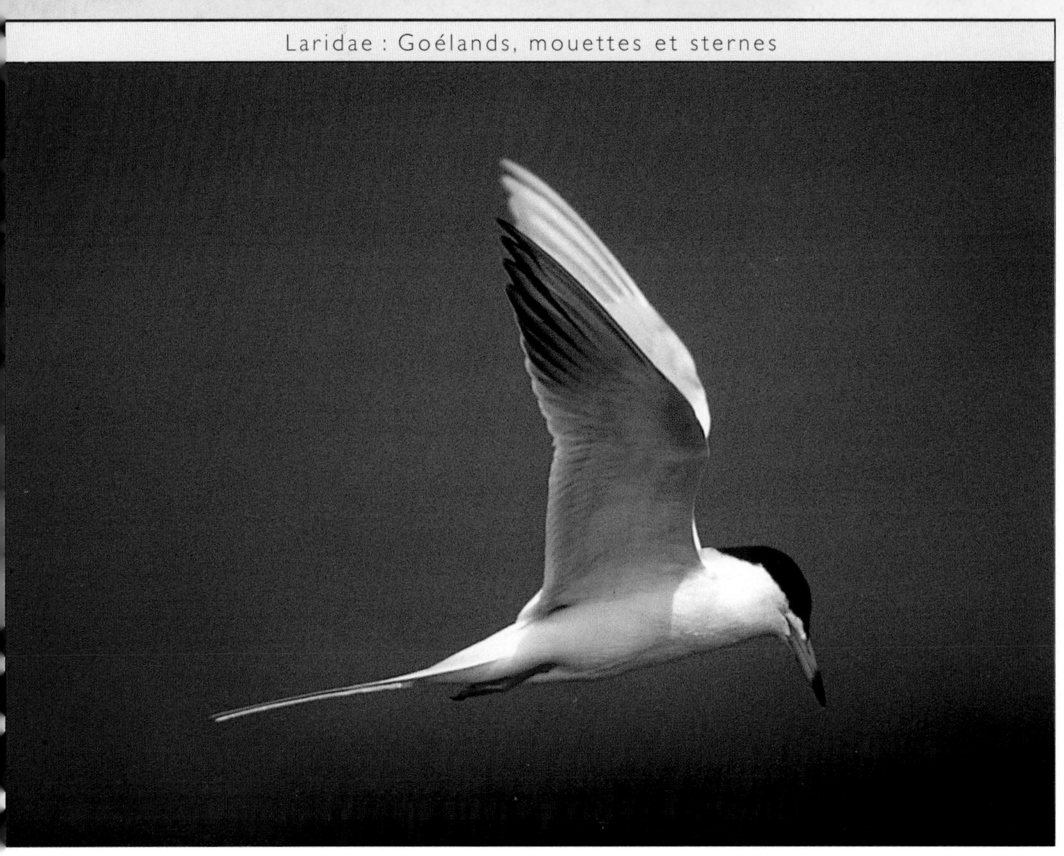

Sterne de Forster

Sterna forsteri

La sterne de Forster niche près des lacs et des marais de l'intérieur, ainsi que sur les côtes de l'Atlantique et du golfe du Mexique. C'est la seule sterne qui passe l'hiver aux États-Unis ; les autres sternes émigrent au Mexique ou plus au sud. Les adultes en hiver et les juvéniles ont le bec noir, et leur masque noir est un trait distinctif. Autre particularité, dans la plupart des plumages, le dessus des ailes est blanc argenté pâle.

J F M A M J J A S O N D

La sterne pierregarin (*Sterna hirundo* ; 29-34 cm), autrefois sterne commune, niche sur la côte du nord de l'Atlantique et dans les lacs de l'intérieur ; c'est une espèce migratrice courante sur les deux côtes. Elle niche en colonies dont l'une des plus importantes dans l'est du Québec se trouve à Carleton, en Gaspésie.

En plumage nuptial, la sterne pierregarin présente un bec rouge à bout noir, mais n'a pas les surfaces alaires argentées de la sterne de Forster. Les juvéniles et les adultes en hiver ont le bec sombre. Le masque noir englobe la nuque, tandis qu'il se confine à la région oculaire chez la sterne de Forster.

S. pierregarin en été

S. de Forster en été

S. de Forster en hiver

TRAITS DISTINCTIFS

■ *31,5-43 cm*

■ *Été : calotte noire ; bec et pattes rouge orangé, dessus des ailes pâle sans marque distinctive*

▲ *En hiver, se distingue mal de la S. pierregarin, néanmoins absente en cette saison*

Nid sur lit d'herbes flottantes ou dans une faible dépression au sol

2-5 ; chamois, marqués de brun

Guillemot marmette

Uria aalge

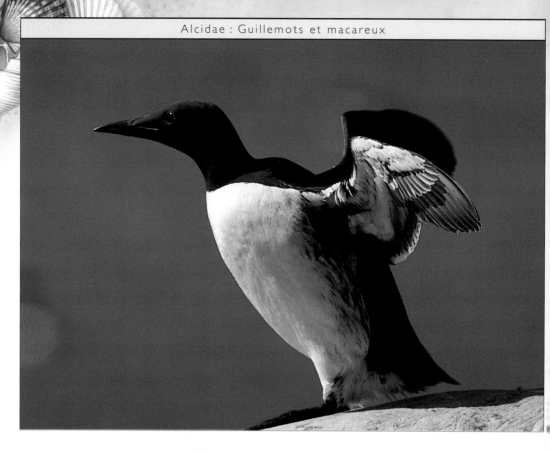

Les oiseaux de cette famille ont le corps trapu et les ailes courtes. La plupart des 20 espèces de l'Amérique du Nord fréquentent l'océan Pacifique. Le guillemot marmette, autrefois connu sous le nom de marmette de Troïl ou de marmette commune, est le plus répandu. Il niche en colonies serrées sur des falaises et dans des îles du littoral et passe l'hiver en mer. En dehors de la période de nidification, cet oiseau vole vite et bas au-dessus de la mer ou nage, seul ou en groupes épars, dans les eaux littorales où il pêche le poisson.

En été, l'adulte a la tête et le cou foncés, tandis que, en hiver, le juvénile et l'adulte ont la face et le cou blancs, avec une bande foncée sous l'œil. En fin d'été, ils volent en couples père-fils.

J F M A M J J A S O N D

Le guillemot du Pacifique (*Cepphus columba* ; 33-35,5 cm) est lui aussi commun sur la côte Ouest, mais il ne s'éloigne jamais du rivage. En été, les oiseaux sont entièrement noirs sauf pour une tache alaire blanche ; les adultes en hiver et les juvéniles sont poivre et sel et leur tache alaire blanche est moins visible.

TRAITS DISTINCTIFS

■ *40,5-43 cm*

■ *Dessus noir brunâtre, dessous blancs*

▲ *G. de Brünnich* (Uria lomvia) *: plus grosse et plus foncée ; l'été, poitrine blanche terminée en pointe sur le noir du cou (plutôt qu'en ligne droite) ; vit plus au Nord*

▲ *Difficile à identifier en hiver*

Roc nu d'une corniche

1 ; de blanc à brun, avec marques

Déserts

Déserts

Déserts de cactus, déserts d'armoises, terres arides

Au sens strict du terme, le désert est un lieu où il tombe moins de 250 mm de pluie par an. La végétation y est prostrée, quand elle n'y est pas totalement absente.

Les précipitations sont fort irrégulières : parfois seulement en été ou seulement en hiver, dans ce cas alors sous forme de neige. En certains endroits, l'eau, issue de la fonte des neiges en altitude, descend des montagnes environnantes au printemps. La végétation étant tributaire de l'irrigation, elle varie en conséquence et attire une avifaune diversifiée.

En Amérique du Nord, les déserts se concentrent dans les zones intérieures de l'Ouest et du Sud-Ouest, régions protégées des écosystèmes porteurs de pluie par les hautes murailles des Rocheuses, de la Sierra Nevada et des Cascades qui longent la côte Ouest du continent. En direction de l'est, la zone désertique rejoint insensiblement la prairie centrale.

Le véritable désert de cactus se trouve dans le Sud-Ouest, incluant le sud-est de la Californie et le sud du Texas. Plus au nord, on retrouve des zones désertiques à l'est de la Sierra Nevada et de la chaîne des Cascades, dans le Grand Bassin et jusque dans le sud de la Colombie-Britannique. C'est ce qu'on appelle le désert d'armoises ; il n'y pousse pas les beaux grands cactus du Sud, mais une dense végétation de plantes appelées armoises.

Le *chaparral* désigne une région semi-aride restreinte à la Californie où croissent des conifères prostrés en peuplement dense.

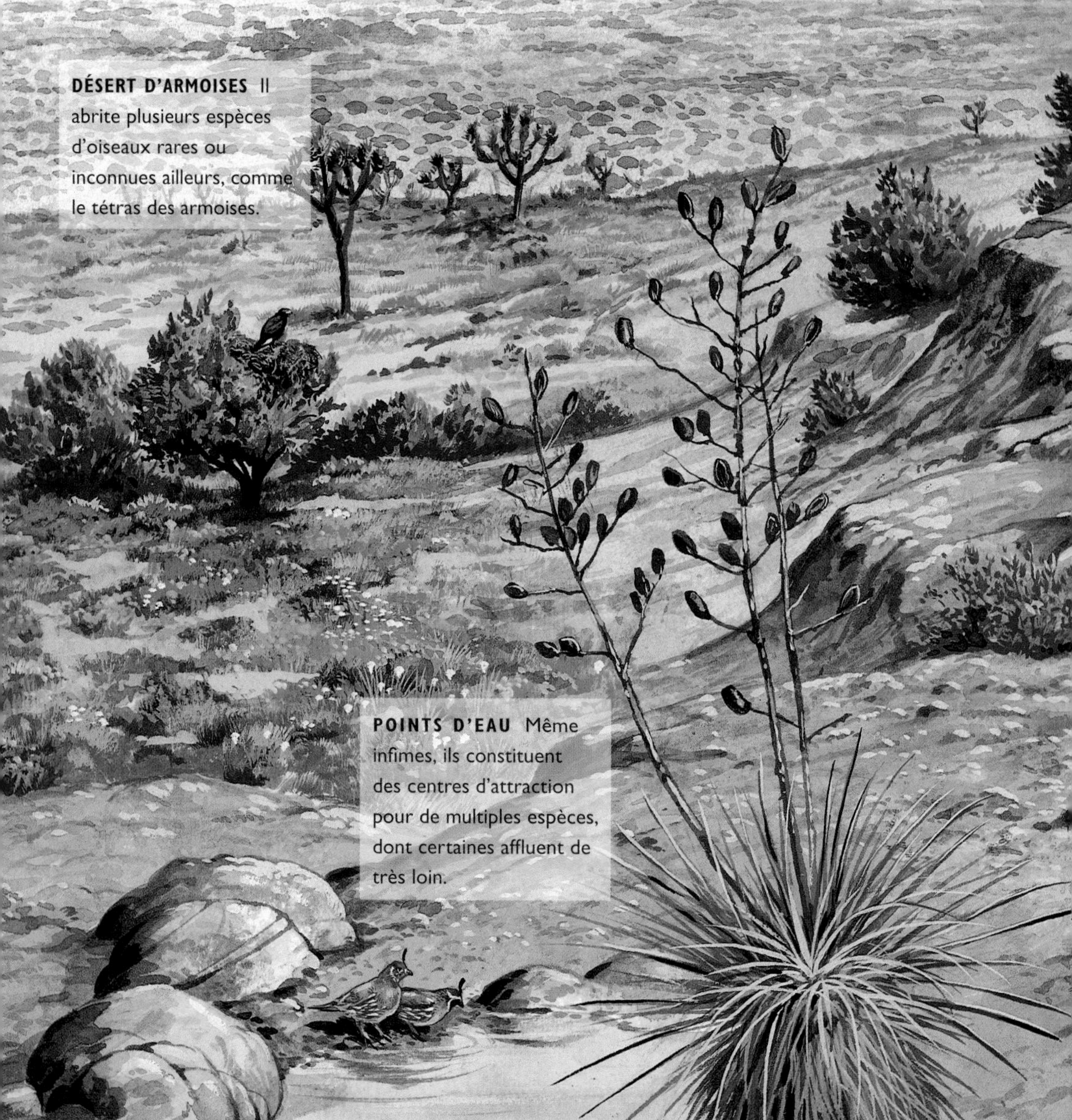

DÉSERT D'ARMOISES Il abrite plusieurs espèces d'oiseaux rares ou inconnues ailleurs, comme le tétras des armoises.

POINTS D'EAU Même infimes, ils constituent des centres d'attraction pour de multiples espèces, dont certaines affluent de très loin.

DANS LES AIRS Les urubus et certaines buses y planent à longueur de journée, surtout là où les hauts plateaux favorisent les courants ascendants.
PLATEAUX ET CANYONS sont des lieux où observer le troglodyte des rochers, le moucherolle à ventre roux et le merle bleu azuré.
CACTUS GÉANTS Plusieurs espèces dont le pic des saguaros, la chouette elfe et la tourterelle à ailes blanches y trouvent leur nourriture et un abri pour leur nid.

Observer en milieu aride

Le climat très dur et la végétation très spécialisée des déserts attirent une avifaune particulière dont plusieurs espèces ne se rencontrent pas ailleurs.

Les oiseaux de la forêt tout comme ceux du marais circulent suffisamment d'un bout à l'autre du continent pour qu'on ait un jour ou l'autre la chance de les voir, ne serait-ce que comme visiteurs égarés ou de passage. Certaines espèces, par contre, sont si étroitement liées à un environnement spécifique qu'il faut se déplacer pour les voir. C'est le cas des oiseaux du désert. L'ornithologue passionné par son passe-temps aura tôt ou tard le désir d'aller dans ces régions, par ailleurs fort intéressantes à tous points de vue, pour les identifier et les admirer.

On a décrit le désert avec justesse comme un lieu glacial où le soleil est torride. À des nuits froides succèdent des journées où la température, vers midi, frôle les 38° C. Au printemps et en été, il est préférable d'aller tôt le matin sur le terrain, car la plupart des oiseaux, actifs depuis l'aube, se fondent dans la nature dès le milieu de la matinée, cessent toute activité durant les heures chaudes de la journée et deviennent difficiles à voir.

Comme dans la forêt ou la prairie, l'identification par le chant est fort utile à l'observateur au moment du repérage. Hélas, les perchoirs sont rares, le territoire très vaste, et quelques espèces, comme les moqueurs, ont des voix qui portent. Si vous décidez de suivre un oiseau au son, la végétation ne vous empêchera pas de marcher, mais, justement, pour cette raison, ne perdez pas la piste de vue et rappelez-vous où vous avez garé la voiture.

Où regarder

Regardez partout, et d'abord dans le ciel. L'urubu ou la buse qui planent haut dans les airs y sont peut-être à l'affût d'une proie ou profitent des courants d'air chaud ascendants pour économiser leur énergie.

Surveillez les points d'eau, rares dans un tel environnement. Un ruisseau occasionnel ou une petite mare entourée d'arbres feuillus risquent d'attirer les oiseaux durant les heures caniculaires ; et pour vous, cela vaudra mieux que de marcher sous un soleil brûlant sans rien voir.

Quoi apporter

Le chapeau à larges bords ou la casquette protègent votre visage du soleil ; en faisant de l'ombre sur vos yeux, ces couvre-chefs vous permettent de voir un peu mieux les oiseaux malgré la réverbération de la lumière. Apportez un bon écran solaire et n'oubliez pas de vous protéger

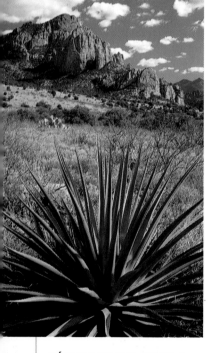

DÉSERTS DU SUD-OUEST *Ils offrent des paysages remarquables (ci-dessus) et des oiseaux singuliers, comme le géocoucou (à droite) qui marquent à tout jamais la mémoire.*

ı nuque. Une gourde d'eau ıuspendue à une ceinture, ıuelques canettes de soda ıans un fourre-tout ne seront ›as inutiles.

Les oiseaux, surtout ceux lu désert, ont une façon bien eux de vous entraîner à leur uite, parfois beaucoup plus oin que vous ne pensiez.

Si vous séjournez près du lésert, vous voudrez avoir des umelles adéquates (p. 62). Dans l'ombre épaisse de la orêt, un grand angle et de grandes images lumineuses ont utiles, tant pour repérer 'oiseau que pour l'admirer ıuand vous l'avez localisé. Mais cela implique des lentilles et des oculaires de bonne taille et, par conséquent, de lourdes jumelles. Comme la lumière ne fait jamais défaut dans le désert, vous voudrez plutôt vous munir de jumelles à champ restreint et à grossissement modéré, qui seront moins lourdes à transporter.

ATTENTION AU SOLEIL *Portez un chapeau et enduisez-vous la peau d'un bon écran solaire : les rayons du soleil peuvent être dangereux sur les plateaux (ci-dessus).*

DES OISEAUX DU DÉSERT, *tels le troglodyte des cactus (à droite) et le colin de Gambel (à gauche), nichent dans les cactus saguaros (ci-dessous) et y trouvent leur nourriture.*

Colin de Californie

Callipepla californica

Le chant distinctif du colin de Californie est un son familier dans la plus grande partie de cet État américain. Ce joli oiseau, dodu comme un poulet, se tient dans les boisés clairsemés, à la lisière du désert et dans les banlieues où il vient s'alimenter aux mangeoires. En l'absence de prédateurs domestiques comme les chats, il s'apprivoise facilement. Dans les régions non peuplées, on peut le voir prendre son envol, avec plusieurs de ses congénères, dans un tourbillon d'ailes.

Le colin de Californie se tient en groupes d'une vingtaine d'oiseaux. Au printemps, ces groupes se fragmentent en couples qui s'interpellent, réfugiés dans des buissons ou perchés sur des pieux de clôture.

Le colin à ventre noir (*Callipepla gambelii* ; 24-26,5 cm), qui ne fréquente que les déserts de l'intérieur, dans le Sud-Ouest, lui ressemble par la voix et par son motif de coloration mais il est plus pâle et plus gris, avec des flancs marron et une poitrine blanc crème. Les deux espèces se rencontrent rarement.

TRAITS DISTINCTIFS

■ *23-25,5 cm*

■ *Aigrette recourbée*

■ *Flancs bruns rayés de blanc*

■ *Écailles noires sur l'abdomen*

▲ *C. à ventre noir (Sud-Ouest) : flancs marron*

Faible dépression au sol, tapissée de feuilles et d'herbe

6-17 ; crème, tachetés de brun

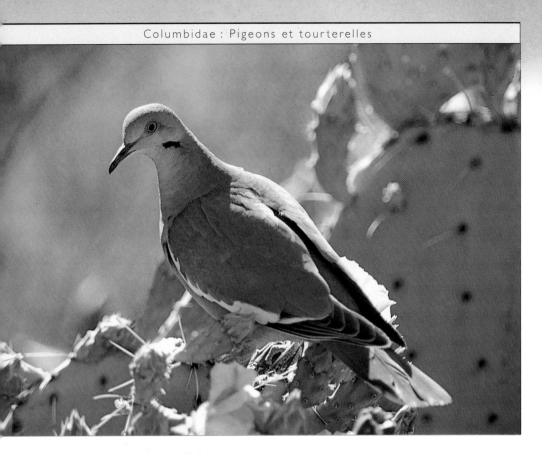

Tourterelle à ailes blanches

Zenaida asiatica

Commune en été dans les déserts du Sud, surtout près des cours d'eau, la ourterelle à ailes blanches niche en randes colonies. Autour des colonies, n'est pas rare de voir le mâle se livrer à son rituel nuptial : il s'élève en battant rapidement des ailes et se laisse descendre en planant.

Nid

Par les journées chaudes d'été, alors que la plupart des oiseaux se sont tus, la ourterelle à ailes blanches lance son cri, ın roucoulement rauque qui porte loin nême s'il est faible. Elle a aussi un chant laintif, une séquence complexe de sons nélancoliques qui s'achève au ralenti.

J F M A M J J A S O N D

Comme la tourterelle triste (p. 176), elle peut franchir de grandes distances, chaque jour, pour aller boire. En vol, la bande blanche très visible qui marque ses ailes est un trait distinctif. La queue est plus courte et plus large que celle de la tourterelle triste et les rectrices externes blanches sont très visibles quand l'oiseau s'envole ou se pose. En hiver, la plupart des tourterelles à ailes blanches émigrent au Mexique.

TRAITS DISTINCTIFS

- *26,5-30,5 cm*
- *Grandes taches alaires blanches*
- *Plate-forme de brindilles*
- *1-4 ; blanc crème*

Grand géocoucou

Geococcyx californianus

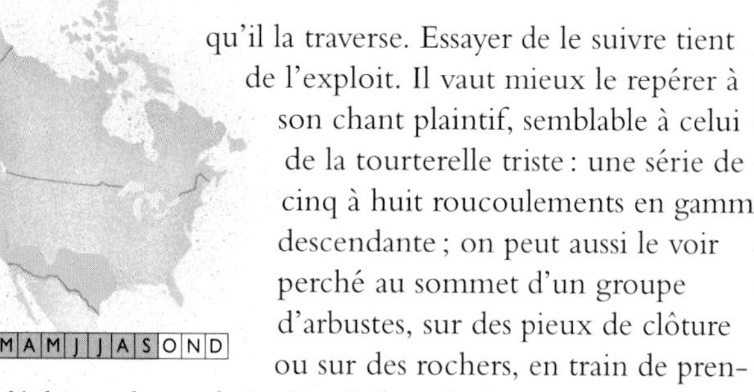

J F M A M J J A S O N D

Ce grand coucou terrestre est tellement connu comme personnage de bande dessinée qu'on a du mal à croire que l'oiseau existe vraiment. Bien que typique des déserts du Sud-Ouest, le grand géocoucou se trouve aussi dans les boisés clairsemés, les broussailles et les terres agricoles où il se nourrit de serpents, de lézards et de rongeurs qu'il déchiquette de son bec robuste et pointu.

C'est par hasard qu'on peut l'apercevoir, par exemple quand il court le long d'une route ou qu'il la traverse. Essayer de le suivre tient de l'exploit. Il vaut mieux le repérer à son chant plaintif, semblable à celui de la tourterelle triste : une série de cinq à huit roucoulements en gamme descendante ; on peut aussi le voir perché au sommet d'un groupe d'arbustes, sur des pieux de clôture ou sur des rochers, en train de prendre un bain de soleil matinal.

En vol, il montre une large bande blanche en travers des ailes et une queue longue, marquée de points blancs très visibles au bout des plumes. Le mâle et la femelle se ressemblent ; le juvénile se reconnaît à une marque dénudée grise, plutôt que bleu et rouge, derrière l'œil.

Bain de soleil matinal

TRAITS DISTINCTIFS

■ *51-61 cm*

■ *Facilement identifiable*

Plate-forme de brindilles, dans le bas d'un arbre ou d'un cactus

2-6 ; blanc crayeux

Avec un serpent à sonnette

Colibri d'Anna

Calypte anna

Métallique, aigu, parfois prolongé, le gazouillis du colibri d'Anna est un son ımilier dans les régions arides et roussailleuses, mais aussi dans les arcs et les jardins de banlieue. En ımérique du Nord, ce chant distin-ıe le colibri d'Anna de tous les ıtres colibris qui, eux, ne chantent as. Dans les Tropiques, cependant, la plupart des colibris chantent. Ce sont donc les espèces nord-américaines qui, en séduisant leurs partenaires avec des vols de pariade et non pas avec des chants, font exception à l'espèce. Le colibri d'Anna exécute également un rituel nuptial qui consiste à plonger de très haut dans le ciel. Le mâle porte une tache rouge fuchsia et iridescente sur la gorge et la tête.

J F M A M J J A S O N D

C. d'Anna ♀

La plantation d'arbres à fleurs dans le désert, le long des routes et près des maisons a amené le colibri d'Anna à nicher dans le sud de l'Arizona.

Dans les déserts du sud de la Californie et de l'Arizona, on rencontre le colibri de Costa (*Calypte costae* ; 7,5-9 cm). Le mâle présente une tache violette allongée sur la gorge et sur la tête ; on le repère souvent à un sifflement ténu, faible et très aigu qu'il émet pendant qu'il exécute des ovales dans les airs durant la pariade. Les femelles de ces deux espèces ressemblent aux femelles de tous les colibris ; même les ornithologues avertis ont du mal à les identifier.

TRAITS DISTINCTIFS

■ *9-10 cm*

■ *Mâle : tête et gorge rouge fuchsia*

▲ *Femelle très difficile à distinguer du C. de Costa, mais plus grosse, à poitrine généralement plus foncée et plus grise et à rayures rouge fuchsia sur la gorge*

Nid fait de lichen, de fil d'araignée et de duvet végétal

2 ; blancs

Geai à gorge blanche

Aphelocoma coerulescens

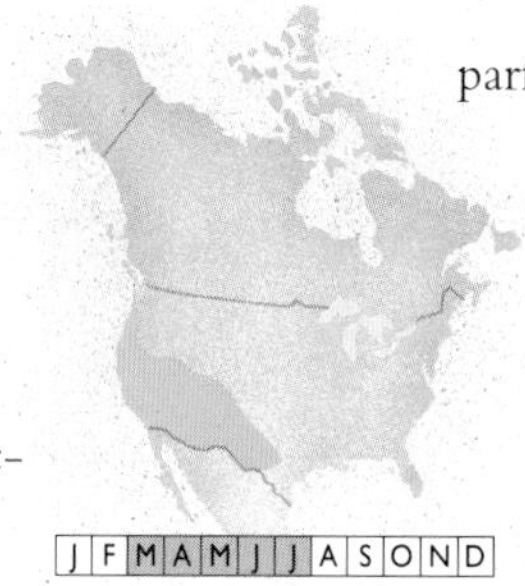

Les geais à gorge blanche sont communs en Californie, dans les zones de banlieue, le long de la côte et dans les terres broussailleuses de l'intérieur. Ils se tiennent seuls ou en couples et se perchent à découvert sur des fils électriques ou au sommet des arbustes. C'est de là qu'ils repèrent les lézards et les insectes avant de s'abattre sur eux pour en faire leur nourriture. Ce sont des pilleurs de nids, avides des œufs et des poussins de beaucoup d'oiseaux chanteurs.

Dans le centre de la Floride, on trouve une population isolée, parfois présentée comme une espèce autonome. Fait particulier à cette race, des individus, en général des membres de la famille, aident à élever les petits de ceux qui se sont accouplés.

Chez le geai à gorge blanche, mâles et femelles se ressemblent. Les juvéniles ont des dessus plus gris que bleus et montrent quelques rares traces de ce qui sera le masque distinctif de l'adulte.

J F M A M J J A S O N D

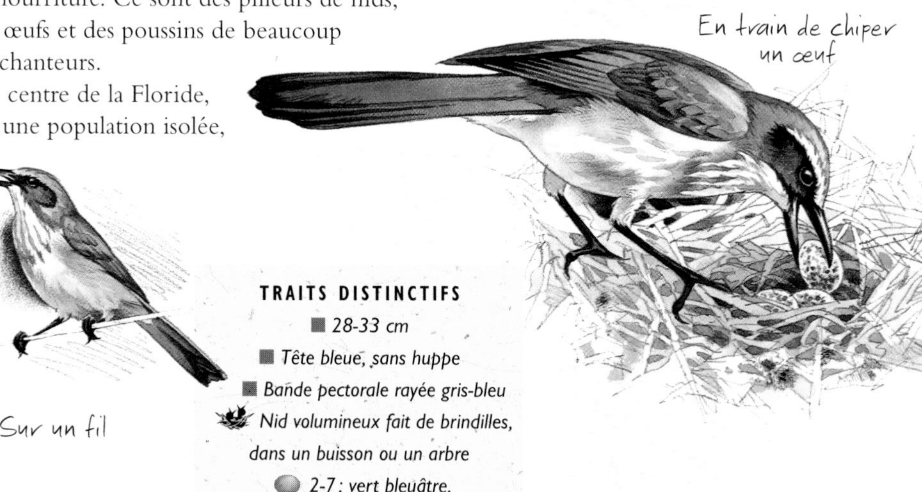

En train de chiper un œuf

Sur un fil

TRAITS DISTINCTIFS

28-33 cm

Tête bleue, sans huppe

Bande pectorale rayée gris-bleu

Nid volumineux fait de brindilles, dans un buisson ou un arbre

2-7 ; vert bleuâtre, marqués de brun et de vert

Mésange buissonnière

Psaltriparus minimus

Petit, affairé, cet oiseau trapu à longue queue est commun dans les terrains broussailleux, les boisés clairsemés et les espaces verts de banlieue. On détecte sa présence à des gazouillis aigus et bruyants, émis non pas par un seul sujet, mais par une bande de 10 à 25 mésanges buissonnières qui s'abattent toutes à la fois sur un arbre ou un arbuste. Elles y inspectent le dessous des feuilles et picorent les toiles d'araignée avec les mouvements acrobatiques des mésanges. Dans leur quête incessante de nourriture, elles volent à travers un sentier ou une clairière, permettant à l'observateur qui les a repérées de compter combien d'oiseaux font tout ce tintamarre.

Nid

Les mâles ont les yeux noirs ; les femelles, les yeux pâles.

J F M A M J J A S O N D

La calotte est grise, ou brunâtre pour la forme de la côte. Dans l'ouest du Texas et le sud de l'Arizona, on rencontre des mâles à joues noires.

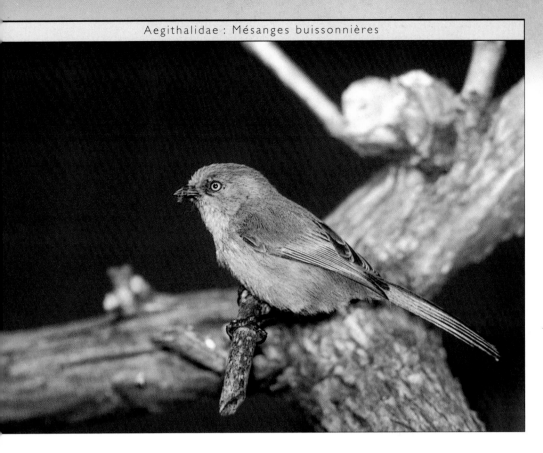

L'auripare verdin (*Auriparus flaviceps* ; 10-11 cm), autre oiseau du désert, se tient seul ou en couple ; l'adulte se distingue de la mésange buissonnière par sa tête jaune et le juvénile, uniformément gris pâle, par son bec très pointu, au lieu de petit et trapu comme celui de la mésange.

TRAITS DISTINCTIFS

- *11-11,5 cm*
- *Oiseau petit, peu voyant, très grégaire*
- *Dessus grisâtres ; dessous plus pâles*
- *Calotte brune (sur la côte) ou grise (à l'intérieur des terres)*
- *Nid en forme de gourde suspendue, avec une entrée près du sommet*
- *5-13 ; blancs*

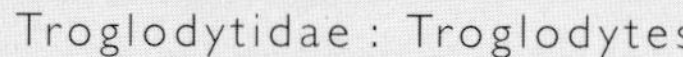

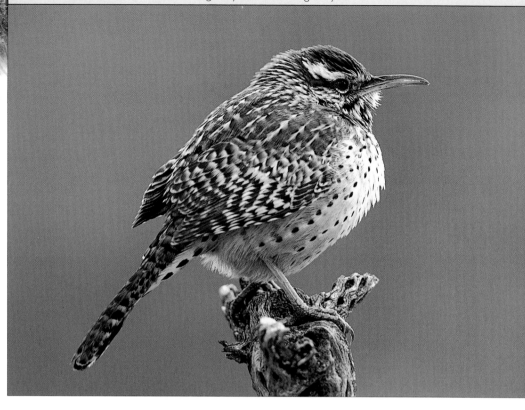

Troglodyte des cactus

Campylorhynchus brunneicapillus

Dans les déserts du Sud, tout le long de l'année et à longueur de journée, on peut entendre une sorte de gloussement sonore et prolongé. C'est le cri du troglodyte des cactus, un oiseau dodu qui fait exception par sa taille dans une famille de sujets généralement petits et furtifs comme le troglodyte familier (p. 109).

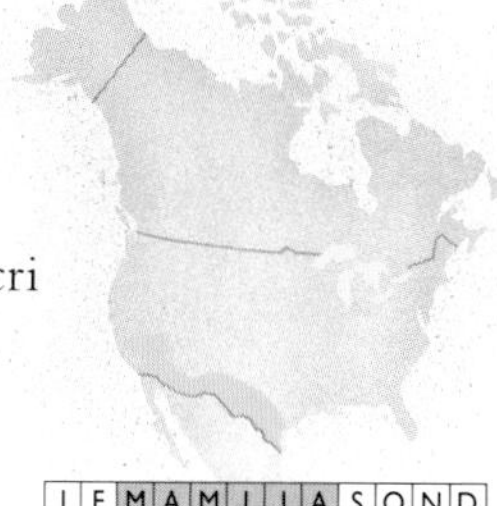

Les troglodytes des cactus se tiennent par couples ou par petits groupes et ne sont pas timides. Ils se nourrissent dans les cactus et les arbustes prostrés, parfois aussi au sol en fouillant le sable avec leur bec. Pour chanter, ils se perchent au sommet d'un petit arbre ou d'un pieu de clôture. Les troglodytes des cactus se construisent plusieurs nids : un pour les œufs, les autres pour le repos. Ce sont des structures volumineuses de brindilles terminées en dôme et installées dans un cactus. Ils nichent aussi dans les fourrés qui longent les cours d'eau et sur des bâtiments, dans les zones d'habitation.

Le juvénile n'a pas les beaux pointillés noirs de l'adulte sur la poitrine ; ses dessous sont blanchâtres, lavés de gris.

TRAITS DISTINCTIFS

18-19 cm

Bandes noires sur les ailes et la queue

Raie superciliaire blanche

Gros nid de brindilles, en forme de dôme, dans un cactus ou un fourré

3-7 ; crème, mouchetés de brun

Troglodyte des rochers

Salpinctes obsoletus

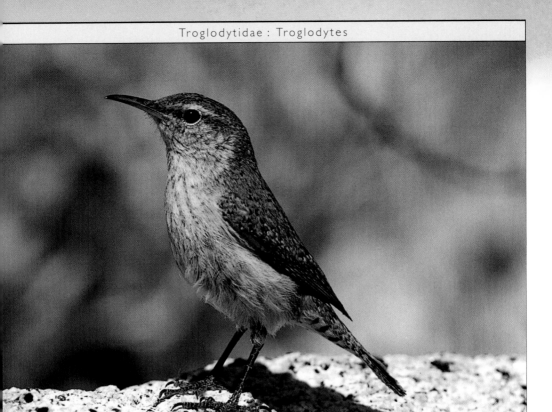

Le troglodyte des rochers se rencontre dans les canyons abruptement encaissés, sur les flancs de montagne rocheux ou caillouteux et parfois sur les falaises du littoral. On le découvre à sa voix forte et rauque, répétant inlassablement le même thème, un chant constitué de plusieurs groupes mélodiques, *tra-li tra-li tra-li tra-li*, entrecoupés de trilles. Cet appel signale la présence d'un petit oiseau assez terne qui hoche la queue ou volette sur les roches. À l'observer, on découvre que ce plumage neutre recèle un joli pailletage argenté sur le dos et de fines rayures grisâtres sur les dessous. Son trait le plus caractéristique est une longue queue dotée d'une bande subterminale noirâtre et de rectrices externes cannelle.

J F M A M J J A S O N D

Dans le même habitat, mais surtout près des falaises et des canyons, se trouve le troglodyte des canyons (*Catherpes mexicanus* ; 12,5-14 cm) ; lui aussi se trahit à sa voix, un bourdonnement nasal ou une superbe cascade descendante de sifflements amplifiés par les parois des canyons. C'est un oiseau difficile à apercevoir et c'est dommage car il est ravissant avec son plastron blanc et sa queue rousse.

Queue dressée

TRAITS DISTINCTIFS

- *13-14,5 cm*
- *Poitrine à peine rayée*
- *Dessus grisâtres, dessous très pâles*
- *Queue longue, bande subterminale noirâtre, rectrices externes cannelle*
- *Nid tapissé d'herbe, dans un terrier ou dans une anfractuosité*
- *4-10 ; blancs, parsemés de taches brunes*

T. des canyons

Moqueur à bec courbe

Toxostoma curvirostre

Le moqueur à bec courbe est un oiseau commun et relativement visible qui fréquente les déserts, les berges broussailleuses des cours d'eau et les zones habitées du Sud-Ouest américain. Il se perche sur un cactus ou un pieu, près des routes, ou vole bas d'un buisson à un autre ou à travers un chemin. Quand il se pose, il déploie sa queue ; on remarque alors le bout pâle des rectrices externes. Souvent, on l'entend avant de le voir : d'une voix colorée et résonnante, il émet des cris d'appel vifs ou un chant aux tonalités variées, tantôt riches, tantôt un peu rauques, qui se prolonge et dont certaines séquences se répètent. Sa voix porte loin ; pour repérer son détenteur, il faut inspecter du regard, à la ronde, les divers perchoirs où il se tient habituellement.

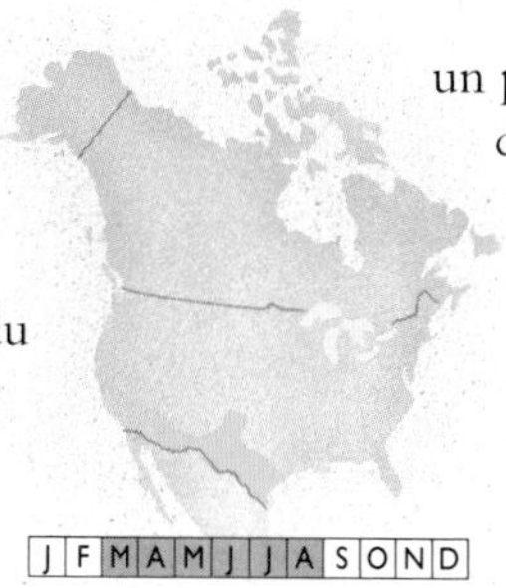

Le moqueur à bec courbe a le bec entièrement noir, recourbé, les yeux jaune vif et sa poitrine porte un motif diffus. Les juvéniles ressemblent aux adultes ; ils ont pourtant les yeux plus ternes et le bec beaucoup plus court, très peu incurvé.

TRAITS DISTINCTIFS

- *25,5-28 cm*
- *Poitrine mouchetée*
- *Bec moyennement long, foncé, fortement incurvé vers le bas*
- *Gros nid de brindilles et d'herbe, dans un cactus ou un petit arbre*
- *2-4 ; vert-bleu pâle, maculés de brun*

Phénopèple luisant

Phainopepla nitens

Ce bel oiseau à huppe, dont le nom en grec signifie « robe luisante », allusion à son plumage soyeux, appartient à une petite famille d'oiseaux dont une espèce se trouve dans le Sud-Ouest des États-Unis et trois autres en Amérique centrale. Ils sont apparentés aux jaseurs des cèdres (p. 112).

J F M A M J J A S O N D

On aperçoit le phénopèple trônant perché à la cime des buissons ou des arbres ou dans des clairières qu'il traverse de son vol faible aux allures saccadées. C'est dans de tels moments qu'on distingue les magnifiques taches alaires blanches du mâle. D'une façon générale, on peut dire que le mâle est noir et la femelle, grise. L'habitat préféré du phénopèple, ce sont les points d'eau dans le désert, abrités par des arbustes à petits fruits, car il se nourrit de baies, tout autant que d'insectes qu'il capture au vol.

Les phénopèples n'ont pas une très belle voix ; ils émettent un cri sifflant et doux qui peut aider à les repérer car leur chant, court et peu mélodieux, n'attire pas l'attention. Les juvéniles ressemblent aux femelles ; à leur premier été, les mâles peuvent être maculés de noir et de gris.

TRAITS DISTINCTIFS

- *17-19,5 cm*
- *Petite huppe hirsute, queue longue*
- *Yeux rouges*
- *Mâle : noir ; tache alaire blanche, visible en vol seulement*
- *Femelle : gris uni*
- *Nid fait de matières végétales fines, logé entre deux branches*
- *2-4 ; blanchâtres, marqués de brun*

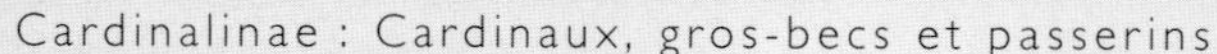

Cardinal pyrrhuloxia

Cardinalis sinuatus

Deux mots grecs entrent dans le mot pyrrhuloxia : *pyrrhos* (qui veut dire « couleur de feu ») et *loxos* (« oblique »). Ils font allusion aux plumes rouge rosé de l'oiseau et à son bec de perroquet. Le cardinal pyrrhuloxia fréquente les espaces arides plantés d'arbustes épineux et les terres agricoles entourées de broussailles. Il ressemble au cardinal rouge (p. 114) par son plumage, mais aussi par son cri, une série de sifflements riches et sonores, émis du haut d'un arbre ou d'un fil électrique. Là où les deux espèces se rencontrent, leur chant n'aide pas à les distinguer l'une de l'autre. Mais quand le pyrrhuloxia ne chante pas, il est difficile à repérer. Un cri d'alarme bref, *tsip*, et des grattements dans un tapis de feuilles peuvent révéler sa présence.

J F M A M J J A S O N D

En hiver, les cardinaux pyrrhuloxias forment de petites bandes qui fréquentent les mangeoires des jardins. Ils ont un plumage plus gris que celui du cardinal rouge femelle, et leur bec est jaunâtre. Les juvéniles ressemblent aux femelles, mais ils ont le bec grisâtre.

♀

♂ C. pyrrhuloxia

♂ C. rouge

TRAITS DISTINCTIFS

- *19-21,5 cm*
- *Bec court, profond, arqué*
- *Nid fait de brindilles et d'herbe, dans un arbuste*
- *2-5 ; blanc verdâtre et bruns*

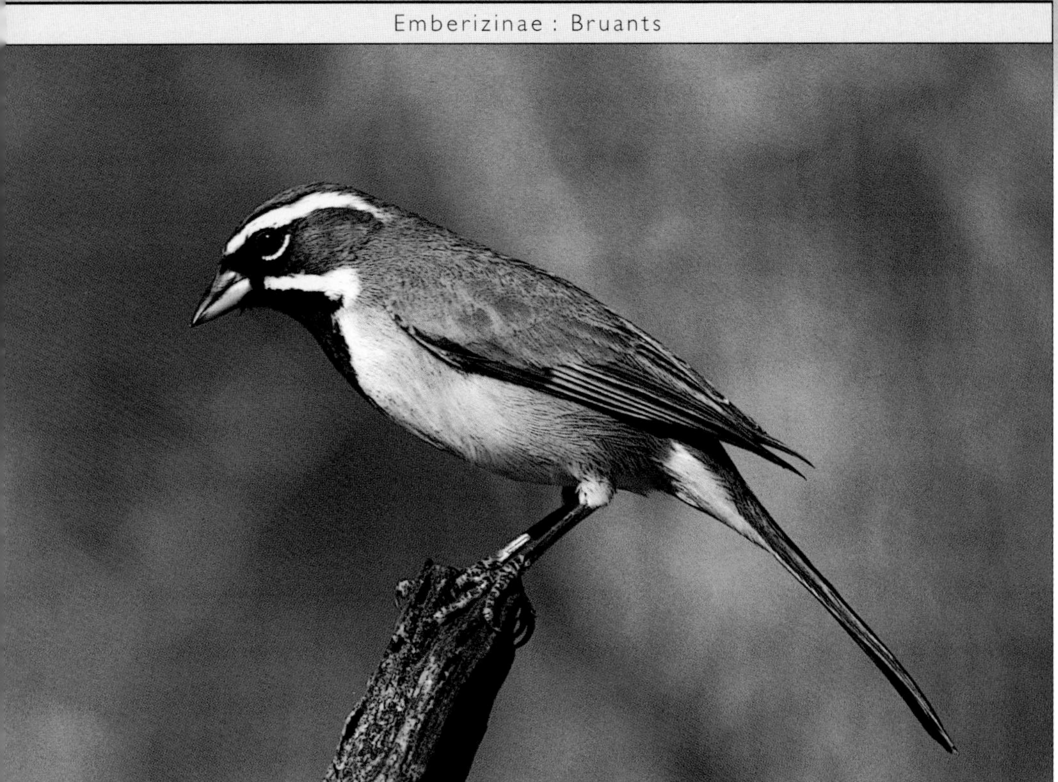

Bruant à gorge noire

Amphispiza bilineata

Le joli bruant à gorge noire habite les déserts rocailleux de cactus et d'arbustes prostrés, habitat qu'il partage avec le troglodyte des cactus (p. 266) et l'auripare verdin (p. 265). On le repère à ses cris aigus, grêles comme des grelots. Ils signalent la présence d'un petit oiseau qui court sur le sol, la queue dressée, ou vole bas de buisson en buisson. Fait-on entendre soi-même un sifflement (voir p. 72), une sorte de *pschitt*, et aussitôt l'oiseau, intrigué, s'arrête et, en hochant la queue, cherche à savoir d'où vient ce bruit. Le chant du bruant à gorge noire est une mélodie coupée de trilles qu'il aime lancer d'un arbuste.

J F M A M J J A S O N D

B. de Bell juvénile

B. à gorge noire juvénile

Dans le désert d'armoises et dans les terrains broussailleux, on rencontre le bruant de Bell (*Amphispiza belli* ; 14-16 cm), semblable au précédent par ses chants et par son comportement. Le bruant de Bell du désert californien est nettement plus foncé que celui de teinte sable qui peuple les terres arides du Grand Bassin.

Les juvéniles de ces deux bruants n'ont pas les belles marques des adultes et leur poitrine est finement striée de gris. Le bruant à gorge noire présente une longue raie superciliaire blanche, très voyante, tandis que, chez le bruant de Bell, cette raie est beaucoup plus courte.

TRAITS DISTINCTIFS

- *13-14,5 cm*
- *Plastron noir*
- *Marque triangulaire sur la poitrine*
- *Raie superciliaire blanche (visible chez les juvéniles)*
- *Nid fait de brindilles et d'herbe, dans un buisson ou un cactus*
- *2-4 ; blanc bleuté*

Oriole masqué

Icterus cucullatus

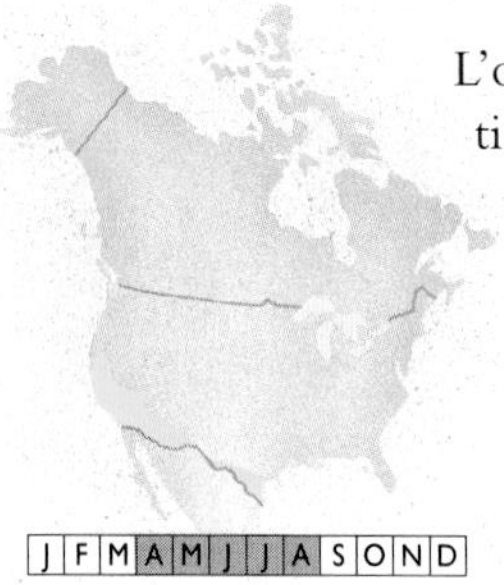

Cet oriole svelte à la queue assez longue habite en été les oasis du désert, les terres agricoles peu boisées et les banlieues du Sud-Ouest américain. C'est sous une fronde dans les palmiers, surtout les palmiers-éventails, que l'oriole monte son nid en forme de bourse, fait de fibres de palme. Ces arbres ayant une cime très dense, l'oiseau est difficile à voir. Il vaut mieux le repérer à son cri, une série de sifflements en gamme ascendante, mais aussi un babillage grinçant typique de tous les orioles. Son chant est mélodieux, varié, assez rapide.

J F M A M J J A S O N D

L'oriole masqué se tient également dans les arbres florifères qui lui fournissent le nectar dont il raffole ; il visite aussi les abreuvoirs à colibris. Dans l'Ouest, les mâles sont davantage jaune doré ; au sud du Texas, ils sont orange vif. Les femelles diffèrent aussi les unes des autres, mais de façon moins évidente. Le juvénile mâle ressemble à la femelle durant sa première année, mais avec le plastron noir de l'adulte.

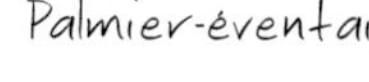

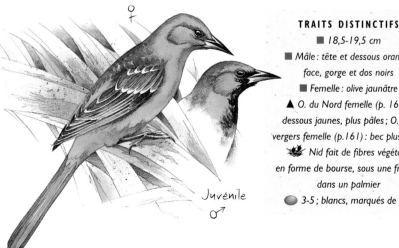

TRAITS DISTINCTIFS

■ *18,5-19,5 cm*

■ *Mâle : tête et dessous orange ; face, gorge et dos noirs*

■ *Femelle : olive jaunâtre*

▲ *O. du Nord femelle (p. 162) : dessous jaunes, plus pâles ; O. des vergers femelle (p.161) : bec plus court*

Nid fait de fibres végétales, en forme de bourse, sous une fronde, dans un palmier

3-5 ; blancs, marqués de brun

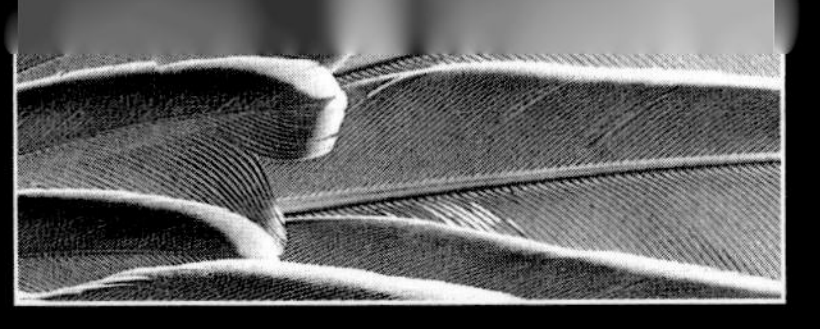

Répertoire des ressources

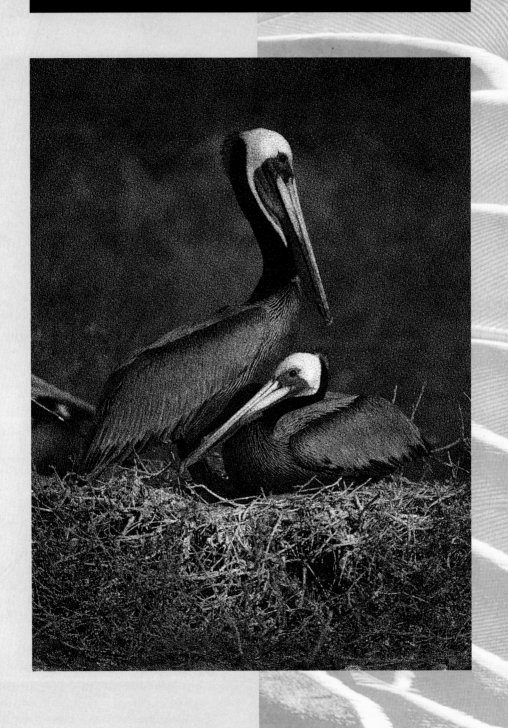

LECTURES COMPLÉMENTAIRES

Voici quelques titres de livres pour les lecteurs qui désirent approfondir leurs connaissances sur les oiseaux. Nous sommes conscients que cette liste ne présente pas tous les volumes en langue anglaise et française publiés sur le sujet. Mais ils sont notre choix : un bon point de départ pour ceux et celles qui désirent se constituer une bibliothèque de référence en ornithologie.

Ouvrages généraux

EHRLICH, Paul R., DOBKIN, David S. et WHEYE, Darryl. *The Birder's Handbook: A Field Guide to the Natural History of North American Birds,* Simon and Schuster, 1988. Ouvrage très complet sur la nidification et la reproduction de toutes les espèces d'Amérique du Nord.

GAUTHIER, Jean et AUBRY, Yves. *Atlas des oiseaux nicheurs du Québec Méridional,* l'Association québécoise des groupes d'ornithologues, Montréal, 1995. Un ouvrage très complet sur la biologie des espèces et leur répartition sur le territoire québécois.

GODFREY, W. Earl. *Les oiseaux du Canada*, Éditions Broquet inc., 1989. Un ouvrage général sur toute l'avifaune canadienne ; identification, nidification et distribution géographique.

PROCTOR, N. et LYNCH, P. J. *Manual of Ornithology: Avian Structure and Function,* Yale University Press, 1993. Analyse bien illustrée de l'anatomie des oiseaux.

TERRES, John K. *The Audubon Society Encyclopedia of North American Birds*, Knopf, 1980. Beaucoup de renseignements et photos magnifiques.

Le lecteur peut également s'inscrire à un cours par correspondance très complet intitulé « Home Study Course in Bird Biology », offert par le Cornell Laboratory of Ornithology, 159 Sapsucker Wood Road, Ithaca, New York 14850.

Comment attirer les oiseaux

BURTON, Robert. *Comment nourrir les oiseaux de l'Amérique du Nord,* Édition du Trécarré, Montréal, 1993. Ouvrage complet sur l'alimentation, le comportement des oiseaux et leur protection.

HEIMERDINGER, C. et SPOFFORD, S. H. *Attracting Birds to your Backyard,* Publications Intel Ltd., 1991. Ouvrage recommandé par l'American Birding Association.

STOKES, Donald W. et STOKES, Lillian Q. *Mangeoires d'oiseaux,* L'Acadie, Éditions Broquet inc., 1995. Guide illustré des oiseaux les plus fréquents aux mangeoires et conseils pratiques.

STOKES, Donald W. et STOKES, Lillian Q. *Nichoirs d'oiseaux,* L'Acadie, Éditions Broquet inc., 1995. Guide illustré expliquant comment attirer les oiseaux nicheurs près de chez soi.

Comportement des oiseaux

STOKES, Donald W. et STOKES, Lillian Q. *Nos oiseaux : tous les secrets de leur comportement,* Louiseville, 1re édition, tomes I, II et III. Éditions de l'Homme, 1989-1990.

Guides d'identification

The Audubon Society Master Guide to Birding. 3 volumes. Revu par John Farrand, Jr., Knopf, 1983. Superbes photographies et descriptions par des experts de toutes les espèces d'Amérique du Nord.

FINLAY, J. C. *A Bird-finding Guide to Canada*, Hurtig Publishers, 1984.

National Geographic Society. *Guide d'identification des oiseaux de l'Amérique du Nord,* La Prairie, Éditions Broquet inc., 1987. Excellent guide d'identification qui regroupe toutes les espèces d'Amérique du Nord et illustre de nombreux plumages juvéniles.

PETERSON, Roger Tory. *Les oiseaux de l'est de l'Amérique du Nord,* La Prairie, 4e édition, Éditions Broquet inc., 1994.

PETERSON, Roger Tory. *Guide simplifié des oiseaux communs de l'Amérique du Nord,* La Prairie, 4e édition, Éditions Broquet inc., 1990.

Sélection du Reader's Digest. *Guide illustré des oiseaux d'Amérique du Nord,* Montréal, Sélection du Reader's Digest, 1992.

SURPRENANT, Marc. *Les oiseaux aquatiques du Québec, de l'Ontario et des Maritimes,* Waterloo, Édition Michel Quintin, 1993.

Autres ouvrages

SAVIGNAC, Pierre H. *Jean-Luc Grondin,* Éditions Broquet inc., 1992. Un livre sur l'art animalier qui nous présente les œuvres du peintre québécois Jean-Luc Grondin.

MORENCY, Pierre. *L'œil américain,* Éditions Boréal et Seuil, 1989.

MORENCY, Pierre. *Lumière des oiseaux,* Éditions Boréal et Seuil, 1992. Une belle façon de s'initier aux sciences naturelles et à l'ornithologie par un regard poétique sur la nature.

Livres de collection

DIONNE, Charles-Eusèbe. *Les oiseaux de la province de Québec,* Dussault et Proulx, 1906.

TAVERNER, P. A. *Les oiseaux de l'est du Canada,* Ottawa, 2e édition, 1922.

Les membres de plusieurs clubs d'ornithologues du Québec (voir liste, p. 278) peuvent se procurer gratuitement des feuillets d'observation quotidienne des oiseaux du Québec.

Guides régionaux

QUÉBEC

BANNON, Pierre. *Où et quand observer les oiseaux dans la région de Montréal.* Société québécoise de protection des oiseaux et Centre de conservation de la faune ailée de Montréal, 1991.

Club d'ornithologie de la Manicouagan. *Guide des sites de la Côte-Nord.* Baie-Comeau, éditeur Club d'ornithologie de la Manicouagan, 1992.

CYR, André et LARIVÉ, Jacques. *Atlas saisonnier des oiseaux du Québec.* Sherbrooke, Société de loisir ornithologique de l'Estrie, 1995.

DAVID, Normand. *Les meilleurs sites d'observation des oiseaux au Québec.* Sillery, Presses de l'Université du Québec, Québec science Éditeur, 1990.

FRADETTE, Pierre. *Les oiseaux des Îles-de-la-Madeleine : populations et sites d'observation.* Étang-du-Nord, éditeur, 1992.

GIRARD, Sylvie. *Itinéraire ornithologique de la Gaspésie.* Gaspésie Éditeur, Club des ornithologues de la Gaspésie, 1988.

LARIVÉ, Jacques. *Chronobiologie des oiseaux du Bas-Saint-Laurent : migration et reproduction.* Pointe-au-Père, Club des ornithologues du Bas-Saint-Laurent, 1993.

LEPAGE, Denis. *L'observation des oiseaux en Estrie.* Sherbrooke, Société de loisir ornithologique de l'Estrie, 1993.

OTIS, Pierre, MESSELY, Louis et TALBOT, Denis. *Guide des sites ornithologiques de la grande région de Québec.* Québec, Club des ornithologues de Québec, 1993.

SAVARD, Germain et CORMIER, Claudette. *Liste annotée des oiseaux du Saguenay–Lac-Saint-Jean.* Club des ornithologues amateurs du Saguenay–Lac-Saint-Jean, 1995.

Société d'ornithologie du Centre du Québec. *L'observation des oiseaux au lac Saint-Pierre,* Drummondville, Édition Métropole Litho inc., 1988.

CANADA

Alberta

McDONALD, John F. *A Birdfinding Guide to the Calgary Region*, Calgary Field Naturalists' Soc., 1993.

Colombie-Britannique

TAYLOR, Keith. *A Birder's Guide to British Columbia*, Keith Taylor Birdfinding Guides, 1993.

TAYLOR, Keith, *A Birder's Guide to Vancouver Island*, Keith Taylor Birdfinding Guides, 1990.

The Vancouver Natural History Soc. *A Bird Watcher's Guide to the Vancouver Area*, Cavendish Books, 1993.

Manitoba

CHARTIER, Bonnie et ABA. *A Birder's Guide to Churchill*, ABA, 1994.

CUTHBERT, Cal et al. *Birder's Guide to Southwestern Manitoba*, SWN Birder's Guide, 1990.

Manitoba Naturalists Soc. *Birder's Guide to Southeastern Manitoba*, Manitoba Naturalists Soc., 1988.

Nouveau-Brunswick/ Île-du-Prince-Édouard

BURROWS, Roger. *Birding in Atlantic Canada: Acadia*, Jesperson Press, 1992.

Nouvelle-Écosse

BURROWS, Roger. *Birding in Atlantic Canada: Nova Scotia*, Jesperson Press, 1988.

COHRS, J. Shirley et Nova Scotia Bird Soc. *Birding Nova Scotia*, Nova Scotia Bird Soc., 1985.

Ontario

GOODWIN, Clive E. *Birdfinding Guide to Ontario*, University of Toronto Press, 1982.

GOODWIN, Clive E. *A Birdfinding Guide to the Toronto Region*, C. & J. Goodwin Enterprises, 1988.

Terre-Neuve

BURROWS, Roger. *Birding in Atlantic Canada: Newfoundland*, Jesperson Press, 1989.

ÉTATS-UNIS

Alaska

SPRINGER, M. I. *Birdwatching in Eastcentral Alaska*, Falco, 1993.

WEST, George C. *A Bird Finder's Guide to the Kenai Peninsula*, Birchside Studios, 1994.

Arizona

DAVIS, William A. et RUSSELL, Stephen M. *Birds in Southeastern Arizona*, Tucson Audubon Soc., 1990.

HOLT, Harold R. *A Birder's Guide to Southeastern Arizona*, ABA, 1989.

Californie

HOLT, Harold R. *A Birder's Guide to Southern California*, ABA, 1991.

RICHMOND, Jean. *Birding Northern California*, Mount Diablo Audubon Soc., 1985.

Santa Clara Valley Audubon Soc. *Birding at the Bottom of the Bay*, Santa Clara Valley Audubon Soc., 1990.

Sequoia Audubon Soc. *San Francisco Peninsula Birdwatching*, Sequoia Audubon Soc., 1984.

WESTRICH, LoLo et Jim. *Birder's Guide to Northern California*, Gulf Publishing, 1991.

Colorado

HOLT, Harold R. et LANE, James A. *A Birder's Guide to Colorado*, ABA, 1988.

Dakota du Sud

PETERSON, Richard A. *A Birdwatcher's Guide to the Black Hills and Adjacent Plains*, Richard A. Peterson, 1993.

Floride

LANE, James A. et HOLT, Harold R. *A Birder's Guide to Florida*, ABA, 1989.

Géorgie

BLACKSHAW, Kenneth T. et HITT, Joel R. *A Birder's Guide to Georgia*, Georgia Ornithological Soc., 1992.

Kansas/Missouri

Audubon Soc. of Missouri. *A Guide to the Birding Areas of Missouri*, Audubon Soc. of Missouri, 1993.

ZIMMERMAN, John L. et PATTI, Sebastian T. *A Guide to Bird Finding in Kansas and Western Missouri*, University Press of Kansas, 1988.

Louisiane

PURRINGTON, Dan et al. *A Bird Finder's Guide to Southeast Louisiana*, Orleans Audubon Soc., 1987.

Maine

PIERSON, Elizabeth C. et Jan E. *A Birder's Guide to the Coast of Maine*, Down East Enterprise, 1981.

Massachusetts

ANDREWS, Edith et BLACKSHAW, Kenneth T. *Birding Nantucket*, Edith Andrews, 1984.

Équipe du *Bird Observer. A Birder's Guide to Eastern Massachusetts*, ABA, 1994.

Cape Cod Bird Club and Massachusetts Audubon Soc. *Birding Cape Cod*, Massachusetts Audubon Soc., 1990.

Michigan/Wisconsin/Illinois

FAWKS, Elton et LOBIK, Paul H. *Bird-finding in Illinois*, Illinois Audubon Soc., 1975.

Michigan Audubon Soc. *Enjoying Birds in Michigan*, Michigan Audubon Soc., 1989.

MLODINOW, Steven. *Chicago Area Birds*, Chicago Review Press, 1984.

SMITH, C. Roy et Michigan Audubon Soc. *Birdfinding Guide to Michigan*, Michigan Audubon Soc., 1994.

TESSEN, Daryl D. *Wisconsin's Favorite Bird Haunts*, Wisconsin Soc. for Ornithology, 1989.

Mississippi

TOUPS, Judith A. et JACKSON, Jerome A. *Birds and Birding on the Mississippi Coast*, University Press of Mississippi, 1987.

VAUGHAN, Ray. *Birder's Guide to Alabama and Mississippi*, Gulf Publishing Company, 1994.

Nevada/Montana

McENEANEY, Terry. *A Birder's Guide to Montana*, Falcon Press, 1993.

TITUS, Carolyn K. *Southern Nevada Birds, A Seeker's Guide*, Red Rock Audubon Soc., 1991.

New Jersey

BOYLE, William J. Jr. *Birdfinding Guide to New Jersey*, Rutgers University Press, 1989.

HARDING, John J. et Justin J. *Birding the Delaware Valley Region*, Temple University Press, 1980.

New York

DRENNAN, Susan Roney. *Where to Find Birds in New York State : Top 500 Sites*, Syracuse University Press, 1981.

Nouveau-Mexique

ZIMMERMAN, Dale A. et Marian A., et DURRIE, John N. *New Mexico Birdfinding Guide*, New Mexico Ornithological Soc., 1992.

Nouvelle-Angleterre

WALTON, RICHARD K. *Bird Finding in New England*, David R. Godine Publishers, 1988.

WAUER, Roland. *Visitor's Guide to the Birds of the Eastern National Parks*, John Muir Publishers, 1992.

Oregon

EVANICH, Joseph E. Jr. *The Birder's Guide to Oregon*, Portland Audubon Soc., 1990.

RAMSEY, Fred L. *Birding Oregon*, Audubon Soc. of Corvallis, 1981.

Pennsylvanie

FREELAND, David B. *Where to Find Birds in Western Pennsylvania*, Audubon Soc. of Western Pennsylvania, 1975.

Lancaster County Bird Club. *A Guide to the Birds of Lancaster County*, Lancaster County Bird Club, 1991.

STULL, Jean et James, et McWILLIAMS, Gerald. *Birds of Erie County*, Allegheny Press, 1985.

Rhode Island

FRY, Adam J. *Bird Walks in Rhode Island*, Countryman Press, 1992.

Texas

HOLT, Harold R. et American Birding Association. *A Birder's Guide to the Rio Grande Valley of Texas*, ABA, 1992.

HOLT, Harold R. et American Birding Association. *A Birder's Guide to the Texas Coast*, ABA, 1993.

KUTAC, Edward A. *Birder's Guide to Texas*, Gulf Publishing, 1989.

Rockport Chamber of Commerce et Audubon Outdoor Club. *Birder's Guide to Rockport-Fulton*, Rockport/Fulton Area Chamber of Commerce, 1989.

Vermont

ELLISON, Walter G. *Guide to Bird-finding in Vermont*, Vermont Institute of Natural Science, 1983.

Virginie/Caroline du Nord/Caroline du Sud

CARTER, Robin M. *Finding Birds in South Carolina*, University of South Carolina Press, 1992.

CHAMBERLAIN, W. David et FORSYTHE, D. M. *A Birding Guide to the South Carolina Lowcountry*, Charleston Natural History Soc., 1988.

Hilton Head Island Audubon Soc. *Birder's Guide to Hilton Head and Low Country*, Hilton Head Island Audubon Soc., 1989.

SIMPSON, Marcus B. Jr. *Birds of the Blue Ridge Mountains*, University of North Carolina Press, 1992.

WILDS, Claudia. *Finding Birds in the National Capital Area*, Smithsonian Institution Press, 1992.

Washington

ENNOR, Howard R. *Birds of the Tri-Cities and Vicinity*, Lower Columbia Basin Audubon Soc., 1992.

HUNN, Eugene S. *Birding in Seattle and King County*, Seattle Audubon Soc., 1982.

LEWIS, Mark G. et SHARPE, Fred A. *Birding in the San Juan Islands*, The Mountaineers Books, 1987.

WAHL, Terence R. et PAULSON, Dennis R. *Guide to Bird-finding in Washington*, T.R. Wahl, 1991.

Wyoming

McENEANEY, Terry. *Birds of Yellowstone*, Roberts Rinehart Publishers, 1988.

RAYNES, Bert et WILE, Darwin. *Finding the Birds of Jackson Hole*, Darwin Wile Publisher, 1994.

SCOTT, Oliver K. et ABA. *A Birder's Guide to Wyoming*, ABA, 1993.

Revues spécialisées

GÉNÉRAL

American Birds/Audubon Field Notes, 700 Broadway, New York, NY 10003

Bird Watcher's Digest, PO Box 110, Marietta, OH 45750

Birder's World, 44 E. 8th Street, Suite 410, Holland, MI 49423

Birding, American Birding Association, PO Box 6599, Colorado Springs, CO 80934

Living Bird, 159 Sapsucker Woods Road, Ithaca, NY 14850

WildBird, PO Box 52898, Boulder, CO 80322

CANADA

Birds of the Wild, PO Box 73, Markham, ON. L3P 3J5

Birders Journal, 8 Midtown Drive, Suite 289, Oshawa, ON. L1J 8L2

QuébecOiseaux, C.P. 514 Drummondville QC, J2B 6W4. Trimestriel, publié par l'Association québécoise des groupes d'ornithologues.

« Info oiseaux »

Il s'agit de réseaux ou de numéros de téléphone qui permettent de signaler la présence d'une espèce aviaire rare ou d'un déplacement intéressant ou inhabituel d'oiseaux dans une région donnée. Aux États-Unis, où ces réseaux ont vu le jour, ils portent le nom de *Birding Hotlines*.

Canada

Alberta
Calgary (403) 237-8821
Edmonton (403) 433-2473
Colombie-Britannique
Vancouver (604) 737-9910
Victoria (604) 592-3381
Nouveau-Brunswick
(506) 382-3825
Nouvelle-Écosse
(902) 852-2428
Ontario (519) 586-3959
Durham (905) 668-3070
Ottawa (613) 761-1967
Sault Ste. Marie (705) 256-2790
Toronto (416) 350-3000 (puis, faites le 2293)
Windsor/Detroit (313) 477-1360
Windsor/Pt. Pelee (519) 252-2473
Hamilton (905) 648-9537
Long Point Bird Observatory (519) 586-3959
Québec
Le réseau RICOCHE (Réseau Inter-Clubs pour Observations à caractère hautement exceptionnel) est un réseau téléphonique muni de répondeurs couvrant les principales régions du Québec. Ce service fournit des informations sur les oiseaux rares observés au Québec et il est accessible à tous. Voici ses coordonnées dans les différentes régions.
Montréal (514) 662-9582
Outaouais (819) 778-0737
Estrie (819) 563-6603
Québec (418) 660-9089
Saguenay et Lac-Saint-Jean (418) 696-1868
Bas-Saint-Laurent (418) 725-5118
Saskatchewan
Regina (306) 761-2094

États-Unis

Alabama (205) 987-2730
Alaska (907) 338-2473
Arizona
Phoenix (602) 832-8745
Tucson (602) 798-1005
Arkansas (501) 753-5853
Nord-Est (208) 882-6195
Californie
Arcata (707) 826-7031
Los Angeles (213) 874-1318
Monterey (408) 375-9122
Morro Bay (805) 528-7182
Nord (510) 524-5592
Orange County (714) 563-6516
Sacramento (916) 481-0118
San Bernardino (909) 793-5599
San Diego (619) 479-3400
Santa Barbara (805) 964-8240
Caroline du Nord
(704) 332-2473
Caroline du Sud
(704) 332-2473
Colorado (303) 279-3076
Connecticut (203) 254-3665
Delaware (215) 567-2473
Floride (813) 984-4444
Géorgie (404) 509-0204
Idaho
Nord (208) 882-6195
Sud-Est (208) 236-3337
Illinois
Chicago (708) 671-1522
Illinois central (217) 785-1083
Indiana (317) 259-0911
Iowa (319) 338-9881
Sioux City (712) 262-5958
Kansas (913) 372-5499
Kansas City (913) 342-2473
Kentucky (502) 894-9538
Louisiane
Baton Rouge (504) 293-2473
Nouvelle-Orléans (504) 246-2473
Maine (207) 781-2332
Est et Centre (207) 244-4116
Maryland/District du Columbia (301) 652-1088
Massachusetts
Boston (617) 259-8805
Ouest (413) 253-2218
Michigan (616) 471-4919
Detroit (810) 477-1360
Sault Ste. Marie (705) 256-2790
Minnesota (612) 827-3161
Duluth (218) 525-5952
Mississippi
Côte (601) 467-9500
Missouri (314) 445-9115
Kansas City (913) 342-2473
St. Louis (314) 935-8432
Montana (406) 626-2473
Nebraska (402) 292-5325
Nevada
Nord-Ouest (702) 324-2473
Sud (702) 649-1516
New Hampshire
(603) 224-9900
New Jersey (908) 766-2661
Cape May (609) 884-2626
New York
Albany (518) 439-8080
Buffalo (716) 896-1271
Cayuga Lake Basin (607) 254 2429
Hudson, cours inférieur de la vallée de l' (914) 666-6614
New York (212) 979-3070
Rochester (716) 461-9593
Syracuse (315) 682-7039
Nouveau-Mexique
(505) 662-2101
Ohio
Blendon Woods Park (614) 895-6222
Cincinnati (513) 521-2847
Cleveland (216) 321-7245
Columbus (614) 221-9736
Nord-Ouest (419) 875-6889
Sud-Ouest (513) 277-6446
Youngstown (216) 742-6661
Oklahoma (918) 669-6646
Oklahoma City (405) 373-4531
Oregon (503) 292-0661
Pennsylvanie
Allentown (610) 252-3455
Ouest (412) 963-0560
Philadelphie (215) 567-2473
Sud-Est et Centre-Sud (215) 383-8840
Wilkes-Barre (717) 825-2473
Rhode Island (401) 949-3870
Tennessee (615) 356-7636
Chattanooga (615) 843-2822
Texas (713) 992-2757
Austin (512) 483-0952
Centre-Nord (817) 261-6792
Rio Grande, cours inférieur du (210) 565-6773
San Antonio (210) 733-8306
Sinton (512) 364-3634
Utah (801) 538-4730
Vermont (802) 457-4861
Virginie (804) 238-2713 ; (301) 652-1088
Washington (206) 526-8266
Sud-Est (208) 882-6195
Wisconsin (414) 352-3857
Madison (608) 255-2476
Wyoming (307) 265-2473

ORGANISATIONS ET OBSERVATOIRES

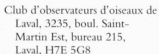

Devenir membre d'une société de conservation ou d'un club d'ornithologie est la meilleure façon de prendre contact avec des gens qui partagent votre intérêt pour les oiseaux. Plusieurs organismes mentionnés ci-dessous publient des revues, organisent des excursions d'observation sur le terrain et ont un programme de réunions périodiques, avec parfois des invités de marque.

Quant aux observatoires, ce sont essentiellement des centres de recherche, mais eux aussi organisent des activités — comme le baguage des oiseaux ou le dénombrement des populations — d'un très grand intérêt pour tous les ornithologues. De plus, ces observatoires sont en soi des endroits idéaux pour faire de l'identification.

Organisations

GÉNÉRAL

American Birding Association, PO Box 6599, Colorado Springs, CO 80934

Cornell Laboratory of Ornithology, 159 Sapsucker Woods Road, Ithaca, NY 14850

CLUBS ET SOCIÉTÉS D'ORNITHOLOGIE DU QUÉBEC

Société d'ornithologie de l'Abitibi, case postale 91, Rouyn-Noranda, J9X 5C1

Société d'ornithologie du Témiscamingue, case postale 137, Latulipe, J0Z 2N0

Club des ornithologues de l'Outaouais, case postale 419, Succursale A, Hull, J8Y 6P2

Club ornithologique des Hautes-Laurentides, case postale 291, Saint-Jovite, J0T 2H0

Société d'ornithologie de Lanaudière, case postale 339, Joliette, J6E 3Z6

Club d'ornithologie de la région des Moulins, case postale 239, Terrebonne, J6W 3L5

Club d'observateurs d'oiseaux de Laval, 3235, boul. Saint-Martin Est, bureau 215, Laval, H7E 5G8

Club d'ornithologie d'Ahuntsic, case postale 35045, 1221, rue Fleury Est, Montréal, H2C 3K4

Société de biologie de Montréal, case postale 39, succursale Outremont, Outremont, H2V 4M6

Société québécoise de protection des oiseaux, case postale 43, Succursale B, Montréal, H3B 3J5

Société d'observation de la faune ailée du Sud-Ouest, case postale 277, Saint-Thimotée, J0S 1X0

Club des ornithologues de Châteauguay, 15, boul. Maple, Châteauguay, J6J 3P7

Club d'ornithologie de Longueuil, case postale 21099, comptoir Jacques-Cartier, Longueuil, J4J 5J4

Club du loisir ornithologique maskoutain, 2070, rue Saint-Charles, Saint-Hyacinthe, J2T 1V2

Club d'ornithologie Sorel-Tracy, case postale 1111, Sorel, J3P 7L4

Société ornithologique du centre du Québec, 960, rue Saint-Georges, Drummondville, J2C 6A2

Société du loisir ornithologique de l'Estrie, case postale 1263, Sherbrooke, J1M 5L7

Club d'observateurs d'oiseaux de la Haute-Yamaska, case postale 813, Granby, J2G 8W8

Club des ornithologues de Brome-Missisquoi, case postale 256, Cowansville, J2K 3S7

Club des ornithologues des Bois-Francs, 21, rue Roger, Victoriaville, G6P 2A8

Club d'ornithologie de Trois-Rivières, case postale 953, Trois-Rivières, G9A 5K2

Club ornithologique de la Mauricie, case postale 21, Grand-Mère, G9T 5K7

Club des ornithologues de Québec, domaine de Maizerets, 2000, boul. Montmorency, G1J 5E7

Club des ornithologues amateurs du Saguenay–Lac-Saint-Jean, case postale 1265, Jonquière, G7S 4K8

Club d'ornithologie de la Manicouagan, case postale 2513, Baie-Comeau, G5C 2T2

Club des ornithologues du Bas-Saint-Laurent, case postale 118, Pointe-au-Père, G5M 1R1

Club des ornithologues de la Gaspésie, case postale 334, Pabos, G0C 2H0

Club d'ornithologie des Îles-de-la-Madeleine, case postale 1239, Cap-aux-Meules, G0B 1B0

CANADA

Alberta

Federation of Alberta Naturalists, PO Box 1472, Edmonton, AB T5J 2N5

Colombie-Britannique

British Columbia Field Ornithologists, PO Box 1018, Surrey, BC V3S 4P5

Île-du-Prince-Édouard

Natural History Soc. of PEI, PO Box 2346, Charlottetown, PEI C1A 1R4

Manitoba

Manitoba Naturalist's Soc., 302–128 James Avenue, Winnipeg, MB R3B 0N5

Ontario

Ontario Field Ornithologists, Box 1204, Station B, Burlington, ON L7P 3S9

Québec

Province of Quebec Soc. for Protection of Birds, case postale 43, succursale B, Montréal, Qué. H3B 3J1

Association québécoise des groupes d'ornithologues, 4545, rue Pierre-de-Coubertin, case postale 1000, succursale M, Montréal, Qué. H1V 3R2

Union québécoise de réhabilitation des oiseaux de proie (UQROP), case postale 246, Saint-Hyacinthe Qué. J2S 7B6

Fondation Les oiseleurs du Québec inc., 625-C, route Lagueux, case postale 5029, Bernière, Qué. G7A 1A7

Nouveau-Brunswick

New Brunswick Federation of Naturalists, 277 Douglas Avenue, St. John, NB E2K 1E5

Nouvelle-Écosse

Nova Scotia Bird Soc., c/o Nova Scotia Museum 1747 Summer Street, Halifax, NS B3H 3A6

Saskatchewan

Saskatchewan Natural History Soc., Box 4348, Regina, SK S4P 3W6

Terre-Neuve

Newfoundland Natural History Soc., PO Box 1013, St. John's, NF A1C 5M3

États-Unis

Alabama

Alabama Ornithological Soc., c/o Treasurer, 702 Royce Circle, Huntsville, AL 35803

Arkansas

Arkansas Audubon Soc., 2426 South Main Street, Malvern, AR 72104

Californie

Western Field Ornithologists, c/o Treasurer, 6011 Saddletree Lane, Yorba Linda, CA 92686

Caroline du Nord

Carolina Bird Club, PO Box 29555, Raleigh, NC 27626

Caroline du Sud

Carolina Bird Club, PO Box 29555, Raleigh, NC 27626

Colorado

Colorado Field Ornithologists, 1782 Locust Street, Denver, CO 80220

Connecticut

Connecticut Ornithological Association, 314 Unquowa Road, Fairfield, CT 06430

Dakota du Nord

North Dakota Birding Soc., PO Box 9019, Grand Forks, ND 58202

Dakota du Sud

South Dakota Ornithological Soc., 1620 Elmwood Drive, Brookings, SD 57006

Delaware/Péninsule Delmarva

Delmarva Ornithological Soc., PO Box 4242, Greenville, DE 19807

Floride

Florida Ornithological Soc., Department of Ornithology, Florida Museum of Natural History, University of Florida, Gainesville, FL 32611

Géorgie

Georgia Ornithological Soc., PO Box 1684, Cartersville, GA 30120

Hawaii

Hawaii Audubon Soc., PO Box 22832, Honolulu, HI 96813

Illinois

Illinois Ornithological Soc., PO Box 1971, Evanston, IL 60204

Indiana

Indiana Audubon Soc., 901 Maplewood Drive, New Castle, IN 47362

Iowa

Iowa Ornithologists' Union, c/o Treasurer, 1601 Pleasant Street, West Des Moines, IA 50265

Kansas

Kansas Ornithological Soc., c/o Editor, *KOS Bulletin*, 1729 E. 11th Avenue, Winfield, KS 67156

Kentucky

Kentucky Ornithological Soc., 9101 Spokane Way, Louisville, KY 40241

Louisiane

Louisiana Ornithological Soc., 88 Egret Street, New Orleans, LA 70124

Maine

Maine Audubon Soc., Gilsland Farm, Falmouth, ME 04105

Maryland

Maryland Ornithological Soc., Cylburn Mansion, 4915 Greenspring Avenue, Baltimore, MD 21209

Massachusetts

Bird Observer of Eastern Massachusetts, 462 Trapelo Road, Belmont, MA 02178 or PO Box 236, Arlington, MA 02174

Massachusetts Audubon Soc., South Great Road, Lincoln, MA 01773

Minnesota

Minnesota Ornithological Union, Bell Museum of Natural History, 10 Church Street, SE, Minneapolis, MN 55455

Mississippi

Mississippi Ornithological Soc., c/o 308 Lewis Lane, Oxford, MS 38655

Missouri

Audubon Soc. of Missouri, Treasurer, 1800 South Roby Farm Road, Rocheport, MO 65279

Nebraska

Nebraska Ornithologists' Union, 3018 O Street, Lincoln, NE 68510

New Hampshire

Audubon Soc. of New Hampshire, 3 Silk Farm Road, PO Box 528-B, Concord, NH 03302

New Jersey

New Jersey Audubon Soc., 790 Ewing Avenue, Franklin Lakes, NJ 07417

Urner Ornithological Club, c/o Newark Museum, 43–9 Washington Street, Newark, NJ 07101

New York

Federation of New York State Bird Clubs, c/o Cornell Laboratory of Ornithology, 159 Sapsucker Woods Road, Ithaca, NY 14850

New York (ville de)

The Linnaean Soc. of New York, 15 W. 77th Street, New York, NY 10024

Nouveau-Mexique

New Mexico Ornithological Soc., University of New Mexico, Department of Biology-NMOS, Albuquerque, NM 87131

Ohio

The Ohio Cardinal, c/o 520 Swartz Road, Akron, OH 44319

Oklahoma

Oklahoma Ornithological Soc., PO Box 65, Ada, OK 74821

Oregon
Oregon Field Ornithologists, PO Box 10373, Eugene, OR 97440
Pennsylvanie, sud-est/New Jersey, sud/Delaware
Delaware Valley Ornithological Club, c/o Academy of Natural Sciences, 19th and Parkway, Philadelphia, PA 1910
Rhode Island
Rhode Island Ornithological Club, c/o 411 Burt Street, Taunton, MA 02780
Tennessee
Tennessee Ornithological Soc., PO Box 402, Norris, TN 37828
Texas
Texas Ornithological Soc., PO Box 38157, Houston, TX 77238
Utah
Utah Field Ornithologists, 2226 East 40th South, Salt Lake City, UT 84103
Utah Ornithological Soc., PO Box 1042, Cedar City, UT 84721
Virginie
Virginia Soc. of Ornithology, 520 Rainbow Forest Drive, Lynchburg, VA 24502
Virginie de l'Ouest
Brooks Bird Club, 707 Warwood Avenue, Wheeling, WV 26003
Washington
Washington Ornithological Soc., PO Box 85786, Seattle, WA 98145
Washington DC (environs)
Audubon Naturalist Soc., 8940 Jones Mill Road, Chevy Chase, MD 20815
Wisconsin
Wisconsin Soc. for Ornithology, W330 N8275 W. Shore Drive, Hartland, WI 53029

Observatoires

Californie
Point Reyes Bird Observatory, 4990 Shoreline Highway, Stinson Beach, CA 94970
San Francisco Bay Bird Observatory, PO Box 247, Alviso, CA 95002
Michigan
Whitefish Point Bird Observatory, HC 48, PO Box 115, Paradise, MI 49768
Massachusetts
Manomet Observatory for Conservation Sciences, PO Box 1770, Manomet, MA 02345
New Jersey
Cape May Bird Observatory, PO Box 3, Cape May Point, NJ 08212
Ontario
Long Point Bird Observatory, PO Box 160, Port Rowan, ON N0E 1M0
Toronto Bird Observatory, c/o Eric Machell, 10 Bateman Court, Whitby, ON L1P 1E5

Sociétés savantes et revues

American Ornithologists' Union, c/o Ornithological Societies of North America, PO Box 1897, Lawrence, KS 66044. (Nom de la revue : *The Auk*)
Association of Field Ornithologists, c/o Ornithological Societies of North America, PO Box 1897, Lawrence, KS 66044. (Nom de la revue : *Journal of Field Ornithology*)
Colonial Waterbird Society, c/o Robert Baker, 8096 River Bay Drive West, Indianapolis, IN 46240
Cooper Ornithological Society, c/o Ornithological Societies of North America, PO Box 1897, Lawrence, KS 66044. (Nom de la revue : *The Condor*)
Hawk Migration Association of North America, c/o Treasurer, 377 Loomis Street, Southwick, MA 01077
International Council for Bird Preservation (BirdLife International)—US Section, c/o World Wildlife Fund, 1250 24th Street, NW, Washington, DC 20037
Wilson Ornithological Society, c/o Ornithological Societies of North America, PO Box 1897, Lawrence, KS 66044. (Nom de la revue : *The Wilson Bulletin*)

Documents audiovisuels

Vidéo

DESPRÉS, Danielle. 1994. *Becs fins, à la mangeoire et au champ,* Les productions sur le vif, vidéocassette de 55 minutes. Traite de 34 espèces d'oiseaux qui fréquentent les postes d'alimentation. Images soignées ; bon moyen d'initier les jeunes.
FRUND, Jean-Louis. 1994. *Le Prince Harfang,* les Productions Jean-Louis Frund inc., vidéocassette de 50 minutes. La vie et les mœurs du harfang des neiges, emblème aviaire du Québec.
FRUND, Jean-Louis. 1993. *De ma fenêtre,* les Productions Jean-Louis Frund inc., vidéocassette de 50 minutes. Illustre l'environnement à recréer près de sa demeure pour accueillir les oiseaux. Très belles images ; nombreux trucs pratiques.

Audio

ELLIOTT, Lang et Ted Mack. *Les sons de nos forêts.* Montréal, Centre de conservation de la faune ailée de Montréal, 1991. Livret et disque compact reproduisant les chants de 93 espèces des forêts du Québec.
ELLIOTT, Lang. *Les oiseaux de nos jardins.* Montréal, Centre de conservation de la faune ailée de Montréal, 1992. Livret et disque compact reproduisant les chants de 51 espèces d'oiseaux des jardins et des campagnes du Québec.
Cornell Laboratory of Ornithology. *Bird Song, Eastern and Central,* livret et disque compact reproduisant les chants de 267 espèces d'oiseaux de l'est et du centre de l'Amérique du Nord, d'après le guide d'identification *Field Guide to the Birds* de Roger Tory Peterson.

Boutiques spécialisées

Ces boutiques vous offrent un choix varié de nichoirs, mangeoires et accessoires pour l'ornithologie.

Le Naturaliste inc.
1990, boul. Charest Ouest, Suite 106, Québec, Qué. G1N 4K8
Téléphone : (418) 527-1414
Télécopieur : (418) 527-1970
Lire la nature inc.
1699, chemin Chambly
Longueuil, Qué. J4J 3X7
Téléphone : (514) 463-5072
Télécopieur : (514) 463-3409
Nature Expert inc.
7950, rue de Marseille
Montréal, Qué. H1L 1N7
Téléphone : (514) 351-5496
Télécopieur : (514) 351-6134
Pro-Natura inc.
104, rue Main
Shediac, NB E0A 3G0
Téléphone : (506) 532-4878

INDEX

Les renvois aux pages en caractères gras indiquent que le sujet y est traité de façon approfondie. Les références en italique indiquent des photos ou des illustrations.

LÉGENDES DES PHOTOGRAPHIES DES PAGES D'OUVERTURE

Page 1 : Le colibri d'Anna est courant sur la côte Ouest.
Page 2 : Le dendrocygne à ventre noir, un canard qui niche dans les arbres, ne se rencontre que dans l'extrême sud du Texas.
Pages 4–5 : Troupeau de grues du Canada dans leurs quartiers d'hiver.
Pages 6–7 : La paruline de Virginia se confond facilement avec deux autres espèces dans le sud-ouest du continent.
Pages 8–9 : Le bécasseau sanderling s'identifie plus facilement à son comportement (quand il court après la vague par exemple) qu'à ses traits.
Pages 10–11 : Le macareux moine niche sur des falaises herbeuses, le long de la côte au nord-est du continent.
Pages 12–13 : Après avoir frôlé l'extinction, le pélican brun reprend le dessus.
Pages 44–45 : Un cardinal rouge et des chardonnerets jaunes dans leur plumage d'hiver.
Pages 58–59 : La spatule rosée ne se rencontre que dans les terres inondées de Floride et le long de la côte du golfe du Mexique.
Pages 84–85 : Le héron vert est plus commun dans l'est du continent que dans l'ouest.
Page 95 : Étourneaux sansonnets *(médaillon du haut)* sur des fils électriques. Geai bleu *(médaillon du centre)* confortablement installé sur une mangeoire.
Page 121 : Paruline de Virginia *(médaillon du haut)* dans une forêt de feuillus. Gobe-moucheron gris-bleu *(médaillon du centre)* dans le parc national des Everglades, en Floride.
Page 163 : Alouette hausse-col *(médaillon du haut)* près d'un bouquet de pavots de Californie. Deux poules des prairies mâles *(médaillon du centre)* en pleine parade prénuptiale.
Page 193 : Garrot de Barrow avec sa couvée de petits *(médaillon du haut)* dans le parc national Grand Teton, au Wyoming. Troupeau de spatules rosées *(médaillon du centre)* dans un mangrove de l'île Sanibel, en Floride.
Page 229 : Troupeau d'ibis blancs *(médaillon du haut)* en vol. Avocette solitaire *(médaillon du centre)* dans le coucher de soleil.
Page 255 : Un minuscule troglodyte des rochers *(médaillon du haut)* sur une corniche du désert. Couple d'urubus à tête rouge *(médaillon du centre)* sur un cierge géant.
Page 273 : Pélican brun au nid.

REMERCIEMENTS

L'éditeur tient à remercier les éditions Fides pour avoir permis de reproduire en page 44 la citation de Félix Leclerc, tirée de *Allegro ;* et Richard Caron pour avoir permis la reproduction de son carnet d'observation avec un croquis de pic flamboyant, en page 74.

CRÉDITS DES PHOTOS ET ILLUSTRATIONS

(h = haut, b = bas, m = milieu, g = gauche, d = droite. A = Auscape International Pty Ltd; AA/ES = Animals Animals/Earth Scenes; BAL = Bridgeman Art Library, London; BC = Bruce Coleman Limited; BPL = Boltin Picture Library; Cornell = Cornell Laboratory of Ornithology; Culver = Culver Pictures, Inc.; DJC = DJC & Associates; DRK = DRK Photo; IB = The Image Bank; J = Jacana; MEPL = Mary Evans Picture Library; MP = Minden Pictures; NHPA = Natural History Photographic Agency; NS = Natural Selection; NW = North Wind Picture Archives; OSF = Oxford Scientific Films Ltd; PA = Peter Arnold, Inc.; PE = Planet Earth Pictures; PI = Positive Images; PN = Photo/Nats, Inc.; PR = Photo Researchers, Inc.; S = Scala; SB = Stock Boston; TPL = The Photographic Library of Australia; TS = Tom Stack & Associates; V = Vireo; VU = Visuals Unlimited; WC = Woodfin Camp & Associates.)

1 John Cancalosi/A. **2** Cortez G Austin/PN. **3** Thomas Buchholz/BCL. **4-5** Wendy Shattil & Bob Rozinski/OSF. **6-7** D & M Zimmerman/V. **8-9** William M Smithey Jr/PEP. **10-11** Frans Lanting/MP. **11** Stephen J Krasemann/DRK. **12-13** Alan Briere. **14-15** Robert Morton & David Wood. **16**h NW; bg Jean Vertut; bkgr NW. **17**hg C M Dixon; hd David Woo/SB; m autorisation de Linnean Society of London; b Lawrence Migdale. **18**h Louvre, Paris/BAL; md David Kirshner; b William E Ferguson. **19**h et md David Kirshner; b Gunter Ziesler/BCL. **20**hg Giraudon/BAL; hd B Henry/V; bg John Gerlach/AA/ES; bm Wayne Lankinen/DRK; bkgr NW. **21**h MEPL; m Steven Holt/V, b Will & Deni McIntyre/PR. **22**h Frans Lanting/BCL; m & b David Kirshner. **23**h Frank Knight; mg Jim Zipp/PR; md Thomas Kitchin/TS; bg Frank Knight; bd Lee Boltin/BPL. **24**hg Art Resource, NY/S; m Geoff Avern/Australian Museum; bg Michael Melford/IB; bd Frank Knight. **25** David Kirshner; **26**hg John Shaw/A; md A Morris/V; bg Stephen J Krasemann/DRK. **27**hg Stephen J Krasemann/DRK; hd Wayne Lankinen/DRK; b J Carmichael, Jr/IB. **28**hg Joe McDonald/TS; hd R J Erwin/NHPA; mg Jordan Coonrad; b Andrew J. Purcell/BC. **29**h Frank Knight; md Palazzo Vecchio, Firenze/S; b NW; bkgr MEPL. **30**h J White/ET Archive; m Jim Brandenburg/MP; b Maslowski Productions/PR. **31**hg NW; hd Mary Clay/PE; c1 Mary Clay/TS; c2 Gary Milburn/TS; b Brian Kenney/PE. **32**hd S J Lang/V; bg Dieter & Mary Plage/BC; bd Robert Mancini. **33**hg Johann Schumacher/V; hd S J Lang/V; b Robert Mancini. **34**h C M Dixon; b Dr Scott Nielsen/BC. **35**hg Diana L Stratton/TS; hd Priscilla Connell/PN; mg Phil Dotson/PR; bd Thomas Kitchin/TS. **36**h A & E Morris/V; b Erich Hartmann/Magnum. **37**hg Jim Brandenburg/MP; hd Wayne Lankinen/BC; mg Cornell. **38**hg C M Dixon; bkgr Steve Maslowski/VU; bg Anne Bowman; bd Steve Kaufman/DRK. **39**hg Don Enger/AA/ES; hd Roger Tidman/NHPA; b Wide World Photos/AP. **40** hg Michael Melford/IB; c1, 2 & 3 Breck P Kent/AA/ES; bg Diana L Stratton/TS; bkgr Stephen J Krasemann/DRK. **41**h Life Magazine ©Time Warner/Nina Leen; m Tom J Ulrich; b Wayne Lankinen/DRK; **42**h Jonathan Blair/WC; m Denis Faucher; b John Eastcott/PE. **43**md Anne Bowman. **44-45** Tom Vanderschmidt/AA/ES. **46**hg J H Robinson/PR; hd Harry Haralambou/PI; md Daniel J Cox/DJC; bg Culver. **47**h Casa del Bracciale d'Oro, Pompeii/S; b John Cancalosi/BC. **48** Colin McRae Photography; hg George H Harrison/Grant Heilman Photography; bg Ron Austing. **49**bd Daniel J Cox/DJC. **50** Colin McRae Photography; hg Sam Fried/V; bg Stephen J Krasemann/DRK; **51** Colin McRae Photography; mg George H Harrison/Grant Heilman Photography; bd Robert A Tyrrell/OSF. **52**hd Phillips, The International Fine Art Auction/BAL; bg Gay Bumgarner/PN; bd Mary Clay/PE. **53**hd Jane Burton/BC; mg C M Dixon; bd Jim Brandenburg/MP; bkgr Joe McDonald/TS. **54** Colin McRae Photography; hg Jerry Howard/PI; bg Stephen J Krasemann/NHPA. **55**hd Jack Dermid/OSF; md Ron Austing; bg Lang Elliott/Cornell. **56**hd Casa del Bracciale d'Oro, Pompeii/S; bkgr NW; bd Grace Davies/Envision. **57**h C C Lockwood/AA/ES; m Patti Murray/AA/ES; b Robert Mancini. **58-59** John Hall/AA/ES. **60**hg et d Colin McRae Photography; md Jiri Lochman; bg Denis Faucher. **61**h Hellio-Van Ingen/J/A; b Colin McRae Photography. **62**hg Paul Resendez/PI; hd Colin McRae Photography; b Dennis Frates/PI; hors-texte Brock May/PR. **63**h et m Stephen J Krasemann/DRK; b David Wood. **64**hg Tom Bean/DRK; md William H Mullins/PR; cm Colin McRae Photography; b Jim Brandenburg/MP. **65**hg William M Smithey, Jr/PE; hd Jack Wilburn/AA/ES; bg Richard Day; bd Stephen J Krasemann/DRK. **66**h Culver; m Ron Austing; b Stephen J Krasemann/PR. **67**hg Jerry Howard/PI; hd Leonard Lee Rue/PR; mg John Cancalosi/DRK; bg J H Robinson/PR. **68**h Marie Read/BC; m Jon Mark Stewart/Biological Photo Service; b Frans Lanting/MP. **69**h Frank Knight; b George Holton/PR. **70**hg Steve Maslowski/PR; mg A Morris/V; bg Charlie Ott/BC. **70-71** illustr. Frank Knight; **71**hd Dr Scott Nielsen/DRK; md Jean-Paul Ferrero/A; bd John Cancalosi/BC. **72**h Colin McRae Photography; md John Shaw/TS; bd Cynthia Berger/Cornell; bkgr NW. **73**hg Haroldo Castro; bg Colin McRae Photography; hd Rod Planck/TS; bg Steve Pantle. **74**hg Art Resource, NY/S; bg Denis Faucher. **75**hg Candice Cochrane/PI; hd Colin McRae Photography; md Mark Catesby/BPL; bg Cornell; bm Culver; bd NW. **76**hg et d Colin McRae Photography; bg et d Joe McDonald/AA/ES. **77**h Gracieuse permission de R Gunz & Co Pty Ltd & Cannon Australia; bg Alan Briere; bd Daniel J Cox/DJC. **78**hg Julie O'Neil/PN; mg Ron Austing; bg Alan Briere. **79** hd NW; hg Richard Day; bg Jim Kahnweiler/PI; bm William H Mullins/PR; bd Frans Lanting/MP. **80**hg Denis Faucher; bg Culver; bd NW. **81**hd Ron Austing; bg Annie Griffiths Belt/DRK; bd Tom McHugh/PR. **82** hd John Shaw/NHPA; mg Kenneth W Fink/PR; cm Mary Clay/PN; md Anthony Mercieca/NS; bd John Cancalosi/DRK. **83**hg Tom McHugh/PR; tm Stephen J Krasemann/DRK; hd Liz Ball/PN; md Jeff Lepore/PR; bd M P Kahl/DRK; bkgr Steve Travaskis. **84-85** John Shaw/NHPA. **86**hg John Shaw/A; b Frank Huber/OSF; 86-93 bkgr Frans Lanting/MP. **87**hg A & E Morris/V; hd & **88**hg; Peter Gasson/PE;. **89**h John Shaw/A; m1 Gil Lopez-Espina/NS; m2 John Cancalosi/A; b Frank Schneidermever/OSF. **90**hg Gordon Langsbury/BC; hd Joseph Van Wormer/BC; bg Francois Gohier/A. **91**hg Francois Gohier/A; hd Bob & Clara Calhoun/BC; bg Wayne Lankinen/BC; bd John Cancalosi/A. **92**bg Mark Schumann/PE; bm Wayne Lankinen/BC; bd Glenn Jahnke/Root Resources. **93**hg Stan Osolinski/OSF; hd Stephen J Krasemann/NHPA. **95** bkgr Jerry Howard/PI; h Frans Lanting/MP; Richard Hutchings/PR. **96-97** Tim Hayward. **98**h Daniel J Cox/OSF; mg D Newman/VU; bd G Dremeaux/V; bg Daniel J Cox/VU. **99**hg Bullaty-Lomeo Photo; tm Galen Rowell/Mountain Light; hd John Cancalosi/A; b Julie O'Neil/PN. **100** Manfred Danegger/A. **101** Ron Austing. **102** Nick Bergkessel/TPL. **103** F K Schleicher/V. **104** Tom Ulrich/OSF. **105** Hans Reinhard/BC. **106** Wayne Lankinen/BC. **107** John Shaw/BC. **108-9** Robert P Carr/BC. **110** S J Lang/V. **111** John Shaw/A. **112** Wayne Lankinen/BC. **113** A Morris/V. **114** J Cancalosi/A. **115** P La Tourette/V. **116-7** A & E Morris/V. **118** Dr Scott Nielsen/BC. **119** A & E Morris/V. **120** R Villani/V. **121** bkgr Catherine Ursillo/PR; h D & M Zimmerman/V; b Erim A Soder/NHPA. **122-3** Louis Alach. **124**h J Krasemann/DRK; md C R Sams II & J F Stoik/V; bd Michael Leach/OSF; bg Roger Tidman/NHPA. **125**h Tom Ulrich/OSF; c1 Dick Scott/A; c2 Roger Tidman/NHPA; b Francis Lepine/AA/ES. **126** Leonard Lee Rue/BC. **127** Brian Hawks/A. **128** John Cancalosi/A. **129** Tom & Pat Leeson/DRK. **130** Stan Osolinski/OSF. **131** Dick Scott/A. **132** John Cancalosi/A. **133** R & N Bowers/V. **134** S J Lang/V. **135** Mary Clay/PE. **136** Ron Austing. **137** A & E Morris/V. **138** W Greene/V. **139** Marie Read/BC. **140** Bob & Clara Calhoun/BC; **141** P La Tourette/V. **142** B Schorre/V. **143** A & E Morris/V. **144-5** B Schorre/V. **146** A & E Morris/V. **147** Will Troyer/VU. **148** A & E Morris/V. **149** Sid Lipschutz/V. **150** B Schorre/V. **151** A & E Morris/V. **152** Bob & Clara Calhoun/BC. **153** Stephen J Krasemann/BC. **154** Stephen J Krasemann/J/A. **155** Hector Rivarola/BC. **156** Bob & Clara Calhoun/BC. **157** Wayne Lankinen/BC. **158** Jack Dermid/BC. **159** Wayne Lankinen/BC. **160** Marie Read/BC. **161-2** B Schorre/V. **163**bkgr R J Erwin/DRK; h Franz J Camenzind/PE; b Richard Thom/VU. **164-5** Louis Alach. **166**h Leonard Lee Rue/BC; bg Paul Rezendes/PI; md Marie Read/BC; Joe McDonald/TS. **167**h Lone E Lauber/OSF; bg Michael Sacca/AA/ES; bd Rod Planck/NHPA. **168** Jean-Louis le Moigne/A. **169** Werner Layer/A. **170** Francois Gohier/A. **171-2** Bob & Clara Calhoun/BC. **173** Francois Gohier/A. **174** Leonard Lee Rue/BC. **175** Gens/J/A. **176** S J Lang/V. **177** George McCarthy/BC. **178** Francois Gohier/A. **179** Robert P Carr/BC. **180** Leonard Lee Rue/BC. **181** C B Frith/BC. **182** John Shaw/A. **183** Stephen J Krasemann/J/A. **184** A & E Morris/V. **185** Wayne Lankinen/BC. **186** Tom Ulrich/OSF. **187** Bernd Thies/BC. **188** W Greene/V. **189** A & E Morris/V. **190** Cyril de Klemm/A. **191** M P Kahl/BC. **192** Wayne Lankinen/BC. **193**bkgr Helen Cruickshank/V; h Scott McKinley/PE, b Jeff Foott/A. **194-5** Tim Hayward. **196** h Wayne Lynch/DRK; bg R Glover/BC; bd Stephen J Krasemann/BC. **197**hg Joe & Carol McDonald/TS; hd Helen Cruickshank/V; bg et d Stephen J Krasemann/PA. **198** Dr Scott Nielsen/BC. **199** G Nuechterlein/V. **200** Erwin & Peggy Bauer/BC. **201** John Shaw/A. **202** John Shaw/BC. **203** Jeff Foott/A. **204** John Shaw/A. **205** Rinie Van Meurs/BC. **206** Erwin & Peggy Bauer/A. **207** Jack Dermid/BC. **208** W Greene/V. **209** Tom Walker/A. **210** Gordon Langsbury/BC. **211** Erwin & Peggy Bauer/A. **212** Dr Scott Nielsen/BC. **213** J R Woodward/V. **214-5** Dr Scott Nielsen/ BC. **216** Erwin & Peggy Bauer/A. **217** Fritz Polking/A. **218** John Shaw/A. **219** Dr Scott Nielsen/BC. **220** J L G Grande/BC. **221** T H Davis/V. **222** Dr Scott Nielsen/BC. **223** A & E Morris/V. **224** Johann Schumacher/V. **225** F K Schleicher/V. **226-7** A & E Morris/V. **228** Stephen J Krasemann/ J/A. **229**bkgr Brett Froomer/IB; h Brian Alker/PE; b Hermann Brehm/BC. **230-1** Robert Morton. **232**h Francois Gohier/A; bg Francois Gohier/PR; md John Shaw/TS; bd A & E Morris/V. **233**hg Frans Lanting/MP; hd Stephen J Krasemann/DRK. **234** Erwin & Peggy Bauer/A. **235** T H Davis/V. **236-7** Francois Gohier/A. **238** Werner Layer/A. **239** H Clarke/V. **240** A & E Morris/V. **241** John Shaw/A. **242** Winfried Wisniewski/A. **243** A & E Morris/V. **244** Doug Wechsler/V. **245-6** A & E Morris/V. **247** Jean-Louis Dubois/A. **248** Gordon Langsbury/BC. **249** John Shaw/A. **250** Francois Gohier/A. **251** Philippe Prigent/A. **252** Helen Cruickshank/V. **253** A & E Morris/V. **254** M & A Boet/A. **255** D & M Zimmerman/V; h Rob Curtis/V; b Francois Gohier/A. **256-7** Tim Hayward. **258**h Tom Bean; bg Larry Ulrich/DRK; bd C Allan Morgan/DRK. **259**h Doug Wechsler/V; md Kennan Ward/DRK; bg John Cancalosi/DRK; bd Pat O'Hara. **260** J Hoffman/V. **261** John Cancalosi/BC. **262** Jeff Foott/BC. **263** Bob & Clara Calhoun/BC. **264** Francois Gohier/A. **265** P La Tourrette/V. **266** John Cancalosi/A. **267** Bob & Clara Calhoun/BC. **268** John Cancalosi/A. **269** Jeff Foott/BC. **270** John Cancalosi/DRK. **271** Charlie Oti/BC. **272** Bob & Clara Calhoun/BC. **273**h Frans Lanting/M; hors-texte Francois Gohier/J/A. **274-287** Steven Bray.

Les illustrations d'habitat dans le coin supérieur des pages du Guide d'identification sont de **Helen Halliday**. Les autres illustrations sont de **Terence Lindsey** 113, 117, 127, 154, 155, 180; **Robert Mancini** 100, 101, 106, 107, 110, 111, 114, 115, 118, 119, 120, 128, 129, 132, 133, 136, 137, 140, 141, 144, 145, 148, 149, 152, 153, 156, 157, 159 160, 161, 162, 170, 171, 174, 175, 178, 179, 182, 183, 186, 187, 190, 191, 200, 201, 204, 205, 208, 209, 210, 211, 212, 213, 216, 217, 219, 220, 221, 222, 224, 225, 226, 234, 235, 238, 239, 242, 243, 245, 246, 247, 249, 250, 251, 253 254, 260, 261, 264, 265 266, 268, 269, 271, 272; **Maurice Pledger** 62, 241, 262; **Trevor Weekes** 102, 103, 104, 105, 108, 109, 112, 113, 116, 117, 126, 127, 130, 131, 134, 135, 138, 139, 142, 143, 146, 147, 150, 151, 154, 155, 158, 159, 168, 169, 172, 173, 176, 177, 180, 181, 184, 185, 188, 189, 192, 198, 199, 202, 203, 206, 207, 210, 211, 214, 215, 218, 223, 227, 228, 236, 237, 240, 244, 245, 248, 249, 252, 263, 267, 270.

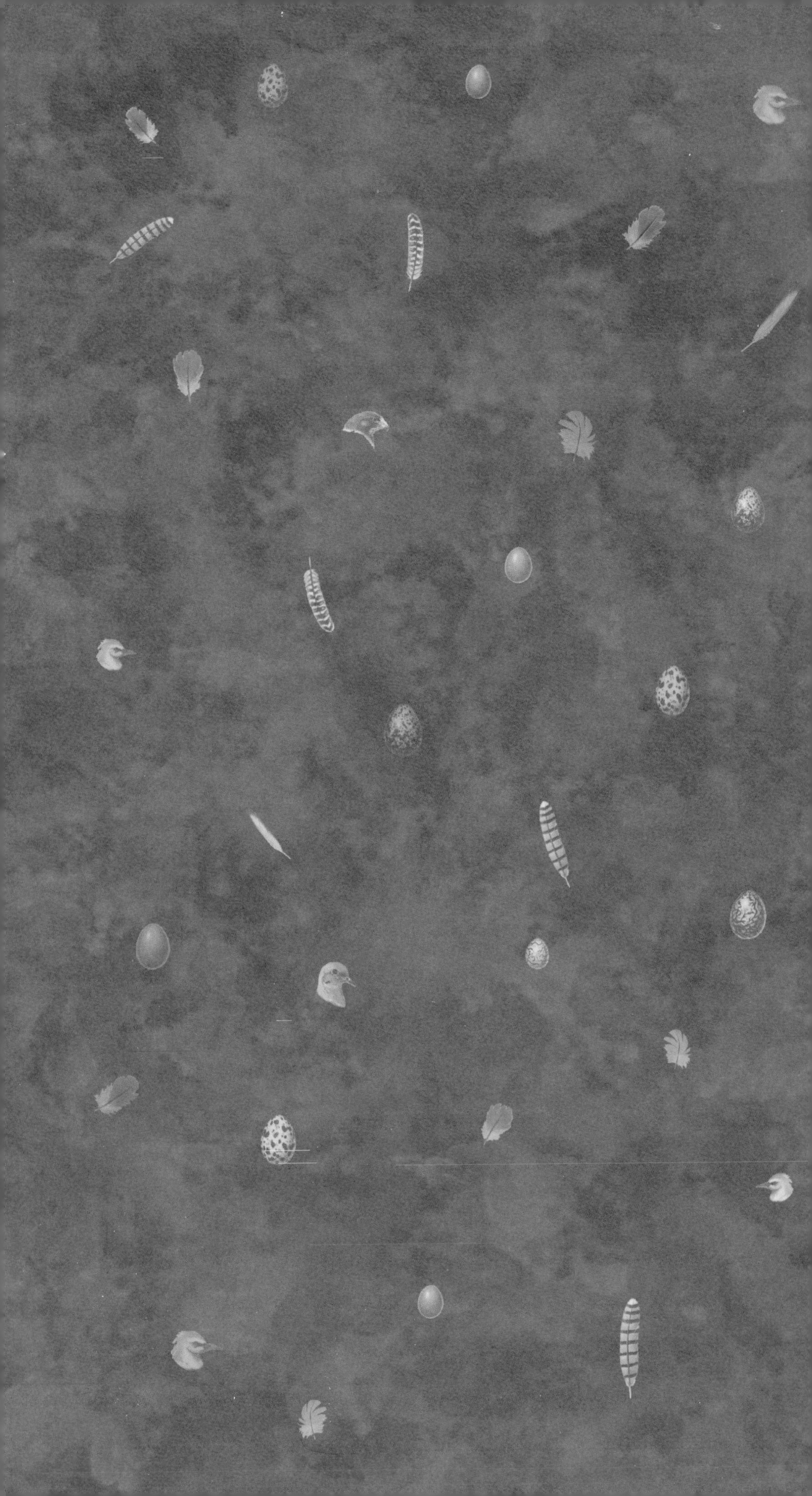